Eine Arbeitsgemeinschaft der Verlage

Böhlau Verlag · Köln · Weimar · Wien
Verlag Barbara Budrich · Opladen · Farmington Hills
facultas.wuv · Wien
Wilhelm Fink · München
A. Francke Verlag · Tübingen und Basel
Haupt Verlag · Bern · Stuttgart · Wien
Julius Klinkhardt Verlagsbuchhandlung · Bad Heilbrunn
Lucius & Lucius Verlagsgesellschaft · Stuttgart
Mohr Siebeck · Tübingen
Orell Füssli Verlag · Zürich
Ernst Reinhardt Verlag · München · Basel
Ferdinand Schöningh · Paderborn · München · Wien · Zürich
Eugen Ulmer Verlag · Stuttgart
UVK Verlagsgesellschaft · Konstanz
Vandenhoeck & Ruprecht · Göttingen
vdf Hochschulverlag AG an der ETH Zürich

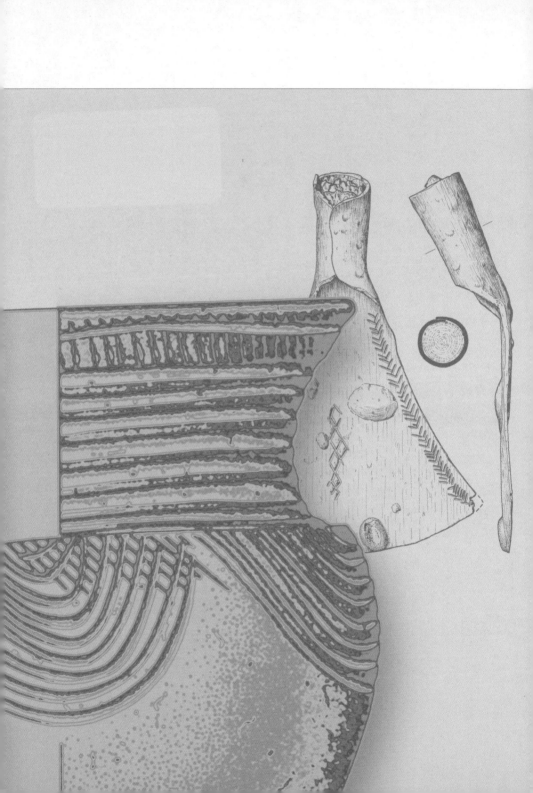

MANFRED K. H. EGGERT | STEFANIE SAMIDA

Ur- und Frühgeschichtliche Archäologie

A. Francke Verlag Tübingen und Basel

Manfred K. H. Eggert, geb. 1941, Studium der Ur- und Frühgeschichte, Ethnologie, Physischen Anthropologie sowie der Deutschen Altertums- und Volkskunde in Hamburg und Mainz. Promotion 1973 in Mainz. 1973–75 Stipendiat der Studienstiftung des deutschen Volkes und der Deutschen Forschungsgemeinschaft (DFG) an der Yale University in New Haven, Conn. 1976–78 Wiss. Mitarbeiter am Institut für Ethnologie und Afrika-Studien der Universität Mainz (DFG). 1978–88 Wiss. Assistent und Privatdozent für Ur- und Frühgeschichte an der Universität Hamburg. 1988–93 Professor für Ur- und Frühgeschichte an der Friedrich-Alexander-Universität Erlangen-Nürnberg. 1993–2006 o. Professor an der Eberhard-Karls-Universität Tübingen. Seit 1977 archäologische Forschungen im zentralafrikanischen Regenwald (Zaïre, Kongo, Kamerun; DFG). Seit 1994 außerdem Ausgrabungsprojekte in Baden-Württemberg (u.a. Oppida Heidengraben und Tarodunum sowie Heuneburg-Außensiedlung; DFG). Forschungsschwerpunkte: Theorie und Methode der Archäologie; Frühe Metallzeiten Mitteleuropas; Frühe Eisenzeit Zentralafrikas.

Stefanie Samida, geb. 1973, Studium der Ur- und Frühgeschichte, Klassischen Archäologie und Mittelalterlichen Geschichte in Tübingen und Kiel. Magisterexamen 1999 in Tübingen. 1999–2001 Diplom-Aufbaustudium der Medienwissenschaft-Medienpraxis in Tübingen. Promotion 2005 in Tübingen. 2006–07 Wiss. Angestellte am Institut für Ur- und Frühgeschichte und Archäologie des Mittelalters an der Eberhard-Karls-Universität Tübingen. Seit 2008 Forschungsstipendiatin der Gerda Henkel Stiftung am selben Institut. Forschungsschwerpunkte: Theorie und Methode der Archäologie; Wissenschaftsgeschichte; Archäologie und Gesellschaft; Archäologie und Medien/Didaktik.

Umschlagabbildung: Atelier Reichert, Stuttgart unter Verwendung von Zeichnungen eines keramischen Gefäßes und einer eisernen Hacke aus Akonétye (Südkamerun).

Bibliografische Information der Deutschen Nationalbibliothek

Die Deutsche Nationalbibliothek verzeichnet diese Publikation in der Deutschen Nationalbibliografie; detaillierte bibliografische Daten sind im Internet über http://dnb.d-nb.de abrufbar.

© 2009 · Narr Francke Attempto Verlag GmbH + Co. KG
Dischingerweg 5 · D-72070 Tübingen
ISBN 978-3-7720-8309-9

Das Werk einschließlich aller seiner Teile ist urheberrechtlich geschützt. Jede Verwertung außerhalb der engen Grenzen des Urheberrechtsgesetzes ist ohne Zustimmung des Verlages unzulässig und strafbar. Das gilt insbesondere für Vervielfältigungen, Übersetzungen, Mikroverfilmungen und die Einspeicherung und Verarbeitung in elektronischen Systemen.
Gedruckt auf chlorfrei gebleichtem und säurefreiem Werkdruckpapier.

Internet: http://www.francke.de
E-Mail: info@francke.de

Einbandgestaltung: Atelier Reichert, Stuttgart
Satz: Informationsdesign D. Fratzke, Kirchentellinsfurt
Druck und Bindung: CPI – Ebner & Spiegel, Ulm
Printed in Germany

ISBN 978-3-8252-3254-2 (UTB-Bestellnummer)

Vorwort

Die Idee zu diesem Buch entstand während der Aktualisierung eines Lehrbuchs, das im Jahr 2008 in 3. Auflage erschienen ist. Während der damit verbundenen erneuten Lektüre und Überarbeitung ergab sich die Frage, ob es nicht sinnvoll wäre, ein weiteres Lehrbuch völlig anderen Zuschnitts vorzulegen – ein Buch, das den neuen Studienstrukturen gerecht wird und die Rezeptionsweisen der heutigen Studierenden berücksichtigt. Vor allem durch die mittlerweile weitgehend vollzogene Umgestaltung der Studiengänge im Zuge der sogenannten ›Bologna-Erklärung‹ ist die Nachfrage nach systematischen Einführungen in die einzelnen Fächer größer denn je. Die Reihe *UTB basics* hat sich dieser Aufgabe angenommen, zu der in besonderem Maße die didaktische Aufbereitung des Lehrstoffs, eine einfache Sprache und eine klare Zielgruppenorientierung – vornehmlich Abiturienten und Bachelorstudenten – gehört. Wir sind daher sehr froh, dass wir unsere Vorstellungen von einer angemessenen Einführung in die Ur- und Frühgeschichtliche Archäologie in diesem Rahmen entfalten konnten. Mit Susanne Fischer M. A. vom A. Francke Verlag hatten wir eine kongeniale Lektorin, die sich von Beginn an sehr für das Projekt engagiert hat.

Die Umsetzung unseres Ziels, mit diesem Buch einen leicht verständlichen Überblick über das Fach ›Ur- und Frühgeschichtliche Archäologie‹ zu geben, war mitunter schwierig. Immer wieder stellten wir uns Fragen wie: Was muss unbedingt in das Buch? Was können wir weglassen? Welche Begriffe müssen erklärt werden? Kann ein Studienanfänger ohne Hintergrundwissen das Geschriebene überhaupt verstehen? Was dürfen wir voraussetzen? Wie nicht anders zu erwarten, haben wir solche und ähnliche Fragen bisweilen unterschiedlich beantwortet. Diese divergierenden Auffassungen spiegelten häufig eine Art ›Generationenkonflikt‹ – sie haben nicht selten zu langen, letztlich aber immer fruchtbaren Diskussionen über Inhalt und Fortgang unseres Vorhabens geführt. Dieses Buch ist daher im besten Sinne ein Gemeinschaftswerk. Obwohl wir für jeden Abschnitt den

Verfasser nennen könnten, wäre das wenig sinnvoll, da jeder Ausgangstext einer radikalen Kritik durch den an der Formulierung nicht beteiligten Partner unterzogen wurde. Am Ende dieses Weges angekommen, hoffen wir, dass es uns gelungen ist, mit unserem Ergebnis den Bedürfnissen der heutigen Studienanfänger gerecht geworden zu sein.

Abschließend möchten wir Dank abstatten: Er gilt zunächst einmal Hans Joachim Frey (Tübingen) für die Erstellung von Abbildungsvorlagen. Dankbar sind wir auch Melanie Augstein M. A. (Tübingen), die uns beim Korrekturlesen unterstützt und dabei zahlreiche Verbesserungsvorschläge gemacht hat; sie hat zudem das Sach- und Orts- sowie das Personenregister erstellt. Dr. Nicole Rupp (Frankfurt am Main) danken wir für ihre kritischen Kommentare zu unserem Text über die Nok-Kultur. Eine unschätzbare Hilfe war uns, wie schon einleitend angedeutet, unsere Lektorin Susanne Fischer. Sie hat das gesamte Manuskript gelesen und mit zahlreichen Kommentaren versehen, die dem Buch sehr zugute gekommen sind. Ihr gilt unser ganz besonderer Dank.

Tübingen, 29. Juli 2009   S.S. u. M.K.H.E.

Inhalt

Vorwort V

1. Einleitung 1

2. Archäologie und Archäologien 5
2.1 Falsche Vorstellungen oder Was Archäologie nicht ist 5
2.2 Was ist Archäologie? 6
2.3 Welche Archäologien gibt es? 8
2.4 Was ist Feldarchäologie? 9

3. Ur- und Frühgeschichte als Wissenschaft 13
3.1 Zum Begriff ›Ur- und Frühgeschichte‹ 13
3.2 Gegenstand, Raum und Zeit 14
3.3 Fachgeschichte 15
Christian Jürgensen Thomsen und das Dreiperiodensystem – Rudolf Virchow und der Fund im Neandertal – Heinrich Schliemann und die Entdeckung von Troia – Gustaf Kossinna und die ›Siedlungsarchäologie‹ – Gero von Merhart und das Fach ›Ur- und Frühgeschichte‹
3.4 Ur- und frühgeschichtliche Quellen 29
Fund und Befund – Geschlossener Fund – Quellengruppen – Quellenerschließung – Äußere und Innere Quellenkritik – Quelleninterpretation
3.5 Klassifikation und Datierung 57
Merkmale und Typen – Relative und absolute Datierung – Methoden der relativen Datierung (Stratigraphische Methode – Kombinatorische Methoden) – Methoden der absoluten Datierung (Archäologisch-Historische Methode – Dendrochronologische Methode – Radiokohlenstoffmethode – Lumineszenzmethoden)

4. Grundbegriffe 91
4.1 Kultur und Materielle Kultur 91
4.2 Kultur und ›Hochkultur‹ 97
4.3 Erfindung und Ausbreitung 100

5. Grundzüge der Epochengliederung 107
5.1 Bedeutung des Raums 107
5.2 Epochenüberblick 108
Altsteinzeit (Paläolithikum) – Mittelsteinzeit (Mesolithikum) – Jungsteinzeit (Neolithikum) – Steinkupferzeit (Chalkolithikum oder Äneolithikum) – Bronzezeit – Vorrömische Eisenzeit – Römische Kaiserzeit – Völkerwanderungszeit – Merowingerzeit

6. Nachbarwissenschaften 119
6.1 Hilfs- oder Nachbarwissenschaften?............................. 119
6.2 Geistes- bzw. Kulturwissenschaften 121
 Archäologien – Geschichtswissenschaft – Ethnologie und Empirische Kulturwissenschaft – Philologien
6.3 Naturwissenschaften 141
 Geologie, Geomorphologie und Bodenkunde – Anthropologie und Paläogenetik – Archäozoologie – Archäobotanik – Archäometrie

7. Aus der archäologischen Forschung 151
7.1 Aussterben und Überleben 151
7.2 Eiszeitkünstler auf der Schwäbischen Alb? 158
7.3 Von Jägern und Megalithen 166
7.4 Jagen, Fischen, Sammeln und Töpfern 171
 Wildbeuter an der Ostsee – Wildbeuter in der Sahara
7.5 Von Bauern und Viehhaltern 180
7.6 Knochen im Grubenring.. 185
7.7 Der Tote im Eis 190
7.8 Der ›Himmel‹ über Nebra 197
7.9 Häuser auf Pfählen?.. 204
7.10 ›Fürstensitze‹ und ›Fürstengräber‹ 209
7.11 Herren der Steppe 213
7.12 Terrakotten in der Savanne 223
7.13 Manching oder Vom Dorf zur Stadt 229
7.14 Entscheidung im Teutoburger Wald 237
7.15 Das Grab eines Königs 245
7.16 Ein neuer Glaube 252
7.17 Plünderer und Händler... 258

8. Kulturwissenschaftliche Leitkonzepte 267
8.1 Mensch und Umwelt 267
8.2 Kultur und Erinnerung 270
8.3 Die Welt der Dinge 278
8.4 Die Welt der Bilder 282

9. Studium der Ur- und Frühgeschichtlichen Archäologie 287
9.1 Universitäten und ihre Forschungs- und Lehrschwerpunkte 287
9.2 Tendenzen der Universitätsentwicklung 290
9.3 Studiengang und Studienabschlüsse 291
9.4 Berufsfelder und Berufsaussichten.............................. 295
 Hochschule – Museum, Denkmalpflege und Grabungsfirmen – Medien und andere Bereiche

10. Epilog 305
10.1 Archäologie als Metapher 305
10.2 Archäologie als Aufgabe 307
10.3 Über Vergangenheit, Gegenwart und Zukunft 309

11. Literaturhinweise 311

12. Anhang 315
12.1 Wichtige archäologische Forschungsinstitutionen und Forschungs-
     verbände in Auswahl 315
12.2 Zusammenstellung der Fachinstitute für Ur- und Frühgeschichtliche
     Archäologie und Archäologie des Mittelalters in Deutschland,
     Österreich und der Schweiz 315

Register 317

Abbildungsnachweise 325

Zwei ergänzende Kapitel (»Fachverbände und zentrale Forschungseinrichtungen« sowie »Archäologie und Gesellschaft«) finden sich unter
<www.utb-mehr-wissen.de>.

Einleitung | 1

Für rund vier Jahrzehnte stellte die glänzend geschriebene und vorzüglich illustrierte, 1959 erstmals erschienene *Einführung in die Vorgeschichte* von *Hans Jürgen Eggers* (1906–1975) die meistkonsultierte Anfängerlektüre für Studierende der Ur- und Frühgeschichtlichen Archäologie dar. Obwohl bereits seit gut 25 Jahren in manchen Teilen überholt und in ihrer Schwerpunktsetzung schon damals viele Fragestellungen und Probleme des Fachs nicht angemessen widerspiegelnd, wurde sie 1986 in 3. Auflage – ergänzt um ein Nachwort von *Georg Kossack* (1923–2004) – unverändert nachgedruckt. Erstaunlicherweise ist die Nachfrage nach diesem Werk immer noch so groß, dass es 2004 erneut in einer von *Thomas Jaeger* und *Christof Krauskopf* herausgegebenen Neuauflage – versehen mit einem Nachwort von *Claudia Theune* – erschien. Dennoch ist klar, dass ›der Eggers‹ – in welcher Auflage auch immer – trotz seiner großen Verdienste insbesondere um Fragen der Quellenkritik schon lange nicht mehr als adäquate Einführung betrachtet werden kann.

Unter den anderen älteren deutschsprachigen Einführungen in die Ur- und Frühgeschichtswissenschaft sind zwei schmale Bücher hervorzuheben, die in den siebziger Jahren des 20. Jahrhunderts verfasst worden sind. Dabei handelt es sich zum einen um die 1973 erschienene *Einführung in die Urgeschichte* von *Fritz Felgenhauer* sowie um die zwei Jahre später veröffentlichte *Einführung in die Vorgeschichte* von *Hermann Müller-Karpe*. Beide Werke hatten zu ihrer Zeit zweifellos ihre Verdienste, indem sie auf sehr unterschiedliche Weise einen ersten Zugang zum Fach boten. Da sie die Quellen, Methoden und theoretischen Grundkonzepte ebenso wie wichtige Nachbarwissenschaften und die Hauptperioden jedoch nur recht oberflächlich behandelten, vermögen sie heutigen Ansprüchen nicht mehr zu genügen.

Die Ur- und Frühgeschichtliche Archäologie ist also nicht gerade mit Einführungen gesegnet. Unser Anliegen ist vor diesem Hintergrund zu sehen: Wir möchten eine Einführung bieten, die das Fach – in der notwendigen Kürze – nicht nur in seinen wichtigsten inhaltlichen Aspekten, sondern auch in seiner Verknüpfung mit anderen archäologischen und nicht-archäologischen Fächern charakterisiert. Dieses Buch wurde zwar speziell für Studierende im Bachelorstudium geschrieben, dürfte aber auch für Masterstudenten – hier wie im gesamten Buch schließt die männliche die weibliche Form stets mit ein – nützliche Hinweise und Anregungen bereithalten. Es möchte eine möglichst gut lesbare Einführung in eine recht komplexe Materie bieten.

Bei einer Einführung in eine Wissenschaft ist es besonders schwierig, die inhaltliche Vielfalt des Fachs in knapper und verständlicher Form darzustellen. Das trifft gerade bei einer in räumlicher und zeitlicher Hinsicht so breiten Wissenschaft wie der Ur- und Frühgeschichtlichen Archäologie zu. Wir haben uns entschlossen, dieses Problem in Kapitel 7 mit dem Titel »Aus der archäologischen Forschung« exemplarisch anzugehen: 17 knappe Fallstudien vom Mittelpaläolithikum bis zur Wikingerzeit und von der Ostsee bis in die südliche Sahara sollen einerseits einen Einblick in das Forschungsfeld geben und andererseits die Möglichkeiten und Grenzen des Fachs aufzeigen. Dieses Kapitel bildet nach seinem Umfang den Kern des Buchs; es bietet neben seiner epochenspezifischen Thematik immer wieder Einblicke in konzeptuelle und methodische Aspekte der ur- und frühgeschichtlichen Forschung. Dass dabei Beispiele aus dem mitteleuropäischen oder sogar deutschen Kontext im Vordergrund stehen, beruht keineswegs allein auf unseren eigenen Forschungsinteressen. Vielmehr sollte in einer Einführung, die sich an deutschsprachige Studenten wendet, ein solcher Schwerpunkt unseres Erachtens nicht fehlen. Um jedoch auf das globale Anliegen der Prähistorischen Archäologie aufmerksam zu machen, haben wir in diesem Kapitel dreimal Regionen und Themen in den Blick genommen, die in der mitteleuropäischen Forschung in der Regel unbeachtet bleiben. Auch diese außereuropäische Perspektive hat beispielhaften Charakter. Das Anliegen unseres Buchs wäre erfüllt, wenn die Studierenden unseren Weg mitgingen und das Studium der Ur- und Frühgeschichtlichen Archäologie nach der Lektüre mit Neugier, aber auch mit kritischem Blick absolvierten.

Unser besonderes Augenmerk gilt auch dem weiteren Zusammenhang, in den die Ur- und Frühgeschichte Archäologie eingebunden ist. Dabei geht es auf der einen Seite sowohl um archäologische und nicht-archäologische Nachbarfächer sowie um kulturwissenschaftliche Leitkonzepte. Auf der anderen Seite haben wir aber bestimmte Forschungsrichtungen im Fach, die den fortgeschrittenen Studenten interessieren könnten, nur beiläufig oder gar nicht thematisiert. So findet sich zu den Stichwörtern *New* oder *Processual* und *Post-Processual Archaeology* nur eine Infobox (→ Kap. 4.1). Der Bereich der *Geschlechterforschung* oder *Gender Studies* ist überhaupt nicht erörtert worden. Hier wie bei anderen Themen hatten wir eine Abwägung zwischen dem Wünschenswerten und dem bei begrenzter Seitenzahl Möglichen zu treffen. Statt einer eingehenden Erörterung haben wir uns bei den genannten Forschungsrichtungen auf die Angabe einiger einführender Titel beschränken müssen.

Dass dem Studium des Fachs ein eigenes Kapitel gewidmet ist, versteht sich von selbst. Allerdings haben wir darauf verzichtet, detailliert auf praxisorientierte Hinweise zum Studium einzugehen. Wer wissen möchte, was der Unterschied zwischen einer Vorlesung und einem Seminar ist, oder wer sich über allgemeine Arbeitstechniken, Techniken der Literaturrecherche sowie das Anfertigen einer Hausarbeit und eines Referats informieren will, der kann das beispielsweise in zahlreichen anderen bisher erschienenen Einführungen der Reihe *UTB basics* nachschlagen. Das trifft auch auf die gängigen Darstellungsformen des Erarbeiteten zu. Ein besonderes Augenmerk haben wir hingegen auf jene Fragen gerichtet, die mit der Möglichkeit zusammenhängen, in diesem Fach ein Auskommen zu finden.

Um den vorgegebenen maximalen Umfang der Bände dieser Reihe zu wahren, sahen wir uns gezwungen, hier auf bestimmte Themen, die wir ursprünglich vorgesehen und auch bereits geschrieben hatten, zu verzichten. Wir sind daher sehr froh, sie stattdessen im Rahmen des UTB-Internetauftritts vorlegen zu können. Es handelt sich dabei um zwei ergänzende Kapitel (»Fachverbände und zentrale Forschungseinrichtungen« sowie »Archäologie und Gesellschaft«). Sie finden sich unter <www.utb-mehr-wissen.de>.

Wir sind uns darüber im Klaren, dass unser Vorhaben ambitioniert ist. Soweit wir sehen, gibt es nichts Vergleichbares in der deutschsprachigen Archäologie. Die Einführung von *Martin Trachsel* mit dem Titel *Ur- und Frühgeschichte: Quellen, Methoden, Ziele* (2008) weist zwar gewisse Überschneidungen mit der unsrigen auf, ist aber – wie bereits ein Vergleich der Inhaltsverzeichnisse zeigt – insgesamt ganz anderen Zuschnitts. Im Übrigen bietet Trachsels Buch mit seinen elf Literaturhinweisen den Studierenden letztlich keinerlei Möglichkeit, die auf rund 260 Seiten Text präsentierten Ausführungen kritisch nachzuvollziehen.

Im Zusammenhang mit unserer Einführung ist auch das 2006 von *Marion Benz* und *Christian Maise* vorgelegte Buch *Archäologie* zu erwähnen. Hierbei handelt es sich zwar ebenfalls um eine Art Einführung, die sich jedoch von der Trachsels und unserer grundsätzlich unterscheidet, da sie nicht für ein studentisches bzw. akademisches Publikum, sondern vornehmlich für eine breite Öffentlichkeit geschrieben wurde. Somit stellt sie weniger einen Begleiter und Ratgeber während des Fachstudiums als vielmehr einen unterhaltsamen und kompetenten Einstieg in die Archäologie generell dar. Schließlich ist das kürzlich in 3. vollständig überarbeiteter und erweiterter Auflage erschienene Buch *Prähistorische Archäologie: Konzepte und Methoden* zu nennen (Eggert 2008). Sie wiederum zielt auf eine vertiefte Diskussion jener im Untertitel genannten Aspekte, die in unserem Buch nur sehr knapp erörtert werden konnten.

Literatur

M. Benz/C. Maise, Archäologie (Stuttgart 2006).

H.J. Eggers, Einführung in die Vorgeschichte (München 1959) [1986³ mit einem Nachwort von G. Kossack; Neuauflage, hrsg. von T. Jaeger u. C. Krauskopf. Mit einem Nachwort von C. Theune (Berlin 2004)].

M.K.H. Eggert, Prähistorische Archäologie: Konzepte und Methoden (Tübingen – Basel 2008³).

F. Felgenhauer, Einführung in die Urgeschichtsforschung (Freiburg/Br. 1973).

H. Müller-Karpe, Einführung in die Vorgeschichte (München 1975).

M. Trachsel, Ur- und Frühgeschichte: Quellen, Methoden, Ziele (Zürich 2008).

Archäologie und Archäologien | 2

Inhalt	
2.1	Falsche Vorstellungen oder Was Archäologie nicht ist 5
2.2	Was ist Archäologie? 6
2.3	Welche Archäologien gibt es? 8
2.4	Was ist Feldarchäologie? 9

Falsche Vorstellungen oder Was Archäologie nicht ist | 2.1

Es gibt wohl nur wenige wissenschaftliche Fächer, die so stark mit Klischees behaftet sind wie die Archäologie. Wer kennt ihn nicht, den Archäologen in Indiana-Jones-Manier, der ein Abenteuer nach dem anderen erlebt; den Archäologen, der in der Erde nach Schätzen versunkener Kulturen gräbt; den Archäologen, der mit Tropenhelm und in Khaki gekleidet sensationelle Entdeckungen in äquatorialen Regenwäldern macht; den Archäologen, der mit Spaten und Pinsel einzigartige Funde – zumeist aus Gold – freilegt; den Archäologen, der mysteriöse Todesfälle der Antike in kriminalistischer Art und Weise aufklärt; den Archäologen, der dank neuester Computertechnik auch die letzten noch bisher offenen archäologischen Rätsel löst. Diese und viele andere Vorstellungen über Archäologen kursieren in der Öffentlichkeit.

Auch viele Studierende der Ur- und Frühgeschichtlichen Archäologie haben zu Beginn ihres Studiums häufig ähnliche Ansichten über das von ihnen gewählte Fach. Dies zeigen jedenfalls unsere Erfahrungen aus zahlreichen Anfängerveranstaltungen. Über viele Jahre hinweg haben wir in der ersten Sitzung eines einführenden Proseminars die Kenntnisse der Studierenden über das Fach abgefragt. Dabei zeigte sich, dass viele das Fach vor allem aus Interesse an Ausgrabungen und der Entdeckung von Funden sowie ganz allgemein aus Interesse an ›versunkenen Kulturen‹ studieren.

Archäologie – so unser Befund – wird also zumeist auf die Feldarchäologie (→ Kap. 2.4) beschränkt und damit als ›Ausgrabungswissenschaft‹ verstanden. Darüber hinaus findet man sehr oft eine inhaltliche und zeitliche Einengung des Arbeitsfelds archäologischer Tätigkeit. Archäologen beschäftigen sich, schenkt man der allgemeinen Meinung Glauben, zum einen mit der griechisch-römischen Antike und zum anderen mit dem Alten Ägypten bzw. **Alten Orient**. Die meisten Archäologen werden dies aus eigener Erfahrung bestätigen können. Der oben angesprochene exotische Bereich – Tropenhelm, Khakikleidung, Regenwald – tritt demgegenüber deutlich zurück. Auf die Erklärung, man sei Archäologe, bekommt man häufig die Antwort: ›Dann waren Sie ja auch schon in Ägypten‹. Dieser subjektive Eindruck wird durch eine Umfrage unter der deutschen Bevölkerung bestätigt, die im Jahr 2000 durchgeführt wurde. Das Tätigkeitsfeld von Archäologen wurde hier folgendermaßen bestimmt: Die Mehrheit der Befragten gab an, dass sich Archäologen vor allem mit ›Griechen und Römern‹ (79,6 %) beschäftigen, knapp gefolgt von dem Bereich ›Altes Ägypten/Alter Orient‹ (78 %). Mit großem Abstand wurde dann auf dem dritten Platz das ›Mittelalter‹ (51,4 %) und erst an vierter Stelle ›Urmenschen‹ (47,2 %) genannt. Die Auseinandersetzung mit ›Dinosauriern‹ sehen immerhin noch 32,1 % als Aufgabe des Archäologen an – übrigens vor der Auseinandersetzung mit der ›Neuzeit‹, die lediglich 20,6 % der Befragten zum Aufgabengebiet der Archäologie zählen.

In der Gesellschaft sind die Vorstellungen von Archäologie also recht klar; zugespitzt formuliert, könnte man sagen: Ein Archäologe ist jemand, der vornehmlich griechisch-römische und ägyptische Altertümer ausgräbt. Dieses Bild hat jedoch mit der Wirklichkeit nur wenig gemein. Was also ist Archäologie?

Alter Orient. Bezeichnung für das Gebiet der ›Frühen Hochkulturen‹ (→ Kap. 4.2) in Vorderasien, das der hellenistisch-römischen Epoche vorausgeht; meist wird auch Ägypten miteinbezogen.	

2.2 | Was ist Archäologie?

Archäologie, von griech. *archaiología*, aus *archaíos*, ›alt‹, und *lógos*, ›Wissen‹, ›Lehre‹. Historische Wissenschaft, deren Quellen vornehmlich aus materiellen Hinterlassenschaften bestehen.

Der Begriff ›**Archäologie**‹ war bereits in der Antike bekannt und wurde im Wortsinn als ›Kunde von den Anfängen‹ bzw. den ›alten Geschichten‹ verwendet. Im Gegensatz zur antiken Auffassung bezieht sich das moderne, auf das ausgehende 18. und das 19. Jahrhundert zurückgehende Verständnis von Archäologie auf die materiellen Hinterlassenschaften vergangener Kulturen.

Besonders zu Beginn spielten die Werke der Bildenden Kunst des ›klassischen‹ Altertums, also der Griechen und Römer, eine herausragende Rolle. Dieser frühe Schwerpunkt findet sich heute noch in der Klassischen Archäologie (→ Kap. 6.2.1), bildet aber nur einen Teil des Forschungsinteresses dieses archäologischen Einzelfachs. Grundsätzlich ist festzuhalten, dass üblicherweise – wie im folgenden Abschnitt dargelegt – sieben archäologische Einzelfächer unterschieden werden. Die Archäologie ist also bei näherem Hinsehen eine sehr differenzierte Wissenschaft, deren Zweige durch fachspezifische Traditionen geprägt sind.

Will man über die Einzelarchäologien eine zusammenfassende Aussage treffen, wird man zunächst den besonderen Charakter ihrer Quellen – im Wesentlichen dingliche Zeugnisse – nennen. Sodann wird die Archäologie in ihrer Gesamtheit als historisch ausgerichtete Wissenschaft bzw. als Historische Kulturwissenschaft zu bezeichnen sein. Ferner darf die auf die spezifische Quellenbasis abgestimmte **Methodik** als Charakteristikum gelten. Und schließlich stellt auch die Deutung der Quellen in gewisser Hinsicht eine Besonderheit dar. Denn in der Archäologie ist das Prinzip des Analogischen Deutens (→ Kap. 3.4.6) von größerer Bedeutung als in den Geschichtswissenschaften. Das gilt – wenngleich in unterschiedlichem Maße – auch für die Begriffs- und Theoriebildung. Erkenntnisse über die Weltauffassung und sonstige Vorstellungen der untergegangenen Kulturen lassen sich aufgrund der fehlenden bzw. oft unzureichenden sprachlichen bzw. schriftlichen Überlieferung nicht oder nur bedingt gewinnen, so dass der Vergleich bei der Deutung der materiellen Relikte eine wichtige Rolle spielt. Das gilt besonders für die Ur- und Frühgeschichtliche Archäologie.

Hinter dem Schlagwort ›Archäologie‹ stehen also bei näherer Betrachtung eine Reihe selbständiger Fächer. Bildlich gesprochen reicht ihr Stamm in das 18. Jahrhundert zurück, während ihre Wurzeln in der **Renaissance** gründen. Das Selbstverständnis dieser Fächer leitet sich im Wesentlichen aus einer jeweils eigenen inhaltlichen und räumlichen Bestimmung ab. Auf dieser Basis kam es dann zu einer akademischen und damit schließlich zu einer generellen institutionellen Unabhängigkeit, die sich in Fachverbänden und dergleichen niederschlug.

Methodik, von griech. *méthodos*, ›Weg‹ bzw. ›Gang einer Untersuchung‹. Gesamtbereich der Methoden. Methoden sind regelhafte Verfahren zur Aufbereitung und Analyse von – in unserem Falle – archäologischen Quellen. – Unter ›Methodologie‹ verstehen wir hingegen den Gesamtbereich des Erkennens einer Wissenschaft, einschließlich der Reflexion von Methoden, Begriffen, Hypothesen, Theorien sowie deren Anwendung.

Renaissance, franz. *renaissance*, ›Wiedergeburt‹. Geistesströmung des 14. bis 16. Jahrhunderts, mit der die Erneuerung der antiken Ideale und der Siegeszug der Naturwissenschaften einherging.

2.3 | Welche Archäologien gibt es?

Auch wenn häufig, besonders in der Öffentlichkeit, allgemein von ›Archäologie‹ gesprochen wird, gibt es kein universitäres Fach dieses Namens. An unseren Hochschulen werden vielmehr verschiedene archäologische Einzelfächer mit ganz unterschiedlichem regionalen oder zeitlichen Forschungsschwerpunkt gelehrt. Gewöhnlich wird zwischen Ur- und Frühgeschichtlicher, Biblischer, Vorderasiatischer, Klassischer, Provinzialrömischer und Christlicher Archäologie sowie der Archäologie des Mittelalters und der Neuzeit unterschieden (→ Kap. 6.2.1). Die Ur- und Frühgeschichtliche oder Prähistorische Archäologie ist also eine von insgesamt sieben an deutschen Universitäten etablierten Einzelarchäologien.

Was die diversen Archäologien eint, sind – neben ihrem Selbstverständnis als historische Wissenschaften – ihre Quellen: Es handelt sich dabei ausnahmslos um materielle Hinterlassenschaften. Während jedoch Einzelarchäologien wie die Biblische, Vorderasiatische, Klassische, Provinzialrömische und Christliche Archäologie sowie die Archäologie des Mittelalters und der Neuzeit auf eine mehr oder weniger reiche schriftliche Überlieferung ergänzend zu den nicht-schriftlichen Quellen zurückgreifen können, kann die Prähistorische Archäologie nur in Ausnahmefällen Schriftzeugnisse hinzuziehen. Dies betrifft speziell den frühgeschichtlichen Teil der Ur- und Frühgeschichtswissenschaft (Abb. 2.3.1). Der urgeschichtliche Abschnitt der Prähistorischen Archäologie dagegen verfügt ausschließlich über materielle, nicht-schriftliche Zeugnisse. Neben dieser Unterscheidung gegenüber den anderen Archäologien ist ein weiterer Punkt von Bedeutung. Während etwa die Klassische Archäologie ein klar abgegrenztes räumliches Arbeitsgebiet (Griechenland, Ägäisraum und Italien) besitzt, fehlt der Ur- und Frühgeschichtlichen

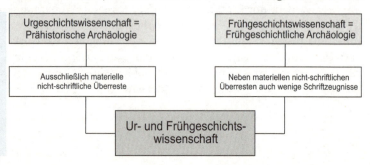

Abb. 2.3.1 | Prähistorische und Frühgeschichtliche Quellen.

Archäologie eine räumliche Begrenzung; sie kann daher als ›grenzenlose‹ Wissenschaft charakterisiert werden. Alle Einzelarchäologien sind darüber hinaus durch die von ihnen verwendete Methodik verbunden. So erfolgt die Quellenerschließung durch systematische Ausgrabung – damit ist die Ausgrabungsmethodik ein allen Archäologien gemeinsames Merkmal.

Die Ägyptologie – das sei betont – gehört dagegen nicht, wie häufig angenommen wird, zu den archäologischen Einzelfächern. Sie ist ihrem Selbstverständnis nach in erster Linie – wie auch ein Blick auf ihre Entstehung deutlich macht – ein **philologisches** Fach. Die gängige Auffassung als Archäologie geht vor allem auf die Tatsache zurück, dass die fachspezifischen philologischen Quellen meist durch Ausgrabungen zutage gefördert werden. Die Entstehung der Ägyptologie ist aufs Engste mit dem Franzosen *Jean François Champollion* (1790–1832) verknüpft, dem es 1822 gelang, die ägyptischen **Hieroglyphen** mit Hilfe anderer, mehrsprachiger Inschriften zu entziffern; er gilt als Begründer der modernen Ägyptologie.

Es gibt, wie wir gesehen haben, zwar kein universitäres Fach ›Archäologie‹, wohl aber verbindende Elemente zwischen den archäologischen Einzelfächern: neben ihrem Selbstverständnis als historische Wissenschaft gehören dazu auch der materielle Charakter ihrer Quellen sowie die dadurch bedingte spezifische archäologische Methodik.

> Philologie, von griech. *phílos*, ›Freund‹, und *lógos*, ›Wissen‹, ›Lehre‹. Lehre von der Sprache, kurz: Sprach- und Literaturwissenschaft.

> Hieroglyphe, von griech. *hierós*, ›heilig‹, und *glýphein*, ›aushöhlen‹, ›herausschnitzen‹; wörtlich also: ›heilige Inschrift‹. Als Hieroglyphen bezeichnet man gewöhnlich die ägyptische Bilderschrift, die ab etwa 3000 v. Chr. entstand.

Was ist Feldarchäologie? | 2.4

Der Begriff ›Feldarchäologie‹ – aus dem englischen *field archaeology* – beginnt sich in der deutschen Ur- und Frühgeschichtswissenschaft erst allmählich durchzusetzen. Er bezieht sich auf alle Aspekte der Erschließung archäologischer Quellen im ›Feld‹. Damit ist aber nicht nur das Ausgrabungswesen einschließlich der Grundlagen der archäologischen Vermessung gemeint. Vielmehr zählen dazu auch die der Ausgrabung vorausgehende Lokalisierung und Erfassung von ur- und frühgeschichtlichen Hinterlassenschaften durch Feldbegehung und naturwissenschaftliche Prospektionsverfahren (→ Kap. 3.4.4). Der Begriff ›Feld‹ darf nicht nur wörtlich, sondern muss auch im übertragenen Sinne verstanden werden. Denn archäologische Fundstellen liegen natürlich nicht nur auf Feldern und Äckern, sondern auch auf Wiesen und Weiden, in Wäldern, Seen und Meeren, aber auch mitten in Dörfern und Großstädten oder gar in Wüsten.

Die Ausgrabungsmethodik ist ohne Frage der Kernbereich der Feldarchäologie. Dazu gibt es eine Reihe guter Einführungen, aber sie vermögen nicht die feldarchäologische Praxis zu ersetzen: Ausgraben kann man nicht am Schreibtisch lernen, sondern nur indem man an Ausgrabungen mitwirkt. Besonders wichtig ist die heute meist obligatorische Teilnahme an Lehrgrabungen des Universitätsinstituts, an dem man studiert. Im Übrigen sollte man während seines Studiums in den Semesterferien an möglichst unterschiedlichen Ausgrabungsprojekten mitarbeiten, um ein breites Spektrum an Grabungserfahrung zu sammeln.

In der Öffentlichkeit wird nur selten zwischen Archäologie und Feldarchäologie unterschieden. Vielmehr besteht eine ausgeprägte Tendenz, beide gleichzusetzen. Zu dieser Auffassung hat schon *Heinrich Schliemann* (→ Kap. 3.3.3) beigetragen. Wie jede empirische Wissenschaft bedarf die Archäologie einer qualitativ und quantitativ möglichst guten Quellenbasis, und diese Quellen sind am besten durch eine ausgefeilte Grabungsmethodik zu gewinnen. Die Feldarchäologie spielt also in allen archäologischen Einzelfächern eine wichtige, wenngleich unterschiedlich prominente Rolle, doch ist nachdrücklich zu betonen, dass sich Archäologie darauf nicht reduzieren lässt.

Die allgemeine archäologisch-historische Perspektive bestimmt zwar auch die feldarchäologische Praxis – etwa die Auswahl der Ausgrabungsobjekte sowie die Anlage und das Ausmaß der Ausgrabung –, aber die eigentliche archäologische Forschungsarbeit geht weit darüber hinaus. Sie setzt die Ergebnisse der Feldarchäologie voraus, findet jedoch im Wesentlichen am Schreibtisch statt. Dabei geht es zunächst einmal um die Analyse der Grabungsdokumentation sowie um die Klassifikation und vergleichende formale und zeitliche Bestimmung der zur Bearbeitung anstehenden archäologischen Fundkomplexe (→ Kap. 3.5). Auch die kleineren und größeren zeitlich-räumlichen Synthesen der ur- und frühgeschichtlichen Hinterlassenschaften entstehen nicht im Feld, sondern am Schreibtisch. Dazu bedarf es, anders als bei der Feldarchäologie, nicht allein großer Erfahrung und eines geschulten Auges, sondern vor allem einer guten Bibliothek.

Es kann den Studierenden archäologischer Fächer mit starker Feldforschungstradition – insbesondere der Ur- und Frühgeschichtlichen Archäologie – nicht früh genug gesagt werden, dass die historische Aussagekraft archäologischer Quellen keineswegs allein von der Qualität und Quantität der feldarchäologischen Ergebnisse abhängt. Schaut man genauer hin, dann stellt man fest, dass sich das Potential der Quellen erst in dem Augenblick zu entfalten vermag, in dem sie mit historisch sinnvollen – und das heißt zugleich lösbaren – Fragen konfrontiert werden. Diese Fragen aber stammen aus dem Gesamtzusammenhang der Archäologie als Wissenschaft; sie schließt die Feldarchäologie zwar ein, überschreitet sie aber zugleich. Das Historische an der Archäologie ist ihr Gegenstand, sind ihre Fragestellungen, ihre leitenden Konzepte, ihre **Hypothesen** und ihre Theorien. Dieser grundlegende Teil einer historischen Wissenschaft gerät gelegentlich über den Reiz und nicht selten auch über die Aufregung des Ausgrabens in Vergessenheit. Der Fachstudent sollte den Blick für das Ganze jedoch niemals aus den Augen verlieren.

Hypothese, von griech. *hypóthesis*, ›Behauptung‹; hier: Einleuchtend erscheinende, aber unbewiesene Annahme.

Literatur

P. Barker, Techniques of Archaeological Excavation (London 1993³).

A. Bohne/M. U. Heinrich, Das Bild der Archäologie in der Öffentlichkeit: Eine Befragung in Bonn und Köln. Mitteilungen des Deutschen Archäologen-Verbandes e. V. 31/2, 2000, 1–34.

M. K. H. Eggert, Über Feldarchäologie. In: R. Aslan/S. Blum/G. Kastl/F. Schweizer/D. Thumm (Hrsg.), Mauerschau: Festschrift für Manfred Korfmann, 1 (Remshalden-Grunbach 2002) 13–34.

M. K. H. Eggert, Archäologie: Grundzüge einer Historischen Kulturwissenschaft (Tübingen – Basel 2006).

E. Gersbach, Ausgrabung heute: Methoden und Techniken der Feldgrabung (Darmstadt 1998³).

Ur- und Frühgeschichte als Wissenschaft | 3

Inhalt		
3.1	Zum Begriff ›Ur- und Frühgeschichte‹............	13
3.2	Gegenstand, Raum und Zeit	14
3.3	Fachgeschichte.............................	15
3.4	Ur- und frühgeschichtliche Quellen	29
3.5	Klassifikation und Datierung..................	57

Zum Begriff ›Ur- und Frühgeschichte‹ | 3.1

Unter ›Ur- und Frühgeschichte‹ versteht man jenen Zeitraum der Geschichte des Menschen, aus dem entweder keine oder nur sehr wenige Schriftzeugnisse vorliegen. Die Urgeschichte lässt sich ausschließlich auf archäologischem Wege erforschen. Für die Frühgeschichte hingegen stehen zwar schon einige wenige Schriftquellen zur Verfügung, aber ihre Erforschung muss ebenfalls vorwiegend auf der Grundlage nicht-schriftlicher Zeugnisse erfolgen. Der Mangel an schriftlichen Zeugnissen aus frühgeschichtlicher Zeit beruht nicht auf unzureichenden Überlieferungsbedingungen, etwa auf der mangelhaften Erhaltung von Schriftträgern aus organischen Materialien. Schriftquellen sind vielmehr deswegen äußerst rar, weil sie im frühgeschichtlichen Kulturzusammenhang so selten waren. Gewöhnlich macht man sich nicht klar, über welch immense Zeitspanne hinweg der Mensch ohne Kenntnis der Schrift ausgekommen ist. Rechnet man seine Geschichte von den **Australopithecinen** Afrikas vor rund 4 Millionen Jahren bis heute, umfasst die schriftlose Zeit mehr als 99,5 %. Die verbleibenden 0,5 % beginnen erst um 3100 v. Chr., als im südmesopotamischen (→ Kap. 4.2) Sumer die Schrift erfunden wurde. Die wesentlich über Schriftquellen erschlossene ›historische‹ Zeit entspricht also nur einem verschwindend kleinen

Australopithecus, Pl. Australopithecinen, von lat. *australis*, ›südlich‹, und griech. *pithēkos*, ›Affe‹. In sich differenzierte Hominidengruppe (→ Kap. 6.3.2) aus dem sogenannten ›Tier-Mensch-Übergangsfeld‹. Die frühesten Australopithecinen sind rund 4,3 Millionen, die jüngsten etwa 700 000 Jahre alt.

Bruchteil der Vergangenheit des Menschen. Allerdings haben die in der Evolution des Menschen herausgebildeten Fähigkeiten in dieser extrem kurzen Spanne eine ungeheure Entfaltung erfahren.

Im Zusammenhang mit dem Begriff ›Ur- und Frühgeschichte‹ ist darauf hinzuweisen, dass diese Bezeichnung synonym mit ›Vor- und Frühgeschichte‹ verwendet wird. Wir ziehen allerdings den erstgenannten Begriff vor. Es handelt sich bei der Urgeschichte ja nicht um eine ›Vor‹-Geschichte, also eine Zeit, die vor der ›eigentlichen‹ Geschichte liegt, sondern lediglich um einen überaus langen Zeitraum menschlicher Existenz, aus dem wir – wie oben ausgeführt – keine Schriftzeugnisse besitzen.

An deutschsprachigen Universitäten hießen die Fachinstitute traditionell meist *Institute* oder *Seminare für Ur- und Frühgeschichte* (bzw. *Vor- und Frühgeschichte*). Das ist auch heute noch die übliche Fachbezeichnung. In den letzten Jahren vollzieht sich hier allerdings ein Wandel. Im Hinblick auf die Bezeichnung anderer archäologischer Fächer an deutschsprachigen Universitäten (→ Kap. 6.2.1) und den internationalen Sprachgebrauch wählt man jetzt immer häufiger die Bezeichnung *Ur- und Frühgeschichtliche Archäologie* (bzw. *Prähistorische Archäologie*). Wir schließen uns diesem Trend an.

3.2 | Gegenstand, Raum und Zeit

Die Ur- und Frühgeschichtliche Archäologie ist eine historische Wissenschaft oder – präziser – eine Historische Kulturwissenschaft. Sie befasst sich mit allen Hinterlassenschaften aus ur- und frühgeschichtlicher Zeit, die Erkenntnisse über den Menschen, seine zeittypischen sozialen und politischen Gemeinschaftsformen, sein Wirtschaften, seine kulturellen Hervorbringungen, kurz über sein Leben und Sterben zu geben vermögen. In dieser knappen Auflistung wird bereits deutlich, dass manches von dem, was die Ur- und Frühgeschichtliche Archäologie über den Menschen der Vergangenheit herausfinden möchte, der Mitarbeit anderer Wissenschaften bedarf, und zwar einerseits verschiedener naturwissenschaftlicher, andererseits bestimmter kulturwissenschaftlicher Fächer (→ Kap. 6).

Die Ur- und Frühgeschichtliche Archäologie unterscheidet sich von allen anderen Einzelarchäologien durch die fehlende räumliche Begrenzung: sie ist – wie bereits gesagt – eine gleichsam ›grenzenlose‹ Wissenschaft. Ihr Arbeitsgebiet bildet die gesamte, in ur- und frühgeschichtlicher Zeit von Menschen bewohnte Erde. Sie wird nicht durch einen bestimmten kulturell – und damit auch chronologisch – umschriebenen Gegenstand definiert, wie das etwa für die Klassische und die Provinzialrömische Archäologie zutrifft. Sie beschäftigt sich also nicht mit bestimmten Kulturen und ihrer Zeit in Europa oder im Mittelmeerraum, in Afrika oder in Australien, in der Neuen Welt oder sonstwo. Vielmehr bilden alle diese geographischen Räume und ihre Kulturen – sofern sie aus ur- und frühgeschichtlicher Zeit stammen – in ihrer Gesamtheit das Arbeitsfeld der Ur- und Frühgeschichtswissenschaft. Ob und inwieweit sich beispielsweise ein deutscher auf die Ur- und Frühgeschichte spezialisierter Archäologe wirklich in ›fernen Ländern‹ engagiert, ist nicht etwa eine grundsätzliche Frage, sondern eine Entscheidung des Forschungsinteresses sowie der **Pragmatik** und der sie bedingenden Möglichkeiten.

Das Gleiche gilt auch für die im vorangehenden Abschnitt angesprochene immense zeitliche Spanne des Arbeitsbereichs der Ur- und Frühgeschichtlichen Archäologie. Aus welcher zeitlichen Tiefe der Ur- und Frühgeschichte auch immer menschliche Spuren an einem gegebenen Ort stammen mögen, in allererster Linie ist diese Wissenschaft für sie zuständig. In zeitlicher Hinsicht wird ihr Arbeitsbereich lediglich nach oben recht eindeutig begrenzt. Diese Grenze ist dann erreicht, wenn die schriftliche Überlieferung qualitativ und quantitativ so gut ist, dass sie die Erforschung dieser Zeit nunmehr dominiert. Es liegt auf der Hand, dass die so bestimmte Grenze zwischen ›Frühgeschichte‹ und ›Geschichte‹ sowohl zeitlich als auch räumlich variabel ist: Die Kenntnis von Schrift ist entlang der zeitlichen wie der räumlichen Dimension höchst ungleichmäßig verbreitet.

Pragmatik, von griech. *pragmatikós*, ›tüchtig‹, ›sachkundig‹. In der Wissenschaft meist im Sinne von ›Anwendungsbezogenheit‹, ›Sachbezogenheit‹ bzw. ›Nützlichkeit‹ verstanden.

Fachgeschichte | 3.3

Christian Jürgensen Thomsen und das Dreiperiodensystem | 3.3.1

Mit der zunehmenden Hinwendung zu den **›vaterländischen Altertümern‹** während des 19. Jahrhunderts begann sich die Ur- und Frühgeschichtliche Archäologie mehr und mehr im wissenschaftlichen Umfeld zu etablieren. Der sicherlich wichtigste Schritt dazu war die Entwicklung des sogenannten ›Dreiperiodensystems‹, einer nun nicht mehr länger ausschließlich auf der schriftlichen Überlieferung fußenden zeitlichen Ordnung der Vergangenheit. Seine Entwicklung wird zu Recht mit dem

Der Begriff ›vaterländisch‹ hatte damals unterschiedliche Bedeutungen: Er bezeichnete im engeren Sinne sowohl die regionale Geschichte als auch im weiteren Verständnis die nationale Vergangenheit. Die Bezeichnungen ›Altertumskunde‹/›Altertümer‹ machen deutlich, dass das Interesse vorzugsweise den Bodendenkmälern, also materiellen Quellen, galt.

Namen *Christian Jürgensen Thomsen* (1788–1865) in Verbindung gebracht. Der dänische Gelehrte, der 1816 zum Sekretär und damit Leiter der *Königlichen Kommission zur Erhaltung der Altertümer* in Kopenhagen ernannt wurde, gilt als Begründer der Ur- und Frühgeschichtlichen Archäologie. Seine bereits in den zwanziger Jahren des 19. Jahrhunderts für das Kopenhagener Museum erarbeitete chronologische Einteilung der »nebulösen Vorzeit« – wie sie *Rasmus Nyerup* (1759–1829), der Gründer des heutigen *Dänischen Nationalmuseums*, noch 1806 nannte – in eine Stein-, Bronze- und Eisenzeit gilt als erste methodisch begründete Systematisierung der Altertümer der ›heidnischen Vorzeit‹. Zum ersten Mal wurden die materiellen Quellen nicht nur als Beiwerk und Bestätigung schriftlicher Zeugnisse betrachtet, sondern als eigenständige historische Quellen erkannt. Thomsens Einteilung stützt sich dabei weniger auf die unterschiedlichen Werkstoffe der Funde (Stein, Bronze, Eisen) im Sinne einer Abfolge – wie sie antike Quellen überlieferten –, sondern auf die empirische Beobachtung des gemeinsamen Auftretens archäologischer Objekte, die diese Abfolge der Werkstoffgruppen im Prinzip bestätigte. Der Wissenschaft und einer größeren Öffentlichkeit wurde diese Periodisierung erstmals 1836 bekannt, als Thomsens Museumsführer *Ledetraad til Nordisk Oldkyndighed* erschien (dt. *Leitfaden zur Nordischen Alterthumskunde*, 1837). In der Folge übernahmen zahlreiche, vor allem nordeuropäische Museen seine Einteilung und verhalfen dem Dreiperiodensystem damit über Dänemark hinaus zu großer Bekanntheit.

Das Römisch-Germanische Zentralmuseum (RGZM) in Mainz gehört zu den großen deutschen Forschungsinstitutionen mit internationaler Bedeutung auf dem Gebiet der Ur- und Frühgeschichtlichen Archäologie. Seine vornehmliche Aufgabe ist es, eigenständige Forschungen im Bereich der urgeschichtlichen, provinzialrömischen und frühgeschichtlichen Archäologie vorzunehmen und in seinen Sammlungen – sie bestehen im Wesentlichen aus Nachbildungen – einen systematischen Überblick über die europäische Ur- und Frühgeschichte zu liefern.

Die Gliederung Thomsens blieb allerdings nicht unwidersprochen. Es war vor allem der deutsche Altertumswissenschaftler und erste Direktor des 1852 gegründeten *Römisch-Germanischen Zentralmuseums* in Mainz (RGZM) *Ludwig Lindenschmit d. Ä.* (1809–1893), der ab 1860 gegen das Dreiperiodensystem Stellung bezog. Er war der Ansicht, dass die nördlich der Alpen gefundenen Bronzeobjekte Importe aus Etrurien seien und es somit keine eigenständige Bronzezeit gebe. Auch wenn Lindenschmit irrte, zeigt die Auseinandersetzung, dass bereits um die Mitte des 19. Jahrhunderts die Gültigkeit des Dreiperiodensystems angezweifelt wurde. Heute wissen wir, dass die von Thomsen entwickelte Abfolge der Werkstoffe Stein, Bronze und Eisen nur eingeschränkt Bestand hat und keinerlei Gesetzmäßigkeit besitzt. So wurde in vorkolonialer Zeit auf dem amerikanischen Kontinent kein Eisen produziert, und auf dem afrikanischen Erdteil fehlt eine durch Bronze charakterisierte Epoche.

Thomsens Verdienst um die Archäologie ist dennoch fundamental. Mit seiner systematischen Ordnung der Altertumssammlung in Kopenhagen nach chronologischen und nicht mehr – wie bis dahin üblich – nach funktionalen Kriterien begründete er ein Gliederungsprinzip, das schließlich aus einer reinen Liebhaberei und Sammelleidenschaft eine Wissenschaft werden ließ.

Rudolf Virchow und der Fund im Neandertal | 3.3.2

Am 6. September 1856 berichtete die *Elberfelder Zeitung* über kürzlich aufgefundene Menschenknochen im **Neandertal**, dem sogenannten ›Gesteins‹ bei Düsseldorf, die »glücklicherweise« in den Besitz des Lehrers *Johann Carl Fuhlrott* (1803–1877) gelangt seien. Dessen Interesse an **Fossilien** war in der Gegend weithin bekannt, und so wurden ihm die Überreste bereits im August – kurz nach ihrer Auffindung durch Steinbrucharbeiter – übergeben. Fuhlrott erkannte, dass es sich bei den in der Kleinen Feldhofer Grotte entdeckten Knochen um menschliche Überreste und nicht, wie von den Steinbrucharbeitern angenommen, um die eines Höhlenbären handelte. Von Anfang an war er davon überzeugt, einen **diluvialen Menschen** gefunden zu haben. Die Elberfelder Zeitung schien dieser These nicht abgeneigt und wies den Fund, offensichtlich Fuhlrott folgend, dem »Geschlechte der Flachköpfe« zu. Ähnliche menschliche Überreste hatte man schon früher an der Oberen Donau gefunden, weshalb man die Hoffnung hegte, der Fund aus dem Neandertal könne zur Klärung der Frage beitragen, »ob diese Gerippe einem mitteleuropäischen Urvolke oder blos einer (mit Attila?) streifenden Horde angehört haben«.

Fossil, von lat. *fossilis*, ›ausgegraben‹. Versteinerter Überrest eines Tieres oder einer Pflanze.

Diluvium, von lat. *diluvium*, ›Überschwemmung‹. Veraltete Bezeichnung für ›Eiszeit‹/›Eiszeitalter‹. Heute wird in der Regel der Begriff ›Pleistozän‹ (von griech. *pleistos*, ›am meisten‹, und *kainos*, ›neu‹) benutzt, der die erdgeschichtliche Epoche von etwa 2,4 Millionen Jahren bis ca. 11 500 vor Heute umfasst.

Neandertal und Neandertalfund

Das Neandertal (im 19. Jahrhundert und gelegentlich auch heute noch ›Neanderthal‹) bei Mettmann in der Nähe von Düsseldorf ist nach dem Theologen und Kirchenlieddichter *Joachim Neumann* (1650–1680) benannt. An die Antike anknüpfend und für das 17. Jahrhundert nicht unüblich, verwendete er den griechischen Namen ›Neander‹ statt ›Neumann‹. Das Tal wurde aufgrund seiner malerischen Kalksteinfelsen und Höhlen schon früh zum Ausflugsziel für Muße suchende Städter. Doch erst dem im 19. Jahrhundert florierenden Kalksteinabbau ist die Entdeckung des Funds zu verdanken. Nach mehr als 140 Jahren wurden im Herbst 1997 in dem ehemaligen Steinbruch, in dem die Skelettreste von 1856 zu Tage traten, erneut Grabungen durchgeführt, mit der berechtigten Hoffnung, dort weitere Teile des Skeletts oder andere zugehörige Funde zu bergen. Tatsächlich fanden die Ausgräber Knochenfragmente, die nunmehr das Skelett von 1856 ergänzen.

Anthropologie, von griech. *ánthrōpos,* ›Mensch‹, und *lógos,* ›Wissen‹, ›Lehre‹. Wissenschaft, die sich mit dem Menschen und seiner Entwicklung auseinandersetzt.

Unterstützung für seine These, es handle sich um eine urtümliche Menschenform, erhielt Fuhlrott von dem Bonner **Anthropologen** *Hermann Schaaffhausen* (1816–1893). Zwar schätzte Schaaffhausen das Alter der Skelettreste nicht ganz so hoch ein, jedoch vertrat er 1858 die Meinung, sie deuteten auf einen Angehörigen eines Urvolks hin, das bereits vor den Germanen Europa besiedelt habe. Die These Fuhlrotts und Schaaffhausens stieß allerdings – vor allem unter deutschen Wissenschaftlern – auf ›taube Ohren‹, widersprach sie doch der herrschenden Lehrmeinung. Schließlich hätte man mit dem Zugeständnis des hohen Alters des Menschen auch die Verwandtschaft von Affe und Mensch anerkennen müssen.

Die Deutung des Neandertalfunds änderte sich erst in den sechziger Jahren des 19. Jahrhunderts. Einen entscheidenden Anstoß dazu lieferte das 1859 erschienene Werk *Charles Darwins* zur Evolutionstheorie. Es waren in diesen Jahren vor allem britische Forscher, die sich eingehend mit diesem und anderen ähnlichen Funden beschäftigten und das hohe Alter der menschlichen Überreste bestätigten. Unter ihnen sind etwa der Zoologe *Thomas Henry Huxley* (1825–1895) – ein begeisterter Anhänger von Darwins Thesen – und der Geologe *Charles Lyell* (1797–1875) hervorzuheben. Lyell hatte sich zuvor zwar jahrelang gegen die Existenz menschlicher Fossilien ausgesprochen, nun aber klar Stellung bezogen und dem Fund ebenfalls ein hohes Alter ein-

Darwin und Darwinismus

Charles Darwin (1809–1882), englischer Naturforscher, unternahm 1831 eine mehrjährige Forschungsreise mit der ›Beagle‹, die ihn unter anderem nach Feuerland und zu den Galapagosinseln führte. Als Ergebnis dieser Reise veröffentlichte er 1859 unter dem Titel *On the Origin of Species by Means of Natural Selection, or the Preservation of Favoured Races in the Struggle of Life* (dt.: Über die Entstehung der Arten durch natürliche Zuchtwahl oder die Erhaltung der begünstigten Rassen im Kampfe um's Dasein [1860]) erstmals seine Theorie der Evolution. Darin vertrat er die Meinung, es habe keine einmalige Schöpfung von Lebewesen gegeben, vielmehr sei die Vielfalt der Lebewesen durch natürliche Auslese entstanden. Damit wurde der Mensch seiner Sonderstellung als Geschöpf Gottes beraubt. Dem deutschen Mediziner und Zoologen *Ernst Haeckel* (1834–1919) ist es zu verdanken, dass Darwins Theorie in Deutschland insbesondere seit den siebziger Jahren des 19. Jahrhunderts außerordentlich populär wurde. Einer der Widersacher Haeckels war übrigens Rudolf Virchow, der zwar der Evolutionstheorie durchaus aufgeschlossen gegenüberstand, aber vor allzu schnellen Schlussfolgerungen warnte und sich gegen den Darwinismus als Weltanschauung aussprach.

geräumt. Es war der Ire *William King* (1809–1866) – ein Schüler Lyells –, der 1863 die Bezeichnung **Homo neanderthalensis** für den Fund einführte (→ Kap. 7.1).

Anders als auf den Britischen Inseln akzeptierte man in Deutschland das hohe Alter des Neandertalers nicht. Eine ausgesprochen wichtige Stellung in dieser Auseinandersetzung nahm der in urgeschichtlichen Belangen angesehene Berliner Mediziner, **Pathologe** und Politiker *Rudolf Virchow* (1821–1902) ein. Er beschäftigte sich seit Ende der sechziger Jahre vermehrt mit prähistorischen Fragen. Nach einer Begutachtung der Skelettreste war er sich 1872 sicher – und an dieser Meinung hielt er bis zu seinem Tod fest –, dass sie von einem durch Krankheit deformierten neuzeitlichen Menschen stammten. Neben Virchows Bewertung gab es zahlreiche weitere Fehleinschätzungen; so wurde von anderer Seite vermutet, es handele sich um Überreste eines russischen Kosaken aus der Zeit der Befreiungskriege (1813/14). Virchows Autorität behinderte die weitere Forschung auf diesem Gebiet in Deutschland beträchtlich. Trotz verschiedener neuer Funde und Erkenntnisse wurde das hohe Alter des Neandertalers bis Ende des 19. Jahrhunderts faktisch nicht anerkannt.

Rudolf Virchow gehört dennoch zweifellos zu den zentralen Gestalten der deutschen Ur- und Frühgeschichtswissenschaft. Ihre Entwicklung wurde wesentlich durch die von ihm angeregte und im Spätherbst des Jahres 1869 vollzogene Gründung der *Berliner Gesellschaft für Anthropologie, Ethnologie und Urgeschichte* gefördert. Durch diese *Berliner Anthropologische Gesellschaft* (BAG), wie sie auch genannt wurde, und den 1870 gegründeten gesamtdeutschen Dachverband – die *Deutsche Gesellschaft für Anthropologie, Ethnologie und Urgeschichte* (DAG) – erhielt die im Werden begriffene junge Forschungsrichtung eine neue, in erster Linie naturwissenschaftlich geprägte Ausrichtung. Sicherlich spielte hierbei auch eine wichtige Rolle, dass sich zu jener Zeit überwiegend Naturwissenschaftler und Mediziner, speziell Anatomen und Anthropologen, mit Fragen der Menschwerdung beschäftigten und vermehrt archäologische Fragen in den Blick nahmen. Das im 19. Jahrhundert dominierende **positivistische Wissenschaftsverständnis** findet sich daher auch in der sich etablierenden Ur- und Frühgeschichtswissenschaft. Man spricht zu Recht von einem ›**naturwissenschaftlichen Paradigma**‹, das zum einen an der weitgehend materialgebundenen Ausrichtung der frühen Forschungen deutlich wird und zum anderen zweifellos eng mit Virchow verbunden ist. Er ließ ausschließlich ›Fakten‹ gelten und wollte die Ur- und

Homo, von lat. *homo*, ›Mensch‹. Die ergänzenden Bezeichnungen wie z. B. ›neanderthalensis‹ (für den Herkunftsort) oder ›sapiens‹ (von lat. *sapiens*, ›klug‹, ›weise‹) beschreiben die jeweilige Menschenart näher.

Pathologie, von griech. *páthos*, ›Leiden‹, ›Krankheit‹, und *lógos*, ›Wissen‹, ›Lehre‹. Wissenschaft von Krankheiten, speziell durch Leichenschau.

Positivismus. Wissenschaftstheoretische Position, die sich strikt auf das empirisch Gegebene, d. h. auf durch Beobachtung wahrnehmbare Tatsachen, beschränkt. Kennzeichnend für zahlreiche Wissenschaften des 19. Jahrhunderts.

Paradigma, von griech. *parádeigma*, ›Beispiel‹, ›Muster‹. Begriff, den der Amerikaner *Thomas S. Kuhn* (1922–1996) (*The Structure of Scientific Revolutions*

[Chicago 1962]; dt. 1967) in die Wissenschaftstheorie eingeführt hat. Er bezeichnet die zu einer gewissen Zeit innerhalb einer Wissenschaft prägenden Auffassungen bzw. Theorien. ›Paradigmen‹ können einander ablösen; Kuhn spricht dann von einer »Wissenschaftlichen Revolution«.

Frühgeschichtswissenschaft mit naturwissenschaftlichen Methoden betreiben. 1881 charakterisierte sich Virchow selbst als »Naturforscher mit der Gewohnheit der kältesten Objektivität«. Dem ist uneingeschränkt zuzustimmen.

Mit Virchows Engagement für die Urgeschichtsforschung und der Gründung der beiden großen, für die Professionalisierung des Fachs einflussreichen Gesellschaften zeichnet sich erstmals eine ›Verwissenschaftlichung‹ der bis dahin nicht zuletzt von Laien betriebenen ›vaterländischen‹ Altertumsforschung ab. Im Vergleich zum 1852 in Mainz gegründeten *Gesamtverein der deutschen Geschichts- und Alterthumsvereine*, dem die meisten lokalen Geschichtsvereine angehörten, entfalteten die Anthropologischen Gesellschaften, besonders in akademischen Kreisen, entschieden mehr Wirkung. So kam Virchow bereits 1880 auf einer Versammlung der BAG zu dem Schluss: »Wir haben die Deutsche Prähistorie selbständig gemacht«.

In der Person Rudolf Virchows war der sich langsam herausbildenden Ur- und Frühgeschichtswissenschaft ein Protagonist erwachsen, dem vaterländische Schwärmerei und Spekulationen zuwider waren; sein Wort hatte enorme Bedeutung, gab es doch zu dieser Zeit keinen anderen auf dem Gebiet der deutschen Urgeschichtsforschung, der ähnlich belesen und eloquent war und auch international so geschätzt wurde. Das zeigt sich besonders gut am Fund aus dem Neandertal bei Düsseldorf: Virchows ›Fehldiagnose‹ blieb eben in Deutschland bis zu seinem Tod im Jahr 1902 unwidersprochen. Sein Wissenschaftsverständnis aber sollte auf die sich entfaltende Forschungsrichtung nachhaltigen Einfluss ausüben. Während *Heinrich Schliemann* (→ Kap. 3.3.3) in erster Linie wegen seiner Pionierarbeiten auf feldarchäologischem Gebiet zu würdigen ist, steht Virchow für die nüchtern-naturwissenschaftliche Komponente der Archäologie. Er prägte sie zu jener Zeit wie kein anderer. *Georg Kossack* (1923–2004) hat ihn daher zu Recht als »Doyen der entstehenden ›Zunft‹ prähistorisch orientierter Archäologen« bezeichnet.

3.3.3 Heinrich Schliemann und die Entdeckung von Troia

Neben *Rudolf Virchow* muss ein weiterer Pionier der Entwicklung der deutschen Ur- und Frühgeschichtswissenschaft genannt werden, der zur selben Zeit in den Altertumswissenschaften für Furore sorgte: *Heinrich Schliemann* (1822–1890). Wie kein anderer deutscher Archäologe hat der Mecklenburger Kaufmann und

Schliemann und Troia

1870 begann Schliemann erstmals – einem Hinweis des Briten *Frank Calvert* (1828–1908) folgend – am Ruinenhügel Hisarlık an den Dardanellen (Türkei) zu graben. Er hoffte, dort auf Reste des bei dem griechischen Dichter *Homer* (Ende des 8. Jahrhunderts v. Chr.) in der *Ilias* besungenen Troianischen Krieges zu stoßen. Dabei gab es von Beginn an Streit und Diskussionen um die **Historizität** des Homerischen **Epos**. Im Gegensatz zu vielen anderen Forschern seiner Zeit war Schliemann aber davon überzeugt, das von Homer beschriebene Troia gefunden zu haben. 1873 entdeckte er den von ihm so bezeichneten »Schatz des Priamos«, einen überaus reichen Schatzfund mit zahlreichen Gefäßen aus Gold sowie dem berühmten goldenen Diadem. Wie sich jedoch erst viel später, nämlich 1890, herausstellte, stammten sowohl die Burg als auch der »Schatz des Priamos« nicht aus der Zeit, die gemeinhin mit dem Troianischen Krieg (13./12. Jahrhundert v. Chr.) verbunden wird. Schatz und Burg gehörten vielmehr einer früheren Zeit an, die heute als Troia II (ca. 2550 bis 2250 v. Chr.) bezeichnet wird und damit weit vor dem Schliemannschen homerischen Troia liegt. Schliemann war bei seiner Interpretation der Befunde des Ruinenhügels Hisarlık sehr stark durch die *Ilias* beeinflusst und maß den archäologischen Quellen eine allzu große Bedeutung bei der historischen Interpretation zu. Die korrekte Lokalisierung und die kulturgeschichtliche Bedeutung Troias in der Ägäischen Bronzezeit ist bis heute nicht völlig geklärt. Seit 2001 wird erneut der Wert des Homerischen Epos für die archäologische Troia-Forschung, vor allem durch Althistoriker, in Frage gestellt. Schließlich ist die unkritische Verknüpfung von literarischer und archäologischer Überlieferung in methodologischer Hinsicht problematisch.

> Historizität, von griech. *historía*, ›Forschung‹, ›Erzählung‹, ›Darstellung‹. Hier: historische Wahrhaftigkeit, Echtheit.
>
> Epos, von griech. *épos*, ›Wort‹, ›Rede‹, ›Erzählung‹. Erzählende Versdichtung, Heldengedicht. Der Begriff ›Homerisches Epos‹ bezeichnet beide Homer zugeschriebenen Werke, also sowohl die *Ilias* als auch die etwas später entstandene *Odyssee*.

Autodidakt die noch junge Wissenschaft populär gemacht. Mit seinen sensationellen Entdeckungen – insbesondere in *Troia*, Mykene und Tiryns – war er über die damalige Tagespresse in aller Munde. Darüber hinaus geht auf ihn die noch heute übliche Vorstellung von der Archäologie als einer ›Spatenwissenschaft‹ (→ Kap. 2.4) zurück, die fassbare Tatsachen ans Licht bringen und eine rätselhafte Vergangenheit in entbehrungsreicher Arbeit entschlüsseln könne. So bezeichnete er etwa in seinem 1881 erschienenen Werk *Ilios, Stadt und Land der Troianer* seine Arbeit in Troia unter anderem als »Forschung mit Spitzhacke und Spaten«.

Schliemann hat wie kein anderer seiner Zeit das Bild einer ganzen Wissenschaft geprägt. Wie schon erwähnt, wird ›Archäologie‹ in weiten Teilen der Bevölkerung mit Ausgrabungen und spektakulären Funden in Verbindung gebracht; diese Vorstellung ist vor allem auf die Schliemannschen Ausgrabungen zurückzuführen. Doch neben seiner immensen Außenwirkung müssen auch Schliemanns bedeutende methodische Errungen-

> Autodidakt, von griech. *autós*, ›selbst‹, und *didáskein*, ›lehren‹, ›unterrichten‹. Jemand, der sich sein Wissen selbst beigebracht hat.

schaften für das Fach gewürdigt werden. Ein wichtiger Punkt ist sicherlich, dass er mit seinen Grabungen in der Ägäis und Kleinasien nicht mehr allein den Baudenkmälern und Kunstwerken die gesamte Aufmerksamkeit zuteil werden ließ; erstmals rückten jetzt die unscheinbaren Kleinfunde aus Keramik, Metall und Knochen sowie Pflanzenreste in das Blickfeld der Forschung. Dies erforderte einen gänzlich anderen methodischen Ansatz als die rein objektbezogene sogenannte ›Kunstarchäologie‹, wie sie die Klassischen Archäologen (→ Kap. 6.2.1) damals praktizierten. In Troia und anderswo ging es vor allem darum, materielle Zeugnisse zu bergen, nach Sachgruppen zu gliedern, zeitlich einzuordnen und kulturgeschichtlich zu deuten. Um diesem ›ganzheitlichen Konzept‹, so möchten wir es einmal nennen, gerecht zu werden, war es nötig, Spezialisten zu engagieren. So führte sein Freund Virchow (→ Kap. 3.3.2) Untersuchungen an Skelett- und Faunenresten sowie zur Landeskunde durch und der Architekt *Wilhelm Dörpfeld* (1853–1940) unterstützte Schliemann ab 1882 bei den Grabungen, indem er das Vermessungswesen übernahm. Letzterer sollte nach Schliemanns Tod die Grabungen in Troia federführend fortsetzen.

Schliemann war seiner Zeit also weit voraus. Dies betrifft neben der Einbindung naturwissenschaftlicher Untersuchungen, denen er positiv gegenüberstand, ganz besonders den Einsatz der Fotografie als Mittel der archäologischen Dokumentation. Aber auch für die Entwicklung der Grabungstechnik haben seine Arbeiten in Troia wichtige Impulse geliefert; schließlich wurde vor allem den archäologischen Schichten und damit der Stratifizierung große Aufmerksamkeit geschenkt. Durch die konsequente Anwendung der *Stratigraphischen Methode* (→ Kap. 3.5.3.1) hat Schliemann sehr zu deren fachlicher Anerkennung beigetragen.

Diese ›neue‹ Art der Archäologie, die sich vollkommen von der vorherrschenden philologisch und kunsthistorisch geprägten Archäologie abhob, fand anfangs in der Fachwelt nur geringe Unterstützung. Insgesamt wurde die neue Forschungsrichtung mit Skepsis betrachtet. Kaum einer der damaligen Altertumswissenschaftler konnte mit Ausgrabungsergebnissen etwas anfangen, und viele Gelehrte empfanden darüber hinaus das Ausgraben generell als unter ihrer Würde. Der Prähistoriker *Hans Gummel* (1891–1962) hat die Situation im 19. Jahrhundert in seiner *Forschungsgeschichte in Deutschland* aus dem Jahr 1938 treffend beschrieben: »Tief bedauerlich ist das geringe Verständnis, das – aufs Ganze gesehen – unserem Fach von der Sprach-, Geschichts- und klassisch-archäologischen Forschung entgegengebracht wurde, also von den Wissenschaften, mit denen es großenteils gemeinsame Ziele hat«. Schliemann gehörte sicherlich zu jenen, die damals starre Traditionen aufbrachen. Das hängt damit zusammen, dass er **Dilettant** im ursprünglichen Sinne des Wortes war und dem Gelehrtentyp des 19. Jahrhunderts daher ganz und gar widersprach.

Es bleibt abschließend festzuhalten, dass Schliemann neben Virchow ganz entscheidend am Entstehen der Ur- und Frühgeschichtlichen Archäologie mitgewirkt hat. Schon 1921 hatte der Berliner Prähistoriker *Carl Schuchhardt* (1859–1943) rückblickend auf das noch junge Fach neben der Bedeutung Virchows auch die Schliemanns erkannt und herausgehoben. In seiner Gedächtnisrede zum 100. Geburtstag Virchows betonte er: »Am Eingang in die Deutsche Vorgeschichtsforschung stehen wie zwei große Pylonen Heinrich Schliemann und Rudolf Virchow […], die beide von einem anderen Beruf aus zur Vorgeschichtsforschung gekommen sind und die dann […] das Beste für unsere Wissenschaft […] getan haben«. Beide stießen wesentliche Forschungsfragen an und lieferten zahlreiche Anregungen für das Fach. Schliemanns Verdienste für die Ur- und Frühgeschichtswissenschaft liegen dabei, wollen wir seine Leistungen zusammenfassend würdigen, wesentlich auf feldarchäologischem Gebiet. Er hat zwar – gewiss wie kein anderer – die Vorstellung von Archäologie als einer ›Ausgrabungswissenschaft‹ geprägt, sein archäologisches Wirken aber lässt sich nicht darauf beschränken.

> Dilettant, von lat. *delectare*, ›sich erfreuen‹, über ital. *dilettare*, ›Liebhaber‹, ›Laie‹. Schon früh abwertend für ›Nichtfachmann‹ im Sinne von ›Stümper‹ benutzt.

Gustaf Kossinna und die ›Siedlungsarchäologie‹

| 3.3.4

Neben *Rudolf Virchow* und *Heinrich Schliemann* hat ein weiterer Gelehrter zur Entwicklung der Archäologie entscheidend beigetragen. Es war dies der im ostpreußischen Tilsit geborene *Gustaf Kossinna* (1858–1931). Auch er kam über Umwege zur Archäologie. Nach einem Studium der Germanischen Philologie, Deutschen Altertumskunde, Landeskunde und Kunstgeschichte, das er 1881 mit einer philologischen **Dissertation** abschloss, schlug er zunächst die Bibliothekarslaufbahn ein. In den folgenden Jahren war er an verschiedenen Orten tätig und beschäftigte sich in dieser Zeit im Selbststudium mit der ›Vorgeschichte‹. Man darf Kossinna also auf diesem Gebiet ähnlich wie Schliemann und Virchow als Autodidakten bezeichnen (→ Kap. 3.3.2; 3.3.3).

> Dissertation, von lat. *dissertatio*, ›Erörterung‹. Doktorarbeit.

Wie *Heinz Grünert* in seiner Biographie aus dem Jahr 2002 über Kossinna deutlich machen konnte, waren vor allem die späten achtziger und die beginnenden neunziger Jahre des 19. Jahrhunderts, als Kossinna in Bonn und Berlin tätig war, für seine Laufbahn als Prähistoriker von Bedeutung. 1895/96 betrachtete er selbst seine Entwicklung vom Philologen zum Archäologen als abgeschlossen. Diese Selbsteinschätzung Kossinnas war insofern richtig, als er auf der Versammlung der DAG (→ Kap. 3.3.2) am 9. August 1895 in Kassel seinen bedeutenden Vortrag über »Die vorgeschichtliche Ausbreitung der Germanen in Deutschland« hielt. Darin propagierte er erstmals seine sogenannte »siedlungsarchäologische Methode«, mit der er versuchte, von Verhältnissen der Gegenwart bzw. der **historiographisch** dokumentierten Vergangenheit auf Zustände in prähistorischer Zeit zu schließen. Seine Methode, die er treffend auch als »ethnographische Vorgeschichte« bezeichnete, formulierte er aber erst 1911 detailliert in dem Buch *Die Herkunft der Germanen: Zur Methode der Siedlungsarchäologie*. Sein übergeordnetes Ziel war es, »die vaterländische Archäologie mit der Geschichte in Verbindung zu bringen« und den bis dato gemachten Funden ihre »Subjektlosigkeit« zu nehmen – so Kossinna in seinem Vortrag von 1895. Dabei setzte er eine Deckungsgleichheit von Land, Volk, Sprache und materieller Kultur voraus, nahm aber keine Definition dieser Begriffe vor. Es ging ihm um eine Verlängerung der ethnisch-nationalen Geschichtsschreibung mit Hilfe archäologischer Hinterlassenschaften. Das wird nicht nur in seinem Kasseler Vortrag, sondern auch in seinen späteren Forschungen deutlich. Bis zu seinem Lebensende beschäftigte er sich nahezu ausschließlich mit der Herkunft der Germanen und Indogermanen sowie der Lokalisierung ihrer ›Urheimat‹. In seiner populärwissenschaftlich gehaltenen Schrift *Die deutsche Vorgeschichte eine hervorragend nationale Wissenschaft* aus dem Jahr 1912, die bis in die dreißiger Jahre hinein insgesamt sieben Mal neu aufgelegt wurde, findet seine nationalistische Gesinnung deutlichen Ausdruck; sie bestimmte in der Folge sein weiteres Schaffen.

An Kossinna ist besonders sein ausgeprägter Glaube an den Wahrheitsgehalt der antiken Schriftquellen zu bemängeln. Eine kritische Überprüfung dieser Zeugnisse fand in der Regel nicht statt. So folgerte er etwa aus *Caesars* Aussage (→ Kap. 3.4.6), der Rhein habe die Grenze zwischen Kelten und Germanen gebildet, dass die archäologischen Funde auf der Gallien zugewandten linken Seite des Flusses keltisch und der rechten germanisch seien. In dieser Quellengläubigkeit tut sich übrigens eine interessante Pa-

---

Historiographie, von griech. *historia*, ›Forschung‹, ›Erzählung‹, ›Darstellung‹, und *gráphein*, ›ritzen‹, ›schreiben‹. Geschichtsschreibung.

rallele zu Schliemann auf, der den homerischen Epen ähnlich gegenüberstand.

Seit Ende der achtziger Jahre war Kossinna mit seiner Bibliothekarslaufbahn unzufrieden. Er bemühte sich daher seit 1896 verstärkt um eine Position an der Universität. Seine Anstrengungen zur Einrichtung einer Professur für *Deutsches Altertum* bzw. *Germanische Altertumskunde* – als Nachfolger seines Lehrers *Karl Müllenhoff* (1818–1884) – an der Berliner Friedrich-Wilhelms-Universität blieben jedoch zunächst ohne Erfolg. Erst 1902 kam es tatsächlich zur Einrichtung eines **Extraordinariats** für *Deutsche Archäologie* an der Berliner Universität, die nicht zuletzt auf Kossinnas Beharrlichkeit zurückzuführen ist.

Kossinna hat der deutschen Ur- und Frühgeschichtswissenschaft mit seiner ›siedlungsarchäologischen Methode‹ gewiss ein Paradigma hinzugefügt, das sich am ehesten als ›archäologisch-historisch‹ charakterisieren lässt. Dem bis dahin unangefochtenen ›naturwissenschaftlichen‹ Paradigma Virchows (→ Kap. 3.3.2) stand damit am Ende des 19. Jahrhunderts ein ›historisches‹ Paradigma gegenüber. Es sollte sich durchsetzen und bildete fast ein halbes Jahrhundert lang den Mittelpunkt sämtlicher Forschungsbemühungen. Noch bevor die Ur- und Frühgeschichtswissenschaft ihren Platz an den Universitäten gefunden hatte, war dem Fach ein Fundament erwachsen, das in den Folgejahren den ›Germanenmythos‹ weiter nährte. Vor allem die Nationalsozialisten griffen auf das Werk Kossinnas und die sogenannte ›ethnische Deutung‹ archäologischer Zeugnisse zurück. Von NS-Archäologen wurde er als Ahnherr ihrer Bewegung gefeiert. Auch nach 1945 wirkte sich sein Einfluss – dieses Mal im umgekehrten Sinne – nachteilig für die Prähistorische Archäologie aus: Die NS-Archäologie und damit die ›Methode Kossinna‹ war diskreditiert, das Fach wandte sich besonders typographisch-chronologischen Fragen zu und fiel in eine Art ›Realienkunde‹ zurück; *Günter Smolla* (1919–2006) hat dafür vor mehr als einem Vierteljahrhundert die Bezeichnung »Kossinna-Syndrom« geprägt.

Wir wollen hier nun keineswegs behaupten, die Wurzeln der deutschen Prähistorischen Archäologie lägen allein im Nationalismus, wenngleich das Nationale im Europa des 19. Jahrhunderts allenthalben eine wichtige Rolle spielte. Es war vornehmlich das Verdienst dreier Autodidakten – Virchow, Schliemann und Kossinna –, die einer eigenständigen Wissenschaft den Weg ebneten; auch wenn dies, anders als bei Kossinna, von Schliemann und Virchow nicht intendiert war. Virchow etwa war 1873 gar davon

Extraordinariat, von lat. *extra*, ›außerhalb‹, ›außer‹ und *ordinarius*, ›ordentlich‹, ›gewöhnlich‹. Außerordentliche Professur. Das Extraordinariat war rechtlich anders gestellt als ein ›Ordinariat‹ (ordentliche Hochschulprofessur).

überzeugt, die Prähistorie werde nie ein eigenes akademisches Fach werden. Trotz ihrer äußerst unterschiedlichen Herangehensweisen und Ziele auf prähistorischem Gebiet haben alle drei der Ur- und Frühgeschichtlichen Archäologie entscheidende Impulse gegeben. Sie standen am Ende des 19. Jahrhunderts – jeder auf seine Weise – für eine *moderne* Ur- und Frühgeschichtsforschung, die nichts mehr mit der antiquarischen Forschung der Lehrer, Beamten und Theologen der frühen Altertumsvereine zu Beginn des Jahrhunderts gemein hatte.

3.3.5 | Gero von Merhart und das Fach ›Ur- und Frühgeschichte‹

Persönliches Ordinariat. Nicht planmäßiger, d.h. nicht im Stellenplan einer Universität vorgesehener, sondern einem Professor persönlich zugesprochener Lehrstuhl.

Die universitäre Institutionalisierung der Ur- und Frühgeschichtswissenschaft in Deutschland setzte, sieht man von dem Berliner Extraordinarius *Gustaf Kossinna* (→ Kap. 3.3.4) und seinem Nachfolger *Max Ebert* (1879–1929) als **Persönlichem Ordinarius** einmal ab, spät ein. Die erste planmäßige Ordentliche Professur wurde 1927 an der Philipps-Universität Marburg anlässlich ihrer 400-Jahrfeier geschaffen und 1928 mit *Gero Merhart von Bernegg* (1886–1959) besetzt. Mit dem *Vorgeschichtlichen Seminar* in Marburg – so hieß es damals – wurde die Ur- und Frühgeschichtliche Archäologie endgültig zu einem eigenständigen akademischen Fach.

Geologie, von griech. *gē,* Wortbildungselement mit der Bedeutung ›Erde‹, und *lógos,* ›Wissen‹, ›Lehre‹. Wissenschaft von der Erde.

Geographie, von griech. *gē,* Wortbildungselement mit der Bedeutung ›Erde‹, und *gráphein,* ›ritzen‹, ›schreiben‹. Erdbeschreibung, Länderkunde.

Habilitation, von lat. *habilis,* ›geschickt‹, ›fähig‹. Erwerb der Lehrberechtigung an Hochschulen und Universitäten.

Gero von Merhart, wie er meist genannt wird, wurde im österreichischen Bregenz geboren. Er begann sein Studium 1907 in München mit den Fächern **Geologie**, **Geographie** und Anthropologie. Nach Studienaufenthalten in Wien und Zürich kehrte er nach München zurück und promovierte 1913 mit einer geologischen Arbeit. Noch im gleichen Jahr trat er seine erste Stelle als Assistent des Anthropologen *Johannes Ranke* (1836–1916) an der *Prähistorischen Sammlung* (heute: *Archäologische Staatssammlung*) in München an. Seine berufliche Tätigkeit war allerdings nur von kurzer Dauer; der Erste Weltkrieg brach aus und Merhart geriet bereits im Dezember 1914 in russische Kriegsgefangenschaft, aus der er erst 1921 wieder nach München zurückkehren sollte. 1924 reichte er seine **Habilitationsschrift** *Die Bronzezeit am Jenissei* in Innsbruck ein. Sie beruhte auf archäologischen Arbeiten, die er während der letzten zwei Jahre seiner Gefangenschaft im sibirischen Krasnojarsk – zuerst als Restaurator, später als ›Aufseher‹ des Museums der dort ansässigen Geographischen Gesellschaft – durchführen konnte.

Merharts Bedeutung für die deutsche Ur- und Frühgeschichtswissenschaft wird vor allem daran deutlich, dass bei ihm bis zu seiner ersten, 1942 durch die Nationalsozialisten erzwungenen Pensionierung 29 Hauptfachstudenten promovierten; fünf weitere kamen in seiner kurzen Lehrtätigkeit nach dem Zweiten Weltkrieg hinzu. Diese sogenannte *Marburger Schule* prägte ab 1950 die deutsche Ur- und Frühgeschichtswissenschaft für Jahrzehnte, da die Merhart-Schüler im Fach wichtige Lehrstühle und leitende Positionen in Museen und archäologischer Denkmalpflege besetzten. Von seinen Schülern wird Merhart als herausragender Hochschullehrer mit liberaler Gesinnung beschrieben, der in schwierigen Zeiten ideologiefreie Forschung betrieb. Das Hauptaugenmerk seiner Lehrveranstaltungen galt neben der Quellenkunde und chronologischen Fragen der Darstellung der Arbeitsmethoden und der Vermittlung feldarchäologischer und damit praktischer Fertigkeiten.

Das Mittel Merhartscher Erkenntnis war stets die eingehende Analyse des archäologischen Fundstoffs. Er versuchte, über formenkundlich-**chorologische** Untersuchungen zu Einblicken in historische Vorgänge zu kommen. Die geisteswissenschaftliche Arbeitsweise, das ›Sich-Hinein-Denken‹ in Menschen und ihre Vergangenheit, betrachtete der ›Naturwissenschaftler‹ Merhart eher skeptisch und als wenig vielversprechend. Hier zeigte sich eine ausgesprochen realienorientierte Grundhaltung, die auch seine Schüler übernahmen. Diese ›antiquarische‹ Forschungsrichtung – also streng am Material zu arbeiten, es zu katalogisieren, zu klassifizieren und eine tiefergehende kulturgeschichtliche Interpretation zu vermeiden – dominierte lange Zeit die deutsche Ur- und Frühgeschichtsforschung. Erst in den letzten dreißig Jahren wurde diese Bevorzugung einer einseitig objektorientierten Vorgehensweise aufgebrochen. Nunmehr behandelt man auch in Deutschland wieder vermehrt Fragen wirtschaftlicher, sozialer und kultisch-religiöser Art. Sogar die seit 1945 weitgehend verpönte Frage der **Ethnizität** ur- und frühgeschichtlicher Bevölkerungen wird wieder intensiv erörtert.

Es hat also über einhundert Jahre gedauert, bis aus der anfänglich romantisch inspirierten Altertumskunde – damals getragen von den Geschichts- und Altertumsvereinen – endlich ein planmäßiges akademisches Fach an deutschen Universitäten wurde. Mit der Besetzung der ersten Ordentlichen Professur in Marburg durch Gero von Merhart erwuchs der jungen Ur- und Frühgeschichtswissenschaft eine zentrale Gestalt, deren Wirken noch lange nachklang.

Chorologie, von griech. *chōros*, ›Raum‹, und *lógos*, ›Wissen‹, ›Lehre‹. Lehre vom Raum; hier: Lehre von der räumlichen Verteilung archäologischer Objekte/Phänomene.

Ethnizität, von griech. *ethnós*, ›Volk‹. Ethnologischer Begriff zur Einordnung kultureller Gruppen bzw. Identitäten; hier so viel wie Volkszugehörigkeit.

Testfragen

1. Wann, von wem und auf welcher Basis wurde das Dreiperiodensystem entwickelt und welche Bedeutung besitzt es heute?
2. Nennen Sie die drei für die Entstehung der deutschen Ur- und Frühgeschichtswissenschaft bedeutenden Protagonisten des 19. Jahrhunderts und skizzieren Sie ihre Arbeitsweise.
3. Wann und wo wurde die erste deutsche Ur- und Frühgeschichtsprofessur eingerichtet? Wer hatte die Stelle inne, und worin liegt seine Bedeutung für das Fach?

Literatur zu Begriff, Gegenstand, Raum und Zeit

M. K. H. Eggert, Archäologie: Grundzüge einer Historischen Kulturwissenschaft (Tübingen – Basel 2006).
M. K. H. Eggert, Prähistorische Archäologie: Konzepte und Methoden (Tübingen – Basel 2008^3).

Literatur zu Thomsen und dem Dreiperiodensystem

M. K. H. Eggert, Prähistorische Archäologie: Konzepte und Methoden (Tübingen – Basel 2008^3).
S. Hansen, Von den Anfängen der prähistorischen Archäologie: Christian Jürgensen Thomsen und das Dreiperiodensystem. Prähistorische Zeitschrift 76, 2001, 10–23.
P. Rowley-Conwy, From Genesis to Prehistory: The Archaeological Three Age System and Its Contested Reception in Denmark, Britain, and Ireland (Oxford 2007).

Literatur zu Virchow und dem Neandertalfund

C. Andree, Rudolf Virchow als Prähistoriker, 1: Virchow als Begründer der neueren deutschen Ur- und Frühgeschichtswissenschaft (Köln – Wien 1976).
M. Bolus/R. W. Schmitz, Der Neandertaler (Ostfildern 2006).
R. W. Schmitz (Hrsg.), Neanderthal 1856–2006. Rheinische Ausgrabungen 58 (Mainz 2006).
C. Schuchhardt, Rudolf Virchow als Prähistoriker. In: Berliner Gesellschaft für Anthropologie, Ethnologie und Urgeschichte (Hrsg.), Festsitzung zum Gedächtnis des hundertjährigen Geburtstages Rudolf Virchows am 15. Oktober 1921 (Berlin 1921) 14–23.
R. Virchow, [Ohne Titel] Verhandlungen der Allgemeinen Versammlung der Deutschen Gesellschaft für Anthropologie, Ethnologie und Urgeschichte 11, 1880, 1–16 [Beilage zum Korrespondenzblatt Deutsche Gesellschaft für Anthropologie, Ethnologie und Urgeschichte 11, 1880].

Literatur zu Schliemann und Troia

J. Herrmann (Hrsg.), Heinrich Schliemann: Grundlagen und Ergebnisse moderner Archäologie 100 Jahre nach Schliemanns Tod (Berlin 1992).

M. O. Korfmann (Hrsg.), Troia: Archäologie eines Siedlungshügels und seiner Landschaft (Mainz 2006).
H. Schliemann, Ilios, Stadt und Land der Trojaner (Leipzig 1881).
Archäologisches Landesmuseum Baden-Württemberg u. a. (Hrsg.), Troia – Traum und Wirklichkeit. Begleitband zur Ausstellung (Stuttgart 2001).
C. Ulf, Der neue Streit um Troia: Eine Bilanz (München 2004²).

Literatur zu Kossinna und zur ›Siedlungsarchäologie‹

H. Grünert, Gustaf Kossinna (1858–1931): Vom Germanisten zum Prähistoriker: Ein Wissenschaftler im Kaiserreich und in der Weimarer Republik. Vorgeschichtliche Forschungen 22 (Rahden/Westf. 2002).
G. Kossinna, Die vorgeschichtliche Ausbreitung der Germanen in Deutschland. Zeitschrift des Vereins für Volkskunde 6, 1896, 1–14.
G. Kossinna, Die Deutsche Vorgeschichte eine hervorragend nationale Wissenschaft. Mannus-Bibliothek 9 (Leipzig 1936⁷) [Erste Auflage: 1912].
G. Smolla, Das Kossinna-Syndrom. Fundberichte Hessen 19/20, 1979/80, 1–9.
G. Smolla, Gustaf Kossinna nach 50 Jahren: Kein Nachruf. Acta Praehistorica et Archaeologica 16/17, 1984/85, 9–14.
U. Veit, Gustaf Kossinna und V. Gordon Childe: Ansätze zu einer theoretischen Grundlegung der Vorgeschichte. Saeculum 35, 1984, 326–364.

Literatur zu von Merhart

M. K. H. Eggert, Prähistorische Archäologie: Konzepte und Methoden (Tübingen – Basel 2008³).
G. Kossack, Gero Merhart von Bernegg (1886–1959). In: I. Schnack (Hrsg.), Marburger Gelehrte in der ersten Hälfte des 20. Jahrhunderts. Veröffentlichungen der Historischen Kommission für Hessen 35 (Marburg 1977) 332–356.
G. Kossack, Gero v. Merhart und sein akademischer Unterricht in Marburg. In: Gedenkschrift für Gero von Merhart zum 100. Geburtstag. Marburger Studien zur Vor- und Frühgeschichte 7 (Marburg 1986) 1–16.
E. Sangmeister, 50 Jahre Vorgeschichtliches Seminar der Philipps-Universität Marburg. In: Festschrift zum 50jährigen Bestehen des Vorgeschichtlichen Seminars Marburg. Marburger Studien zur Vor- und Frühgeschichte 1 (Marburg 1977) 1–44.

Ur- und frühgeschichtliche Quellen | 3.4

Die Quellengrundlage der Ur- und Frühgeschichtlichen Archäologie bilden materielle Überreste der Vergangenheit, die aufgrund unterschiedlicher Widerstandsfähigkeit und ungleichmäßiger Überlieferungsbedingungen mehr oder minder stark beeinträchtigt sind. Diese dinglichen Zeugnisse stellen einen wie auch immer reduzierten, **authentischen** Teil jener Vergangenheit dar, die mit ihrer Hilfe erforscht werden soll. Sie sind in der Gegenwart vorhandene Überbleibsel längst vergangener Zeiten; ihr einstiger kultureller Zusammenhang ist heute weitestgehend zerstört.

Authentisch, von griech. *authentikós,* ›echt‹. Echt, glaubwürdig, zuverlässig.

3.4.1 | Fund und Befund

Gemäß der im Fach üblichen Kategorisierung bestehen die Quellen der Ur- und Frühgeschichtlichen Archäologie einerseits aus *Funden* und andererseits aus *Befunden*. Die Kategorie der Funde umfasst sowohl konkrete Gegenstände der sogenannten ›materiellen Kultur‹ im Sinne von ›Sachgut‹ (**Artefakte**) als auch alle sonstigen kulturellen und natürlichen Materialien, die Erkenntnisse über den urgeschichtlichen Menschen und seine biophysische Umwelt zu liefern vermögen. Zu diesen Materialien gehören neben Resten von Pflanzen und Tieren der zeitgenössischen Natur- und Kulturlandschaft auch körperliche Überreste des Menschen selbst.

Die dem Uneingeweihten zunächst rätselhaft erscheinende Kategorie ›Befund‹ bezieht sich auf alle archäologisch relevanten Beobachtungen, die an und in einem Fundkontext möglich sind. Ein ›Befund‹ repräsentiert letztlich alle Beziehungen, die zwischen Funden und sonstigen materiellen Spuren in konkreten Fundsituationen feststellbar sind. Das lässt sich am besten an einem Beispiel erläutern. Nehmen wir einmal an, wir hätten es mit einem Grab zu tun, in dem ein Toter unverbrannt beigesetzt worden ist (also ein sogenanntes ›Körpergrab‹ oder eine ›Körperbestattung‹). Die genaue Anordnung der erhaltenen Skelettteile zueinander und in Beziehung zum Grabraum und zu etwaigen Beigaben – beispielsweise Tongefäße – würde genauso zum Befund gehören wie die exakte Position der dem Toten beigegebenen Gefäße untereinander und ihre räumliche Beziehung zu vielleicht ebenfalls mitgegebenen Waffen, Schmuck oder Trachtbestandteilen. Das Gleiche trifft für mögliche Spuren vergangener organischer Elemente des Grabbaus oder der Bestattung selbst zu; man mag hier an einst vielleicht vorhandene hölzerne Grabeinbauten oder Särge denken. Ein ›Befund‹ lässt sich also zusammenfassend als die Gesamtheit historisch aussagefähiger Beobachtungen in archäologischen Fundsituationen umschreiben.

Es liegt auf der Hand, dass das Erkennen der wichtigen Einzelheiten eines ›Befunds‹ von der Kompetenz des Archäologen abhängt. Er muss einerseits über eine ausgeprägte Beobachtungsgabe verfügen und zudem in der Lage sein, Einzelbeobachtungen in einer Fundsituation miteinander zu verknüpfen. Dafür bedarf es einer beträchtlichen geistigen Beweglichkeit. Zum anderen aber sollte er über eine möglichst große Feldpraxis verfügen, da die Wahrnehmung relevanter Einzelheiten wesentlich von der

---

Artefakt, von lat. *arte factum*, ›mit Geschick gemacht‹. Archäologischer Fachbegriff für von Menschenhand hergestellte Objekte.

Erfahrung abhängt. Auch hier gilt die bekannte Regel, dass man nur das erkennt, was man bereits kennt.

Über diese relativ abstrakte Definition von ›Befund‹ wird in der archäologischen Praxis leider nur recht selten nachgedacht. Dort ist eine eher handfeste Begriffsbestimmung üblich. In der Praxis stellt sich ein ›Befund‹ als ein konkretes Ensemble dar, das aus mehr oder weniger deutlich zu differenzierenden Verfärbungen besteht – aus eingeschlossenen natürlichen und auf menschliches Handeln zurückgehenden Materialien, aus Artefakten organischer und anorganischer Werkstoffe, aus Schichtbildung und Schichtstörung, die sich in Farbe, Form, Textur und Konsistenz zu erkennen geben. Ein ›Befund‹ in diesem Sinne ist also etwas unmittelbar Fassbares, etwas empirisch Gegebenes, das sich abgrenzen und beschreiben lässt. Der Begriff ›Befund‹ besitzt somit zwei Bedeutungen: Auf der abstrakten Ebene ist damit die Gesamtheit archäologisch relevanter Beobachtungen in je spezifischen Fundsituationen gemeint; auf der pragmatischen Ebene werden hingegen diese Fundsituationen selbst als ›Befunde‹ bezeichnet.

Geschlossener Fund | 3.4.2

Das Konzept des *Geschlossenen Funds* besagt, dass es sich um einen Fund handelt, der aus mindestens zwei Gegenständen besteht, die gemeinsam vergraben oder sonst wie deponiert wurden. Ein klassisches Beispiel eines Geschlossenen Funds ist ein Grab, in das mit dem Toten zugleich Beigaben – etwa in Form von Tongefäßen, Waffen oder Schmuck – eingebracht wurden. Es muss aufgrund der Auffindungsumstände allerdings gesichert sein, dass Teile der Beigaben dieses ›Grabinventars‹ – so lautet der gängige Fachausdruck – nicht erst nachträglich, bei einer oder mehreren späteren Öffnungen des Grabs, niedergelegt worden sind. Für viele Gräber ist das auszuschließen; bei von außen mehr oder weniger zugänglichen Kammergräbern, z. B. Megalithgräbern (→ Kap. 8.2) muss man jedoch mit späteren, vom Menschen verursachten Veränderungen der ursprünglichen Bestattung rechnen. Das trifft vor allem dann zu, wenn eine Grabkammer – wie es besonders für Megalithgräber gilt – über einen längeren Zeitraum für Bestattungen genutzt wurde.

Die Bedeutung eines Geschlossenen Funds liegt in der Tatsache, dass er dem Archäologen einen ersten Hinweis auf die ungefähre Gleichzeitigkeit der deponierten Objekte gibt. ›Gleich-

Inventar, von spätlat. *inventarium*, ›Vermögensverzeichnis‹ (abgeleitet aus lat. *invenire*, ›finden‹, ›entdecken‹). Hier soviel wie ›Gegenstände‹, ›materielle Hinterlassenschaften‹.

zeitigkeit‹ bedeutet hier allerdings nicht, dass diese Objekte tatsächlich gleichzeitig hergestellt wurden; es bedeutet lediglich, dass sie im Augenblick der Grablege in der Bestattungsgemeinschaft verfügbar waren. Inwieweit sie darüber hinaus ungefähr gleichzeitig hergestellt worden sind, ergibt sich aus der Häufigkeit ihres gemeinsamen Auftretens – man spricht hier auch von ›Vergesellschaftung‹ – in anderen Geschlossenen Funden.

Die erste umfassende Definition des Konzepts des Geschlossenen Funds stammt von dem schwedischen Ur- und Frühgeschichtlichen Archäologen *Oscar Montelius* (1843–1921). Er sprach allerdings von einem »sicheren« Fund und veröffentlichte seine Definition in einem 1903 in deutscher Sprache vorgelegten Werk. Sie lautete wie folgt: »Ein ›sicherer‹ Fund, sogar der für unsere Untersuchungen allerbeste, beweist indessen nur, dass sämmtliche Gegenstände auf einmal niedergelegt worden sind. Ein solcher Fund ist aber gar kein Beweis, dass sämmtliche Gegenstände zur selben Zeit verfertigt wurden. Ein Gegenstand kann sehr alt, ein anderer ganz neu gewesen sein, als sie in die Erde kamen.« An anderer Stelle hat Montelius das Prinzip erläutert, mit dem die Wahrscheinlichkeit der tatsächlichen Gleichzeitigkeit zunimmt (sogenanntes ›Prinzip der Großen Zahl‹): »Der Grad der Wahrscheinlichkeit für die wirkliche Gleichzeitigkeit […] wächst indessen mit jedem neuen Fund, der […] [die gleichen Objekte] enthält; und dieser Grad wächst sehr schnell. Wenn *ein* Fund der hier in Frage stehenden Art uns eine ›Andeutung‹ gibt, so sind *zwei* Funde mit ›ziemlicher Wahrscheinlichkeit‹ gleichzeitig, während *drei* Funde ›eine große Wahrscheinlichkeit‹ und *vier* eine ›sehr große Wahrscheinlichkeit‹ bieten. Für jeden weiteren Fund derselben Art wird die Wahrscheinlichkeit immer größer, bis sie sich der ›vollen Gewißheit‹ so sehr nähert, wie dies in einer empirischen Wissenschaft überhaupt möglich ist.«

Alles, was das Konzept des Geschlossenen Funds beinhaltet, ist von Montelius in diesen beiden Zitaten in geradezu klassischer Weise zum Ausdruck gebracht worden. Sie bedürfen keines weiteren Kommentars. In seiner Formulierung wird auch deutlich, warum Geschlossene Funde für Archäologen so wichtig sind: die in ihnen vorhandene Vergesellschaftung von Artefakten bildet eine wichtige Grundlage für die Erarbeitung relativer Zeitfolgen. Bei solchen relativ-chronologischen Untersuchungen geht es um die Frage des zeitlichen Verhältnisses bestimmter Artefakte zueinander (→ Kap. 3.5.3).

Testfragen

1. Was ist ein ›Befund‹?
2. Was ist ein ›Geschlossener Fund‹?

Quellengruppen 3.4.3

In der Archäologie werden die ur- und frühgeschichtlichen Quellen üblicherweise in drei funktional bestimmte Hauptgruppen unterteilt: *Gräber*, *Siedlungen* und *Horte* (auch *Depot-*, *Schatz-* oder *Verwahrfunde* genannt). Daneben gibt es sogenannte *Einzelfunde*, für die die Auffindungsart namengebend ist. Diese Fundgruppe ist daher im Gegensatz zu den drei erwähnten Gruppen nicht inhaltlich bestimmt. Der Grund liegt vor allem darin, dass Einzelfunde nur selten mit hinreichender Sicherheit als absichtliche Deponierungen – sogenannte *Einstückhorte* (→ unten) – oder als einstige Bestandteile von Gräbern, Horten oder Siedlungen identifiziert werden können. Die neutrale Bezeichnung ›Einzelfund‹ weist vielmehr darauf hin, dass der einstige kulturelle Zusammenhang nicht oder nur ungenügend geklärt ist. Die Kategorie der Einzelfunde vermag daher inhaltlich nicht neben den Quellengruppen der Gräber, Siedlungen und Horte zu bestehen. Kürzlich wurde der Vorschlag unterbreitet, die Quellengruppe der Einzelfunde ganz aufzugeben und stattdessen die Quellengattungen ›Verluste‹ und ›Unklassifizierbare Funde‹ einzuführen. Als ›Verluste‹ könnten – nach eingehender Quellenkritik – alle einst verlorenen Objekte außerhalb von Siedlungen und Gräbern bezeichnet werden; die Kategorie ›Unklassifizierbare Funde‹ dagegen sei durch funktional unbestimmbare Funde charakterisiert, die für eine Interpretation nicht herangezogen werden dürften. Wie auch immer man es mit der Gruppe der Einzelfunde halten mag – es sollte deutlich geworden sein, dass es kaum möglich sein dürfte, eine allseits befriedigende Quellensystematik zu erarbeiten.

Wir werden uns in der Folge auf die drei wichtigsten Quellengruppen beschränken; eine Reihe weiterer Quellengruppen soll jedoch nicht unerwähnt bleiben. Dazu sind etwa *Werkplätze* zu rechnen, also Plätze, die mit der Gewinnung und Verarbeitung von Rohmaterial sowie der Gewinnung und Aufbereitung pflanzlicher und tierischer Nahrung in Verbindung stehen. Eine weitere große Quellengruppe bilden beispielsweise die *Felsbilder*, bei der wiederum zwischen *Felsmalereien* (→ Kap. 7.2) und *Felsgravierungen/Felsritzungen* unterschieden werden kann. Jene Hinterlassenschaften, die einst die Verbindung von Siedlungen und den Transport von Gütern ermöglichten, können unter die Kategorie *Verkehrseinrichtungen und Verkehrsmittel* zusammengefasst werden; darunter fallen dann Wege, Straßen, Brücken und Hafenanlagen sowie Beförderungs- und Transportmittel (z. B. Wagen, Schiffe). Diese wenigen Beispiele mögen genügen. Es gibt also eine Vielzahl an Quellen, die gewöhnlich gemäß ihren funktionalen Gemeinsamkeiten zusammengefasst werden.

Grabfunde bilden die weitaus wichtigste und häufigste, aber auch komplexeste Quellengruppe, die dem Ur- und Frühgeschichtlichen Archäologen für die Deutung der Vergangenheit zur Verfügung steht. Sie lässt sich nach mancherlei Kriterien strukturieren. Dazu gehören etwa der *Bestattungsritus*, die *Bestattungsform* und die *Grabform*. Diese drei Hauptkriterien können beliebig zueinander in Beziehung gesetzt werden.

Als *Bestattungsritus* bezeichnet man die Art und Weise, wie der Verstorbene in die Erde gekommen ist, also unverbrannt (Körperbestattung) oder verbrannt (Brandbestattung). *Körperbestattungen* können nochmals untergliedert werden, und zwar in Bezug auf die Haltung bzw. Lage des Toten (z. B. gestreckt, gehockt), auf das Totenbehältnis (z. B. Baumsarg) sowie auf den Leichnam, also ob etwa der ganze Körper oder nur Teile bestattet wurden (Abb. 3.4.3.1). *Brandbestattungen* können gleichfalls in mehrere Untergruppen eingeteilt werden. Man unterscheidet auf einer ersten Ebene zwischen Gräbern mit Leichenbrandgefäß (›Urne‹) und solchen ohne. Bei den Gräbern mit Leichenbrandgefäß ist eine weitere Untergliederung möglich, und zwar in *Doliengräber*, *Glockengräber* und *Brandschüttungsgräber*. Von einem Doliengrab spricht man, wenn die Urne in einem größeren Gefäß – einem **Dolium** – beigesetzt, von einem Glockengrab, wenn ein solches Gefäß glockenartig über die Urne gestülpt wurde. Beim Brandschüttungsgrab wiederum wird ein Teil des Leichenbrands und der Rückstände des Scheiterhaufens zusätzlich um die Urne herum in die Grabgrube geschüttet. *Brandgrubengräber*, *Knochenlager* und **Bustumgräber** gehören dagegen zu den urnenlosen Gräbern. Als Brandgrubengräber werden solche Gräber bezeichnet, in denen der Leichenbrand und die Scheiterhaufenrückstände in einer Grube beigesetzt wurden. Von ›Knochenlagern‹ spricht man immer dann, wenn der Leichenbrand bzw. ein Teil davon sehr

Dolium, von lat. *dolium*, ›Fass‹. Archäologischer Fachbegriff für ein großes Gefäß unspezifischer Form.

Bustum, von lat. *bustum*, ›Leichenbrandstätte‹, ›Scheiterhaufen‹. Archäologischer Fachbegriff für eine typisch römische Bestattungssitte.

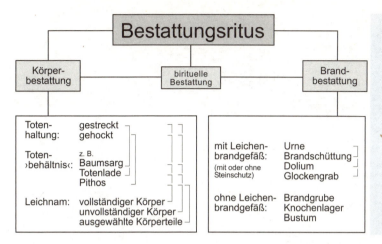

Abb. 3.4.3.1
Hauptelemente des Bestattungsritus.

eng beieinander in einer Grube bestattet wurde und man davon ausgehen kann, dass diese Rückstände einst in einem Behältnis aus organischem Material (z. B. Holzgefäß, Lederbeutel, Tuch) gelagert waren. Beim römischen Bustumgrab wurde das verstorbene Individuum in bzw. über der für seine Bestattung ausgehobenen Grabgrube eingeäschert, also am Ort der Verbrennung beigesetzt (Abb. 3.4.3.1).

Das Kriterium *Bestattungsform* bezieht sich vor allem darauf, ob der Verstorbene allein oder gemeinsam mit einem bzw. mehreren anderen Individuen beigesetzt wurde. Es wird daher zwischen *Einzel-*, *Doppel-* und *Mehrpersonenbestattung* differenziert (Abb. 3.4.3.2), wobei hier vorauszusetzen ist, dass die Bestattungen alle zum gleichen Zeitpunkt stattfanden. Bei der *Kollektivbestattung* werden die Toten dagegen über einen längeren Zeitraum hinweg, also mit einem deutlichen zeitlichen Abstand, bestattet. Von *Sekundärbestattungen* bzw. *mehrstufigen Bestattungen* spricht man, wenn beispielsweise ein Leichnam vor der endgültigen Beisetzung zunächst irgendwo provisorisch deponiert oder bestattet – also ›zwischengelagert‹ – wurde. Eine Sonderform stellt das **Ossuarium** dar. Nach und nach werden hier in einen immer wieder genutzten Grabraum entfleischte Knochen eingebracht; damit gehört diese Bestattungsform zugleich zur Kategorie der Kollektivbestattungen. Neben den genannten ›echten‹ Gräbern gibt es auch noch sogenannte *Schein-* bzw. *Leergräber* oder **Kenotaphe**, also grabartige Befunde, die allerdings keine Gebeine – weder Skelettreste noch Leichenbrand – enthalten.

Ossuarium, von lat. *os*, ›Knochen‹. Sogenanntes ›Beinhaus‹; archäologischer Fachbegriff für eine Bestattungsform.

Kenotaph, von griech. *kenós*, ›leer‹, und *táphos*, ›Grab‹. Archäologischer Fachbegriff für ein leeres Grab, das zur Erinnerung an einen Toten errichtet wurde, der beispielsweise in der Fremde verstorben und an anderer Stelle bestattet wurde.

Abb. 3.4.3.2 | Hauptelemente der Bestattungsform.

Die *Grabform* ist ein weiteres übliches Kriterium für die Unterteilung von Grabfunden (Abb. 3.4.3.3). Es wird zwischen oberirdisch sichtbaren und oberirdisch nicht sichtbaren Formen unterschieden, also zwischen *Hügelgräbern* und *Flachgräbern*, wobei Flachgräber durchaus auch durch eine Markierung wie einen Grabstein oder eine **Stele** markiert gewesen sein können. In beiden Grabformen finden sich Gräber, die sowohl mit einer Holzkammer als auch mit Steinen – sogenannten ›Steinkisten‹ – kammerartig ausgekleidet sein können. Die weit über Europa verteilt vorkommenden *Megalithgräber* (→ Kap. 8.2) stellen eine Sonderform des Hügelgrabs dar, denn nicht selten weisen sie Reste von Erdhügeln bzw. Erdschüttungen auf. Darüber hinaus gibt es neben den drei genannten noch weitere Grabformen wie z. B. die Gruppe der *Felsgräber*. Bei ihnen handelt es sich um Gräber, bei denen die Verstorbenen in nischen-, schacht- oder kammerartigen Anlagen beigesetzt wurden. Felsgräber, die aus dem Fels herausgehauen

Stele, von griech. *stélē* ›Säule‹, ›Grabstein‹. Senkrecht im Boden stehende Steinsäule oder Steinplatte, häufig in der Funktion als Grabstein.

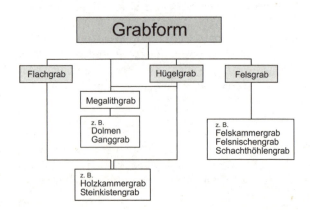

Abb. 3.4.3.3 | Hauptelemente der Grabform.

wurden, bezeichnet man als *Felskammergräber*; andere Gräber, die eine natürlich gebildete Felsnische als Grabort nutzten, nennt man *Felsnischengräber*. Eine Sonderform stellt hierbei die Form der sogenannten *Schachthöhlengräber* dar, in denen zumeist über längere Zeit hinweg Menschen bestattet wurden.

Zur Quellengruppe der *Siedlungen* gehören prinzipiell alle materiellen Überreste der Siedlungstätigkeit ur- und frühgeschichtlicher Menschen – neben einzelnen Häusern sind hierzu Gehöfte, Weiler, Dörfer und Städte zu rechnen. Darüber hinaus geht es in dieser Quellengruppe auch um die Beziehungen der Ansiedlungen zu ihrem natürlichen und sozialen Umfeld, mithin um Fragen des Wirtschaftens, des Sozialgefüges, der kulturellen und sozialen Organisation sowie der klein- und großräumigen Besiedlungsstruktur. Dieser Quellengruppe kommt für die Rekonstruktion ur- und frühgeschichtlicher Lebensverhältnisse eine große Bedeutung zu. Um eine gewisse Ordnung in die Vielfalt menschlichen Wohnens und Siedelns zu bringen, orientiert man sich bei der Strukturierung vor allem an vier Gesichtspunkten:

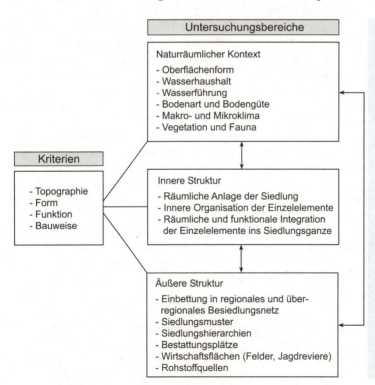

| Abb. 3.4.3.4
Kriterien und Untersuchungsbereiche der Siedlungsanalyse.

Topographie, von griech. *tópos*, ›Raum‹, und *gráphein*, ›ritzen‹, ›schreiben‹. Raum-, Orts- oder Siedlungsbeschreibung.

1. **Topographie** (z. B. Tal- oder Höhensiedlung); 2. Form (z. B. befestigte oder unbefestigte Siedlung; zeitlich begrenzte oder permanente Ansiedlung); 3. Funktion (z. B. Lagerplatz oder Gehöft) und 4. Bauweise (z. B. Holz- oder Steinbauten) (Abb. 3.4.3.4). Anhand dieser Kriterien ist es – ähnlich wie bei den Grabfunden – selbstverständlich nicht möglich, einen schlüssigen und umfassenden oder gar einen hierarchisch gegliederten Katalog aller Formen ur- und frühgeschichtlicher Ansiedlungen zu erstellen. Am ehesten wird man der Vielfalt des Wohnens und Siedelns durch eine Kombination der verschiedenen Kriterien gerecht werden.

Für die weitere Erfassung und Analyse des Siedlungswesens bieten sich drei Bereiche an. Als erster ist der *naturräumliche Kontext* zu nennen. Darunter fällt das gesamte Beziehungsgefüge, das zwischen menschlichen Ansiedlungen und ihrer jeweiligen naturräumlichen Umwelt besteht, also etwa natürliche Gegebenheiten wie z. B. Bodenart und Bodengüte sowie Wasserhaushalt und Wasserführung. Die *innere Struktur* einer Siedlung ist der zweite Bereich, den es zu untersuchen gilt. Hier geht es etwa um einzelne Baustrukturen (z. B. Wohnhaus, Stall) innerhalb des Siedlungsgefüges sowie um die räumliche und funktionale Integration dieser verschiedenen Einzelelemente und deren Beziehungen zueinander. Die *äußere Struktur* einer Siedlung bezieht sich drittens auf ihr soziales Umfeld, also beispielsweise auf die Einbettung der betreffenden Siedlung in ein regionales oder überregionales Besiedlungsnetz. Damit sind Beziehungen zu anderen zeitgleichen Ansiedlungen gemeint, aber auch verkehrsgeographische Anbindungen. Nicht minder wichtig ist die Analyse von Siedlungsmustern und Siedlungshierarchien. Die Untersuchung von Siedlungshierarchien zielt darauf ab, die Stellung einer Siedlung innerhalb einer Region zu erfassen, z. B. ob es sich um eine Ansiedlung mit zentralörtlicher oder besonderer religiöser Funktion handelt.

Die dritte wichtige Quellengruppe bilden die *Horte* oder *Depots*. Diese Quellengruppe wird zumeist negativ definiert, d. h. sie ist weder den Grab- noch den Siedlungsfunden zuzurechnen. Nach der klassischen Definition versteht man unter einem Hort mehrere, in unmittelbarem Zusammenhang aufgefundene archäologische Objekte. Dabei ist vorauszusetzen, dass diese Objekte in ur- und frühgeschichtlicher Zeit absichtlich niedergelegt wurden, sei es beispielsweise als Opfergabe, als Rohstofflager oder als Versteck in Krisenzeiten. Mittlerweile ist diese Definition auch auf einzelne Gegenstände zu erweitern, die dem Güterkreislauf entzogen und deponiert wurden. Es handelt sich bei diesen Einzelfunden um sogenannte *Einzeldeponate* (*Einstückhorte* oder *Einzelfunde mit Hortcharakter*). Ferner ist bei der klassischen Definition – mindestens zwei gemeinsam niedergelegte Objekte – zu beachten, dass eine gleichzeitige Niederlegung der Gegenstände nicht von vornherein vorausgesetzt werden kann; es ist vielmehr durchaus möglich, dass wiederholte Niederlegungen an ein und demselben Ort stattfanden. Horte sind also nicht zwingend als Geschlossene Funde (→ Kap. 3.4.2) anzusehen. Man muss vielmehr zwischen *Geschlossenen Horten* und *Nichtgeschlossenen Horten* unterscheiden. Gewiss stellt der Geschlossene Hort in der archäologischen Realität die am häufigsten vertretene Variante dar. Die Bezeichnung *Geschlossener Hort* bezieht sich also auf mindestens zwei Gegenstände, die unter solchen Umständen gefunden worden sind, dass sie als ganz gleichzeitig deponiert betrachtet werden müssen.

Mit der schwierigen Frage nach der Funktion der Horte setzt sich die Forschung mittlerweile seit 150 Jahren auseinander. Gängige Interpretationen sehen in Horten Schatzdeponierungen, Händler- oder Bronzegießerdepots, Opfer- bzw. Weihegaben sowie Selbstausstattungen für das Jenseits. Um hinsichtlich der funktionalen Deutung zu aussagekräftigen Ergebnissen zu kommen, ist es wichtig, zum einen die jeweilige Fundsituation so genau wie möglich zu analysieren und zum anderen die Zusammensetzung der Horte zu studieren. Es ist also nötig, einerseits zwischen *Niederlegungs-/Deponierungsverhältnissen* und *Auffindungsverhältnissen* sowie andererseits zwischen *Niederlegungsart* und *Niederlegungsabsicht* zu unterscheiden (Abb. 3.4.3.5). Ein Hort etwa, der in der Bronzezeit in einem Gewässer niedergelegt wurde, ist gemäß seines Deponierungsverhältnisses ein Gewässerfund. Wird dieser Hort heute aber in einem inzwischen verlandeten Areal gefunden, handelt es sich nach seinem Auffindungsver-

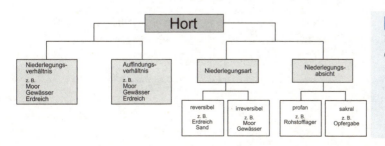

Abb. 3.4.3.5
Untersuchungsbereiche der Hortanalyse.

hältnis um einen Bodenfund. Bei der Niederlegungsart eines Horts können wir zwei Arten unterscheiden: die *reversible*, d. h. vorübergehende bzw. rückgängig zu machende und die *irreversible*, also immerwährende bzw. nicht mehr rückgängig zu machende Niederlegung. Zu ersteren zählen z. B. Deponierungen im Erdreich, zu letzteren solche im Moor. Fragt man nach der Niederlegungsabsicht, ist zwischen einer **profanen** und einer **sakralen** Motivation zu differenzieren. In diesem Sinne läge einem Rohstoffdepot eine profane, einer für die Götter gedachten Gabe eine sakrale Absicht zugrunde.

Neben der Analyse der Fundsituation kann auch die Hortzusammensetzung Hinweise auf die ursprüngliche Funktion des Horts geben. Ein typischer, aus zerbrochenen Bronzegegenständen, Bronzebarren und Bronzegusskuchen bestehender sogenannter ›Rohmaterial-‹ bzw. ›Brucherzhort‹ spricht eher für eine Deutung als Altmaterialvorrat eines Bronzehandwerkers; ein Depot aus neuwertigen Bronzegegenständen – z. B. Bronzeschwerter und Bronzedolche – würde man hingegen wohl eher mit einem Händler in Verbindung bringen; es könnte aber genauso gut sein, dass diese neuwertigen Gegenstände im Rahmen einer Weihegabe irreversibel niedergelegt wurden.

Was wir schon bei der Besprechung der beiden anderen Quellengruppen festgestellt haben, gilt auch für die Analyse von Horten: Für sich genommen wird weder der eine noch der andere Analyseansatz – Deponierungsverhältnis und Zusammensetzung des Horts – zu einem angemessenen Ergebnis hinsichtlich der Funktion eines Horts führen. Bei jeder funktionalen Deutung ist vielmehr eine Kombination der Ansätze zu verfolgen.

> Profan, von lat. *profanus* ›nicht geheiligt‹, ›nicht geweiht‹. Weltlich, ungeweiht nicht kirchlich. – Sakral, von lat. *sacer*, ›heilig‹. Heilig, geistlich, kirchlich.

Testfragen

1. Nennen Sie die drei wichtigsten Kriterien, nach denen man Grabfunde unterscheiden kann.
2. Erläutern Sie die drei Bereiche zur Erfassung und Analyse des Siedlungswesens.
3. Was ist ein Geschlossener Hort?

Quellenerschließung

| 3.4.4

In der Regel beginnt die archäologische *Quellenerschließung* – abgesehen von zufälligen Entdeckungen beispielsweise bei Baumaßnahmen – mit der systematischen Suche, Lokalisierung und Erfassung archäologischer Fundstellen. Ihre Entdeckung hängt dabei von verschiedenen Faktoren ab. Dazu zählt etwa die topographische Lage; Fundstellen im Gebirge oder in Waldgebieten sind schwieriger zu finden als solche auf landwirtschaftlich genutzten Flächen, wo der Pflug die Funde an die Erdoberfläche holt. Die Entdeckung hängt aber nicht nur von der topographischen Situation, sondern auch von der ehemaligen Lage der Fundstelle und der Materialbeschaffenheit der Objekte ab. Es ist einfacher, obertägige, also über dem Erdboden erhaltene und damit sichtbare Baudenkmäler zu erkennen, als untertägige; Steindenkmäler erhalten sich besser als Bauten aus Holz. Für die Erhaltungsbedingungen spielen selbstverständlich auch Faktoren wie die Bodenbeschaffenheit und mögliche, schon in der Vergangenheit einsetzende Erosionsprozesse eine wichtige Rolle.

Zur Erschließung archäologischer Fundstellen gibt es verschiedene Verfahren – sogenannte **Prospektionsmethoden** – die häufig in Kombination angewandt werden. Allen der Ausgrabung vorausgehenden Methoden ist gemein, dass sie weitgehend zerstörungsfrei sind – also nicht in den Boden eingreifen. Die älteste Methode neben ausgedehnten *Archivrecherchen*, z. B. in Ortsakten, ist die *Feld-*, *Flur-* oder *Geländebegehung* (›Survey‹). Dabei wird ein Untersuchungsgebiet ohne technische Hilfsmittel systematisch und flächendeckend auf Fundstellen abgegangen, d. h. es wird Ausschau nach Resten früherer menschlicher Anwesenheit gehalten, etwa nach obertägig erhaltenen archäologischen Denkmälern oder wie auch immer an die Erdoberfläche gelangten archäologischen Objekten (Keramikscherben, Knochen, Holzkohle etc.). Dabei sind alle entdeckten Funde und Befunde zu registrieren und zu kartieren. Gepflügte und abgeregnete Ackerflächen sind für die Feldbegehung am besten geeignet. Waldgebiete können ebenfalls begangen werden, die Entdeckung neuer Fundstellen ist hier vor allem auf noch sichtbare Denkmäler wie Grabhügel und Wälle beschränkt; nur vereinzelt wird man im Wald noch im Boden befindliche archäologische Befunde aufspüren, etwa wenn Wildschweine bei der Nahrungssuche Keramik oder Schlacken ausgewühlt haben. Seit rund zwei Jahrzehnten werden bei der Geländebegehung immer häufiger auch Metallsuchgeräte

---

Erosion, von lat. *erodere*, ›abnagen‹, ›zerfressen‹. An der Erdoberfläche stattfindender Zerstörungsvorgang durch Wasser und Wind.

Prospektion, von lat. *prospicere*, ›hinsehen‹, ›vorraussehen‹, ›hinschauen‹. Archäologischer Fachterminus – ursprünglich aus der Geophysik stammend – für eine mehr oder weniger systematische Geländebegehung zum Zwecke der Erfassung archäologischer Quellen.

Survey, engl. ›Erhebung‹, ›Ermittlung‹, ›Begehung‹. Archäologischer Fachterminus für eine mehr oder weniger systematische Geländebegehung zum Zwecke der Erfassung archäologischer Quellen.

eingesetzt, mit denen Metalle bis zu einer Tiefe von 2 Metern geortet werden können. Hierzu ist festzustellen, dass nach der Ortung – anders als bei der herkömmlichen Begehung – sogleich ein Eingriff in den Boden erfolgt, wenn etwa aus dem Ackerhorizont Fundmünzen geborgen werden. Es ist daher beim Einsatz von Metalldetektoren besonders darauf zu achten, dass keine archäologische Befunde und Kulturschichten zerstört werden.

Die sogenannte *Luftbildarchäologie* gehört spätestens seit den sechziger Jahren des letzten Jahrhunderts zu den wichtigsten Prospektionsmethoden in Deutschland. Ihre Anfänge reichen bis zum Beginn des 20. Jahrhunderts zurück, als die Pioniere der Luftbildprospektion erste fotografische Aufnahmen aus Ballonen heraus machten. Begründet wurde die Luftbildarchäologie jedoch von dem englischen Archäologen *O. G. S. Crawford* (1886–1957), der in den zwanziger Jahren erste systematische Befliegungen in Großbritannien durchführte und etwas später die methodischen Grundlagen dieser Technik publizierte. Wie bei den anderen Prospektionsmethoden ist es das Ziel der Luftbildarchäologie, ehemals von Menschen geschaffene Hinterlassenschaften aufzuspüren sowie entdeckte Bodendenkmäler in ihrem naturräumlichen Kontext zu erfassen. Aus der Vogelperspektive ist es möglich, größere Flächen zu überblicken; dadurch können zum einen in sehr kurzer Zeit viele neue Fundstellen entdeckt und zum anderen Erkenntnisse über historische Kulturlandschaften bzw. über deren Veränderung gewonnen werden. Der Erfolg dieser Methode ist jedoch vom Bodenbewuchs, der Witterung sowie der Jahres- und Tageszeit der Befliegung abhängig. Je nachdem ob es sich um obertägige oder untertägige Bodendenkmäler handelt, spielen verschiedene *Sichtbarkeitsmerkmale* eine wichtige Rolle. Bei obertägigen Bodendenkmälern sind es *Schattenmerkmale* (abhängig von der Sonneneinstrahlung), *Schneemerkmale* (abhängig von Schneeverwehungen) und *Flutmerkmale* (abhängig vom Überschwemmungsgrad). Untertägige Bodendenkmäler lassen sich an *Bodenmerkmalen* erkennen, die sich z. B. bei in der Vergangenheit eingetieften Befunden wie Gruben zumeist als dunklere Verfärbungen vom umgebenden Erdreich abheben (Abb. 3.4.4.1). Daneben gibt es *Feuchtigkeitsmerkmale*, die etwa durch unterschiedliche Austrocknung entstehen. *Frostmerkmale* folgen einem ähnlichen Prinzip; sie basieren auf der unterschiedlichen Fähigkeit der Wasserspeicherung der Böden. Als letztes Merkmal für untertägige Denkmäler ist das *Bewuchsmerkmal* anzuführen, daß vor allem in Bereichen intensiven Ackerbaus gut zu beobachten ist; es ist von

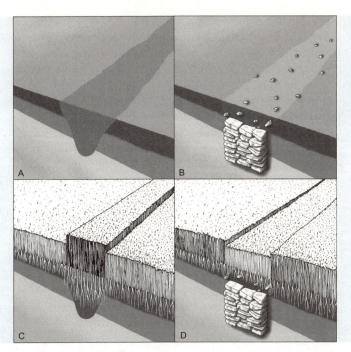

Abb. 3.4.4.1
A Dunkles Bodenmerkmal; B Helles Bodenmerkmal; C Positives Bewuchsmerkmal; D Negatives Bewuchsmerkmal.

verschiedenen Faktoren wie Boden, Klima, Wasser- und Nährstoffhaushalt des Bodens abhängig. Positive Bewuchsmerkmale zeichnen sich dadurch ab, dass Pflanzen über einem verfüllten archäologischen Befund besser wachsen, also höher und grüner werden sowie später reifen; das liegt vor allem daran, dass sie an dieser Stelle tiefer wurzeln und sich bei Trockenheit immer noch genügend Feuchtigkeit erschließen können. Ein negatives Bewuchsmerkmal stellt sich ein, wenn das Wachstum der Pflanzen etwa durch im Untergrund vorhandene Baustrukturen (z. B. Mauern) behindert wird. Die Pflanzen wachsen nicht so hoch wie in der Umgebung, werden früher reif und haben aufgrund des trockeneren Bodens eine intensivere Gelbfärbung. Alle hier aufgeführten Merkmale sind jedoch nur von kurzer Dauer, so dass es angebracht ist, bestimmte Regionen zum Teil wiederholt bzw. kontinuierlich zu befliegen. Bei der Flugprospektion werden die Fotos aus dem Seitenfenster des Flugzeugs heraus gemacht; je nach Fundstelle kann dabei eine Schräg- oder eine Senkrechtaufnahme sinnvoller sein. Die Auswertung bzw. Deutung der Luftbilder geschieht in zwei Schritten. Zunächst erfolgt die Identifikation der im Bild sichtbaren Bodendenkmäler (Bildanalyse)

Magnetometer. Gerät zur Messung magnetischer Schwankungen des Erdmagnetfelds. – *Magnetogramm.* Bild, das aus einer Messung mit dem Magnetometer entsteht.

Anomalie, von griech. *anomalía*, ›Unregelmäßigkeit‹, ›Unebenheit‹, ›Regelwidrigkeit‹. Abweichung vom Normalen.

Anthropogen, von griech. *ánthrōpos*, ›Mensch‹, und *-genēs*, ›hervorbringend‹, ›verursachend‹; durch den Menschen beeinflusst, verursacht.

und dann die archäologische Deutung. Bei der Interpretation wird eine funktionale, zeitliche und kulturelle Einordnung des fotografierten Objekts – beispielsweise als frühmittelalterliches Gräberfeld oder keltische Viereckschanze – vorgenommen.

Seit einigen Jahren spielen neben den genannten Prospektionsmethoden vermehrt *geophysikalische Verfahren* – etwa die Magnetprospektion, Geoelektrik oder das Bodenradar – eine zunehmend wichtige Rolle. Sie basieren auf unterschiedlichen physikalischen Eigenschaften des Untergrunds wie Magnetisierung und elektrischem Widerstand. Mit der *magnetischen Prospektion* ist es möglich, etwa durch Gräben, Bestattungen oder Gruben hervorgerufene Störungen des Magnetfelds der Erde aufzuzeichnen. Dazu wird die zu prospektierende Fläche nach einem bestimmten Raster mit dem **Magnetometer** begangen. Die gemessenen Daten werden dann mittels eines Computers über bildgebende Verfahren in sogenannte ›Magnetogramme‹ umgewandelt, die dann interpretiert werden müssen. Zur Verdeutlichung der gemessenen archäologischen Spuren werden in der Regel Bildverbesserungstechniken, wie z. B. Filterung, Kontrasteinstellung und Falschfarben eingesetzt, um die im Magnetogramm enthaltene Information besser kenntlich zu machen. Die archäologische Interpretation der Messdaten beruht dabei auf zwei Aspekten, nämlich erstens auf der Messung und den Aussagen über die Form, Tiefe und stoffliche Zusammensetzung der ›Störkörper‹ sowie zweitens zu einem beträchtlichen Teil auf archäologischem Grundwissen. Die Ansprache einer auf dem Magnetogramm sichtbaren **Anomalie** als archäologischer Befund beruht somit immer auf einem Analogieschluss. Die *Geoelektrik* misst den Bodenwiderstand. Durch **anthropogene** Eingriffe in den Boden wird die elektrische Leitfähigkeit des Bodens verändert; dabei spielen die Feuchtigkeit und der Elektrolythaushalt des Bodens eine entscheidende Rolle. So weisen die Verfüllungen von Gruben und Gräben aufgrund ihrer besseren Durchfeuchtung gegenüber dem umgebenden Erdreich einen geringeren elektrischen Widerstand auf und lassen sich dadurch gut erfassen. Steinbauten dagegen besitzen gegenüber dem feuchteren Boden einen erhöhten Widerstand. Wie bei der magnetischen Prospektion werden die gemessenen Daten im Computer über bildgebende Verfahren in zu interpretierende Bilder umgewandelt. Die Prospektion mit dem *Georadar* (Bodenradar) wird in der Archäologie seit den achtziger Jahren des 20. Jahrhunderts praktiziert. Das Georadar beruht wie jedes Radar auf dem Echo-Prinzip. Es fängt Echos von Wellen ein, die vom Boden abgestrahlt werden; je nach Stärke und Verzögerung des Echos können dann anhand des ›Radargramms‹ Rückschlüsse auf archäologische Strukturen gezogen werden. Im Gegensatz zu den beiden anderen vorgestellten geophysikalischen Verfahren, die nur Flächeninformationen liefern, erhält man mit dem Georadar auch Hinweise auf sich in der Tiefe überlagernde archäologische Strukturen. Es sei jedoch darauf hingewiesen, dass mit den geophysikalischen Prospektionsmethoden keine objektive Darstellung der entdeckten archäologischen Strukturen erzielt wird – das betrifft übrigens auch die Luftbildarchäologie. Die Erfahrung des Interpreten spielt vielmehr eine große Rolle, so dass die Deutung bis zu einem gewissen Grade subjektiv ist.

Eine weitere Prospektionsmethode wollen wir am Ende wenigstens noch kurz ansprechen. Es handelt sich dabei um die *Phosphatanalyse*. Mit ihr lassen sich ebenfalls – direkt oder indirekt – anthropogene Einflüsse nachweisen. Überall dort, wo z. B. menschliche oder tierische Ausscheidungen in den Boden gelangen, steigt der Phosphatanteil an. Diese Methode ist allerdings nicht zerstörungsfrei, weil die Proben in diesem Fall aus archäologischen Schichten genommen werden müssen. Sie wird zumeist auf archäologischen Ausgrabungen angewandt, um zu Hinweisen beispielsweise auf die Siedlungsstruktur oder die Funktion von Gebäuden zu gelangen.

Je nach Fragestellung und vorhandenen Geldmitteln wird man die eine oder andere Prospektionsmethode bevorzugen. In der Regel führt jedoch nur eine Kombination verschiedener Verfahren zum gewünschten Ziel. Durch die Prospektion werden uns zwar zahlreiche wichtige Hinweise über Fundstellen geliefert, doch sie kann die *Ausgrabung* nicht ersetzen. Die Quellen, die wir mit Ausgrabungen gewinnen, sind in der Regel recht umfangreich. Sie beschränken sich nicht nur auf Hinterlassenschaften des Menschen, sondern umfassen auch natürliche Überreste wie Pflanzen, Tierknochen und Pollen, die uns gleichfalls Hinweise auf die ur- und frühgeschichtliche Vergangenheit – z. B. auf Umweltbedingungen (→ Kap. 8.1) – geben. Halten wir also fest: Es gibt keinen besseren Weg der Quellenerschließung als den systematischer Ausgrabungen. Allerdings werden dadurch sämtliche archäologische Strukturen im Boden unwiederbringlich beseitigt. Es ist daher äußerst wichtig, während der Grabung alle wesentlichen Strukturen zu erkennen und zu dokumentieren. Im Folgenden machen wir dazu einige grundsätzliche Bemerkungen.

Auf eine detaillierte Diskussion von Methoden und Techniken der Ausgrabung verzichten wir dagegen in diesem Zusammenhang und verweisen auf die einschlägige Literatur.

Auch wenn der Anlass und Charakter einer Ausgrabung recht verschieden sein kann – sei es eine auf einige Wochen begrenzte Rettungsgrabung oder eine mehrjährige Forschungsgrabung – und auch wenn die Fundstellen sehr unterschiedlich geartet sind – hier eine Höhlengrabung, dort die Ausgrabung eines Gräberfelds –, gibt es doch grundlegende Gemeinsamkeiten. Dazu gehört beispielsweise die *Vermessung*. Sie steht am Beginn jeder Ausgrabung und bildet die Basis jeder Grabungsdokumentation. Mit der Vermessung wird zum einen die Fundstelle selbst kartiert und in ein größeres Netz anderer archäologischer Fundstellen eingebunden; zum anderen dient die Vermessung dazu, Befunde und Funde einzumessen, damit deren Lage auch nach der Ausgrabung dreidimensional – also sowohl in der Fläche als auch in der Tiefe – dokumentiert und damit nachvollziehbar ist.

Bevor die archäologischen Befunde jedoch erfasst und dokumentiert werden können, muss zuerst die Humusschicht der zu untersuchenden Fläche entfernt werden. Zumeist zeichnen sich dann schon im ersten **Planum** potentielle archäologische Strukturen als dunkle Bodenverfärbungen im ›gewachsenen‹ Boden ab. Das sogenannte ›Pfostenloch‹ gehört seit seiner erstmaligen ›Entdeckung‹ bei Ausgrabungen der **Reichs-Limeskommission** gegen Ende des 19. Jahrhunderts zu den klassischen Befunden auf ei-

Planum, von lat. *planum*, ›Fläche‹, ›Ebene‹. Archäologischer Fachbegriff: künstlich geschaffene ebene Fläche bei einer Ausgrabung zum Zweck der Erkennung und Dokumentation von Bodenverfärbungen.

Limes und Reichs-Limeskommission

Limes, von lat. *limes*, ›Weg‹, ›Grenze‹. Grenzbefestigung des Römischen Reichs.

Im Jahre 1892 stimmte der Deutsche Reichstag der Einrichtung einer sogenannten *Reichs-Limeskommission* zu und ermöglichte durch Bereitstellung der nötigen Gelder den Beginn einer systematischen Erforschung des Obergermanisch-Rätischen **Limes**. Diese Entscheidung ist in erster Linie dem Berliner Althistoriker und späteren Nobelpreisträger für Literatur *Theodor Mommsen* (1817–1903) zu verdanken, der sich seit der Gründung des Deutschen Reichs im Jahre 1871 um eine solche archäologisch-historische Kommission bemüht hatte. Dabei unterstützten ihn eine Reihe von Gleichgesinnten aus den betroffenen Ländern – dem Königreich Preußen, den Großherzogtümern Hessen-Darmstadt und Baden sowie den Königreichen Württemberg und Bayern. Mit der Gründung der Reichs-Limeskommission deutete sich erstmals eine veränderte Einstellung des Staates gegenüber den ›vaterländischen Altertümern‹ (→ Kap. 3.3.1) an. Die Erforschung des rund 550 Kilometer langen und damit größten archäologischen Denkmals in Europa sowie seines Umfelds dauert bis heute an. 2005 wurde der Limes als Weltkulturerbe in die UNESCO-Liste des Welterbes aufgenommen.

ner Siedlungsgrabung. In allen urgeschichtlichen Kulturen war die Bauweise mit Holz vorherrschend. Dort, wo ehemals ein Hauspfosten in die Erde gerammt wurde, zeichnet sich für den Archäologen heute eine zumeist rundliche dunkle Verfärbung als ›Pfostenspur‹ ab. Solche Pfostenspuren können häufig zu Hausgrundrissen ergänzt werden.

Wenn die Humusschicht abgetragen worden ist und im ersten Planum archäologische Strukturen erkannt wurden, beginnt die *Dokumentation*, d. h. sich abzeichnende Befunde müssen vermessen, beschrieben, in maßstabsgetreuen, kolorierten Zeichnungen erfasst und fotografiert werden. Dies alles geschah traditionell von Hand. Heutzutage erfolgt die Aufnahme der Grabungsfläche jedoch immer häufiger computergestützt, also mit digitalen Vermessungsgeräten wie dem Tachymeter und digitaler Fotografie. Ist das Planum dokumentiert, beginnt die eigentliche Ausgrabungstätigkeit. Die im Planum entdeckten Befunde werden geschnitten. Dazu wird üblicherweise eine Hälfte des Befunds ausgehoben, um durch den vertikalen Schnitt ein Profil zu gewinnen. Durch dieses Profil können Ausmaße und Form erfasst werden; zudem lassen sich gut Überschneidungen mit anderen archäologischen Strukturen erkennen. Erst das Profil ermöglicht die Stratifizierung (→ Kap. 3.5.3.1) des Befunds. Das Profil muss wiederum in allen Einzelheiten dokumentiert werden.

Auf diese eher technisch-sachbezogenen Erklärungen sollen abschließend noch einige theoretische Ausführungen zur Ausgrabungstätigkeit folgen. Zum einen sei betont, dass Ausgrabung und Dokumentation eines Befunds aus sich selbst heraus keine angemessene Deutung dessen, was ausgegraben worden ist, hervorzubringen vermögen. Zum anderen stellt die Beurteilung von Befunden höchste Anforderungen an das Wahrnehmungs- und Differenzierungsvermögen des Archäologen und setzt damit nicht nur eine ausgeprägte Beobachtungsgabe und Assoziationsfähigkeit, sondern auch beträchtliches Abstraktionsvermögen sowie eine möglichst breite empirische Erfahrung voraus. Befunde sind eben keine Verkörperung des vermeintlich offenkundig Faktischen. Bei ihrer ›Konstituierung‹ bzw. Bildung wirken vielmehr verschiedene Faktoren mit: individuelle Fähigkeiten, empirische Erfahrung, fachspezifisches Vorwissen, mannigfache situationsbezogene Hypothesen. Von der weit verbreiteten Vorstellung der ›Objektivität‹ ur- und frühgeschichtlicher Quellen ist also Abstand zu nehmen. Archäologische Befunde – darauf möchten wir eindringlich hinweisen – können nicht theorie-

Tachymeter. Schnellmessgerät (griech. *tachýs*, ›schnell‹), mit dem Höhe und Lage von Geländepunkten ermittelt werden können.

oder interpretationsunabhängig gedeutet werden. Die Ansprache eines archäologischen Befunds als Befund durch den Ausgräber ist stets schon Interpretation.

Testfragen

1. Was versteht man unter dem Begriff ›Prospektion‹? Welche Prospektionsmethoden kennen Sie? Erläutern Sie zwei davon.
2. Was ist ein Planum?
3. Skizzieren Sie den Arbeitsablauf auf einer Ausgrabung.

3.4.5 Äußere und Innere Quellenkritik

Die Quellen der Ur- und Frühgeschichtlichen Archäologie müssen vor ihrer Auswertung einer *Quellenkritik* unterzogen werden. Mit diesem Begriff wird die Bestimmung des Aussagewerts der betreffenden Quelle bezeichnet.

Es ist üblich, zwischen einer *Äußeren* und einer *Inneren Quellenkritik* zu unterscheiden. Bei der Äußeren Kritik geht es um die *Kritik der Quellenüberlieferung*. Die Innere Kritik hingegen zielt auf die *Kritik des Quellenwerts*, d. h. auf das Aussagepotential der Quelle; sie beginnt in dem Augenblick, in dem klargestellt ist, dass die Überlieferung der Quelle keine Einschränkung ihres Zeugniswerts nach sich zieht. In den Geschichtswissenschaften bezeichnet man die Äußere Quellenkritik meist als »Kritik des Textes«,

Abb. 3.4.5.1
Äußere und Innere Quellenkritik.

	Äußere Quellenkritik	Innere Quellenkritik
Archäologie	Kritik der Quellenüberlieferung	Kritik des Quellenwerts
Geschichtswissenschaft (P. Kirn)	»Kritik des Textes«	»Kritik der Quellenaussagen«
Untersuchungsgegenstand	Äußere Faktoren: Echtheit Art der Überlieferung Vollständigkeit Fund Fundort Fundumstände	Innerer Wert (Erkenntnispotential): Auffindungsverhältnisse Quellengattung Art der Quellengewinnung Fundzusammenhang Regionaler Kontext
H. J. Eggers 1950	»Zuverlässigkeit der Überlieferung einer Quelle«	»Zuverlässigkeit der Quelle selbst«

während die Innere Quellenkritik »Kritik der Quellenaussagen« genannt wird (*Paul Kirn*).

Der Archäologe *Hans Jürgen Eggers* (1906–1975) hat den Unterschied zwischen Äußerer und Innerer Quellenkritik einmal prägnant charakterisiert. Es gebe zum einen Fragen, die sich auf die »Zuverlässigkeit der *Überlieferung* einer Quelle« bezögen und zum anderen solche, die die »Zuverlässigkeit der Quelle selbst« beträfen (Abb. 3.4.5.1).

Von besonderer Bedeutung ist die Quellenkritik auf regionaler Grundlage. Sie geht von der Betrachtung ur- und frühgeschichtlicher Hinterlassenschaften in meist recht kleinräumigen Landschafts- und Wirtschaftsräumen aus und versucht festzustellen, wie sie zustandegekommen sind. Das geschieht vor allem im Blick auf Topographie (z. B. siedlungsgünstig, siedlungsungünstig), Vegetation (z. B. bewaldet, unbewaldet), Bewirtschaftung (z. B. Ackerbau, Beweidung, Kies- oder Steinabbau) und archäologische Forschungsgeschichte (z. B. Aktivitäten von Altertumsvereinen vor Einrichtung einer systematischen Archäologischen Denkmalpflege, Sammler, Archäologische Denkmalpflege bzw. ihre ehrenamtlichen Mitarbeiter).

Es ist offenkundig, dass bei der Quellenkritik auf regionaler Grundlage auch die Überlieferung der Quellen – also ihr Weg vom Zeitpunkt der Bergung bis zu ihrer wissenschaftlichen Erfassung – und somit die Äußere Quellenkritik eine Rolle spielt. Letztlich aber geht es um den ›inneren‹ Wert der Quellen, da die quellenkritischen Untersuchungen dazu dienen sollen, festzustellen, ob und gegebenenfalls inwieweit der Quellenbestand ur- und frühgeschichtliche Verhältnisse widerspiegelt. *Walter Torbrügge* (1923–1994) hat anhand der verschiedenen Landschafts-, Wirtschafts- und Klimaräume der Oberpfalz die vielfachen Besonderheiten der Verknüpfung von geographischen, neuzeitlich-wirtschaftlichen und forschungsgeschichtlichen Faktoren im Einzelnen herausgearbeitet und damit die Besonderheiten der unterschiedlich strukturierten archäologischen »Fundlandschaften« bestimmt. So konnte er beispielsweise wahrscheinlich machen, dass die Massierung von bronzezeitlichen Grabhügeln und daraus stammenden Funden im Albbereich der Oberpfalz im Vergleich zur Donauebene nicht auf urgeschichtlichen, sondern auf wirtschaftlichen und forschungsgeschichtlichen Ursachen beruht: Während die Donauebene praktisch waldlos ist und neben Wiesen, Weiden und Äckern mannigfachen Bodeneingriffen durch Siedlungen, Straßen-, Bahn- und Industrieanlagen sowie Kies- und Sandgruben ausgesetzt war, blieb der Albbereich mit seinem beträchtlichen Waldbestand davon weitgehend verschont. Die Grabhügel der Ebene fielen den Bodeneingriffen weitgehend unbeobachtet zum Opfer, die zahlreichen Grabhügel des Albanteils der Oberpfalz wurden hingegen um die Wende vom 19. zum 20. Jahrhundert durch Sammler – meist in Zusammenarbeit mit örtlichen Historischen Vereinen – ausgebeutet. Die sich vordergründig anbietende Schlussfolgerung, der höhere Grabhügelanteil im Bereich der Alb sei auf urgeschichtliche Bedingungen zurückzuführen, entspricht also nicht der Wirklichkeit. Aus Torbrügges eingehenden Untersuchungen solcher Probleme folgt, dass nur eine auf die Kleinregion zurückgehende Quellenanalyse eine angemessene Bewertung jener Bedingungen erlaubt, die das archäologische Fundbild bestimmten.

3.4.6 | **Quelleninterpretation**

Bei der Deutung ur- und frühgeschichtlicher Kulturverhältnisse steht der Archäologe vor dem Problem, dass er – soweit es die Urgeschichte betrifft – über keinerlei schriftliche Eigenzeugnisse jener Menschen verfügt, um die es ihm geht. Im Bereich der Frühgeschichte steht es damit nur wenig besser: Die vorhandenen Schriftzeugnisse sind nicht von Angehörigen der zu deutenden Kulturen, sondern von Fremden verfasst worden. Sie unterliegen damit in einem besonderen Maße der häufig verzerrenden kulturfremden Sichtweise. *Caesars* Bericht über seine Feldzüge in Gallien (*De bello Gallico*) ist hierfür ein besonders eindringliches Beispiel.

Bereits in der Frühzeit der Herausbildung der Ur- und Frühgeschichtlichen Archäologie als Wissenschaft bediente man sich bei der Interpretation ur- und frühgeschichtlicher Artefakte und

Caesar als Ethnograph

Gaius Iulius Caesar (100–44 v. Chr.) eroberte von 58–51 v. Chr. in einer Reihe von Feldzügen das gesamte Gallien. Über diesen Gallischen Krieg verfasste er eine aus sieben Büchern bestehende Denkschrift (*Commentarii de bello Gallico*). Die Erfassung, Benennung und Deutung der Sitten und Gebräuche sowie der Götterwelt der Gallier nahm er zumeist aus römischer Sicht vor. Diese sogenannte *interpretatio Romana* ist ein klassisches Beispiel für die Schwierigkeiten, die jeder Ethnograph bei der Beschreibung und Interpretation fremder Kulturen und ihrer Institutionen zumindest am Anfang seiner Studien erfährt.

Kulturverhältnisse des Vergleichs. Sehr häufig wurde dabei auf ›exotische‹ Kulturen bzw. auf die Ethnologie oder Kulturanthropologie (→ Kap. 6.2.3) zurückgegriffen. So suchte etwa der dänische Prähistoriker *Sophus Müller* (1846–1934) kurz vor der Wende vom 19. zum 20. Jahrhundert nach einer Erklärung für das Aufkommen der Totenverbrennung in der Jüngeren Nordischen Bronzezeit. Da ihn jene Deutungen nicht befriedigten, zu denen man auf der Grundlage der altnordischen und antiken Literatur gelangt war, wandte er sich dem Totenbrauchtum nordamerikanischer Indianer zu: Sie wollten, so fand er heraus, mit der Verbrennung ihrer Toten deren Seele freisetzen, damit sie im Jenseits Frieden finden könne.

Für uns geht es nicht darum, ob wir uns Müllers Deutung anschließen wollen – wichtig ist allein, dass er einen klassischen Analogieschluss vorgenommen und damit das **Prinzip des Analogischen Deutens** angewandt hat. Dieses Prinzip beinhaltet einen Vergleich gleichartiger Erscheinungen bei Kulturen, die ansonsten weder zeitlich noch räumlich noch inhaltlich übereinstimmen müssen. Wichtig ist in diesem Zusammenhang allein, dass die Quellenlage der Kulturen, die für die Deutung ur- und frühgeschichtlicher Phänomene zum Vergleich herangezogen werden, deutlich besser ist. Grundsätzlich gilt also, dass die zu vergleichenden Phänomene historisch nicht miteinander zusammenhängen, also nicht **homolog**, sondern – wie bereits mehrfach gesagt – analog sind. Das Analogische Deuten beruht auf der Annahme, dass Phänomene, die in gewissen Aspekten übereinstimmen, vermutlich auch in anderen übereinstimmen könnten.

Da das Ergebnis eines Analogieschlusses nur eine Hypothese ist, kann er keinerlei Beweiskraft beanspruchen – er zeigt lediglich bestimmte Interpretationsmöglichkeiten auf. Es ist also der Archäologe, der nach dem Plausibilitätsprinzip abwägen muss, ob und inwieweit eine oder mehrere dieser Möglichkeiten für die Deutung eines bestimmten Problems in Betracht gezogen werden sollten.

Die bereits angesprochene weitestgehende Beschränkung der ur- und frühgeschichtlichen Quellen auf den Bereich der sogenannten ›materiellen Kultur‹ (→ Kap. 4.1) bringt es mit sich, dass sehr vieles mit der Auflösung des einstigen Kulturzusammenhangs verloren gegangen ist. Das gilt selbstverständlich für alles, das nicht in einer materiellen Form erhalten ist. In einer gelebten Kultur ist die Verknüpfung des Immateriellen mit dem Materiellen allgegenwärtig – sie ist eine Tatsache, der sich die Ur- und

---

Analogisches Deuten, von griech. *análogos*, ›entsprechend‹, ›übereinstimmend‹. In den Kulturwissenschaften Begriff für ein Deutungsverfahren, das auf der Grundlage formal und strukturell ähnlicher, aber historisch voneinander unabhängiger Phänomene auf inhaltliche Gleichartigkeit schließt.

Homolog, von griech. *homólogos*, ›übereinstimmend‹. In den Kulturwissenschaften für sich entsprechende Phänomene gebraucht, die historisch miteinander verknüpft sind (Gegensatz: analog).

Frühgeschichtliche Archäologie nur auf indirektem Wege zu nähern vermag.

Diese ›indirekte Annäherung‹ lässt sich zum einen mit dem im vorangehenden Abschnitt erläuterten Analogischen Deuten vollziehen, das aus der Ethnologie und der Geschichtswissenschaft gespeist wird. Zum anderen kann man dafür auf die sogenannte *Ethnoarchäologie* zurückgreifen. Darunter versteht man gemeinhin die systematische Untersuchung des Stellenwerts und der Funktion der materiellen Kultur in konkreten Lebenszusammenhängen. Dabei kann es sich sowohl um meist von Archäologen durchgeführte ethnographische Feldforschungen als auch um Literaturstudien aus archäologischem Blickwinkel handeln. Im Mittelpunkt steht immer die Frage, wie das Sachgut mit der sonstigen Lebenswelt der zu erforschenden Gemeinschaft verknüpft ist und welche konkreten Erkenntnisse aus der ethnographischen Wirklichkeit für die nur bruchstückhaft überlieferte ur- und frühgeschichtliche Realität gewonnen werden können. Zumindest als mittleres Ziel strebt die Ethnoarchäologie eine ›Fallsammlung‹ solcher Verknüpfungen an, da sie bei der Deutung jener Phänomene hilfreich sein könnten, die in den ur- und frühgeschichtlichen Quellen gar nicht oder nur unzureichend zu erfassen sind. Nach unserer Ansicht sollte die Ethnoarchäologie zu einer ›Theorie der materiellen Kultur‹ entwickelt werden. Darin sollten die Möglichkeiten, aber auch die Grenzen ethnographisch-ethnologischer Auswertung des Materiellen in der Kultur ausgelotet werden. Damit erhielte die Ur- und Frühgeschichtliche Archäologie eine solide Ausgangsbasis für die Deutung ihrer Quellen.

Ethnoarchäologie in der Praxis

Kalebasse, von franz. *calabasse*, aus gleichbedeutend span. *calabaza*. Aus einem Flaschenkürbis oder der Frucht des Kalebassenbaums gezogenes dickbauchiges Gefäß mit langem Hals.

Es gibt inzwischen eine sehr große Zahl von ethnoarchäologischen Studien, die vorwiegend von ethnologisch interessierten Archäologen, gelegentlich aber auch von Ethnologen mit Interesse an archäologischer Theorie durchgeführt wurden. Zu letzteren gehört der Frankfurter Ethnologe *Hans Peter Hahn*, der sich in vielen Arbeiten mit Fragen der sogenannten ›materiellen Kultur‹ auseinandergesetzt hat. In seiner Dissertation widmete er sich der materiellen Kultur von drei ethnischen Gruppen in Nord-Togo, wobei er jeweils rund 270 Kategorien von Objekten aus acht Bereichen – Siedlung und Gehöft, Töpferei und Keramik, Holzgegenstände und Kalebassen, Körbe und Matten, Eisenhandwerk und Eisengegenstände, Bekleidung, Musikinstrumente sowie Feldbau – erfasste. Nur knapp ein Fünftel dieser Kategorien war bei allen drei Gruppen nach Form und Bedeutung identisch; die drei untersuchten Ethnien unterscheiden sich also deutlich in ihrer materiellen Kultur. Projizierte man diesen Befund auf ein vergleichbares regionales archäologisches Fundbild, dessen Merkmale aufgrund hinreichend differenzierter chronologischer Kontrolle als archäologisch gleichzeitig gelten könnten, wäre mit einem solchen Ergebnis die parallele Existenz von drei ›Kulturen‹ sehr wahrscheinlich gemacht. Allerdings verschweigt Hahn nicht, dass die ethnographisch vergleichsweise leicht zu ermittelnde Verknüpfung der materiellen Kultur mit kulturellen Bedeutungen – beispielsweise mit ethnischer Identität – in der Archäologie nur selten möglich ist. Somit kann es grundsätzlich nicht um eine schlichte Übertragung des im Sachgut ruhenden Symbolischen vom jeweils besonderen ethnographischen Kontext auf bestimmte archäologische Befunde gehen. Vielmehr vermag die ethnographisch nachgewiesene symbolische Auflladung des Materiellen uns Archäologen lediglich zu zeigen, dass das von uns ausgegrabene Sachgut keineswegs so einfach oder eindimensional ist, wie es zu sein scheint. Diese Tatsache dürfen wir bei seiner Deutung niemals aus den Augen verlieren. Eine Patentlösung für unsere Fragen vermag uns die Ethnoarchäologie somit nicht zu bieten. Wie kompliziert der ethnographische Befund sein kann, zeigen beispielsweise in unterschiedlichen Ethnien und weit über Nord-Togo hinaus verbreitete Tongefäße mit einer Verzierung aus aufgesetzten Noppen. Man versteht sie zwar überall als Symbol für die sakrale Funktion dieser Gefäße, aber erst durch Einzelheiten der Anordnung dieses Verzierungselements werden bestimmte ›Lesungen‹ des Dekors – etwa im Sinne eines ›Seelen-, oder ›Medizingefäßes‹ – möglich. Solche Lesungen beschränken sich dann vielleicht auf eine einzige Ethnie oder gegebenenfalls auch nur auf eine Gruppe von Spezialisten, z.B. auf Heiler. Einsichten dieser Art vermögen zwar den Vorstellungshorizont des Archäologen zu erweitern, aber er kann daraus keinen direkten Nutzen ziehen: Über die Funktion ur- und frühgeschichtlicher Tongefäße mit Warzendekor etwa weiß er damit nicht mehr als vorher.

Zu den Archäologen, die sich auch mit ethnographischen bzw. ethnoarchäologischen Untersuchungen beschäftigt haben, gehören die französischen Prähistoriker *Anne-Marie* und *Pierre Pétrequin*. Zu ihren archäologischen Forschungsinteressen zählt vor allem die neolithische Uferbesiedlung der Seen von Chalain und Clairvaux im Französischen Jura. In diesem Zusammenhang haben sie sich intensiv mit dem Problem der sogenannten *Pfahlbauten* bzw. – allgemeiner – der *Feuchtbodensiedlungen* (→ Kap. 7.9) auseinandergesetzt. Dabei beschränkten sie ihre Forschungen nicht auf die neolithischen Siedlungen, sondern führten auch ethnoarchäologische Studien in zeitgenössischen Pfahlbau- und Feuchtbodensiedlungen in der westafrikanischen Republik Benin durch. Diese Siedlungen liegen an der nur rund fünf Kilometer von der Atlantikküste entfernten kleinen Lagune Nokoué, die mit dem Meer durch einen natürlichen Kanal verbunden ist. Im unmittelbaren Hinterland dieses etwa 7 auf 12 km großen Binnensees befinden sich zwei kleine Flüsse, die ein Sumpfland mit unterschiedlichen Siedlungen umgeben. Die Landschaft repräsentiert also ein typisches Feuchtbodenmilieu. Sie bot eine der besten Annäherungen an die archäologisch relevante Situation im Bereich der Seen von Chalain und Clairvaux. Im Zuge ihrer ethnographischen Studien am *Lac Nokoué* setzten sich die Pétrequins mit der jeweiligen Anpassung der ›Landleute‹ und der ›Wasserleute‹ – also der Feldbauern und der Fischer – an die natürliche Umwelt auseinander. Ihr besonderes Augenmerk galt Fragen der Siedelweise, der Einzelheiten

Lagune, von gleichbedeutend ital. *laguna*, aus lat. *lacuna*, ›Vertiefung‹, ›Weiher‹. Vom offenen Meer abgetrenntes Flachwassergebiet.

> des Hausbaus und der Hausnutzung sowie der Reparatur der Hütten. Hinzu kam die Beobachtung des ›Wegwerfverhaltens‹ der Fischer, die damit zusammenhängende Akkumulation von Haushaltsabfällen und die materiellen Spuren von Brandkatastrophen. Ebenso interessierten sie sich für den Einfluss der Seespiegelschwankungen auf Sedimentation und Erosion sowie für die Veränderung der natürlichen Sedimente durch menschlichen Eintrag von Steinen, Ton, Keramikscherben, pflanzlichem Material und dergleichen mehr. Diese Themenkomplexe wurden von ihnen aus archäologischem Blickwinkel detailliert untersucht. Als Ergebnis ihrer Studien empfehlen sie selbstverständlich nicht, die gewonnenen Erkenntnisse einfach auf urgeschichtliche Feuchtbodensiedlungen etwa am Lac de Chalain oder an anderen Plätzen Europas zu übertragen. Vielmehr geht es ihnen darum, ihre ethnographisch gewonnenen Einsichten in ethnoarchäologischem Sinne zu nutzen: Sie sollen dazu dienen, den komplexen archäologischen Befund möglichst optimal zu deuten, indem dabei auch jene Phänomene berücksichtigt werden, die archäologisch nicht oder nur unvollkommen überliefert sind.

Akkumulation, von lat. accumulatio, ›Anhäufung‹. Hier: Ansammlung von Siedlungsabfällen.

Sedimentation, von lat. sedere, ›sitzen‹, ›sich setzen‹. Geologischer Fachbegriff, der die Ablagerung von organischem oder nichtorganischem Material bezeichnet.

Wenn wir die Ethnoarchäologie aus grundsätzlichem Blickwinkel betrachten, wird klar, dass das darauf beruhende Interpretationsverfahren lediglich eine besondere Variante des Analogischen Deutens ist. Sie unterscheidet sich von anderen Analogieschlüssen meist durch die Art, Herkunft und Gewinnung der verwendeten Analogien. Allerdings wird man einräumen müssen, dass das ethnoarchäologisch gegründete Interpretieren wohl die systematischste und effektivste Spielart des Analogischen Deutens darstellt.

Die Bezeichnung *Experimentelle Archäologie* steht für ein Spezialgebiet der Archäologie, das mit Hilfe von Experimenten zu Einsichten über bestimmte ur- und frühgeschichtliche Erscheinungen zu kommen versucht. Dabei handelt es sich fast ausnahmslos um im weitesten Sinne technisch-praktische Vorgänge und Fertigkeiten. Die Experimentellen Archäologen streben an, die zur Diskussion stehende Problematik so nachzuvollziehen, dass sie den konkreten ur- und frühgeschichtlichen Verhältnissen möglichst nahekommt.

Einbaum. Ein Boot, das aus einem einzigen Baumstamm hergestellt wird; der Innenraum wird dazu entweder ausgebrannt oder – häufiger – mit Hilfe eines Dechsels, d.h. quergeschäfteten Beils, ausgehöhlt.

Das Spektrum solcher Experimente ist beinah unbegrenzt. Es wurden nicht nur der Bronzeguss und die Reduktion von Eisenerz (→ Kap. 4.3) im Experiment nachvollzogen, sondern man töpferte und brannte Tonwaren, baute jungsteinzeitliche Backöfen nach und buk darin; man stellte Dolche, Pfeilspitzen und Beile aus Feuerstein her; man fällte Bäume mit solchen Beilen und baute damit einen Einbaum; man fertigte Pfeil und Bogen an und experimentierte mit der Schussleistung; man bearbeitete den Boden mit hölzernen Hakenpflügen, säte Getreide aus und erntete es mit feuersteinbewehrten hölzernen Erntemessern; man experimentierte mit verschiedenen Dreschverfahren sowie dem Entspelzen von Einkorn, Emmer und Dinkel auf steinernen Schiebemühlen und in hölzernen Mörsern; man legte Erdwerke – Wall und Graben – an und studierte über einen längeren Zeitraum ihren natürlichen Verfall; mit Nachbildungen bronzezeitlicher Rasiermesser wurden gar Versuchsrasuren durchgeführt...

Förderung der Experimentellen Archäologie

Im Jahre 1990 präsentierte das niedersächsische *Landesmuseum für Natur und Mensch* in Oldenburg (ehemals *Staatliches Museum für Naturkunde und Vorgeschichte*) die Ausstellung »Experimentelle Archäologie in Deutschland«. Sie war als Wanderausstellung konzipiert und wurde mit sehr großem Erfolg in rund 30 europäischen Städten gezeigt. Parallel zur Premiere fand 1990 in Oldenburg die erste Tagung zur Experimentellen Archäologie statt. Darauf folgten an wechselnden Orten jährliche Tagungen der »Arbeitsgruppe Experimentelle Archäologie«, deren Ergebnisse ab 1995 kontinuierlich veröffentlicht wurden. Aus dieser Arbeitsgruppe entwickelte sich schließlich die im Jahre 2002 gegründete *Europäische Vereinigung zur Förderung der Experimentellen Archäologie e. V.* (EXAR). Die Tradition der Jahrestagungen mit darauffolgender Publikation der Vorträge wird bis heute fortgesetzt.

Dem pensionierten Frankfurter Professor für Vor- und Frühgeschichte *Jens Lüning*, der sich in seiner Zeit an der Universität Köln gemeinsam mit Mitarbeitern und Studenten selbst aktiv mit dem archäologischen Experiment im Kontext von Erdwerken und Landwirtschaft beschäftigt hat, verdanken wir eine knappe Einschätzung der Aussagekraft des archäologischen Experiments. Er stellt zu Recht heraus, dass man mit einem experimentellen Nachvollzug nicht beweisen könne, wie etwas in ur- und frühgeschichtlicher Zeit tatsächlich gewesen sei. Man vermöge lediglich – im positiven Falle – zu sagen, wie es hätte gewesen sein können. Ein negatives Ergebnis hingegen, so Lüning, zeige – wenn man Fehler des Experimentators ausschließen könne –, wie etwas bei der gegebenen Experimentalanordnung auf gar keinen Fall hätte funktionieren können.

Aufs Ganze betrachtet, liegt der Gewinn archäologischer Experimente also ähnlich wie der des Analogischen Deutens nicht in ihrer Beweiskraft, sondern in der mit ihnen einhergehenden Erweiterung des Horizonts des Archäologen. Wie Lüning über das Experimentieren sagt: »Wie Schuppen fällt es einem dabei oft von den Augen«. Der wesentliche Unterschied zwischen den beiden Verfahren archäologischer Deutung liegt im Bereich der primären Bezugsebene: Während das Analogische Deuten in erster Linie auf die Verknüpfung des Materiellen mit dem Immateriellen zielt, befasst sich das archäologische Experiment nahezu ausschließlich mit der technisch-praktischen Seite ur- und frühgeschichtlicher Kulturverhältnisse.

Testfrage

1. Was sind die kennzeichnenden Elemente des Analogischen Deutens, der Ethnoarchäologie und der Experimentellen Archäologie?

Literatur zu Befund, Fund und Quellengruppen

M. K. H. Eggert, Prähistorische Archäologie: Konzepte und Methoden (Tübingen – Basel 2008[3]).
G. Görmer, Einstückdepots, Flussdepots und Verluste: Argumente gegen die Kategorien Einzelfunde und Flussfunde. Ethnographisch-Archäologische Zeitschrift 49, 2008, 227–234.
H. Jankuhn, Einführung in die Siedlungsarchäologie (Berlin – New York 1977).

Literatur zur Quellenerschließung

Diverse Autoren, Stichwort ›Prospektionsmethoden‹. In: RGA[2] 23, 2003, 483–508.
U. von Freeden/S. von Schnurbein (Hrsg.), Spuren der Jahrtausende: Archäologie und Geschichte in Deutschland (Stuttgart 2002).
E. Gersbach, Ausgrabung heute: Methoden und Techniken der Feldgrabung (Stuttgart 1998[3]).
A. Hauptmann/V. Pingel (Hrsg.), Archäometrie: Methoden und Anwendungsbeispiele naturwissenschaftlicher Verfahren in der Archäologie (Stuttgart 2008).
G. A. Wagner (Hrsg.), Einführung in die Archäometrie (Berlin – Heidelberg 2007).

Literatur zu Analogie und Analogischem Deuten

A. Gramsch (Hrsg.), Vergleichen als archäologische Methode: Analogien in den Archäologien. Mit Beiträgen einer Tagung der Arbeitsgemeinschaft Theorie (T-AG) und einer Kommentierten Bibliographie. BAR International Series 825 (Oxford 2000).
M. K. H. Eggert, Archäologie: Grundzüge einer Historischen Kulturwissenschaft (Tübingen – Basel 2006).
M. K. H. Eggert, Prähistorische Archäologie: Konzepte und Methoden (Tübingen – Basel 2008[3]).
U. Fischer, Analogie und Urgeschichte. In: Urgeschichte als Kulturanthropologie: Beiträge zum 70. Geburtstag von Karl J. Narr. Saeculum 41, 1990, 318–325.

Literatur zu Ethnoarchäologie

N. David/C. Kramer, Ethnoarchaeology in Action (Cambridge 2001).
M. K. H. Eggert, Prähistorische Archäologie: Konzepte und Methoden (Tübingen – Basel 2008[3]).

H. P. Hahn, Die materielle Kultur der Konkomba, Kabyè und Lamba in Nord-Togo: Ein regionaler Kulturvergleich. Westafrikanische Studien: Frankfurter Beiträge zur Sprach- und Kulturgeschichte 14 (Köln 1996).
P. Pétrequin, Ufersiedlungen im französischen Jura: eine ethnologische und experimentelle Annäherung. In: H. Schlichtherle (Hrsg.), Pfahlbauten rund um die Alpen. Archäologie in Deutschland, Sonderheft (Stuttgart 1997) 100–107.
P. Pétrequin/A.-M. Pétrequin, Habitat lacustre du Bénin: Une approche ethno-archéologique. Editions Recherche sur les Civilisations 39 (Paris 1984).

Literatur zu Experimenteller Archäologie

M. Fansa (Bearb. u. Red.), Experimentelle Archäologie: Bilanz 1991. Archäologische Mitteilungen aus Nordwestdeutschland, Beih. 6 (Oldenburg 1991) [Darin besonders die grundsätzlichen Beiträge von J. Lüning, P. B. Richter und J. Weiner].
E. Keefer (Hrsg.), Lebendige Vergangenheit: Vom archäologischen Experiment zur Zeitreise. Archäologie in Deutschland, Sonderheft (Stuttgart 2006).
J. Lüning (Hrsg.), Die Bandkeramiker: Erste Steinzeitbauern in Deutschland. Bilder einer Ausstellung beim Hessentag in Heppenheim/Bergstraße im Juni 2004 (Rahden/Westf. 2005).
A. K. Outram (Hrsg.), Experimental Archaeology. World Archaeology 40/1, 2008.

Klassifikation und Datierung | 3.5

Merkmale und Typen | 3.5.1

Wie alle anderen Wissenschaften versucht auch die Ur- und Frühgeschichtliche Archäologie, Ordnung in die von ihr behandelten Phänomene – vor allem Sachgut und Befunde – zu bringen. Denn erst durch die Ordnung bzw. *Klassifikation* ungeordneter archäologischer Phänomene in Gruppen auf der Basis von Übereinstimmungen erhält man eine angemessene Übersicht über das zu bearbeitende Material. Hierbei ist zu beachten, dass *Klassifikationen* – häufig auch *Klassifizierungen* genannt – immer ein Produkt und damit eine Konstruktion des Archäologen sind. Unsere Kategorien und Gruppierungen entsprechen sicher nicht denen des ur- und frühgeschichtlichen Menschen. Wir verweisen in diesem Zusammenhang lediglich auf unsere Einteilung der archäologischen Quellengruppen in Gräber, Siedlungen, Horte und Felsbilder mit ihren verschiedenen Untergruppen wie z. B. Megalithgrab oder Felskammergrab (→ Kap. 3.4.3). Klassifikationen spiegeln nur in den seltensten Fällen die einstige kulturelle Wirklichkeit wider; sie besitzen vielmehr einen **heuristischen** Wert: Sie dienen dem Ziel, einen Sachverhalt oder ein Phänomen in einen größeren Zusammenhang einordnen zu können.

Grundsätzlich kann man zwischen *analytischen* (›absteigenden‹) und *synthetischen* (›aufsteigenden‹) Klassifikationen unterscheiden.

Heuristik, von griech. *heuriskein*, ›finden‹, ›entdecken‹. Methodisches Verfahren zur Gewinnung neuer wissenschaftlicher Erkenntnisse und zur Problemlösung. In der Kulturwissenschaft versteht man darunter einen üblicherweise auf Vorkenntnissen beruhenden Prozess, der das zu untersuchende Material z. B. über Analogien, Hypothesen, Gedankenexperimente zu ergänzen versucht.

Bei absteigenden Klassifikationen werden die zu klassifizierenden Phänomene in Einheiten oder Klassen untergliedert, während bei der aufsteigenden Klassifikation Phänomene zu größeren Einheiten zusammengefasst werden (Abb. 3.5.1.1). Das Prinzip ist also beides Mal dasselbe, lediglich die Ausgangsebene ist eine andere. Zu betonen ist jedoch, dass einer synthetischen immer eine analytische Klassifizierung vorauszugehen hat; erst nach der Untergliederung des Materials in kleinere Einheiten oder in einzelne Merkmale ist es möglich, größere Einheiten zu bilden. Auch wenn in der Archäologie überwiegend die analytische Klassifikation praktiziert wird, gibt es doch Anwendungsfelder für eine aufsteigende Klassifikation. Dies ist beispielsweise der Fall,

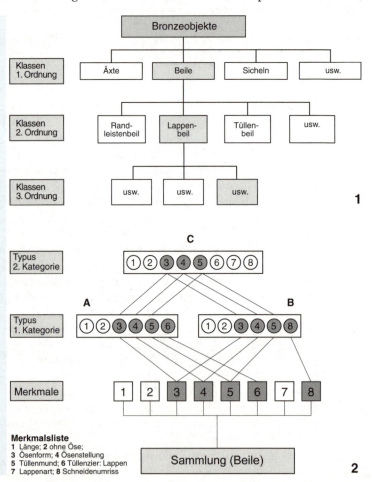

Abb. 3.5.1.1
Beispiel für eine absteigende (1) und aufsteigende Klassifikation (2).

wenn die mittels einer absteigenden Klassifikation gewonnenen Einheiten in zeitlicher und räumlicher Hinsicht integriert werden müssen, um kulturgeschichtlich relevante Erkenntnisse zu erzielen. Beispielsweise wird eine detaillierte absteigende Klassifikation von Keramikgefäßen (Form, Verzierung, etc.) in einem zweiten Schritt zu größeren Einheiten zusammengefasst, etwa in der Art, dass die entsprechenden Gruppen nur zu gewissen Zeiten in bestimmten Regionen vorkommen.

Um überhaupt klassifizieren zu können, müssen aus der Gesamtheit des zu gliedernden Materials Elemente – sogenannte *Merkmale* – isoliert werden, mit denen man die Klassifikation vornehmen möchte. Diese Isolierung von Merkmalen bezeichnet man als *Merkmalsanalyse*; sie untergliedert eine ungeordnete Gesamtheit in viele kleine Einheiten. Damit stellt die Merkmalsanalyse sozusagen den Prototyp der absteigenden bzw. analytischen Klassifikation dar. Hervorzuheben ist in diesem Zusammenhang, dass die inhaltliche Bestimmung eines Merkmals reine Definitionssache ist; ob ein Merkmal für relevant gehalten wird, entscheidet der Klassifizierende gemäß seiner Fragestellung. Üblicherweise steht eine große Anzahl bzw. ein ganzes Reservoir an Merkmalen für die Klassifikation (Abb. 3.5.1.2) zu Verfügung. Für eine konkrete Klassifikation wählt man jedoch

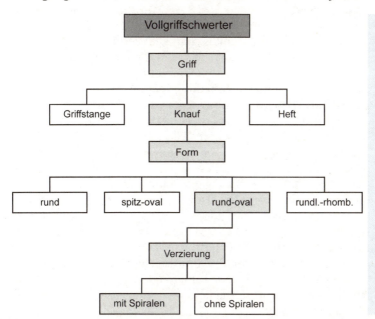

| Abb. 3.5.1.2

Schema einer Merkmalsanalyse bzw. absteigenden Klassifikation am Beispiel von Vollgriffschwertern (hellgrau: diagnostische Merkmale).

nur solche Elemente als Merkmale aus, die man für die jeweilige Fragestellung für aussagekräftig hält; diese Merkmale heißen *diagnostische Merkmale*. In unserem Beispiel (Abb. 3.5.1.2) erfolgt die Klassifizierung auf der ersten Ebene anhand des diagnostischen Merkmals ›Griff‹. Wie das Beispiel auch deutlich macht, wurden Merkmale wie z. B. ›Griffstange‹ oder runde Knaufformen für diese Klassifizierung nicht berücksichtigt. Selbstverständlich ist es möglich, bei einer anderen angestrebten Ordnung andere diagnostische Merkmale auszuwählen.

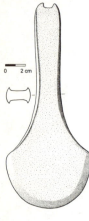

Abb. 3.5.1.3
Beil vom ›Typ Langquaid‹.

Neben dem Merkmal unterscheidet man den *Typ* als weiteres zentrales Klassifikationskonzept. Er stellt eine Kombination aus mindestens zwei diagnostischen Merkmalen dar und kennzeichnet anhand dieser Merkmale eine Gruppe von spezifischen Erscheinungen. So sind beispielsweise Beile der Frühen Bronzezeit vom sogenannten ›Typ Langquaid‹ durch das Merkmal ›Randleiste‹ und ›halbkreisförmige Klinge‹ definiert (Abb. 3.5.1.3). Die konkreten Beile sind dabei nicht mit dem Typ gleichzusetzen, sie sind vielmehr *Typvertreter*, d. h. Repräsentanten eines Typs. Die Typvertreter wiederum bilden eine *Klasse*. Häufig spricht man in der Ur- und Frühgeschichtlichen Archäologie allerdings auch dann von Typen, wenn damit nur ein diagnostisches Merkmal verbunden wird. Das trifft z. B. für den Typ ›Vollgriffschwert‹ oder ›Ruderkopfnadel‹ zu. Eine solche Vorgehensweise ist jedoch inkonsequent, da ein Typ definitionsgemäß durch mindestens zwei diagnostische Merkmale charakterisiert ist.

Wie die Merkmale sind auch Typen nur relative klassifikatorische Einheiten, deren inhaltliche Bestimmung Definitionssache ist und damit je nach Fragestellung verschieden sein kann. Typen sind daher ebenfalls nur Abstraktionen bzw. Konstrukte und keine realen Objekte oder historischen **Entitäten**. Was damit gemeint ist, wird deutlich, wenn wir uns klar machen, dass ein konkretes Objekt, etwa ein Keramikgefäß, eine Vielzahl von Merkmalen besitzt – das Objekt ist also durch die Gesamtheit der Merkmale definiert. Dasselbe Keramikgefäß kann jedoch auch einem Typ angehören, der beispielsweise lediglich auf drei diagnostischen Merkmalen beruht. Alle anderen, nicht als diagnostisch definierten Merkmale des Gefäßes sind für die Typzuweisung irrelevant. Um das Beispiel von oben nochmals aufzugreifen: An frühbronzezeitlichen Beilen lassen sich zahlreiche Merkmale unterscheiden; den ›Typ Langquaid‹ definieren wir jedoch allein anhand der beiden diagnostischen Merkmale ›Randleiste‹ und ›halbkreisförmige Klinge‹.

Entität, von lat. *ens*, ›Ding‹, ›Seiendes‹. Das Dasein (eines Dings) im Unterschied zum Wesen; gegebene Größe.

	Typvertreter											
Merkmale		A	B	C	D	E	F	A	B	C	D	E	F
	1	●	●	●	●	●	●	●	–	●	–	●	●
	2	●	●	●	●	●	●	–	●	–	●	–	●
	3	●	●	●	●	●	●	●	●	–	●	●	–
	4	●	●	●	●	●	●	–	●	●	–	●	●
	5	●	●	●	●	●	●	●	–	●	●	–	●
		monothetisch						polythetisch					

Abb. 3.5.1.4
Monothetische und polythetische Typdefinition.

Üblicherweise unterscheidet man zwischen einer **monothetischen** und einer **polythetischen** Klassifikation. Die monothetische Klassifikation setzt voraus, dass alle Vertreter eines Typs mit denselben Merkmalen ausgestattet sind. Wird ein Keramiktyp beispielsweise über eine spezifische Verzierung (z. B. eingeritzte Zickzacklinien) und Form (z. B. Flaschenhals, Schulter und Rundboden) definiert, entscheidet das Vorhandensein dieser vom Klassifizierenden festgelegten diagnostischen Merkmale über die Zugehörigkeit zu diesem Keramiktyp. Fehlt eines der diagnostischen Merkmale, kann keine Zuweisung zu diesem speziellen Typ vorgenommen werden. Bei der polythetischen Klassifikation hingegen weist jeder Typvertreter mehrere, aber nicht alle der festgelegten diagnostischen Merkmale auf; damit ist keines der Merkmale für die Typzugehörigkeit notwendig, allerdings auch keines ausreichend (Abb. 3.5.1.4).

Die Klassifikation, das sei abschließend bemerkt, wird in der deutschsprachigen Ur- und Frühgeschichtswissenschaft häufig als ›Typologie‹ bezeichnet. Dieser Terminus ist allerdings doppeldeutig, da er sich auf die von dem schwedischen Archäologen *Oscar Montelius* (1843–1921) entwickelte sogenannte *Typologische Methode* bezieht. Da diese ›Methode‹ auf eindeutig evolutionistischen Ansichten beruht, die heute nicht mehr vertreten werden, sollte man von der Bezeichnung ›Typologie‹ unbedingt absehen. Denn Klassifikation ist alles andere als eine genetisch-historische Verknüpfung von Typen – wenn schon, dann ist sie eine Beschreibung von Typen, also eher *Typographie*.

Monothetisch/polythetisch, von griech. *mónos*, ›einzig‹, *polýs*, ›viel‹, und *thetós*, ›Anordnung‹, ›Gliederung‹. Hier: auf alle bzw. auf viele Merkmale bezogene Gliederung.

Testfragen

1. Welche Formen der Klassifikation kennen Sie?
2. Was versteht man unter einem ›diagnostischen Merkmal‹?

3.5.2 | Relative und absolute Datierung

Chronologie, von griech. *chrónos*, ›Zeit‹, und *lógos*, ›Wissen‹, ›Lehre‹. Wissenschaft von der Zeit bzw. Zeitrechnung.

Die **Chronologie** ist eine der fundamentalen Voraussetzungen der Geschichtswissenschaft und damit auch der Ur- und Frühgeschichtlichen Archäologie. Sie beschäftigt sich mit Methoden der Zeitbestimmung und der Feststellung zeitlicher Beziehungen zwischen archäologisch-historischen Phänomenen. In der Praxis wird ›Chronologie‹ meist mit ›Datierung‹ gleichgesetzt.

Bevor wir uns mit den beiden grundlegenden Konzepten der Chronologie beschäftigen, erscheint es sinnvoll, kurz auf einen wesentlichen Aspekt der Konzeption von Zeit einzugehen. Es ist üblich, zwischen einem kulturspezifischen und einem kulturwissenschaftlichen oder – wie in unserem Fall – archäologischen Zeitkonzept zu differenzieren. Das *kulturspezifische Zeitkonzept* bezieht sich auf eine spezifische Gruppe von Menschen und deren Vorstellung von Zeit. Zahlreiche kulturanthropologische Untersuchungen haben deutlich gemacht, dass es eine große Zahl unterschiedlicher Zeitauffassungen und Zeitsysteme gibt. Aufgrund der Natur der archäologischen Quellenbasis ist es jedoch unmöglich, die Zeitkonzeption der von uns erforschten ur- und frühgeschichtlichen Menschen zu rekonstruieren. Das kulturspezifische Zeitkonzept spielt deshalb für unsere Zwecke keine Rolle. Das *kulturwissenschaftliche* oder *archäologische Zeitkonzept* ist dagegen nicht von vergangenen Vorstellungen über Zeit geprägt, sondern hat mit materiellen Formen und ihrem Wandel bzw. ihrer Konstanz zu tun. Die von Menschen geschaffenen Artefakte können somit als Repräsentationen von Zeit begriffen werden. Den Dingen ist also eine Art ›kulturelle Uhr‹ zu eigen. Für uns Archäologen heißt das gewissermaßen, den Mechanismus dieser Uhr zu ergründen. Ändern sich die materiellen Formen nicht, befinden wir uns in ein und derselben Zeiteinheit; beginnen sich die Formen zu wandeln, vollzieht sich der Schritt zu einer neuen Zeiteinheit.

Grundsätzlich lassen sich zwei Datierungsarten unterscheiden: die *relative* und die *absolute Datierung*. Die relative Datierung bzw. relative Chronologie klärt das zeitliche Verhältnis von mindestens zwei archäologischen Phänomenen zueinander. Drei Möglichkeiten sind dabei denkbar: 1. A ist älter als B; 2. A ist jünger als B; 3. A und B sind gleichzeitig. Die relative Chronologie kommt also ohne einen zeitlichen Fixpunkt aus; sie legt lediglich ein ›früher‹ oder ›später als‹ und damit ein ›älter‹ oder ›jünger als‹ fest. Mit der absoluten Chronologie bzw. absoluten Datierung kann dagegen die konkrete Zeitposition eines Phänomens exakt angegeben werden. ›Exakt‹ bedeutet in diesem Zusammenhang jedoch nur in den seltensten Fällen eine jahrgenaue Angabe, sondern bezieht sich in der Regel auf eine mehr oder weniger große Zeitspanne (→ Kap. 3.5.4). Über die absolute Datierung erhalten wir einzelne chronologische Fixpunkte, die wiederum für die Erstellung relativ-chronologischer Systeme wichtig sind. Der Bezugspunkt, zu dem oder von dem ein Ereignis gemessen wird, ist bei uns der christliche Kalender und somit Christi Geburt; die zeitliche Position der zu datierenden archäologischen Befunde und Funde wird also entweder mit ›vor Christus (v. Chr.)‹ oder ›nach Christus (n. Chr.)‹ ausgedrückt.

Der relativen Datierung kommt im archäologischen Alltag eine größere Bedeutung als der absoluten zu, da die Möglichkeiten der ›exakten‹ Datierung – wie wir noch sehen werden – aus methodischen Gründen recht begrenzt sind. Zum einen liefert die absolute Datierung uns zumeist immer nur eine Zeitspanne, zum anderen können wir nicht alle Funde und Befunde über naturwissenschaftliche Verfahren absolut datieren. In der Praxis geschieht die zeitliche Einordnung eines Objekts hauptsächlich über die relative Datierung. Die Erarbeitung einer relativen Chronologie ist deshalb besonders wichtig.

Wir haben anfangs ausgeführt, dass archäologische Zeiteinheiten über die Veränderung materieller Formen definiert werden. Um solche Zeiteinheiten abzugrenzen, zieht man am besten möglichst viele archäologische Phänomene für die Analyse heran. Sinnvoll ist es, die Untersuchung anhand von Typen durchzuführen, die wiederum in Geschlossenen Funden miteinander kombiniert sein sollten. Darüber hinaus sollten andere veränderliche kulturelle Phänomene – z.B. das Bestattungsbrauchtum – hinzugezogen werden. Bleiben bei der Analyse die für die jeweilige Zeiteinheit maßgeblichen Typen und sonstigen Phänomene konstant, so bleibt auch die jeweilige Zeiteinheit ›konstant‹; wandelt sich hingegen das Erscheinungsbild der Typen und der mit ihnen verknüpften Phänomene, liegt definitionsgemäß ein Wechsel der Zeiteinheit vor. Ein stark vereinfachtes Beispiel mag das verdeutlichen: Bleiben die diagnostischen Merkmale einer Schwertform sowie die Bestattungssitte – z.B. Hockerlage in Körpergräbern – unverändert, befinden wir uns – archäologisch gesehen – in ein und derselben Zeiteinheit; lässt sich an der Schwertform im Laufe der Zeit eine signifikante Veränderung feststellen – verändern sich also die diagnostischen Merkmale – und wechselt auch die Bestattungssitte hin zur Brandbestattung, dann beginnt für uns

Abb. 3.5.2.1
Archäologische Zeiteinheiten am Beispiel der Vorrömischen Eisenzeit Mitteleuropas.

Zeiteinheit	Relativ-chronologische Zeiteinteilung	Absolut-chronologische Zeiteinteilung
Epoche	Eisenzeit	ca. 850/750–15 v. Chr./0
Periode	Jüngere Eisenzeit	ca. 475/450–15 v. Chr./0
Stufe	Latène D	ca. 150–15 v. Chr./0
Phase	Latène D1	ca. 150–80 v. Chr.
Subphase	Latène D1a	ca. 150–120 v. Chr.

eine neue Zeiteinheit. Bei archäologischen Zeiteinheiten handelt es sich also um Konstrukte des Archäologen.

In der Ur- und Frühgeschichtlichen Archäologie Mitteleuropas unterscheidet man üblicherweise zwischen Epochen (z. B. Eisenzeit bzw. Vorrömische Eisenzeit) (→ Kap. 5.2.6), Perioden (z. B. Jüngere Eisenzeit bzw. Jüngere Vorrömische Eisenzeit), Stufen (z. B. Latène D), Phasen (z. B. Latène D1) und Unter- oder Subphasen (z. B. Latène D1a) (Abb. 3.5.2.1). In diesem Zusammenhang ist es wichtig zu wissen, dass die Benennung der Zeiteinheiten in der archäologischen Praxis recht unverbindlich gehandhabt wird. Die von uns vorgelegte hierarchische Gliederung ist daher nur ein Vorschlag und keineswegs allgemein akzeptiert. Dass jede von Archäologen entwickelte relativ-chronologische Zeiteinteilung lediglich ein Konstrukt darstellt und diese Zeiteinheiten keine historischen Einheiten widerspiegeln, lässt sich am besten an einem Beispiel veranschaulichen. Betrachtet man die Struktur der von *Paul Reinecke* (1872–1958) für Mitteleuropa entwickelten und immer noch benutzten Chronologiesysteme, stellt man schnell fest, dass er nicht nur für die Bronzezeit, sondern auch für die Hallstatt- und Latènezeit (→ Kap. 5.2.5; 5.2.6) jeweils vier Stufen herausgearbeitet hat. Eine solch gleichmäßige chronologische Struktur kann nicht historische Realität, sondern nur intellektuelle Konstruktion und damit ein Hilfsmittel archäologischer Methodik sein.

Testfragen

1. Worin unterscheidet sich die relative von der absoluten Chronologie?
2. Was versteht man unter dem ›archäologischen Zeitkonzept‹?

Literatur zu Merkmal und Typ sowie relativer und absoluter Datierung

M. K. H. Eggert, Prähistorische Archäologie: Konzepte und Methoden (Tübingen – Basel 2008³).

Methoden der relativen Datierung | 3.5.3

Stratigraphische Methode | 3.5.3.1

Die *Stratigraphische Methode* besitzt in der Archäologie vor allem bei der Erstellung einer lokalen relativen Chronologie eine große Bedeutung. Das Phänomen der *Stratifizierung* – also der Abfolge von **Straten** – wurde zuerst in der Geologie erkannt und dort zu einem methodologischen Prinzip entwickelt, mit dem die räumliche und zeitliche Ordnung von Gesteinen und Sedimenten in ihrer erdgeschichtlichen Abfolge erfasst werden konnte. Zwei Prozesse sind bei der Entstehung von Schichtungen wichtig, nämlich

Stratum, pl. Straten/Strata, von lat. *stratum*, ›Schicht‹. In der Geologie und Archäologie verwendeter Fachbegriff.

Straten, Stratifizierung und Stratigraphie

Die grundlegende stratigraphische Einheit ist das *Stratum* oder die *Schicht*; damit können sowohl natürliche als auch archäologische Schichten gemeint sein. Als *positive features* bzw. *upstanding units* oder auch *standing structures* bezeichnet man positive bzw. aufgehende Strukturen wie z. B. Mauern. Unter *negative structures* bzw. *negative features* oder *negative units* versteht man hingegen alle negativen bzw. eingetieften Strukturen, also z. B. Gruben, Gräben und Pfostenlöcher. Neben diesen stratigraphischen Einheiten gibt es die Gruppe der sogenannten *interfaces* (Grenzebenen, Grenzflächen). Die Oberfläche einer Schicht kann als Grenzebene umschrieben werden. Die Entstehung der Oberflächen erfolgt zumeist im Zuge der Akkumulation von Schichten, es gibt jedoch auch Grenzebenen, die durch teilweise oder vollständige Zerstörung entstanden sind. Grenzebenen zeigen das Ende der Bildung einer Schicht an. Grenzebenen stellen eine eigene stratigraphische Einheit und zugleich ein Element von Straten dar, denen sie angehören.

Drei weitere Grundbegriffe bedürfen einer kurzen Erläuterung. Unter *archäologischer Stratifizierung* versteht man eine Abfolge von Schichten oder anderen stratigraphischen Einheiten, an deren Entstehung der Mensch beteiligt war. Der Begriff *archäologische Stratigraphie* meint die Beschreibung und die Interpretation archäologischer Stratifizierungen. Der Terminus *stratigraphische Sequenz* wiederum bezeichnet die Abfolge von Schichten und anderen stratigraphischen Einheiten. Archäologische stratigraphische Sequenzen sind in der Regel multilinear bzw. verzweigt, da an archäologischen Fundplätzen nur in den seltensten Fällen einfache Schichtüberlagerungen anzutreffen sind (*unilineare stratigraphische Sequenz*). Vielmehr haben die zahlreichen kulturellen Aktivitäten zu unterschiedlichen Zeiten und an verschiedenen Stellen eines heutigen Fundplatzes eine *multilineare stratigraphische Sequenz* hervorgebracht.

Abb. 3.5.3.1.1 | *Stratigraphische Grundbeziehungen.*

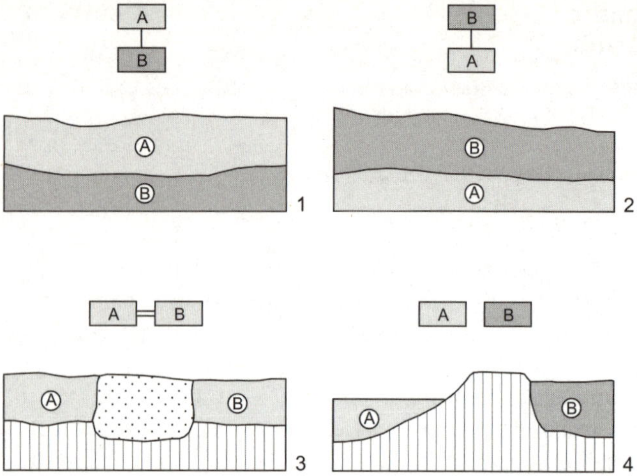

<small>Stratigraphie, von lat. *stratum*, ›Schicht‹, und griech. *gráphein*, ›ritzen‹, ›schreiben‹. Ursprünglich geologischer Begriff, der sich mit der zeitlichen Abfolge von Schichten und Formationen befasst.</small>

Erosion (Abtragung) und Akkumulation (Ablagerung, Ansammlung). Zwischen zwei Schichten gibt es vier räumliche Beziehungsmöglichkeiten (Abb. 3.5.3.1.1): 1. A liegt auf B; 2. B liegt auf A; 3. A und B sind als Teile eines einstigen Ganzen miteinander zu verbinden; 4. A und B berühren sich nicht. Diese räumlichen Beziehungen lassen sich wiederum zeitlich interpretieren: 1. A ist jünger als B; 2. B ist jünger als A; 3. A und B sind gleichzeitig; 4. Das zeitliche Verhältnis zwischen A und B ist unbestimmbar.

Im Verlaufe des 19. Jahrhunderts erkannte man die Bedeutung des Prinzips der Stratifizierung auch im Kontext von Kulturschichten, also von anthropogenen Schichten. Die **Stratigraphie** fand zunehmend Eingang in die Ur- und Frühgeschichtliche Archäologie, speziell in die Feldarchäologie; wir erinnern lediglich an die Ausgrabungen *Heinrich Schliemanns* auf dem Burghügel von Hisarlık (→ Kap. 3.3.3). In methodologischer Hinsicht war es vor allem der britische Archäologe *Edward C. Harris*, der sich in seinem mittlerweile zum Standardwerk avancierten Buch *Principles of Archaeological Stratigraphy* (1979; 1989²) grundlegend mit den Prinzipien der Stratigraphischen Methode aus archäologischer Perspektive beschäftigte. Er wies darauf hin, dass es archäologische Stratifizierungen gebe, in deren Schichten keine Artefakte eingeschlossen seien; zudem konnte er deutlich machen, dass archäologische Stratifizierungen auch ohne Berücksichtigung des in ihnen eingeschlossenen kulturellen Inventars zu analysieren und interpretatorisch relevant seien. Darüber hinaus zeigte er, dass sich archäologische, also durch Menschen verursachte Stra-

Entwicklung der Stratigraphischen Methode

Die Entwicklung der Stratigraphischen Methode hat ihre Wurzeln im 17. Jahrhundert. Der dänische Arzt, Naturforscher und spätere Bischof *Niels Stensen* (1638–1686) gilt als Urheber des Grundgesetzes der Stratigraphie, des sogenannten *Lagerungsgesetzes*. Seine 1669 erschienene Schrift *De solido intra solidum naturaliter contento Dissertationis Prodromus* (*Vorläufer einer Dissertation über feste Körper, die innerhalb anderer Körper von Natur aus eingeschlossen sind*) gehört zu den frühen grundlegenden Schriften der Geologie. Darin formulierte er erstmals das Lagerungsgesetz: »Zu der Zeit, als eine der oberen Schichten entstand, hatte die untere bereits feste Konsistenz erlangt«. Laut *Nicolaus Stenonis* – so sein latinisierter Name – folgt also bei der Entstehung geschichteter Sedimente Schicht auf Schicht, d.h. bei ungestörter Lagerung ruht die jeweils jüngere auf der älteren Schicht.

Im 19. Jahrhundert entwickelten die Briten *William ›Strata‹ Smith* (1769–1839) und *Charles Lyell* (1797–1875) die Stratigraphische Methode weiter. Smith erkannte, dass räumlich entfernte Schichten mit qualitativ und quantitativ übereinstimmendem Fossiliengehalt zeitgleich sein müssen, und Lyell stellte fest, dass in sehr alten Schichten nur wenige Fossilien vorkommen, die heute noch existierenden Arten entsprechen. Spätestens mit Lyells mehrbändigen Standardwerk *Principles of Geology*, das in den Jahren 1830 bis 1833 erschien, wurde die von dem französischen Naturforscher *Georges de Cuvier* (1769–1832) aufgestellte sogenannte ›Katastrophentheorie‹ bzw. ›Kataklysmentheorie‹ endgültig abgelöst. De Cuvier war davon überzeugt, dass die Erde wiederholt Katastrophen ausgesetzt war, die alles Leben vernichteten. Nach jeder Katastrophe hätten sich neue Erdschichten gebildet und neues Leben entwickelt. Diluviale, also eiszeitliche, Menschenfunde hatten in dieser Theorie keinen Platz, da der Mensch erst nach der letzten Sintflut und damit in der jüngsten geologischen Epoche erschienen sei. Die Katastrophentheorie konnte erst durch die geologischen Arbeiten Lyells und durch Funde von ausgestorbenen Tier- und Menschenknochen sowie damit vergesellschafteten Steinwerkzeugen, die der Urgeschichtsforscher *Jacques Boucher de Perthes* (1788–1868) im französischen Sommetal machte, widerlegt werden.

> Kataklysmus, von griech. *kataklysmós*, ›Überschwemmung‹. Erdgeschichtliche Katastrophe; plötzliche Vernichtung, Zerstörung.

tifizierungen von geologischen, die auf natürlichen Prozessen beruhen, unterscheiden.

Die Grundlagen der Stratigraphischen Methode beruhen auf vier stratigraphischen Gesetzen, die Harris folgendermaßen zusammengefasst hat:

1. Das *Stenosche Lagerungsgesetz* (*law of superposition*);
2. Das Gesetz der ursprünglichen Horizontalität (*law of original horizontality*);
3. Das Gesetz der ursprünglichen Kontinuität (*law of original continuity*);
4. Das Gesetz der stratigraphischen Abfolge (*law of stratigraphical succession*).

Die ersten drei Gesetze finden sich allesamt in der Geologie wieder. Das Stenosche *Lagerungsgesetz* besagt, dass bei ungestörten Schichtverhältnissen das Jüngere auf dem Älteren liegt. Mit dem *Gesetz der ursprünglichen Horizontalität* wird angenommen, dass unverfestigtes Material dazu tendiert, sich auf einer Fläche mehr oder weniger horizontal auszudehnen. Das *Gesetz der ursprünglichen Kontinuität* zielt auf die Begrenzung archäologischer Schichten ab; jede archäologische Schicht wird entweder durch eine vorgegebene Oberfläche begrenzt oder dünnt im Randbereich allmählich aus. Das vierte Gesetz geht davon aus, dass die stratigraphische Position einer archäologischen Schicht ausschließlich durch ihre Lage zwischen der älteren darunter- und der jüngeren darüberliegenden Schicht bestimmt wird. Aus der Position der stratigraphischen Einheiten kann die Abfolge ihrer Ablagerung erschlossen und eine relative Chronologie erstellt werden. Die in den Schichten eingeschlossenen Artefakte spielen dabei zunächst einmal keine Rolle. Sie werden nur dann benötigt, wenn Schichten, die untereinander keine Beziehung aufweisen, zeitlich verknüpft werden sollen.

Horizontalstratigraphie

Neben der Stratigraphischen Methode gibt es in der Archäologie auch eine sogenannte *Horizontalstratigraphische Methode*. Ihre Anfänge gehen auf das Ende des 19. Jahrhunderts zurück. Wenngleich die Bezeichnung inhaltlich fragwürdig ist – sinnvoller wäre etwa *Fundtopographie* oder *Gräberfeld-* bzw. *Siedlungschorologie* –, zählt sie seit vielen Jahrzehnten zum gängigen Begriffsapparat der Ur- und Frühgeschichtlichen Archäologie. Zumeist ist man bemüht, mit dieser Methode die räumliche Verteilung von Funden und Befunden in Gräberfeldern oder Siedlungen im Sinne einer relativ-chronologischen Abfolge zu deuten. Erheblich seltener werden solche Zonierungen eines Fundplatzes unter nicht-chronologischen Gesichtspunkten, beispielsweise als Ergebnis sozialer Unterschiede innerhalb der betrachteten ur- und frühgeschichtlichen Gemeinschaft interpretiert.

Im Folgenden wird die Horizontalstratigraphie lediglich aus chronologischem Blickwinkel erörtert. Dabei konzentrieren wir uns auf Gräberfelder, da sich Siedlungen – wie noch kurz zu zeigen sein wird – durch horizontalstratigraphische Überlegungen zeitlich nicht differenzieren lassen. Grundvoraussetzung für eine horizontalstratigraphische Gliederung ist ein genauer Gräberfeldplan. Er dient zur Kartierung von Gräbern, die chronologisch relevante ›Typvertreter‹ (im Folgenden der Einfachheit halber nur ›Typen‹ genannt; → Kap. 3.5.1) enthalten. Selbstverständlich können auch unterschiedliche Grabtypen kartiert werden. Es ist von vornherein anzunehmen, dass sich eine räumliche Gliederung nur dann ergibt, wenn die Belegung des Gräberfeldareals systematisch, d. h. in räumlicher Hinsicht mehr oder weniger kontinuierlich vonstatten gegangen ist. Dabei mag die durch fortschreitendes Bestatten erfolgte Ausweitung des Areals nicht nur kreis- bzw. zwiebelschalenförmig, uni- oder mehrdirektional, kontinuierlich oder mit Unterbrechungen, sondern durchaus auch durch eine Kombination dieser Möglichkeiten zustande gekommen sein. Der reale Prozess der Ausdehnung der für Bestattungen genutzten Fläche ergibt sich erst aus der entsprechenden Kartierung von Leitformen oder chronologisch relevanten Befunden. Sollte sich dabei keine räumliche Regelhaftigkeit erkennen lassen, hat die Methode in diesem Fall kein verwertbares Ergebnis erbracht.

Man wird sich angesichts dieser Vorgehensweise fragen, wozu eine Methode gut sein sollte, deren Wert ohnehin erst durch die Kartierung von chronologisch aussagefähigen Typen oder Befunden erkennbar wird. Mit anderen Worten, welchen chronologischen Beitrag vermag eine Methode zu erbringen, die ihrerseits das Vorhandensein einer relativen Chronologie voraussetzt – denn darum handelt es sich ja, wenn man chronologisch relevante Typen oder Befunde mit der Absicht kartiert, eine Zonierung von Gräbern herauszuarbeiten. Die Antwort ist zwar einfach, aber erfahrungsgemäß von Studierenden nicht immer leicht nachzuvollziehen. Es hilft, wenn man weiß, dass die Horizontalstratigraphie bestenfalls ein Zusatzkriterium für die Richtigkeit einer schon bestehenden Chronologie liefern kann.

Damit die Methode einen chronologischen Beitrag zu erbringen vermag, muss die Verteilung von Gräbern in einer Nekropole eine von den Grabinventaren unabhängige Zeitkomponente enthalten. Das ist tatsächlich der Fall: Bestattungsplätze sind normalerweise die Folge des allmählichen Sterbens der Mitglieder einer oder mehrerer Siedlungsgemeinschaften. Jedes einzelne Grab repräsentiert einen bestimmten Zeitpunkt, der sich von dem des nächsten Grabs meist um Tage, Wochen oder Monate, bisweilen aber auch um Jahre oder Jahrzehnte unterscheidet. Durch diesen Prozess des Sterbens und Bestattens weist die Verteilung der Gräber über das Bestattungsareal einen Zeitfaktor auf, der nichts mit dem zu tun hat, der sich in der Veränderung der Grabbeigaben spiegelt.

Zusammenfassend können wir feststellen, dass bei Gräberfeldern unter günstigen Umständen zumindest die Möglichkeit besteht, aus der räumlichen Verteilung der Gräber ein wenn auch nicht sehr gewichtiges Indiz für die Richtigkeit der zugrunde gelegten Chronologie zu gewinnen. Für Siedlungen hingegen trifft das nicht zu, da sie keinerlei Zeitkomponente aufweisen, die aus ihrer bloßen Existenz resultiert. Wie sich eine Siedlung räumlich entwickelt hat, erkennen wir erst in dem Augenblick, in dem wir chronologisch aussagefähiges Material kartiert haben. Im Gegensatz zu Nekropolen vermag die Siedlung selbst dazu jedoch kein Zusatzkriterium beizutragen. Das lässt sich besonders eindrücklich am Beispiel der wikingerzeitlichen Siedlung Haithabu (→ Kap. 7.17) in Verbindung mit ihrer sogenannten ›Bachbettstratigraphie‹ zeigen.

Nekropole, von griech. nekrópolis, ›Totenstadt‹; Gräberfeld, Bestattungsplatz.

Indiz, von lat. indicium, ›Anzeige‹, ›Kennzeichen‹. Hinweis, Anzeichen.

Zur Bestimmung und besseren Veranschaulichung der Beziehungen der verschiedenen Schichten zueinander entwickelte Harris ein graphisches Darstellungssystem, das seitdem als *Harris-Matrix* in der Archäologie bekannt ist. In der Harris-Matrix werden die stratigraphischen Einheiten als rechteckige Kästen, die zeitlichen Beziehungen zwischen den Einheiten durch senkrechte und waagrechte Verbindungslinien dargestellt. Die jeweils jüngere Schicht wird hierbei, gemäß dem Prinzip der Stratifizierung, über der älteren angeordnet. Mit diesem Schema lassen sich auch hoch komplexe Stratifizierungen relativ einfach veranschaulichen – ganz besonders, wenn man nur die relevanten Beziehungen der stratigraphischen Einheiten berücksichtigt (Abb. 3.5.3.1.2).

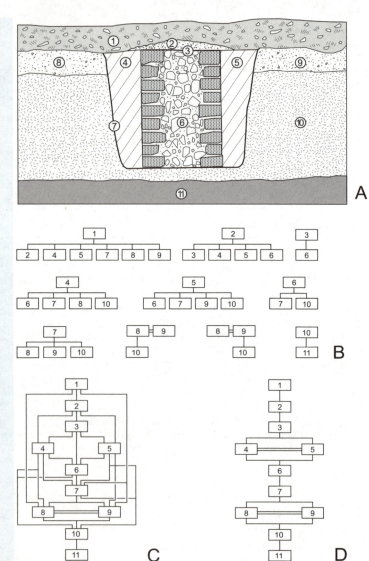

Abb. 3.5.3.1.2
Stratifizierter Befund (A) mit der Gesamtzahl direkter räumlicher Kontakte (B und C) sowie ihrer Reduktion auf die stratigraphisch relevanten Beziehungen (D).

Die Bedeutung der Stratigraphischen Methode liegt in der Erstellung von lokalen, vor allem fundarealspezifischen Abfolgen. Eine regionale oder gar überregionale Anwendung scheitert in der Regel an dem Versuch, die Schichten über größere Distanzen hinweg miteinander zu verknüpfen.

Testfragen

1. Was versteht man unter den Begriffen ›Stratigraphie‹, ›Stratifizierung‹, ›stratigraphische Sequenz‹ und *interface*?
2. Worin liegt die Bedeutung der Stratigraphischen Methode?
3. Was verstehen Sie unter ›Horizontalstratigraphie‹? Erläutern Sie deren Grundprinzip.

Kombinatorische Methoden

| 3.5.3.2

Kombinatorische Methoden der relativen Datierung beruhen auf der Assoziation oder ›Vergesellschaftung‹ von ur- und frühgeschichtlichen Gegenständen in Geschlossenen Funden (→ Kap. 3.4.2). Diese Gegenstände werden im Zuge ihrer Klassifikation (→ Kap. 3.5.1) in Typen gegliedert. Da diese Typen jedoch auf ausgewählten (›diagnostischen‹) Merkmalen beruhen, sind die Gegenstände lediglich Repräsentanten von Typen (sogenannte ›Typvertreter‹); sie werden jedoch im Folgenden – wie schon im vorhergehenden Abschnitt – der Einfachheit halber als ›Typen‹ bezeichnet. Die Kombinatorischen Verfahren zur Bestimmung der relativ-chronologischen Abfolge dieser Typen nimmt man heute mit Hilfe von Rechnern und speziellen Softwareprogrammen vor. Die Ergebnisse werden mit Tabellen und Diagrammen veranschaulicht, die in Zeilen und Spalten geordnet sind. Die Kombinatorischen Verfahren bezeichnet man in ihrer Gesamtheit auch als *Seriationsverfahren*, den Rechenvorgang selbst als **Seriation**.

Seit Mitte der fünfziger bis in die achtziger Jahre des 20. Jahrhunderts war die sogenannte *Kombinationsstatistik* das Standardverfahren für die Erarbeitung relativer Chronologien in der deutschen Ur- und Frühgeschichtlichen Archäologie. Über viele Jahre wurden die Kombinationstabellen – oft als ›**Matrizen**‹ bezeichnet – mit ihren Zeilen (Befundebene: z. B. Gräber) und Spalten (Typebene: z. B. Schmuck, Keramik) auf manuellem Wege erstellt (Abb. 3.5.3.2.1). Zu jener Zeit handelte es sich bei der Kombi-

---

Seriationsverfahren, Seriation, von lat. *series*, ›Reihe‹, ›Reihenfolge‹. Systematische Anordnung von Funden und Befunden auf der Grundlage eines nach einem bestimmten Schema ablaufenden Rechenvorgangs.

Matrix, Pl. Matrizen, von lat. *matrix*, ›Muttertier‹, ›Stammmutter‹, ›Gebärmutter‹. Hier: Zweidimensionales Schema, das zusammengehörende Einzelfaktoren darstellt.

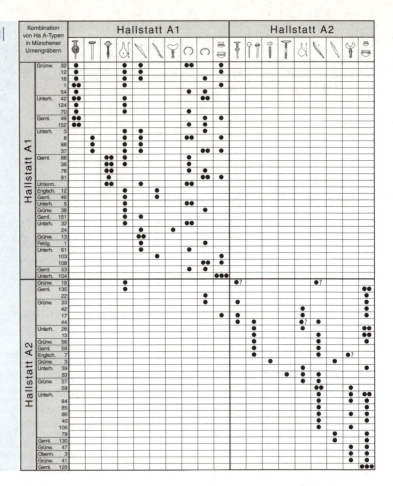

Abb. 3.5.3.2.1 *Kombinationstabelle zur Untergliederung der Stufe Ha A im Raum München.*

nationsstatistik also nicht um ein mathematisch-statistisches, sondern um ein per Hand durchgeführtes Ordnungsverfahren, dessen Ergebnis optisch eingeschätzt werden konnte. Im Folgenden wollen wir die Grundprinzipien der Kombinationsstatistik so knapp wie möglich erörtern.

Es darf nicht von vornherein unterstellt werden, dass das gemeinsame Auftreten von Typen in Geschlossenen Funden chronologisch bedingt ist. Ihre Assoziation könnte z. B. auf bestimmten, soziokulturell gesteuerten Auswahlkriterien beruhen. Jede Kombinationsmatrix muss daher zunächst einer rigorosen Quellenkritik unterzogen werden, bevor sie chronologisch gedeutet werden darf. Wir unterstellen hier, das zur Verfügung stehende

Material sei quellenkritisch bewertet und für chronologisch relevant befunden worden. Die Kombinationstabelle wird durch die beiden Dimensionen der Frontspalte (Geschlossene Funde) und Kopfzeile (Typen) bestimmt. Aufgrund der vorausgegangenen Quellenkritik stellen die Vertikale und die Horizontale Zeitachsen dar. Im Idealfall würden diese beiden Achsen eine historisch richtige Anordnung von Geschlossenen Funden (von oben nach unten) bzw. von Typen (von links nach rechts) widerspiegeln. Aus Gründen, die hier nicht erörtert werden können, stellen die beiden Achsen jedoch lediglich einen Trend dar, der von ›Alt‹ nach ›Jung‹ verläuft. Dabei ist also nicht die individuelle Position, sondern nur die generelle Tendenz maßgebend.

Bei der praktischen Durchführung einer kombinationsstatistischen Analyse ist die Ausgangsanordnung der Leitfunde in der Frontspalte und der Typen in der Kopfzeile grundsätzlich beliebig; sie erfolgt aber häufig auf der Basis eines gewissen Vorwissens oder bestimmter Hypothesen über die zeitliche Abfolge der Typen. An eine so zustande gekommene Ausgangsanordnung schließen sich dann Umstellungen der Spalten und Zeilen an – früher, wie gesagt, manuell, heute mit Hilfe entsprechender Seriationsprogramme. Es wird dabei angestrebt, die Besetzungspunkte der Matrix, konkret also die Typen und die Funde, möglichst dicht aneinanderzurücken. Das dabei praktizierte Vorgehen entspricht dem bei solchen Verfahren üblichen ›**Iterationsprinzip**‹, bei dem eine erste Anordnung als Näherungslösung begriffen wird und damit die Grundlage für die folgenden, jeweils besseren Anordnungen bildet.

Es ist eine empirische Binsenweisheit, dass in Geschlossenen Funden in erster Linie zeitgleiche Typen miteinander vergesellschaftet sind. Hieraus folgt in einem zweidimensionalen System, dass sich die Besetzungspunkte einer chronologisch adäquat geordneten Matrix um eine aus diesen beiden Dimensionen resultierende Diagonale gruppieren. Dabei verkörpert der links oben gelegene Ausgangspunkt dieser Diagonale der Tendenz nach die Position ›Alt‹ und der rechts unten gelegene Endpunkt die Position ›Jung‹; die Diagonale verläuft somit von ›Alt‹ nach ›Jung‹.

Heute bedient man sich vor allem der sogenannten *Korrespondenzanalyse*, wenn man archäologisches Material ordnen und in seinen gegenseitigen Beziehungen darstellen möchte. Diese Methode fällt in den Bereich der **multivariaten Statistik** und wird für **nominalskalierte Daten** angewendet. Sie bietet den Vorteil, dass sie nicht nur für chronologische Zwecke eingesetzt werden kann,

Iterationsprinzip, von lat. *iteratio*, ›Wiederholung‹. Schrittweises Rechenverfahren, mit dem man sich der angestrebten Lösung annähert.

Multivariate Statistik, von lat. *multus*, ›viel‹, ›vielfach‹, und *variare*, ›verändern‹. Statistik, bei der eine mehr oder minder große Zahl von Variablen gleichzeitig berücksichtigt wird.

Nominalskalierte Daten, von lat. *nomen*, ›Name‹, und *scalae* (Pl.), ›Leiter‹, ›Treppe‹ (hier: Einteilung). In der Statistik versteht man unter einer ›Nominalskala‹ eine Ordnung von Daten aufgrund ihrer Zugehörigkeit zu einer bestimmten qualitativ bestimmten Klasse (›Nominalklasse‹). Die Differenzierung erfolgt über das Kriterium ›Zugehörigkeit‹ und ›Nichtzugehörigkeit‹ sowie gegebenenfalls die Häufigkeit des Auftretens.

Ordinationsdiagramm, von lat. (*linea*) *ordinata*, ›geordnete (Linie)‹. Rechtwinkliges Koordinatendiagramm.

Kontingenztabelle, von lat. *contingere*, ›berühren‹, ›treffen‹. Tabelle, in der zusammen vorkommende Merkmale aufgelistet sind.

Unimodal, von lat. *unus*, ›einer‹, ›ein einziger‹, und *modus*, ›Maß‹, ›Art‹, ›Weise‹. Hier: Eine Häufigkeitskurve, die lediglich einen Gipfel aufweist.

sondern auch die Analyse zahlreicher anderer Dimensionen – beispielsweise sozialer und/oder geschlechts- und altersspezifischer Fragen – erlaubt. Gleichgültig, ob es um Chronologie oder um andere Fragen geht, die Korrespondenzanalyse dient der Ermittlung (Exploration) der Hauptdimensionen multivariater Daten und der Anordnung (Seriation) der zur Diskussion stehenden Phänomene (etwa Geschlossene Grabfunde und darin assoziierte Typen) in diesen Dimensionen. Zur Veranschaulichung des Ergebnisses einer Korrespondenzanalyse dienen Tabellen und **Ordinations- oder Streudiagramme**. Die Analyse selbst baut auf einer sogenannten ›Kontingenztabelle‹ – auch ›Kontingenztafel‹ oder ›Kreuztabelle‹ genannt – auf. Diese Tabelle besteht aus Spalten, in denen die zu untersuchenden Variablen (z. B. Typen) und Zeilen, in denen die betreffenden ›Fälle‹ (z. B. Gräber) erfasst sind. Bei allen Berechnungen mit Hilfe der Korrespondenzanalyse wird unterstellt, dass die Häufigkeit der zu untersuchenden Variablen eine **unimodale** Verteilung aufweist, d. h. die Häufigkeitskurve eingipflig ist. Eine solche Verteilung liegt beispielsweise – der allgemeinen Tendenz nach – für die Herstellung und Nutzung ur- und frühgeschichtlichen Sachguts wie Schmuck und dergleichen nahe: Zunächst sind bestimmte Formen verhältnismäßig selten, dann werden sie häufiger hergestellt, schließlich ist der Bedarf gesättigt und es kommen neue Formen hinzu; bald verschwinden die alten aus dem Sachvorrat, und die neuen Formen unterliegen dem gleichen Modus.

Wir verzichten aufgrund der Komplexität dieses Verfahrens darauf, die Grundbegriffe der Korrespondenzanalyse und das Verfahren selbst zu erläutern, zumal erst kürzlich eine einführende Darstellung dieser Methode von *Nils Müller-Scheeßel* vorgelegt wurde, der wir nichts hinzufügen vermögen. Es sei jedoch abschließend erwähnt, dass heutzutage jedes größere statistische Softwarepaket Programme für die bei der Analyse archäologischen Materials üblichen numerischen Verfahren enthält.

Testfragen

1. Was verstehen Sie unter ›Kombinationsstatistik‹? Erklären Sie deren Grundprinzip.
2. Was verstehen Sie unter ›Seriation‹?

Literatur zu Methoden der relativen Datierung

M.K.H. Eggert, Prähistorische Archäologie: Konzepte und Methoden (Tübingen – Basel 2008³).
E.C. Harris, Principles of Archaeological Stratigraphy (London – San Diego – New York u.a. 1989²).
J. Müller/A. Zimmermann (Hrsg.), Archäologie und Korrespondenzanalyse: Beispiele, Fragen, Perspektiven. Internationale Archäologie 23 (Espelkamp 1997).
N. Müller-Scheeßel, Korrespondenzanalyse und verwandte Verfahren. In: Eggert 2008, 219–239.

Methoden der absoluten Datierung | 3.5.4

Archäologisch-Historische Methode | 3.5.4.1

Die absolute Datierung ur- und frühgeschichtlicher Phänomene nach der *Archäologisch-Historischen Methode* beruht auf der schriftlich fixierten antiken **Chronographie**, die wiederum die Existenz von Kalendern voraussetzt. Von herausragender Bedeutung ist dabei die altägyptische Zeitrechnung, die bis an die Wende vom 4. zum 3. Jahrtausend zurückreicht. Ihr lag als Standardeinheit ein Jahr mit der festgelegten Länge von 365 Tagen zugrunde. Diese Standardeinheit für alle Zeitangaben war gegenüber dem Sonnenjahr um einen Vierteltag zu kurz. Die absolut-chronologische Fixierung dieser Zeitrechnung erfolgte durch zyklische **astronomische** Erscheinungen, und zwar einerseits durch die Mondphasen und andererseits durch die Frühaufgänge des Fixsterns Sirius (Sothis). Nach einer längeren Zeit der Unsichtbarkeit zeigte der Aufgang des Sothis ursprünglich einmal den für die Landwirtschaft wichtigen Beginn der Nilüberschwemmungen an, die das neue Jahr markierten. Der Sothisaufgang wurde mit einem Fest begangen. Da der offizielle Kalender aber bereits nach vier Jahren um einen Tag hinter dem **solaren** Jahr zurückgeblieben war, stimmten Sothisaufgang und Nilschwelle schon nach wenigen Jahrzehnten nicht mehr überein. Erst nach 4 × 365 Tagen, also 1460 Jahren, fiel der Sothisaufgang wiederum auf die Zeit des Nilhochwassers und damit des Neujahrsfests. Daraufhin begann eine neue Sothisperiode von 1460 Jahren.

Vor allem Neumonde und einige wenige Sothisaufgänge sind auf verschiedenen Denkmälern überliefert. Diese astronomischen Ereignisse wurden auf ihnen direkt mit den jeweils regierenden **Pharaonen** verknüpft. Damit war eine Verbindung zum damaligen ägyptischen Kalender hergestellt und daraus konnten sichere, astronomisch verankerte Daten gewonnen werden. Das älteste auf diese Weise ermittelte Datum ist das Jahr 1991 v. Chr., das den Be-

---

Chronographie, von griech. *chrónos*, ›Zeit‹, und *gráphein*, ›ritzen‹, ›einritzen‹, ›schreiben‹. ›Zeitbeschreibung‹ im Sinne der Bestimmung des Ablaufs der Zeit.

Astronomie, von griech. *ástron*, ›Stern‹, und *nómos*, ›Gesetz‹. Wissenschaft von den Sternen (Sternkunde); sie untersucht die Himmelskörper mit naturwissenschaftlichen Mitteln und darf daher nicht mit der Astrologie, der Sterndeutung, verwechselt werden; letztere geht davon aus, es gebe eine Beziehung zwischen den Sternkonstellationen und dem menschlichen Schicksal.

Solar, von lat. *sol*, ›Sonne‹. Die Sonne betreffend; bezogen auf den Mond spricht man von ›lunar‹ (lat. *luna*, ›Mond‹).

Pharao, von altägypt. *per-aa*, ›großes Haus‹, ›Palast‹. Titel altägyptischer Könige.

ginn der 12. **Dynastie** markiert. Für die innere Gliederung der altägyptischen Zeitrechnung stehen verschiedene Herrscherlisten zur Verfügung, in denen die Reihenfolge und die Regierungszeit der Pharaonen verzeichnet sind. Auf dieser Grundlage wird die altägyptische Zeit vom Beginn des Alten Reichs um 3000 bis zur Eroberung Ägyptens durch *Alexander den Großen* (356–323 v. Chr.) im Jahre 332 in 31 Dynastien eingeteilt. Die absolute Chronologie für die 11. und 12. Dynastie (etwa 2040–1785 v. Chr.) des Mittleren Reichs sowie für die Zeit nach 664 v. Chr. gilt als völlig, die des mit der 18. Dynastie um die Mitte des 16. Jahrhunderts v. Chr. beginnenden Neuen Reichs als weitgehend sicher. Dennoch ist die genaue zeitliche Fixierung der meisten Dynastien bis heute mit Schwierigkeiten behaftet. Das trifft besonders auf die Frühzeit und das Alte Reich zu; so wird die Dauer der ersten drei Dynastien zwischen 300 und 500 Jahren angesetzt. Für die ersten fünf Dynastien schwankt der absolut-zeitliche Ansatz zwischen rund 50 und 100 Jahren.

Die zweite wichtige Bezugsebene für frühe absolute Datierungen im urgeschichtlichen Bereich ist die historische Chronologie des Alten Orients. Ihr liegen assyrische und babylonische Listen von sogenannten ›Jahresbeamten‹ (Eponymen) und Königen zugrunde; die darauf genannten Personen sind wiederum durch astronomische Erscheinungen und Synchronismen mit fixierten Ereignissen anderer Länder, insbesondere Ägyptens, absolutzeitlich bestimmt. Die historische Chronologie Assyriens beruht auf einer Sonnenfinsternis des Jahres 763 v. Chr. Dadurch sind ab etwa 900 v. Chr. sichere Datierungen möglich. Bis über das Ende des 15. Jahrhunderts hinaus beträgt der Fehler höchstens 10 Jahre. Als ältestes unstrittiges historisches Datum Babyloniens gilt das Jahr 883/2 v. Chr. – alle früheren absoluten Zeitangaben sind aufgrund der unzureichenden Quellenlage proportional zur wachsenden zeitlichen Tiefe mit zunehmender Unsicherheit behaftet. Sie beträgt in der Mitte des 3. Jahrtausends bereits knapp 250 Jahre. Nach 747 v. Chr. ist die absolute babylonische Chronologie jedoch gesichert. Die assyrische und die babylonische Chronologie des 2. und 3. Jahrtausends sind durch wechselseitige Synchronismen miteinander verknüpft; hinzu kommt eine teilweise Abhängigkeit von der ägyptischen Chronologie.

Auch für die griechisch-römische Antike gibt es Zeitrechnungen; sie sind jedoch nicht astronomisch, sondern gewissermaßen ›kulturell‹ definiert. In Griechenland rechnete man ab den ersten Olympischen Spielen, die erstmals im Jahr 776 v. Chr. im namen-

---

Dynastie, von griech. *dynasteía*, ›Herrschaft‹.

gebenden Heiligtum von Olympia stattgefunden haben sollen. Für das antike Rom ging man bei der Zeitrechnung von der sagenumwobenen Gründung der Stadt aus, die im 1. Jahrhundert v. Chr. schließlich auf das Jahr 753 v. Chr. festgesetzt wurde.

Durch die verschiedenen antiken Systeme der Zeitrechnung verfügen wir in der Alten Welt über eine insgesamt recht sichere absolute historische Chronologie. Sie reicht für die griechisch-römische Antike bis in die Mitte des 8. Jahrhunderts v. Chr., für den Alten Orient und für Ägypten hingegen bis an die Wende vom 3. zum 2. Jahrtausend zurück. Mit einem allerdings beträchtlichen Unsicherheitsfaktor gelangt man im Alten Ägypten sogar bis in die Zeit um 3000 v. Chr. Darüber hinaus ist eine Zeitbestimmung mit historischen Mitteln nicht mehr möglich. Hier findet daher auch die Bestimmung des absoluten Alters archäologischer Phänomene mit Hilfe der Archäologisch-Historischen Methode ihre Grenze.

Das Prinzip der Archäologisch-Historischen Datierung ist einfach. Man muss zunächst einmal zwischen der *datierten* oder *datierenden* und der *zu datierenden Kultur* unterscheiden. Die datierte Kultur dient als Ausgangspunkt für die zeitliche Bestimmung der zu datierenden Kultur. Dazu bedarf es archäologischer Fundvergesellschaftungen, die sowohl datierte als auch zu datierende Objekte enthalten (Abb. 3.5.4.1.1, 1.2). Dieses Verknüpfungsprinzip, das zumeist über Zwischenglieder erfolgt, wird als *Kettendatierung* bezeichnet. Grundsätzlich gilt, dass man keine sogenannten ›Allerweltsformen‹ miteinander vergleichen sollte, da deren zeitliche Fixierung im Allgemeinen sehr vage ist. Stattdessen verknüpft man solche Formen miteinander, die formal und/oder ornamental möglichst differenziert sind. Außerdem ist darauf zu achten, dass die einstige Existenz von Kulturbeziehungen zwischen den Regionen, die mit Hilfe bestimmter Objekte zueinander in Beziehung gesetzt werden, denkbar erscheint. Vergleiche über große Distanzen sollten vermieden werden.

Die Verknüpfung der datierten und der zu datierenden Kultur über die ausgewählten Formen kann selbstverständlich auf direktem Wege erfolgen. Sind sie jedoch räumlich weit voneinander entfernt, empfehlen sich Zwischenstationen (Abb. 3.5.4.1.1, 3). Je mehr Stationen zwischen der datierten und der zu datierenden Kultur liegen, desto wahrscheinlicher ist ein kultureller Zusammenhang der über gemeinsame Formen verknüpften Regionalkulturen. Andererseits aber verringert sich mit der zunehmenden räumlichen Distanz zwischen diesen Kulturen die Stabilität

| Abb. 3.5.4.1.1

Prinzip der Kettendatierung.

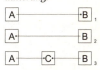

A = datierte Kultur
B = zu datierende Kultur
C = nicht datierte Kultur
—•— = Objekt(e) in

Synchronisation, von griech. *sýn*, ›mit‹, ›zusammen‹, ›gemeinsam‹, und *chrónos*, ›Zeit‹. Bestimmung des zeitlichen Gleichlaufs zweier oder mehrerer Kulturerscheinungen oder Kulturen.

der **Synchronisation**. Das Auftreten eines datierten Objekts in einer zu datierenden Kultur bietet aus sich selbst heraus keinerlei Gewähr für ein zeitlich enges Verhältnis zwischen Ursprungs- und Endkultur, da sich die Zeitspanne, in der das betreffende Objekt an seinen Auffindungsort gelangt ist, nicht bestimmen lässt. Je mehr solcher Verknüpfungen jedoch vorliegen, desto wahrscheinlicher wird die zeitliche Nähe der verglichenen Kulturerscheinungen.

Die Archäologisch-Historische Methode ist ein forschungsgeschichtlich sehr bedeutendes Verfahren der absoluten Zeitbestimmung. Inzwischen ist aber deutlich geworden, dass das einst für die absolute Datierung des europäischen Neolithikums (→ Kap. 5.2.3) in sie gesetzte uneingeschränkte Vertrauen nicht gerechtfertigt war: Es beruhte auf einer allzu oberflächlichen Beurteilung der Schwierigkeiten, die archäologisch-historischen Verknüpfungen innewohnen. Dazu gehörte vor allem eine unzureichende quellenkritische Analyse jener Bedingungen, unter denen datierende Objekte mit solchen, die datiert werden sollten, verknüpft waren. Ein wichtiges Negativbeispiel dieser Art bildet die unkritische Heranziehung ägyptischer Importe auf Kreta. Ebenso unzureichend wie die unkritische Beurteilung meist wenig eindeutiger Importbeziehungen war das Verständnis des der Archäologisch-Historischen Methode zugrunde liegenden Systems der Zeitmessung. Es handelt sich dabei – wie bereits ausgeführt – um eine auf dem Lauf der Gestirne beruhende Elle, die wir an geschichtliche Erscheinungen anlegen. Es gibt also keineswegs, wie bestimmte Archäologen – die seit Beginn der fünfziger Jahre des 20. Jahrhunderts rund drei Jahrzehnte lang vehement gegen die Radiokohlenstoffmethode (→ Kap. 3.5.4.3) argumentierten – immer behaupteten, eine ›historische Zeitbestimmung‹ an sich. Auf archäologisch-historischem Wege gewonnene Daten des Neolithikums waren ebenso wenig selbstevident und eindeutig wie Radiokohlenstoffdaten; beide unterlagen vielmehr den besonderen Bedingungen und Verfahrensweisen von Astronomie bzw. Kernphysik und Kernchemie. In diesem Sinne waren beide Datengruppen gleichermaßen naturwissenschaftlich ›fremdbestimmt‹.

Heute ist die reale Bedeutung der Archäologisch-Historischen Methode in der Alten Welt durch naturwissenschaftliche Datierungsverfahren – vor allem durch die Radiokohlenstoffmethode und Dendrochronologie (→ Kap. 3.5.4.2) – stark relativiert worden.

Dendrochronologische Methode | 3.5.4.2

Die *Dendrochronologie* ist eine Methode, die unter günstigen Voraussetzungen die jahrgenaue Datierung von Hölzern gestattet. Ihr Begründer war der amerikanische Astronom *Andrew E. Douglass* (1867–1962), der sich zu Beginn des 20. Jahrhunderts mit dem Einfluss der Sonnenfleckenaktivität auf das Erdklima beschäftigte. Im Zuge seiner Forschungen benutzte er Jahrringfolgen von Bäumen als Klimaanzeiger und begann schließlich damit, sie für die Datierung indianischer und anderer historischer Siedlungen im amerikanischen Südwesten heranzuziehen. Er war damit so erfolgreich, dass 1937 schließlich das *Laboratory of Tree Ring Research* in Tucson (Arizona) gegründet und er als dessen Direktor ernannt wurde – eine Position, die er bis 1958 innehatte. In Deutschland wurden die Ansätze von Douglass seit 1937 von dem Forstbotaniker *Bruno Huber* (1899–1969) mit großem Erfolg auf die gemäßigte Zone Mitteleuropas übertragen.

Dendrochronologie, von griech. *déndron*, ›Baum‹, *chrónos*, ›Zeit‹, und *lógos*, ›Wissen‹, ›Lehre‹. Methode der Altersbestimmung anhand der Jahrringe von Hölzern.

In den gemäßigten und subtropischen Zonen der Welt, die durch wechselnde Jahreszeiten gekennzeichnet sind, bilden Bäume im Frühjahr – nach der Vegetationsruhe des Winters – eine neue Holzschicht in Form eines ringartigen Zuwachses aus. Nadel- und Laubbäume unterscheiden sich dabei in der Holzstruktur; so weisen Nadelhölzer ein helleres Frühholz mit **weitlumigen**, dünnwandigen Zellen für die Wasserleitung und ein dunkleres Spätholz mit englumigen, dickwandigen Zellen für die Festigung des Jahrrings auf. Die Zuwachsringe von Laubhölzern wiederum sind entweder gleichmäßig aufgebaut oder entwickeln zu Beginn der Vegetationsphase bereits mit bloßem Auge erkennbare weite Zellen zur Wasserleitung.

Lumen, von lat. *lumen*, ›Licht‹. Hier: Hohlraum einer röhrenförmigen Baumzelle.

Man unterscheidet bei Bäumen zwischen dem Kern- und dem Splintholz. Während die Zellen des Kernholzes abgestorben sind, leben jene des Splintholzes und versorgen den Baum mit Nährstoffen. Unmittelbar unter der Rinde des Baums liegt der jüngstgebildete Jahrring. Er wird ›Waldkante‹ genannt, und falls er – mit oder ohne Rinde – erhalten ist, lässt sich so die letzte Vegetationsphase des Baums und damit zugleich sein Fällungsjahr bestimmen. Dieses ›Fällungsjahr‹ ist zwischen Oktober des einen und April des darauffolgenden Jahres zu datieren. Wenn der Waldkantenjahrring noch nicht vollständig ausgebildet ist, muss der Baum innerhalb der Sommermonate gefällt worden sein. Ganz anders sieht es aus, wenn bei Bäumen das Splintholz oder zumindest eine Anzahl von Splintholzringen fehlen. Der natürliche Splintumfang ist lediglich für die Eiche näher untersucht; die Faustregel besagt, dass er sich je nach Alter des Baums zwischen 10 und – bei Eichen, die 100 Jahre oder älter sind – 20 Jahren bewegt. Sie sind zur Ermittlung des Fällungsjahres dem letzten Kernholzring hinzuzuzählen.

Die Holzstruktur jeder Baumart ist genetisch festgelegt, darüber hinaus jedoch von Umweltfaktoren abhängig. So wird die Breite eines Jahrrings wesentlich durch Licht, Wärme, Wasser und Nährstoffe beeinflusst. Bei extrem ungünstigen Bedingungen kann es vorkommen, dass die Ausbildung eines Jahrrings teilweise oder vollständig ausfällt. Anders verhält es sich allerdings bei Eichen, die jedes Jahr einen Zuwachsring ausbilden. Andererseits gibt es aber auch das Phänomen des sogenannten ›Scheinjahrrings‹, d.h. der Bildung von zwei oder mehr Ringen innerhalb eines Jahres. Da die Dendrodatierung auf der Grundlage von Jahrringfolgen und dem Vergleich ihres Verlaufs vorgenommen wird, sind derartige Abweichungen vom normalen Wachstum in aller Regel recht schnell zu erkennen. Über die gesamte Lebenszeit eines Baums gesehen, ergibt sich ein charakteristisches Jahrringmuster, das innerhalb eines geographischen Raums – also bei gleichen geoklimatischen Vorausetzungen – bei Hölzern der gleichen Baumart nur wenig abweicht. Ähneln sich also die Jahrringmuster verschiedener Bäume einer Art in einer Region weitgehend, ist davon auszugehen, dass diese Bäume zur gleichen Zeit gelebt haben.

Ein Problem besonderer Art stellt die Frage dar, inwieweit das Fällungsjahr eines Holzes mit seinem Verbauungskontext verknüpft ist. Schließlich ist es ja möglich, dass Holz nicht nur einmal verbaut, sondern zweit- oder gar drittverwendet wurde. Natürlich muss auch mit Reparaturhölzern in einem ansonsten erstverbauten Holzkomplex gerechnet werden. Solche Differenzierungen lassen sich nur über Probenserien verschiedener Hölzer herausfinden. Hingegen ist eine Trocknungsphase von Hölzern vor ihrer Verbauung für die urgeschichtliche Zeit wohl weitgehend auszuschließen: Zum einen wurden Trockenrisse nur sehr selten nachgewiesen, und zum anderen ist die Verarbeitung getrockneten Holzes besonders mit Steingeräten ausgesprochen schwierig. Man geht daher davon aus, dass Holz ›waldfrisch‹ verbaut wurde.

Die Altersbestimmung von Holz basiert auf einem ›Jahrringkalender‹, der zunächst einmal auf individuellen Einzelkurven eines Standortes beruht. Sie zeigen sowohl Einflüsse des Standort- und Lokalklimas als auch der überregionalen Klimabedin-

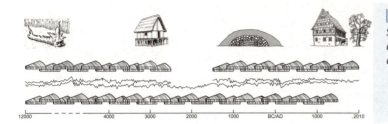

Abb. 3.5.4.2.1
Schema des Aufbaus eines Jahrringkalenders.

gungen. Aus diesen Einzelkurven wird durch Mittelung eine ›Regional-‹ oder ›Mittelkurve‹ gewonnen, in der sich großklimatische Ereignisse als sogenannte ›Signaturen‹ oder ›Weiserjahre‹ in Form von Kurvenmaxima und Kurvenminima niederschlagen. Einzelne gleichläufige Regionalchronologien werden sodann durch Mittelung zu sogenannten ›Standardchronologien‹ oder ›Standardkurven‹ zusammengefasst. Darin scheinen nur noch solche Signaturen auf, die in allen zugrunde liegenden Regionalchronologien erkennbar sind und damit die ›Großwetterlage‹ des gesamten erfassten geographischen Raums zu der durch die Standardkurve repräsentierten Zeit widerspiegeln.

Aufs Ganze gesehen geht der Jahrringkalender von Jahrringfolgen solcher Bäume aus, deren Fällungsjahr bekannt ist. Durch die Überlappung mit den Jahrringfolgen immer älteren Holzes kann die Standardchronologie nach dem skizzierten Muster theoretisch beliebig weit in die Vergangenheit zurückverlängert werden (Abb. 3.5.4.2.1); allerdings ist die Möglichkeit solcher Überbrückung praktisch von der Verfügbarkeit immer älterer Bäume abhängig. Die am weitesten zurückreichende Standardchronologie beruht auf der Eiche, die besonders langlebig ist und vor allem in Mooren Nordwest- und des nördlichen Mitteleuropas sowie in mitteleuropäischen Flussschottern und Braunkohlegruben vorkommt. Die mit ihrer Hilfe erstellte Chronologie deckt derzeit mehr als 12 000 Jahre ab.

In der dendrochronologischen Praxis wird die Jahrringfolge eines zu datierenden Holzes in die betreffende Mittelkurve oder Standardkurve eingepasst (Abb. 3.5.4.2.2) und mit der Standardkurve abgeglichen. Es bedarf keiner besonderen Betonung, dass die Ermittlung der Jahrringbreiten heute nicht mehr mit dem bloßen Auge, sondern mit Hilfe eines Mikroskops und eines daran angeschlossenen Rechners erfolgt. Auch die Gleichläufigkeitstests werden rechnergestützt mit speziell dafür entwickelten Programmen durchgeführt.

Abb. 3.5.4.2.2
Einpassung einer Jahrringfolge in eine Mittelkurve.

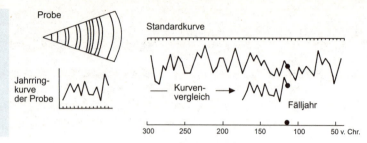

3.5.4.3 | Radiokohlenstoffmethode

Karbon, von lat. *carbo*, ›Kohle‹. Kohlenstoff.

Die *Radiokohlenstoffmethode* – auch **Radiokarbonmethode** oder einfach nur ^{14}C-*Methode* genannt – ist wohl die bekannteste naturwissenschaftliche Methode zur absoluten Zeitbestimmung in der Ur- und Frühgeschichtlichen Archäologie. Sie basiert auf dem Zerfall von ^{14}C, dem radioaktiven Isotop des Kohlenstoffs, das durch kosmische Strahlung in der oberen **Erdatmosphäre** erzeugt wird.

Atmosphäre, von griech. *atmós*, ›Dampf‹, und *sphaĩra*, ›Kugel‹. Allgemein: Gashülle eines Planeten; hier: Lufthülle der Erde.

In der Atmosphäre verbindet sich das instabile Isotop ^{14}C mit dem vorhandenen Sauerstoff zu Kohlendioxid (CO_2) und wird durch Mischung und Zirkulation in der unteren Atmosphäre verteilt. Über den Stoffwechsel von Pflanzen – die Photosynthese – wird der radioaktive Kohlenstoff aufgenommen und fixiert (direkte Aufnahme); er gelangt dann über die Nahrung in den Organismus von Tier und Mensch (indirekte Aufnahme). Da er kontinuierlich ergänzt wird, ist der ^{14}C-Gehalt über die gesamte Lebenszeit eines Organismus hinweg konstant. Erst wenn der Organismus stirbt, erlischt die Aufnahme des radioaktiven Kohlenstoffs, da dann kein Austausch – weder direkt wie bei Pflanzen noch indirekt wie bei Lebewesen – mehr stattfinden kann. Von diesem Zeitpunkt an beginnt das ^{14}C zu zerfallen, und zwar mit einer ganz bestimmten Rate, der sogenannten ›Halbwertzeit‹; sie beträgt 5730 ± 40 Jahre.

Über die Halbwertzeit ist es möglich, das Alter einer Probe zu ermitteln. Dazu können zwei Messmethoden angewandt werden: zum einen die radiometrische Messung, die den ^{14}C-Zerfall misst; zum anderen die Messung der ^{14}C-Atome mit einem Massenspektrometer (AMS, *Accelerator Mass Spectrometry*). Beide Methoden sind in ihren Ergebnissen hinsichtlich der Genauigkeit der gewonnenen Daten und Altersreichweite ähnlich exakt, liefern also Messwerte vergleichbarer Güte. Ein wesentlicher Unterschied liegt allerdings darin, dass für die AMS-Technik eine Probenmenge von nur wenigen Milligramm genügt, während bei der radiometrischen Methode einige Gramm benötigt werden. Dafür ist die Beprobung des Materials über die AMS-Methode immer noch deutlich teurer. Der Bezugspunkt, von dem an rückwärts gemessen wird, ist dabei stets das Jahr 1950. Daher werden die Altersangaben auch immer mit dem Zusatz BP, *Before Present* (→ Kap. 5.2), angegeben.

Die Radiokohlenstoffmethode wurde in den späten vierziger Jahren des 20. Jahrhunderts von dem amerikanischen Chemiker *Willard F. Libby* (1908–1980) entwickelt. Er wurde dafür 1960 mit dem Nobelpreis für Chemie ausgezeichnet. Seit Libbys Forschungen hat sich das Verfahren zur Altersbestimmung zwar nicht grundsätzlich geändert, aber durch eine verfeinerte Messtechnik fand man heraus, dass die von ihm angenommene Halbwertzeit des ^{14}C mit 5568 ± 30 Jahren falsch war. Die mit dem Libby-Alter ermittelten Proben wurden daher zu jung datiert. Darüber hinaus konnte in den sechziger Jahren gezeigt werden, dass der ^{14}C-Gehalt in der Atmosphäre nicht konstant ist – wovon man bis dahin stets ausgegangen war –, sondern Schwankungen unterliegt, die in jüngster Zeit vor allem anthropogen verursacht sind (z. B. durch die Industrialisierung im 19. Jahrhundert und die Kernwaffentests im 20. Jahrhundert). Doch nicht nur in jüngster Zeit hat sich die ^{14}C-Konzentration verändert, auch in der weiter zurückliegenden Vergangenheit gab es immer wieder Schwankungen im ^{14}C-Gehalt, deren Ursachen im Geomagnetismus und in der Sonnenaktivität liegen. Diese Schwankungen beeinträchtigen die erzielten Messwerte. Das sogenannte ›konventionelle Alter‹ muss also korrigiert werden. Seit den sechziger Jahren wurde daher eine **Kalibrierung** oder **Kalibration** der Daten vorgenommen. Dazu dient eine Kalibrationskurve, die über dendrochronologisch gewonnene Daten erstellt wurde (→ Kap. 3.5.4.2), und zwar zuerst über die langlebigen Mammutbäume und Borstenkiefern, deren Jahrringe ^{14}C-datiert wurden. Dadurch war eine Eichung der ^{14}C-Daten problemlos durchführbar. Die Kalibration über die Dendrochronologie kann mittlerweile für einen Zeitraum von mehr als 12 000 Jahren vor Heute durchgeführt werden.

Kalibrierung/Kalibration, von arab. *qālib*, ›Schusterleiste‹, über franz. *calibre*, ›Durchmesser‹, ›Stärke‹. Eichen von Messinstrumenten; hier: Eichung.

Die zeitliche Tiefe, die mit der Radiokarbonmethode erreicht werden kann, beträgt um die 50 000 Jahre; das untere Alter liegt bei etwa 300 Jahren. Bei der Veröffentlichung von ^{14}C-Daten sind verschiedene Aspekte zu beachten. Zum einen ist es notwendig, das ›konventionelle Alter‹ zusammen mit der Standardabweichung anzugeben, um eine Vergleichbarkeit mit früher publizierten Daten zu ermöglichen. Bei der Standardabweichung handelt es sich um einen statistischen Messfehler; die Datierung über die Radiokohlenstoffmethode ist also nie exakt. Das Ergebnis einer Messung wird daher mit einer Spannweite angegeben. Die Angabe 3200 ± 50 BP bedeutet, dass bei einhundert Wiederholungen der Messung statistisch gesehen 68 Ergebnisse in einem Intervall von ± 50 Jahren liegen – 1σ-Bereich genannt –, also in unserem Beispiel zwischen 3150 und 3250 BP. Im sogenannten ›2σ-Bereich‹ verdoppelt sich zwar das Intervall auf ± 100 Jahre (3300–3100 BP), dafür liegen aber 95 % der Ergebnisse in dieser Zeitspanne. Mittlerweile ist die Messgenauigkeit sehr hoch, so dass die Fehler im 1σ-Bereich – abhängig von der Probenmenge – bei 25 bis 50 ^{14}C-Jahren liegen, bisweilen kann sogar auf ± 10 Jahre genau datiert werden. Bei der Veröffentlichung der Daten ist es üblich – sofern nicht anders vermerkt –, den 1σ-Bereich anzugeben. Neben dem ›konventionellen Alter‹ und der Standardabweichung ist selbstverständlich das kalibrierte Alter zu nennen, z. B. 3200 cal BP oder – in diesem Falle – 1250 cal BC.

BC/AD. BC, engl. Abkürzung von *before Christ*, vor Christus (v. Chr.), und AD, lat. Abkürzung von *anno domini*, im Jahre des Herrn, nach Christus (n. Chr.).

Die beiden Messverfahren für ^{14}C haben wir bereits genannt. In diesem Zusammenhang müssen aber noch einige andere Punkte angesprochen werden. Wie wir gesehen haben, lässt sich die radiometrische Messung nur bei organischem Material anwenden; für die Datierung eignen sich daher z. B. Holzkohle, Holz, Knochen, Pflanzenreste und Torf. Wird die Messung hingegen mit der AMS-Methode durchgeführt, können auch andere Materialien wie etwa Pollen und aus Knochen extrahierte Aminosäuren datiert werden. Selbstverständlich ist – unabhängig vom Messverfahren – eine Verunreinigung der Probe, etwa durch die Aufnahme von fremdem Kohlenstoff, nie völlig auszuschließen. Solche Kontaminationen können jedoch im Labor durch verschiedene chemische Verfahren erkannt und von der Probe getrennt werden. Nicht unwichtig für die Datierung ist auch die Herkunft der Probe. Sowohl organische Materialien aus Seen und Meeren als auch tierische und menschliche Küstenbewohner weisen einen anderen ^{14}C-Gehalt auf als solche Lebewesen, die im Inland leben, da der Austausch von CO_2 über die Ozeandeckschicht – also die obersten 30 bis 100 Meter des Ozeans – langsamer erfolgt. Man spricht hier vom sogenannten *Reservoireffekt*. Lebende marine Organismen in tropischen und mittleren Breiten weisen daher ein scheinbares Reservoir-Alter von 400 Jahren auf. Für die Datierung der Proben ist die Einbeziehung des Reservoireffekts also durchaus bedeutsam.

Ein weiterer wichtiger Aspekt, den wir noch ansprechen möchten, hängt mit der Kalibrierung der ^{14}C-Daten zusammen. Wie schon erwähnt, kann über die Kalibration ein Zeitraum bis etwa 12 400 Jahre cal BP abgedeckt werden; in den nächsten Jahren ist eine Ausweitung bis etwa 18 000 cal BP zu erwarten. Für den Zeitraum von 12 000 bis ca. 26 000 cal BP ist die gegenwärtige Kalibrationskurve (IntCal04) allerdings weniger zuverlässig. Dies liegt daran, dass für diesen Zeitraum keine Dendrodaten vorliegen, und die Kalibrierung hier über die unsicheren ^{14}C-Datensätze mariner Sedimente und Korallen erfolgt. Wir haben gesehen, dass gerade mit marinen Proben erhebliche Datierungsprobleme einhergehen. Noch unsicherer sind ^{14}C-Daten, die älter als 26 000 cal BP sind, da für diese Zeit keine akzeptierte Kalibrationskurve zur Verfügung steht. In diesem Zeitraum – er betrifft vor allem das Mittel- und Jungpaläolithikum (→ Kap. 5.2.1) – ist mit großen Abweichungen zu rechnen.

Durch die Radiokarbondatierung und ihre konsequente Anwendung in der Archäologie hat sich das bis in die fünfziger Jahre bestehende Chronologiegerüst für die Jüngere Urgeschichte teils radikal geändert. Schnell zeigte sich, dass die über die Archäologisch-Historische Methode (→ Kap. 3.5.4.1) vorgenommenen Datierungen, vor allem für das Neolithikum, nicht mit den ^{14}C-Daten zusammenpassten. Der britische Prähistoriker *Colin Renfrew* bezeichnete daher zu Beginn der siebziger Jahre diese Umwälzung als *radiocarbon revolution*. Doch nicht überall wurden die durch die Radiokarbonmethode erzielten Ergebnisse akzeptiert. Bis weit in die siebziger Jahre hinein gab es vor allem in Deutschland Widerstand gegen die naturwissenschaftlich festgestellten Datierungen. Einer der vehementesten Gegner der mittels Radiokohlenstoffmethode ermittelten Daten war seinerzeit der in Heidelberg lehrende *Vladimir Milojčić* (1918–1978). Bis zu seinem Tode verteidigte er seine auf archäologisch-historischem Wege gewonnenen Datierungen zum europäischen Neolithikum, die um mehrere Jahrhunderte von den Radiokarbondaten abwichen. Während Milojčić den Beginn der Jungsteinzeit in Mitteleuropa beispielsweise noch um 3200 v. Chr. ansetzte, zeigten die ^{14}C-Daten bereits einen Beginn um 5000 v. Chr. an.

Die Radiokohlenstoffmethode ist heute eine der wichtigsten Methoden der absoluten Altersbestimmung in der Ur- und Frühgeschichtliche Archäologie. Sie hatte wie keine andere naturwissenschaftliche Zeitbestimmungsmethode fundamentale Auswirkungen auf die bestehende absolute Chronologie und besitzt auch heute noch eine zentrale Funktion – ganz besonders für Epochen wie das Neolithikum und die Bronzezeit, für die sie durch immer neue Daten ein zeitlich immer dichteres Grundgerüst schafft. Man kann daher zu Recht von einer ›Revolution‹ sprechen, die von ihr ausging und bis heute anhält.

3.5.4.4 | Lumineszenzmethoden

Neben den erwähnten naturwissenschaftlichen Methoden der absoluten Alterbestimmung möchten wir zwei weitere Zeitbestimmungsmethoden vorstellen. Beide basieren auf dem gleichen physikalischen Prinzip – der Lumineszenz –, also dem ›kalten‹ Leuchten elektrisch nicht-leitender Festkörper. Dieses physikalische Phänomen wurde erstmals im 17. Jahrhundert von dem britischen Naturforscher *Robert Boyle* (1627–1691) beschrieben. Während die sogenannte *Thermolumineszenz* (TL) seit etwa 50 Jahren in der Archäologie zum Einsatz kommt, wird die *Optisch Stimulierte Lumineszenz* (OSL) erst seit ca. 1985 angewandt.

Mineralische Festkörper sind einer ständigen ionisierenden Strahlung – ausgelöst durch radioaktive und kosmische Strahlen – ausgesetzt, die im Laufe der Zeit im Kristallgitter der Festkörper zu Schäden führt. Je länger die Bestrahlung dauert, desto mehr Ladungsträger werden im Festkörper gespeichert. Der Strahlungsschaden wiederum ist als Lumineszenzsignal messbar, und zwar in Form eines Leuchtens, das umso intensiver ist, je mehr Ladungsträger im Festkörper gespeichert sind. Über die Höhe des Strahlenschadens, also die angehäufte Energiedosis (Archäodosis), und die Stärke der ionisierenden Strahlung – Dosis pro Zeit (Dosisleistung) – kann das Alter der Probe bestimmt werden.

Die Einsatzmöglichkeiten der Lumineszenzdatierung in der Archäologie sind recht vielfältig. Sie wird vor allem zur Datierung gebrannter Tonware (z. B. Keramik, Ziegel), von Feuerstellen (z. B. Herdstellen, Öfen), von gebrannten Feuersteinartefakten sowie zur zeitlichen Bestimmung von Sedimenten verwendet; entscheidend ist, dass in den beprobten Materialien die für die Lumineszenzdatierung notwendigen Mineralien wie Quarz und Feldspat vorhanden sind. Die Anwendung des Thermolumineszenzverfahrens setzt voraus, dass die zu beprobenden Materialien in der Vergangenheit einer Feuereinwirkung ausgesetzt waren. Die ›Thermolumineszenz-Uhr‹ wird dadurch auf Null gesetzt, was die erneute Aufladung der Ladungsträger und damit eine Messung ermöglicht. Bei der Optisch Stimulierten Lumineszenz genügt es hingegen, wenn die Probe in der Vergangenheit hinreichend belichtet wurde. Beim Lumineszenzverfahren wird die letzte Hitzeeinwirkung bzw. Belichtung der Probe datiert. Das Thermolumineszenzverfahren ermöglicht es, das Branddatum eines Objekts – beispielsweise eines Ziegels oder eines gebrannten Feuersteinartefakts – zu bestimmen. Dazu wird die Probe auf über 400 °C erhitzt und einer dosierten Strahlung ausgesetzt. Durch die Erhitzung kommt es zu einem ›Wärmeleuchten‹, der Thermolumineszenz. Die Methode der Optisch Stimulierten Lumineszenz eignet sich dagegen für die Bestimmung geologischer und archäologischer Sedimente. Gerade dieses Gebiet hat in den letzten Jahren an Bedeutung gewonnen. Mit der OSL ist es möglich, die Bildung von Ablagerungen im Sediment direkt zu datieren. Damit ist sie zu einem wichtigen Verfahren geoarchäologischer Untersuchungen zu Landschaftsbildung und Landschaftsveränderung geworden.

Im Gegensatz zur Radiokarbonmethode, deren zeitliche Datierungsgrenze bei etwa 45 000–50 000 Jahren vor Heute liegt, erreichen wir mit dem Lumineszenzverfahren eine zeitliche Tiefe von bis zu einigen 100 000 Jahren. Diese Methode ist daher besonders für die Datierung altsteinzeitlicher Artefakte und damit für die absolute Chronologie des Paläolithikums (→ Kap. 5.2.1) von großer Bedeutung. Anders als bei der Radiokohlenstoffdatierung benötigen wir beim Lumineszenzverfahren kein organisches Material. Allerdings sind mit der Lumineszenzdatierung auch einige Unsicherheitsfaktoren verbunden. Dazu gehören etwa die komplizierte Probenentnahme und die relativ hohe Ungenauigkeit des Lumineszenzalters. Bei der Probenentnahme ist es außerordentlich wichtig, das Material vor Lichteinstrahlung und Erwärmung zu schützen. Die Proben sind daher bei Nacht zu entnehmen oder – im Falle von Sedimenten für die OSL – mit einem speziellen Behälter zu ziehen. Darüber hinaus müssen die Proben anschließend lichtundurchlässig verpackt werden. Zudem ist es zumeist notwendig, die Dosisleistung vor Ort – also *in situ* – zu messen. Die Vorbedingungen für die Datierung per Lumineszenz sind somit um einiges aufwendiger als etwa die Radiokarbondatierung; es empfiehlt sich daher auch, sich schon im Vorfeld einer Ausgrabung bzw. einer Probenentnahme mit entsprechenden Labors in Verbindung zu setzen. Im Hinblick auf die Altersgenauigkeit ist festzustellen, dass das Lumineszenzalter zwar im Gegensatz zu den Radiokarbondaten nicht kalibriert

In situ, von lat. *situs*, ›Lage‹, ›Stellung‹. In natürlicher Lage; im archäologischen Kontext: in originaler Lage.

werden muss, der Bestimmungsfehler allerdings mindestens 5%, häufig gar um 10% beträgt. Diese Ungenauigkeit rührt unter anderem daher, dass je nach Wassergehalt der Probe die Dosisleistung mehr oder weniger stark abgeschwächt und somit das Ergebnis erheblich beeinflusst wird.

Testfragen

1. Welche Methoden der absoluten Zeitbestimmung kennen Sie? Erläutern Sie sie.
2. Was ist die Grundlage der Archäologisch-Historischen Methode, und wie geht die Datierung vor sich?
3. Welche der Methoden eignet sich am besten für die Altersbestimmung altsteinzeitlicher Artefakte und warum?
4. Mit welcher der naturwissenschaftlichen Methoden zur absoluten Zeitbestimmung lässt sich jahrgenau datieren? Erklären Sie das Prinzip.

Literatur zur Archäologisch-Historischen Methode

E. J. Bickerman, Chronology of the Ancient World (London 1980).
H. Brunner/K. Flessel/F. Hiller (Hrsg. u. Bearb.), Lexikon Alte Kulturen 1 (Mannheim 1990) 485–490 (Stichwort ›Chronologie‹).
M. K. H. Eggert, Prähistorische Archäologie: Konzepte und Methoden (Tübingen – Basel 2008^3).

Literatur zur Dendrochronologie

M. G. L. Baillie, A Slice Through Time: Dendrochronology and Precision Dating (London 1995).
A. Billamboz/H. Schlichtherle, Pfahlbauten – Häuser in Seen und Mooren. In: D. Planck u. a. (Red.), Der Keltenfürst von Hochdorf: Methoden und Ergebnisse der Landesarchäologie (Stuttgart 1985) 249–266.
A. Hauptmann/V. Pingel (Hrsg.), Archäometrie: Methoden und Anwendungsbeispiele naturwissenschaftlicher Verfahren in der Archäologie (Stuttgart 2008).
F. H. Schweingruber, Der Jahrring: Standort, Methodik, Zeit und Klima in der Dendrochronologie (Bern – Stuttgart 1983).

Literatur zur Radiokohlenstoffmethode

C. Bronk Ramsey/C. E. Buck/S. W. Manning/P. Reimer/H. van der Plicht, Developments in Radiocarbon Calibration for Archaeology. Antiquity 80, 2006, 783–798.
M. K. H. Eggert, Die fremdbestimmte Zeit: Überlegungen zu einigen Aspekten von Archäologie und Naturwissenschaft. Hephaistos 9, 1988, 43–59.

A. Hauptmann/V. Pingel (Hrsg.), Archäometrie: Methoden und Anwendungsbeispiele naturwissenschaftlicher Verfahren in der Archäologie (Stuttgart 2008).
C. Renfrew, Before Civilization: The Radiocarbon Revolution and Prehistoric Europe (New York 1973).
G. A. Wagner (Hrsg.), Einführung in die Archäometrie (Berlin – Heidelberg 2007).

Literatur zu Lumineszenzmethoden

M. J. Aitken, Thermoluminescence Dating (London – Orlando – San Diego u. a. 1985).
A. Hauptmann/V. Pingel (Hrsg.), Archäometrie: Methoden und Anwendungsbeispiele naturwissenschaftlicher Verfahren in der Archäologie (Stuttgart 2008).
G. A. Wagner, Stichwort ›Naturwissenschaftliche Methoden in der Archäologie, § 3: Lumineszenzdatierung‹. RGA² 20, 2002, 577–580.
G. A. Wagner (Hrsg.), Einführung in die Archäometrie (Berlin – Heidelberg 2007).

Grundbegriffe | 4

Inhalt	
4.1	Kultur und Materielle Kultur 91
4.2	Kultur und ›Hochkultur‹....................... 97
4.3	Erfindung und Ausbreitung 100

Kultur und Materielle Kultur | 4.1

Spätestens seit Herausbildung der Ethnologie (→ Kap. 6.2.3) und der Ur- und Frühgeschichtlichen Archäologie im 19. Jahrhundert bezeichnet der Begriff ›Kultur‹ ein zentrales Konzept jener Wissenschaften, die sich mit dem Menschen als gesellschaftlichem Wesen befassen. Dieser Begriff wurde im Laufe von rund 150 Jahren immer wieder anders definiert. Im Jahre 1952 legten die beiden amerikanischen Kulturanthropologen *Alfred L. Kroeber* (1876–1960) und *Clyde Kluckhohn* (1905–1960) eine Sammlung von rund 300 Definitionen vor, von denen sie 164 einer kritischen Betrachtung unterzogen. Selbst der grundsätzliche Wert des mit der Bezeichnung ›Kultur‹ verbundenen theoretischen Konzepts wurde gelegentlich in Frage gestellt – in der englisch- und deutschsprachigen Ethnologie streitet man zum Beispiel seit knapp zwei Jahrzehnten darum. Dabei stehen sich im Wesentlichen zwei Lager gegenüber, wobei die einen gewissermaßen unter dem Banner *Writing against Culture* vereint sind, und die anderen sich den Leitspruch *Writing for Culture* auserkoren haben. Da das Kulturkonzept in der Ethnologie nach seiner traditionellen Allgegenwart zunächst bezweifelt und daraufhin nachdrücklich verteidigt wurde, folgt unsere Darstellung dieser zeitlichen Entwicklung.

Die Gegner einer Beibehaltung des Kulturkonzepts in der Ethnologie berufen sich auf den ideologisch-politischen Hintergrund, vor dem die verschiedenen Definitionen entstanden sind. Es geht ihnen um eine heute nicht mehr zu rechtfertigende ethnographisch-ethnologische Praxis, vor allem um die Funktion des Fachs im Kontext des Kolonialismus. Kulturen präsentierten sich demzufolge eben nicht als klar definierte, homogene und stabile, geradezu ›zeitlose‹ Ganzheiten; vielmehr sei die soziale Realität durch Inhomogenität, Widersprüchlichkeit und Variabilität gekennzeichnet. Die Kritiker des Kulturkonzepts wenden sich auch gegen die traditionelle Auffassung, Kulturen als Ausdruck allgemein akzeptierter Normen und Werte zu betrachten; tatsächlich sei die Zustimmung zu den offiziell geltenden Normen und Werten eines Gemeinwesens bei seinen Mitgliedern höchst unterschiedlich. Schließlich sind sie der Meinung, Kultur werde gemäß der überlieferten Definition tendenziell als etwas Lebendiges, Gegenständliches, als Wesenheit an sich begriffen, während es sich in Wirklichkeit um eine Abstraktion handele. Aus der Sicht seiner Gegner ist das Kulturkonzept daher ›belastet‹ – alles, was damit von seinen Anhängern noch heute bezeichnet werde, lasse sich durch angemessenere und präzisere Begriffe ausdrücken, etwa ›Ideologie‹, ›Religion‹, ›Ritual‹, ›Macht‹, ›Gesellschaft‹, ›Gemeinschaft‹, ›Stamm‹, ›Lokalgruppe‹, ›Ethnizität‹ oder ›Identität‹. Dass mit diesen Begriffen ein genau umschriebener theoretischer Hintergrund und ein ebenso genau bestimmter Inhalt verbunden sein müsse, sei eine Selbstverständlichkeit.

Die Anhänger des Kulturkonzepts bestreiten nicht, dass die von seinen Gegnern kritisierten Auffassungen in der Geschichte der Ethnologie immer wieder vertreten wurden und gelegentlich auch noch vertreten werden. Ihnen geht es darum, das Konzept trotz mancherlei fragwürdiger Ausdeutung und Verwendung zu erhalten. Auf der empirischen Ebene liege sein Potential in der Herausarbeitung eines bestimmten Komplexes erlernter Verhaltensroutinen und ihrer materiellen Hervorbringungen, durch den sich eine Gruppe von Menschen von einer anderen unterscheide. Die Kategorie ›Kultur‹ verweise auf einen Teil der Wirklichkeit, in dessen Zentrum jene Merkmale stünden, die für den Menschen kennzeichnend seien. Damit sei keineswegs all das impliziert, was die Gegner – wie oben ausgeführt – dem Konzept unterstellten.

Selbstverständlich sollte man, wann immer möglich und sinnvoll, statt von der umfassenden Kategorie ›Kultur‹ von differenzierteren Untersuchungseinheiten reden – das ist letztlich eine Binsenweisheit. Diese Tatsache vermag aber nichts daran zu ändern, dass ›Kultur‹ trotz der angedeuteten Probleme bis heute das Schlüsselkonzept der Ethnologie und darüber hinaus der gesamten Kulturwissenschaften darstellt. Es empfiehlt sich daher schon aus pragmatischen Gründen, dieses Konzept beizubehalten.

Bei der Diskussion um den Kulturbegriff sollte man zwischen ›Kultur‹ im **holistischen** und ›Kultur‹ im **partitiven** bzw. **partikularen** oder **partikularistischen** Sinne unterscheiden. Die erste Variante versteht ›Kultur‹ als ein dem Menschen eigenes Gesamtphänomen, das traditionell mit ›Natur‹ kontrastiert wird. Der partitive Kulturbegriff hingegen bezieht sich auf die Vielzahl und Vielfalt von Kulturen in Raum und Zeit. Sucht man das Inhaltliche näher zu bestimmen, stellt Kultur im holistischen Sinne die Gesamtheit der menschlichen ideellen und materiellen Hervorbringungen, der Werte, Weltsicht und Traditionen sowie der sozialen und politischen Institutionen dar. Jene Merkmale, die wir ›Kultur‹ nennen, sind überindividuell, sozial vermittelt und in ihren Ausprägungen hochvariabel. Sie stellen in ihrer besonderen Qualität und Quantität ein Wesensmerkmal des Menschen und nur des Menschen dar.

Es ist festzuhalten, dass ›Kultur‹ im hier umrissenen Sinne – also als Wesensmerkmal des Menschen – keineswegs in Opposition zu ›Natur‹ steht. Im Gegenteil, die Kulturfähigkeit des Menschen bildet eines seiner kennzeichnenden **biotischen** Charakteristika. Diese Fähigkeit als solche entzieht sich, genau betrachtet, dem Zugriff des Kulturwissenschaftlers. Sie ergibt sich erst aus der Allgegenwart von Kultur. Kultur wiederum ist, im holistischen wie im partitiven Verständnis, offenkundig eine Abstraktion. Sie wird dem Kulturwissenschaftler erst über ihre mannigfachen Repräsentationen zugänglich.

Eine auch für Archäologen praktikable Kulturdefinition stammt von dem Ethnologen *Karl-Heinz Kohl*. Er bezeichnet ›Kultur‹ als »Summe der materiellen und ideellen Errungenschaften einzelner menschlicher Gruppierungen, ihrer Techniken, ihrer Werkzeuge und ihrer sonstigen Artefakte, ihres Wissens um Naturzusammenhänge, ihrer internalisierten Werte und auch ihrer Sinndeutungen«. Diese Definition bestimmt den Begriff durch Aufzählung seiner wesentlichen Aspekte; sie spiegelt deutlich die berühmte **Definition des britischen Ethnologen** *Edward Burnett Tylor* (1832–1917) aus dem Jahre 1871 wider. Außerdem liegt ihr eine Verschränkung von holistischem und partitivem Kulturkonzept zugrunde.

Zu Beginn der neunziger Jahre des 20. Jahrhunderts ist in der *Zeitschrift für Ethnologie* (ZfE) – ausgelöst durch einen Aufsatz von *Ulla Johansen* – eine ungewöhnlich lebhafte Diskussion über die

---

Holistisch, von griech. *hólos*, ›ganz‹, ›vollständig‹. Hier auf Kultur als Ganzes bezogen.

Partitiv, von lat. *pars*, ›Teil‹, ›Teil eines Ganzen‹. Hier auf einzelne Kulturen bezogen.

Partikular, partikularistisch, von spätlat. *particularis*, ›einen Teil betreffend‹. Hier auf einzelne Kulturen bezogen.

Biotisch, von griech. *bíos*, ›Leben‹. Auf Lebewesen und Leben bezogen.

Tylors Definition lautete folgendermaßen: »Culture, or civilization, taken in its wide ethnographic sense, is that complex whole which includes knowledge, belief, art, law, morals, custom, and any other capabilities and habits acquired by man as a member of society« (*Primitive Culture: Researches into the Development of Mythology, Philosophy, Religion, Art, and Custom*, I [London 1871] 1).

Rolle des Materiellen in der Ethnologie entbrannt. Die Beschäftigung mit dem Materiellen war nicht nur in der deutschsprachigen Ethnologie, sondern auch in anderen kontinentaleuropäischen Ländern sowie in Großbritannien und den USA – abgesehen von der Museumsethnologie – bis in die siebziger Jahre hinein stark vernachlässigt worden. Dieser Trend begann sich zuerst in den anglophonen Ländern – nicht zuletzt unter dem Einfluss der *New* bzw. *Processual* und *Post-Processual Archaeology* – langsam zu verändern. In der ZfE-Debatte ging es um die Frage der Angemessenheit des Begriffs *materielle Kultur*. Trotz aller Vorbehalte wollten die meisten Diskutanten diesen Begriff auch weiterhin verwenden; dieser Haltung stimmen wir zu. Allerdings sollte auf den früher damit einhergehenden Gegenpol ›geistige Kultur‹ verzichtet werden. Ein solcher Gegensatz verbietet sich nach der oben wiedergegebenen, von uns für sinnvoll erachteten Kulturdefinition. ›Materielle Kultur‹ ist vielmehr eine Kurzformel für die *Dinge*, die im Leben einer Gemeinschaft eine Rolle spielen (→ Kap. 8.3).

New bzw. Processual und Post-Processual Archaeology

Die Bezeichnung *New Archaeology* steht für eine Richtung in der Ur- und Frühgeschichtlichen Archäologie, die seit den frühen sechziger Jahren zunächst in den USA unter *Lewis R. Binford* und dann auch in Großbritannien – dort meist als *Processual Archaeology* bezeichnet und besonders von *David L. Clarke* (1937–1976) und *Colin Renfrew* vertreten – vor allem unter Studenten und jungen Archäologen großen Einfluss gewann. In Kontinentaleuropa fand sie nur in den Niederlanden und in Skandinavien einen gewissen Widerhall. Die Neue Archäologie begriff sich ausdrücklich als Gegenpol zu einer sogenannten ›traditionellen‹ Archäologie, die sie mit negativ verstandenen Begriffen wie ›beschreibend‹ und ›individualistisch-kulturhistorisch‹ belegte. Im Gegensatz zu der aus ihrer Sicht erkenntnistheoretisch weitgehend unreflektierten traditionellen Archäologie vertraten die Neuen Archäologen die Wissenschaftsauffassung der Analytischen Philosophie: Sie betonten das Testen von Hypothesen und die Erklärung konkreter archäologischer Phänomene durch Unterordnung unter allgemeine Gesetze bzw. empirische Generalisierungen. Hinzu kamen folgende Forschungsstrategien: (1) Eine systemtheoretische Perspektive, d.h. ein Kulturmodell, das ›Kultur‹ als ein Gesamtsystem aus verschiedenen Variablen bzw. Unter- oder Teilsystemen wie etwa ›Wirtschaft‹, ›Recht‹ und ›Glauben‹ verstand. Veränderungen in einem dieser Bereiche führten – so die Annahme – zu ›systemischen‹ Veränderungen in anderen; (2) eine ökologische Perspektive, d.h. ein intensives Studium der Einbettung von Kulturen in ihre natürliche Umwelt. Dabei standen die ebenfalls ›systemisch‹ verstandenen Wechselbeziehungen zwischen Kultur und Ökosystem im Mittelpunkt des Interesses; (3) eine kulturevolutionistische Perspektive (→ Kap. 4.2), d.h. eine Konzeption, die die Entwicklung ur- und frühgeschichtlicher Kulturen und die Herausarbeitung der Faktoren, die den Kulturwandel und die kulturellen Veränderungen bestimmten, zu den wichtigsten Forschungsaufgaben rechnete. Auf dem so umrissenen Feld sind den Prozessualen Archäologen zwar zahlreiche grundlegende Fehleinschätzungen unterlaufen, aber mindestens ebenso häufig wurden sie von ihren Gegnern angeblicher wissenschaftlicher Fehler und Missverständnisse bezichtigt, die man ihnen gerechterweise nicht anlasten sollte. Festzuhalten bleibt, dass die Neue oder Prozessuale Archäologie heute zwar kaum mehr als ein Kapitel der jüngeren Forschungsgeschichte repräsentiert, aber insgesamt den kritischen Blick auf Fragen der kulturanthropologisch-archäologischen Theorie sehr wesentlich geschärft hat.

Die Post-Prozessuale Archäologie wurde vor allem von *Ian Hodder* in Cambridge als Gegenbewegung zur Prozessualen Archäologie ins Leben gerufen. Als Schüler von D. L. Clarke ursprünglich ebenfalls Anhänger der Prozessualen Archäologie, wandte er sich in den frühen achtziger Jahren von den damit verknüpften wissenschafts- und systemtheoretischen Grundpositionen ab. Desgleichen gab er den ökologischen und kulturevolutionistischen Forschungsansatz auf und suchte stattdessen eine sogenannte »Symbolische« und »Kontextuelle Archäologie« zu entwerfen. Der britische Post-Prozessualismus zeichnete sich letztlich durch einen sehr **heterogenen** theoretischen Hintergrund aus, der unter anderem aus Anleihen bei kaum miteinander zu vereinbarenden Philosophen, Soziologen und Ethnologen bestand. Er betonte überdies die Einmaligkeit jeder historischen und damit auch ur- und frühgeschichtlichen Erscheinung und verkörperte auch darin das genaue Gegenteil der Prozessualen Archäologie. Der Post-Prozessualismus fand über die Britischen Inseln hinaus kaum Anhänger; auch er hat seine Stoßkraft unter der heutigen akademischen Jugend weitgehend eingebüßt und ist damit alles in allem zu einem Phänomen der archäologischen Forschungsgeschichte geworden.

Heterogen, von griech. *heterogenḗs*, ›aus Ungleichartigem zusammengesetzt‹. Ungleich, andersartig.

Vom umfassenden Verständnis des Kulturkonzepts in der Ethnologie und anderen Kulturwissenschaften ist die besondere Lesart der Archäologie zu unterscheiden. ›Kultur‹ meint hier gewöhnlich nichts anderes als eine relativ vage Kategorie materieller, in Zeit und Raum begrenzter Erscheinungen. Dabei handelt es sich z. B. um bestimmte Ausprägungen der Tonware oder der Grabsitten. So sprechen wir etwa von der ›Trichterbecherkultur‹ und der ›Urnenfelderkultur‹; aber auch hinter geographischen Bezeichnungen wie ›Hunsrück-Eifel-Kultur‹ (→ Kap. 8.2) steht letzten Endes eine im Wesentlichen mit einem charakteristischen Bestattungswesen verknüpfte Keramik des genannten Raums.

Aufgrund ihrer besonderen Quellensituation ist die Archäologie gezwungen, in der ersten Annäherung an das komplexe Konzept ›Kultur‹ zunächst einmal das Materielle ins Auge zu fassen. So spricht ein Archäologe, wenn überhaupt, nur höchst selten von ›Kultur‹ im ethnologischen Sinne. Verwendet er den Begriff

›Kultur‹, meint er in aller Regel ›materielle Kultur‹ im besonderen archäologischen Verständnis. Dagegen ist grundsätzlich nichts einzuwenden. Das Problem beginnt jedoch dann, wenn diese sogenannten ›archäologischen Kulturen‹ jenseits der Ebene des formalen, fachspezifischen Sprachgebrauchs als historische Größen, beispielsweise als ethnische oder soziale Gruppen, behandelt werden – ein Grundübel, mit dem die Archäologie seit ihrer Herausbildung im 19. Jahrhundert zu kämpfen hat. Hier sei nur an das Problem der sogenannten ›ethnischen Deutung‹ ur- und frühgeschichtlicher Phänomene erinnert (→ Kap. 3.3.4).

Wie oben bereits angedeutet, sollte sich die Archäologie bewusst sein, dass es nicht nur den allgegenwärtigen **terminus technicus** ›materielle Kultur‹ gibt. Wie alle Kulturwissenschaften hat auch sie von einem holistischen Kulturkonzept auszugehen. Leider ist die Neigung, jenen Bereich der Forschung zu reflektieren, der über das Materielle hinausgeht, in der Ur- und Frühgeschichtlichen Archäologie nicht sehr ausgeprägt. Darunter leidet naturgemäß die Anschlussfähigkeit an andere historisch-kulturwissenschaftliche Fächer, es fehlt häufig die gemeinsame Diskussionsgrundlage.

Die für die Ethnologie vorgenommene Unterscheidung zwischen einem holistischen und einem partitiven Kulturkonzept gilt auch für die Archäologie. Dabei haben wir beim partitiven Konzept zu berücksichtigen, dass wir die ›archäologischen Kulturen‹ nicht mit der historischen Wirklichkeit gleichsetzen dürfen. Von dieser Wirklichkeit trennt uns der besondere Charakter unserer Quellen; zu ihr stoßen wir erst vor, wenn es uns gelingt, sie hinter dem Materiellen fassbar zu machen. Anders verhält es sich mit den ›Kulturen‹ der Ethnologie: Sie entsprechen tatsächlich jeweils bestimmten Gemeinschaften der Wirklichkeit.

Terminus technicus, Pl. termini technici, von lat. terminus, ›Aussage‹, ›Wort‹, und griech. technikós, ›kunstvoll‹, ›fachmännisch‹. Fachbegriff.

Testfragen

1. Was versteht man unter einem holistischen, was unter einem partitiven (partikularen, partikularistischen) Kulturkonzept?
2. Was versteht man in der Ethnologie unter dem Begriff ›materielle Kultur‹?
3. Wie würden Sie den Kulturbegriff der Archäologie charakterisieren?

Kultur und ›Hochkultur‹

| 4.2

In den Geistes- und Kulturwissenschaften begegnet einem immer wieder der Begriff *Frühe Hochkultur*. Damit sind meist die Kulturen des 3. und 2. Jahrtausends in Ägypten, **Mesopotamien**, Indien und China sowie die vorspanischen Kulturen Mittel- und Südamerikas gemeint. Letztere sind erheblich jünger als die der Alten Welt; sie datieren erst in das 1. Jahrtausend n. Chr. und fielen schließlich im 16. Jahrhundert der Eroberung durch die Spanier zum Opfer. Wenn man von ›Hochkulturen‹ spricht, setzt das notwendigerweise voraus, dass es auch Kulturen gibt, die dieses Prädikat nicht beanspruchen können, sich also auf einem ›niedrigeren‹ Niveau befinden. Das qualifizierende Beiwort ›hoch‹ erhebt somit einen inhaltlichen Anspruch, der in aller Regel nicht erläutert wird. Gelegentlich werden den ›Hochkulturen‹ sogenannte ›Randkulturen‹, selten auch ›Primitivkulturen‹ gegenübergestellt.

Mesopotamien, von griech. *mésos*, ›Mitte‹, und *potamós*, ›Fluss‹. Hier: das Land zwischen den Flüssen Euphrat und Tigris, Zweistromland.

›Hochkultur‹ und ›Volkskultur‹

Die in diesem Abschnitt erläuterte Auffassung des Konzepts *Hochkultur* ist von jener abzugrenzen, die in der traditionellen Volkskunde eine Rolle spielte und mit der *Volks-* oder *dörflich-ländliche Kultur* konfrontiert wurde. Diese Hochkultur wurde als städtisch und verfeinert – bisweilen auch als etwas überfeinert-dekadent – empfunden und im weitesten Sinne mit dem Bereich des Ästhetischen und Künstlerischen gleichgesetzt. Sie entsprach dem Kulturkonzept des Bildungsbürgertums. Die dörflich-ländliche Kultur galt demgegenüber als ›urwüchsig-natürlich‹. Auch der Gegensatz ›Hochkultur/Populärkultur‹ (bzw. ›Hochkultur/Massenkultur‹) ist in diesem Zusammenhang wichtig; die wissenschaftliche Würdigung des Populären bildet die Grundlage der in den sechziger Jahren in Großbritannien entstandenen und später auch in den USA etablierten *Cultural Studies*.

Nachdem wir im vorangehenden Abschnitt das Kulturkonzept erörtert haben, stellt sich die Frage, wie sich dazu der Begriff ›Hochkultur‹ verhält. Was unterscheidet eine ›Hochkultur‹ im partitiven Sinne von einer entsprechenden ›Kultur‹ ohne das qualifizierende Beiwort? Bevor diese Frage erörtert wird, soll zunächst der geistesgeschichtliche Hintergrund des Konzepts ›Hochkultur‹ charakterisiert werden.

Der Begriff wurde in der zweiten Hälfte des 19. Jahrhunderts im Rahmen des *Evolutionismus* bzw. *Kulturevolutionismus* geprägt und impliziert eine annähernd gesetzmäßige Abfolge kultureller Hervorbringungen vom Einfachen zum Komplexen; allerdings wurde damit nicht behauptet, dass alle Kulturen die verschiedenen Stadien im Laufe der Zeit erreichen würden bzw. zu passieren hätten. In diesem Entwicklungsschema repräsentierten ›Hochkulturen‹ jedenfalls das höchstentwickelte Stadium. Da eine solche ›klassische‹ evolutionistische Sicht auf Kulturphänomene schon seit dem zweiten Jahrzehnt des 20. Jahrhunderts

Evolutionismus und Kulturevolutionismus

Evolutionismus, aus franz. *évolution*, ›Entwicklung‹, von lat. *evolvere*, ›aufwickeln‹, ›auseinanderrollen‹, ›entwickeln‹. Lehre, die eine stammesgeschichtliche Entwicklung der Lebewesen von niederen zu höheren Formen annimmt. Diese Lehre ist wesentlich durch *Charles Darwin* (1809–1882) (→ Kap. 3.3.2) geprägt worden. Die Evolutionstheorie wurde bereits im 19. Jahrhundert auf Kultur- und Sozialphänomene übertragen und in dieser Spielart später unter dem Begriff *Kulturevolutionismus* bekannt. Sehr viele der damaligen Ethnologen und Soziologen waren Kulturevolutionisten, darunter auch im vorhergehenden Abschnitt erwähnte *Edward B. Tylor*. Ähnlich wie die auf die Entwicklung von Lebewesen bezogene Evolutionstheorie ging der klassische Kulturevolutionismus von einer gesetzmäßigen Entwicklung der Kultur und ihrer Institutionen (z. B. Recht, Verwandtschaft, Religion) aus. Gemäß ihrem ›Entwicklungsstand‹ wurden die mehr oder weniger zeitgenössischen, aber auch die historisch bekannten Kulturen in ›Stufen‹ bzw. ›Stadien‹ eingeteilt.

Survival, von engl. *to survive*, ›überleben‹. Von Tylor 1871 in die Ethnologie eingeführter Begriff für mutmaßliche Relikte (›Überlebsel‹) früherer Kulturstadien in bereits ›entwickelterem‹ kulturellem Zusammenhang; diese Relikte galten als ›funktionslos‹. Das Konzept fußt auf dem Phänomen des Rudiments der biologischen Evolutionstheorie. Unter ›Rudiment‹ (von lat. *rudimentum*, ›Anfang‹, ›erster Versuch‹) versteht man ein im Laufe der Zeit durch mangelnde Nutzung rückgebildetes, ganz oder teilweise funktionslos gewordenes Organ, z. B. die verkümmerten Flügel beim Strauß und anderen flugunfähigen Vögeln.

von immer weniger Autoren und bald gar nicht mehr vertreten wurde, stellt das Hochkulturkonzept eine Art *survival*, ein ›Überlebsel‹ aus dem 19. Jahrhundert dar, und der Begriff gilt mittlerweile zu Recht als problematisch. Es besteht die Tendenz, ihn durch weniger ›belastete‹ Bezeichnungen wie ›komplexe Gesellschaft‹, ›städtische Gesellschaft‹, ›Zivilisation‹ oder ›archaischer Staat‹ zu ersetzen – Bezeichnungen, die im Wesentlichen aus der englischen bzw. amerikanischen Terminologie übernommen wurden. Diese Terminologie geht auf eine Wiederbelebung gemäßigter kulturevolutionistischer Auffassungen im Rahmen des *Neoevolutionismus* in der amerikanischen Kulturanthropologie seit der Mitte der vierziger Jahre des 20. Jahrhunderts zurück.

Neoevolutionismus

Der *Neoevolutionismus* ist eine seit Mitte der vierziger Jahre des 20. Jahrhunderts in der amerikanischen *Cultural Anthropology* vertretene Richtung der Interpretation soziokultureller Entwicklung. Bedeutende Vertreter sind *Leslie A. White* (1910–1975), *James H. Steward* (1902–1972), *Elman R. Service* (1915–1996) und *Marshall D. Sahlins*. White ging es um die Gesamtentwicklung der Kultur – seiner Forschung lag also ein holistisches Kulturkonzept zugrunde. Steward hingegen setzte dem unilinearen, also einlinigen klassischen Evolutionskonzept (das er fälschlich so interpretierte, als müssten alle Kulturen die gleiche hierarchisch gegliederte Abfolge verschiedener Stadien passieren) das Konzept der »multilinearen Evolution« (*multilinear evolution*) entgegen. In dessen Mittelpunkt standen einzelne Kulturen und deren Entwicklung – es war also partitiv angelegt. Die Triebfeder dieser individuellen Entwicklung sah Steward vor allem im Bereich der Umweltbedingungen. Diese Auffassung machte ihn zum Begründer der *Kulturökologie* (*Cultural Ecology*) in der amerikanischen Kulturanthropologie. Die Kulturökologie wurde dann wiederum vor allem von *Marvin Harris* (1927–2001) zum *Cultural Materialism* ausgebaut. Diese Theorie versucht viele der traditionell in den Bereich der Symbol- und Glaubensvorstellungen verwiesenen Kulturerscheinungen (z. B. Nahrungsvorschriften und andere Verhaltensregeln – Gebote und Verbote – sowie Kannibalismus) aus den Gegebenheiten der natürlichen Umwelt sowie den Produktionsmitteln und den allgemeinen materiellen Bedingungen zu erklären.

Wenn man heute das Hochkulturkonzept oder seine strukturellen Entsprechungen verwendet, spielen die einstigen kulturevolutionistischen Implikationen kaum mehr eine Rolle – dies gilt insbesondere für die moralisch wertende Einschätzung der verschiedenen Stadien. Auf der anderen Seite wäre es unsinnig und wissenschaftlich unzulässig, wegen der forschungsgeschichtlichen Belastung eines Begriffs empirisch fassbare Unterschiede negieren zu wollen. Es ist nun einmal offenkundig, dass es aus universalem Blickwinkel Gesellschaften gibt, die sich nicht nur nach Sitten und Gebräuchen, sondern auch nach ihrem Organisationsgrad und ihren zivilisatorischen Errungenschaften grundlegend unterscheiden.

Soweit also der Begriff ›Hochkultur‹ und seine weniger problematischen Entsprechungen noch verwendet werden, geht es dabei um eine Reihe von Merkmalen, die häufig – aber nicht immer – im Zusammenhang auftreten. Dabei handelt es sich vor allem um eine entwickelte Technik (Metallurgie) und Landwirtschaft (Pflugbau, Überproduktion), Marktwesen und Geldwirtschaft, Schriftgebrauch, soziale Differenzierung und Arbeitsteilung, politische Zentralinstanzen mit institutionalisierter

Herrschaft. Ethnologisch-soziologischer Fachbegriff für eine Machtausübung, die durch bestimmte soziopolitische Institutionen garantiert wird.

Herrschaft und Verwaltungsapparat, differenzierte Religion und Priesterschaft sowie Monumentalbauten.

Wie bei allen Konzepten stellt sich auch hier zunächst einmal die Frage der Brauchbarkeit. Sie ist leicht zu beantworten, da die genannten Kriterien ohne Schwierigkeiten bei der empirischen Ansprache weiterhelfen und überdies für einen regionalen und überregionalen Vergleich nützlich sind. Anders steht es mit der darüber hinausgehenden Frage, welche dieser Kriterien – bzw. gegebenenfalls welche anderen – notwendig und hinreichend sind, um den Begriff ›Hochkultur‹ oder eine seiner Entsprechungen zu definieren. Hierauf wird und kann es keine allgemein akzeptierte, geschweige denn eine als verbindlich anzusehende Festlegung geben.

Wir können also festhalten, dass der Begriff ›Hochkultur‹ – will man ihn denn überhaupt benutzen – für vergleichsweise komplexe Gesellschaften ohne klassisch kulturevolutionistischen, moralisch wertenden Unterton verwendet werden sollte. Die dieser Ansprache zugrunde liegenden Merkmale müssen dabei so präzis wie möglich herausgearbeitet und vergleichend gewürdigt werden. Schließlich sollte klar sein, dass ›Hochkultur‹ zwar als partitives, nicht jedoch als holistisches Konzept existiert: Die Kulturfähigkeit des Menschen ist nicht differenzierbar.

Testfragen

1. Aus welchem geistesgeschichtlichen Zusammenhang stammt der Begriff ›Hochkultur‹?
2. Wie beurteilen Sie den heutigen Stellenwert des Begriffs?

4.3 | Erfindung und Ausbreitung

Die Herausbildung und Ausbreitung von Kulturtechniken, Kulturgütern und anderen Kulturerscheinungen – etwa rechtlichen, sozialen und religiösen Institutionen – hat die Ethnologie und in deren Gefolge auch die Ur- und Frühgeschichtliche Archäologie seit ihrer Entstehung im 19. Jahrhundert immer wieder beschäftigt. Man kann sogar einen Schritt weiter gehen und feststellen, dass manche der damit zusammenhängenden Fragen in der Frühzeit der Fächer sehr viel intensiver als heutzutage erörtert wurden. Dabei ging und geht es z. B. um so grundlegende

Errungenschaften wie die ›Zähmung‹ des Feuers, die Umwandlung von Wildpflanzen in Kulturpflanzen sowie von Wildtieren in Haustiere, die Erfindung von Keramik, die Entstehung der Kupfer- und der Bronzetechnik, die Gewinnung von Eisen aus Eisenerzen und dergleichen mehr. Einige dieser Fragen sind inzwischen mehr oder weniger gelöst, andere nach wie vor offen.

Wie der Titel dieses Abschnitts andeutet, hat das zugrunde liegende Thema zwei wesentliche Aspekte: Zum einen geht es um die Erfindung, Entstehung oder Herausbildung von Techniken und Gütern, die für die Kulturentwicklung entscheidend waren, und zum anderen um deren Aus- oder Verbreitung von ihrem Ursprungsort. Hierbei stellen sich nicht nur erhebliche Probleme empirischer, sondern auch theoretischer Art. Bezüglich der empirischen Schwierigkeiten ist man in jedem einzelnen Falle mit der Frage konfrontiert, ob der zu einem bestimmten Zeitpunkt erbrachte früheste Nachweis einer Errungenschaft auch tatsächlich der älteste überhaupt existierende ist oder ob nicht vielleicht schon morgen etwas noch Früheres entdeckt wird. Es ist offenkundig, dass es hier keine Gewissheit geben kann.

Wendet man sich den theoretischen Schwierigkeiten zu, erscheint die Lage noch bei weitem verwickelter. Sie lässt sich in die Frage kleiden, ob eine bestimmte Kulturerscheinung nur

Rennofenverfahren

Das *Rennofenverfahren* ist nach dem ›Rinnen‹ der Schlacke benannt. Es handelt sich dabei um eine Technik, mit der man Eisenerze (Eisenoxid, z. B. Sumpf- oder Raseneisenerz in Europa oder Laterit in den Tropen) in Schacht- oder Grubenöfen verhüttet. Die dabei erfolgende Freisetzung des im Erz gebundenen Eisenoxids wird auch als ›Reduktion‹ bezeichnet. Die Öfen werden meist mit Holz oder Holzkohle vorgeheizt, bis eine Temperatur von mehreren Hundert Grad erreicht ist. Dann füllt man den Ofen mit einem Gemisch aus Erz und Holzkohle oder bringt beides in abwechselnden Lagen in den Ofen ein. Nach der Entzündung des Brennmaterials wird der Ofen durch natürliche Luftzufuhr oder mit Hilfe von Blasebalgen belüftet. Allerdings ist nur bei genügend hohen Schachtöfen eine natürliche Luftzufuhr möglich: In die Schachtwand eingesetzte Düsen, sogenannte ›Windpfeifen‹ führen dabei zu einem sogenannten ›Kamineffekt‹. Im Verlaufe mehrerer Stunden wird das Eisen als schwammartige Masse (›Luppe‹) freigesetzt. Die dabei entstehende Schlacke leitet man entweder direkt aus dem Ofen heraus (sie wird ›abgestochen‹), oder sie fließt in eine unter dem Ofen angelegte Grube ab und bildet dort einen ›Schlackenklotz‹. Das schwammartige, noch mehr oder weniger schlackehaltige Eisen muss anschließend ausgeschmiedet, d. h. von Schlacke und anderen Verunreinigungen, insbesondere Holzkohle, befreit werden.

einmal an einem bestimmten Ort entstanden und von dort verbreitet worden ist oder ob eine mehrfache, voneinander unabhängige Erfindung nicht nur an verschiedenen Orten, sondern möglicherweise auch zu verschiedener Zeit stattgefunden hat bzw. haben könnte. Ein gutes Beispiel bildet etwa die Gewinnung von Eisen durch Reduktion von Eisenerzen im *Rennofenverfahren*. Obwohl eiserne Objekte im Alten Orient mehr als 1000 Jahre früher belegt sind als in Mitteleuropa und das früheste Eisen in Griechenland eine zeitliche Mittelstellung einnimmt, ist damit die Frage, ob die mitteleuropäische Eisenverhüttung aus Kleinasien übernommen worden ist, keineswegs beantwortet. Es lässt sich bis heute nicht ausschließen, dass diese Kulturtechnik in Mitteleuropa völlig unabhängig erfunden wurde.

Die Situation erweist sich sogar als noch komplizierter. Zwar kennen wir eiserne Objekte in Mitteleuropa bereits aus der Späten Urnenfelderzeit (eiserne Klingen und Griffeinlagen bei klassischen späturnenfelderzeitlichen Schwertern ab der Mitte des 10. Jahrhunderts v. Chr. → Kap. 5.2.5) und dann in großem Umfang aus der folgenden Hallstattzeit (Stufen Ha C und Ha D, etwa 850/750 bis 475/450 v. Chr. → Kap. 5.2.6), doch anders steht es mit der Eisenerzverhüttung. Wenngleich es dafür gewisse Anhaltspunkte aus der Späten Hallstattzeit (Stufe Ha D, etwa 650–475/450 v. Chr.) gibt, datiert der erste sichere Nachweis von Rennöfen in die Frühe Latènezeit (Stufe Lt A, ab etwa 475/450 v. Chr. → Kap. 5.2.6) und ist damit rund 500 Jahre jünger als das erste Auftreten von Eisen in Mitteleuropa. Nur wenig anders verhält es sich mit der Eisenerzverhüttung im Subsaharischen Afrika. Dort verfügen wir aufgrund der schlechten Erhaltungsbedingungen der sauren tropischen Böden im Vergleich zu Europa zwar nur über relativ wenige Eisengegenstände, aber die Verhüttung von Eisenerz ist durch Rennfeueröfen und Verhüttungsschlacke seit etwa der Mitte des 1. Jahrtausends v. Chr. belegt. Die Frage jedoch, ob es sich dabei um eine unabhängige Erfindung handelt oder ob man letztlich – wie manche meinen – ebenfalls mit einem kleinasiatischen Ursprung zu rechnen hat, ist gänzlich offen.

Schließlich sei als ein weiteres Beispiel die sogenannte *Neolithisierung* Mitteleuropas angeführt. Hier stellt sich die Grundfrage durchaus etwas anders, sie ist aber deswegen nicht einfacher zu beantworten. Es besteht seit langem kein Zweifel mehr, dass die *Bandkeramische Kultur* (→ Kap. 7.5) mit ihren typischen Merkmalen –

Neolithisierung, vom Begriff ›Neolithikum‹ abgeleitete Bezeichnung für den Prozess der Ausbreitung von Bodenbau und Viehhaltung.

> **Domestikation**
>
> Domestikation, von lat. *domesticus*, ›zum Haus gehörig‹, über franz. *domestication*, ›Zähmung‹, ›Züchtung‹. Bezeichnung für die Zähmung bzw. planmäßige Züchtung von Haustieren und Kulturpflanzen aus Wildformen. Nach gegenwärtigem Forschungsstand geht man davon aus, dass der Prozess der Domestikation im Bereich des Fruchtbaren Halbmonds (→ Kap. 7.3) stattgefunden hat, da nur dort alle Wildformen der frühen Haustiere (Schaf, Ziege, Rind und Schwein) und Kulturpflanzen (Getreide) nachgewiesen sind. Da man die Domestikation für einen einmaligen Vorgang hält, müsste die Ausbreitung der Domestikate, also der Haustiere und Kulturpflanzen, von dort ihren Ausgang genommen haben.

Keramik, Langhäuser, Viehhaltung und Getreideanbau – nicht **autochthon**, also unabhängig von äußeren Anregungen, entstanden ist. Die früheste *Domestikation* von Tieren und Pflanzen wird mit guten Gründen im sogenannten ›Fruchtbaren Halbmond‹ (→ Kap. 7.3) des Vorderen Orients lokalisiert und mit dem *Akeramischen Neolithikum* (→ Kap. 7.3) des 9. Jahrtausends v. Chr. verknüpft. Die älteste Linienbandkeramik beginnt in der Mitte des 6. Jahrtausends v. Chr., ist also rund 3500 Jahre jünger. Da sich in Südosteuropa ältere neolithische Kulturen (→ Kap. 5.2.3; 7.5) mit ähnlicher Keramik sowie mit Kulturpflanzen (Getreide und Hülsenfrüchte) und Rindern finden, vermutet man hier einen engen Zusammenhang. Die Frage, um die seit einer Reihe von Jahren gestritten wird, betrifft nicht den kulturellen Zusammenhang als solchen, sondern die Art und Weise, wie die genannten Kulturtechniken der Bandkeramischen Kultur – die Herstellung einer bestimmten Keramik sowie Bodenbau und Viehhaltung – aus dem frühneolithischen ›Starčevo-Kőrös-Criş-Kreis‹ im heutigen westlichen Ungarn nach Mitteleuropa gekommen sind. Welche Rolle spielten dabei die alteingesessenen mitteleuropäischen Jäger/Fischer und Sammler? Sind Menschen aus dem Südosten Europas mit ›Sack und Pack‹ in mehr oder weniger großen Gruppen nach Mitteleuropa aufgebrochen? Haben sie, dort angekommen, ihre besondere Art der Keramik entwickelt, ähnlich wie die für sie typischen Langhäuser? Oder handelte es sich vielmehr um eine vom Südosten ausgehende Kette von **Akkulturationen** benachbarter Gruppen? Sind also aus Jägern/Fischern und Sammlern viele Male Feldbauern und Viehhalter geworden? Lassen sich auf diese Weise bestimmte, für das **Silexinventar** mitteleuropäischer **Wildbeuter** kennzeichnende Eigentümlichkeiten an Artefakten in bandkeramischen Befunden erklären? Diese Grundfragen sind bis heute ungelöst – seit kurzer Zeit stehen sich allerdings nicht mehr zwei

Autochthon, von griech. autóchthōn, ›aus dem Lande selbst‹, ›eingeboren‹. Wird insbesondere im Zusammenhang mit Minderheiten im Sinne von ›alteingesessen‹.

Akkulturation, von lat. cultura, ›Landbau‹, ›Ausbildung‹, ›Veredlung‹. Kultur- und sozialwissenschaftlicher Fachausdruck für die Übernahme fremder materieller und nichtmaterieller Kulturgüter sowie – im Falle von Wanderung – für Anpassung an ein fremdes kulturelles Milieu.

Silexinventar. Aus Silex (Feuerstein/Flint, von lat. silex, ›harter Stein‹, ›Kiesel‹, ›Quarz‹) hergestellte kennzeichnende Artefakte bestimmter archäologischer Kulturen.

Wildbeuter. Älterer, 1931 von dem deutschen Ethnologen Richard Thurnwald (1869–1954) geprägter Fachbegriff für eine durch

> Sammeln, Jagd und Fischfang geprägte Wirtschafts- und Gesellschaftsform. Synonym für Jäger/Fischer und Sammler.

Meinungen gegenüber, sondern man neigt zu einem Kompromiss, indem einerseits mit Wanderungen, andererseits aber auch mit kulturellen Anpassungen von Wildbeutern an die bandkeramische Lebensweise gerechnet wird. Zu dieser neuen Sichtweise trug vor allem die Molekulargenetik (→ Kap. 6.3.2) bei, die fossile mitochondriale DNA (→ Kap. 7.1) von 43 neolithischen Skeletten untersuchte. Dabei handelt es sich um Erbsubstanz, die nur über die mütterliche Linie weitergegeben wird, also keine Aussagen über die der Vaterlinie zulässt. An den untersuchten Skeletten wurde eine kennzeichnende genetische Signatur ermittelt, die für eine ausgeprägte Vermischung mit Wildbeutern sprechen könnte. Unser Bild von der Neolithisierung Mitteleuropas ist schon in den achtziger Jahren des 20. Jahrhunderts durch die Entdeckung von Keramik der *La Hoguette-Kultur* in ältestbandkeramischen Fundzusammenhängen differenzierter geworden. Die *La Hoguette-Kultur* – benannt nach einem Fundort in der Normandie – wird auf südfranzösisch-westmediterranen Einfluss zurückgeführt. Seitdem ist klar, dass bei der Neolithisierung auch mit einer westlich-südwestlichen Komponente zu rechnen ist.

Die angeführten Beispiele illustrieren anschaulich, wie komplex die dahinter stehenden kulturtheoretischen und kulturge-

Diffusion und Diffusionismus

Diffusion, Diffusionismus, von lat. *diffundere*, ›auseinanderfließen‹, ›verbreiten‹. In der Ethnologie und anderen Kulturwissenschaften versteht man unter ›Diffusion‹ die Verbreitung von materiellen und nichtmateriellen Kulturelementen zwischen Kulturen durch Kulturkontakt oder Wanderung jener Menschen, die im Besitz solcher Kulturelemente sind. Mit dem Begriff ›Diffusionismus‹ wird eine Lehre bezeichnet, die das Auftreten gleichartiger Erscheinungen in verschiedenen Kulturen (sogenannte ›ethnographische‹ oder ›Kulturparallelen‹) auf gemeinsamen Ursprung zurückführt. Der Diffusionismus stellt forschungsgeschichtlich eine kulturhistorische Reaktion auf den für zu spekulativ gehaltenen Evolutionismus (→ Kap. 4.2) dar; tatsächlich ist er jedoch letztlich nicht minder spekulativ. Neben den im Text genannten Voraussetzungen beruht der Diffusionismus auf einem mechanistischen Kulturbegriff, der Kulturen nicht als Ganzheiten, sondern als Kombination vieler Einzelelemente verstand; es wurde unterstellt, dass sich diese Elemente ohne weiteres aus ihrem Zusammenhang herauslösen und neu kombinieren ließen. In der Archäologie wurde ein solches Kulturkonzept unter anderem von dem aus Australien stammenden britischen Prähistoriker *Vere Gordon Childe* (1892–1957) vertreten. Childe war im Übrigen vielleicht der einzige Archäologe, der eine kulturevolutionistische Grundausrichtung mit einem diffusionistischen Forschungsansatz zu verbinden wusste.

schichtlichen Probleme sind. Es verwundert daher nicht, dass die Theorie der Diffusion, der sogenannte *Diffusionismus*, im ersten Viertel des 20. Jahrhunderts im Mittelpunkt der Theoriedebatte der Ethnologie stand. Diese Auffassung ging unter anderem davon aus, komplexe Kulturerscheinungen beruhten angesichts einer angeblich insgesamt gering ausgebildeten schöpferischen Spontaneität des Menschen auf einmaliger Erfindung und würden dann durch direkten oder indirekten Kulturkontakt verbreitet. Dem Prinzip der **kulturellen Konvergenz** – also der voneinander unabhängigen Herausbildung ähnlicher Erscheinungen unter ähnlichen Bedingungen – wurde im Rahmen des Diffusionismus lediglich ein geringer Stellenwert zugesprochen. Wenngleich solche Probleme in der gegenwärtigen Ethnologie nur noch sehr selten erörtert werden, sind sie doch nach wie vor von grundsätzlicher Bedeutung für alle Kulturwissenschaften.

Konvergenz, von lat. *convergere*, ›sich einander nähern‹. Aus der Biologie übernommener Begriff für die durch gleichartige Umweltbedingungen hervorgerufene Ausbildung gleicher Gestalts- und Organmerkmale bei genetisch verschiedenen Lebewesen. In diesem Sinne wird der Begriff in der Ethnologie für ähnliche kulturelle Entwicklungen bzw. daraus resultierende Kulturerscheinungen verwendet, die auf der prägenden Kraft der natürlichen Umwelt bzw. des soziokulturellen Umfelds beruhen.

Testfragen

1. Welche empirischen und theoretischen Probleme sind mit dem Begriff ›Erfindung‹ verbunden?
2. Was verstehen Sie unter ›Konvergenz‹?
3. Was bedeutet der Begriff ›Diffusion‹, was ›Diffusionismus‹?

Literatur zu Kultur und Materielle Kultur

L. Abu-Lughod, »Writing Against Culture«. In: R.G. Fox (Hrsg.), Recapturing Anthropology: Working in the Present (Santa Fe 1991) 137–162.

C. Brumann, Writing for Culture: Why a Successful Concept Should Not Be Discarded. Current Anthropology 40, 1999 (Supplement), 1–27 [Mit Kommentaren von L. Abu-Lughod, E.L. Cerroni-Long, R. d'Andrade, A. Gingrich, U. Hannerz und A. Wimmer sowie einer Antwort von C. Brumann].

M.K.H. Eggert, Zum Kulturkonzept in der prähistorischen Archäologie. Bonner Jahrbücher 178, 1978 [Festschrift für Rafael von Uslar] 1–20.

C.F. Feest u.a., Diskussion: Kommentare zu Ulla Johansen: Materielle Kultur oder materialisierte Kultur? Zeitschrift für Ethnologie 117, 1992, 1–15 und Antwort der Autorin. Zeitschrift für Ethnologie 118, 1993, 141–197.

H.P. Hahn, Materielle Kultur: Eine Einführung (Berlin 2005).

U. Johansen, Materielle oder materialisierte Kultur? Zeitschrift für Ethnologie 117, 1992, 1–15.

H.-P. Wotzka, »Kultur« in der deutschsprachigen Urgeschichtsforschung. In: Siegfried Fröhlich (Hrsg.), Kultur – Ein interdisziplinäres Kolloquium zur Begrifflichkeit. Halle (Saale), 18. bis 21. Februar 1999 (Halle/Saale 2000) 55–80.

Literatur zu Kultur und ›Hochkultur‹

T. O. Höllmann, Hochkultur: Annäherung an einen umstrittenen Begriff. In: M. Münter-Elfner (Red.-Leitung), Brockhaus: Die Bibliothek. Die Weltgeschichte, 1: Anfänge der Menschheit und frühe Hochkulturen (Leipzig – Mannheim 1997) 674–677.

W. Leuthäusser, Die Entwicklung staatlich organisierter Herrschaft in frühen Hochkulturen am Beispiel des Vorderen Orients. Europäische Hochschulschriften XXII/317 (Frankfurt am Main – Berlin – Bern u. a. 1998).

W. Müller, Stichwort ›Hochkultur‹. In: Wörterbuch der Völkerkunde. Begründet von Walter Hirschberg. Neuausgabe (Berlin 2005²) 176–177.

B. G. Trigger, Understanding Early Civilizations: A Comparative Study (Cambridge 2003).

Literatur zu Erfindung und Ausbreitung

Archäologie in Deutschland 2006/3 (Themenheft: Die Anfänge des Neolithikums).

M. K. H. Eggert, Archäologie und Eisenmetallurgie: Zur Genese der Eisentechnik des subsaharischen Afrika. In: F.-R. Herrmann (Hrsg.), Festschrift für Günter Smolla. Materialien zur Vor- und Frühgeschichte von Hessen 8/I (Wiesbaden 1999) 175–183.

G. Gassmann/M. Rösch/G. Wieland, Das Neuenbürger Erzrevier im Nordschwarzwald als Wirtschaftsraum während der Späthallstatt- und Frühlatènezeit. Germania 84, 2006, 273–306.

D. Gronenborn (Hrsg.), Klimaveränderung und Kulturwandel in neolithischen Gesellschaften Mitteleuropas, 6700–2200 v. Chr. RGZM-Tagungen 1 (Mainz 2005).

D. Gronenborn, Beyond the Models: ›Neolithisation‹ in Central Europe. Proceedings of the British Academy 144, 2007, 73–98.

D. E. Miller/N. J. van der Merwe, Early Metal Working in Sub-Saharan Africa: A Review of Recent Research. Journal of African History 35, 1994, 1–36.

J. Stagl, Stichwort ›Diffusionismus‹. In: Wörterbuch der Völkerkunde. Begründet von Walter Hirschberg. Neuausgabe (Berlin 2005²) 81.

Grundzüge der Epochengliederung | 5

Inhalt	
5.1 Bedeutung des Raums	107
5.2 Epochenüberblick	108

Bedeutung des Raums | 5.1

Für die Epochengliederung spielt der Raum eine besondere Rolle. Wie wir schon im Zusammenhang mit dem sogenannten ›Dreiperiodensystem‹ (→ Kap. 3.3.1) feststellen konnten, gibt es keine raumübergreifende, also universale Epochengliederung bzw. Periodisierung der Ur- und Frühgeschichte. Das Dreiperiodensystem gilt bekanntlich nur für den europäisch-asiatischen Raum. Wenn wir also Periodisierungen vornehmen und uns über die Epochengliederung Gedanken machen, ist es immer wichtig, den Raum zu berücksichtigen. Denn je nachdem, wo wir archäologisch forschen, werden wir einerseits unterschiedliche Gliederungen und Begriffe vorfinden; andererseits ist es jedoch gleichfalls möglich, dass wir identische Termini – beispielsweise Epochenbezeichnungen – für unterschiedliche Räume verwenden, diese Epochen sich allerdings, absolut-zeitlich gesehen, nicht entsprechen.

Wir möchten das im Folgenden an zwei Beispielen verdeutlichen. Wenn wir in Mitteleuropa von ›Neolithikum‹ sprechen, meinen wir üblicherweise die Zeit von ca. 5500–2200 v. Chr. Im vorderasiatischen Raum steht dieser Begriff dagegen für die Zeit ab etwa 9000 v. Chr. (→ Kap. 7.3). Ähnlich verhält es sich mit der Bronzezeit; sie beginnt im Vorderen Orient im frühen 3. Jahrtausend v. Chr., in Mitteleuropa dagegen erst um 2200 v. Chr. Ein anderes Beispiel veranschaulicht, wie unterschiedlich die begriffliche Differenzierung in verschiedenen Räumen sein kann. Mit der Eisenzeit in Süd- und Südwestdeutschland verbinden wir gemeinhin die sogenannte ›Hallstattzeit‹ (= Frühe oder Ältere

Eisenzeit) und die ›Latènezeit‹ (= Späte oder Jüngere Eisenzeit). Nördlich der Mittelgebirge wird uns diese Unterteilung nicht weiterhelfen; hier wird die Frühe Eisenzeit nach verschiedenen regionalen eisenzeitlichen Gruppen (z. B. ›Billendorfer Gruppe‹) sowie die Späte Eisenzeit in die Stufen ›Jastorf‹, ›Ripdorf‹ und ›Seedorf‹ gegliedert.

Somit dürfte deutlich geworden sein, dass die zeitliche Gliederung der Ur- und Frühgeschichte immer vom Raum abhängt. Es gibt kein allgemein gültiges Chronologiesystem, sondern viele unterschiedliche Systeme – dies gilt sowohl hinsichtlich der relativ-chronologischen als auch absolut-chronologischen Unterteilung.

5.2 | Epochenüberblick

Im Folgenden sollen die einzelnen Epochen der Ur- und Frühgeschichte in knappster Form charakterisiert werden. Dabei orientieren wir uns an der in Mitteleuropa gängigen Differenzierung. Auf Feinunterteilungen können wir, falls überhaupt, nur in sehr allgemeiner Form eingehen. Unserer Konzeption liegt ein Schema zugrunde, das hierarchisch gegliedert ist: Epoche – Periode – Stufe – Phase – Subphase. Wie bereits an anderer Stelle erwähnt (→ Kap. 3.5.2), ist diese Konzeption in der Ur- und Frühgeschichtlichen Archäologie keineswegs allgemein anerkannt. Es wird auch nicht gelingen, derartige terminologische Festlegungen so zu gestalten, dass sie in sich gänzlich widerspruchsfrei sind. Unser Schema ist daher lediglich als ein Vorschlag zu betrachten, mit dem das allenthalben zu registrierende begriffliche Durcheinander eingeschränkt werden soll.

5.2.1 | Altsteinzeit (Paläolithikum)

Paläolithikum, von griech. *palaiós*, ›alt‹, und *líthos*, ›Stein‹. Altsteinzeit.

Holozän, von griech. *hólos*, ›ganz‹, ›völlig‹, und *kainós*, ›neu‹. Jüngste, auf das Pleistozän (→ Kap. 3.3.2) folgende Abteilung des Quartärs; das Holozän bzw. die Nacheiszeit (Postglazial) begann vor etwa 10 000 Jahren.

Die *Altsteinzeit* oder das *Paläolithikum* umfasst den gesamten Zeitraum der Frühen Menschheitsgeschichte bis zum Einsetzen der Nacheiszeit, also des Holozän. Ihr Beginn wird in Mitteleuropa mit dem Auftreten eines Früh- bzw. Altmenschen angesetzt, von dem 1907 in einer Sandgrube in Mauer bei Heidelberg ein wuchtiger Unterkiefer gefunden wurde. Dieser sogenannte *Homo heidelbergensis* – seine Zugehörigkeit zum Formenkreis des *Homo erectus* ist umstritten – datiert in den Zeitraum von etwa 783 000–660 000 vor Heute. Das Ende der Altsteinzeit, und damit der Beginn des Holozän liegt bei ungefähr 10 000 Jahren *vor Heute*.

EPOCHENÜBERBLICK

> **Begriff ›vor Heute‹**
>
> Die Bezeichnung ›vor Heute‹ bezieht sich nicht auf die konkrete Gegenwart, sondern auf das Jahr 1950, das im Kontext der Radiokohlenstoffmethode als Referenzjahr für alle ›konventionellen‹, d. h. nichtkalibrierten, Radiokohlenstoffdaten festgelegt wurde. Es wird im Englischen als *BP* (*Before Present*) angegeben (→ Kap. 3.5.4.3). Bei den großen Zeiträumen, von denen beim Paläolithikum die Rede ist, kann der Unterschied zwischen dem Bezugspunkt ›vor Heute‹ oder *Before Present*, also 1950, und der tatsächlichen Gegenwart, z. B. 2010, vernachlässigt werden.

Man pflegt das Paläolithikum in vier Perioden – Alt-, Mittel-, Jung- und Endpaläolithikum – zu untergliedern. Das Ende des Alt- und den Beginn des Mittelpaläolithikums setzt man vor rund 300 000 Jahren an, während der Beginn des Jungpaläolithikums um 40 000–30 000 datiert wird. Das darauffolgende Endpaläolithikum begann vor etwa 12 000 Jahren (Abb. 5.2.1). Diese vier Perioden werden regional weiter unterteilt.

Homo erectus, von lat. *homo*, ›Mensch‹, und *erectus*, ›aufrecht‹, ›gerade‹. Zur Gattung *Homo* gehörender, aufrecht gehender Frühmensch.

Die zeitliche Differenzierung basiert in archäologischer Hinsicht vor allem auf unterschiedlichen Typen von Steingeräten. Dabei bilden etwa die ›Klingenkulturen‹ des Jungpaläolithikums – mit Knochenharpunen und Geweihartefakten – einen Gegensatz zu den Handspitzen und Schabern des Mittelpaläolithikums (→ Kap. 7.1), die sich wiederum von den Geröllgeräten und den ›klassischen‹ Faustkeilen des Altpaläolithikums unterscheiden.

Die Altsteinzeit fällt in Europa mit dem Pleistozän (→ Kap. 3.3.2) zusammen, das durch Glaziale und Interglaziale – also durch Kalt- und Warmzeiten – gekennzeichnet war (→ Kap. 7.1). Entspre-

		Zeit v. Chr.
Mesolithikum	Spätmesolithikum	5500
		7500
	Frühmesolithikum	
		10 000
Paläolithikum	Endpaläolithikum	
		12 000
	Jungpaläolithikum	
		30 000/ 40 000
	Mittelpaläolithikum	
		300 000
	Altpaläolithikum	
		800 000

Abb. 5.2.1

Untergliederung des Paläolithikums und Mesolithikums.

chend der jeweiligen klimatischen Bedingungen standen dem Menschen jener Zeit also nicht immer alle Teile Europas offen. Der Mensch jener Epoche war Jäger, Fischer und Sammler.

5.2.2 | Mittelsteinzeit (Mesolithikum)

Mesolithikum, von griech. mésos, ›Mitte‹, und líthos, ›Stein‹. Mittlere Steinzeit.

Die *Mittelsteinzeit* (Mittlere Steinzeit) oder das **Mesolithikum** ist ein gegenüber den Jahrhunderttausenden der Altsteinzeit überaus kurzer Zeitraum. Er währte kaum länger als rund zweieinhalb Jahrtausende. Diese Epoche begann mit dem Holozän, das vor etwa 10 000 Jahren auf das Pleistozän folgte. Das Mesolithikum pflegt man in das Früh- und Spätmesolithikum zu unterteilen (Abb. 5.2.1).

Auch für die in dieser Zeit lebenden Bevölkerungen sind bestimmte Steingeräte charakteristisch. Dazu zählen vor allem *Mikrolithen* (→ Kap. 7.4.2; 7.5), d.h. kleine, teils feinpräparierte Feuersteinabsplisse, die als Pfeilbewehrungen und als Einsätze in den Schaft von Harpunen und dergleichen dienten. Die Menschen der Mittelsteinzeit waren ebenfalls Jäger, Fischer und Sammler, die je nach Nahrungsangebot im Rhythmus des Jahres eine relative Standortbindung praktizierten.

5.2.3 | Jungsteinzeit (Neolithikum)

Neolithikum, von griech. néos, ›neu‹, ›jung‹, und líthos, ›Stein‹. Jungsteinzeit.

Die *Jungsteinzeit* (Jüngere Steinzeit) oder das **Neolithikum** ist jene Epoche, in der der Mensch das mit der aneignenden Wirtschaftsweise verbundene saisonale Umherschweifen des Jägers, Fischers und Sammlers aufgab. Sein Nahrungsmittelerwerb beruhte nunmehr hauptsächlich auf domestizierten Pflanzen und Tieren und damit auf Feld- und Ackerbau sowie auf Viehhaltung (→ Kap. 4.3; 7.5). Der Prozess, der zur Ausbreitung dieser Kulturerrungenschaften führte, wird als *Neolithisierung* bezeichnet (→ Kap 4.3). In Mitteleuropa begann diese Epoche um 5500 v. Chr.; sie endete gegen 2200 v. Chr.

Das Neolithikum wird gewöhnlich in die Perioden des Alt-, Mittel-, Jung- und Endneolithikums unterteilt (Abb. 5.2.2). Diese Differenzierung beruht zu einem wesentlichen Teil auf unterschiedlichen keramischen Stilen. Für das Altneolithikum ist etwa die sogenannte *Linearbandkeramik* (→ Kap. 7.5) charakteristisch, während das Endneolithikum unter anderem durch sogenannte *Glockenbecher* sowie durch ein Spektrum unterschiedlicher, mit Schnureindrücken verzierter Becherformen – man spricht hier

			Zeit v. Chr.
Bronzezeit	Urnenfelderzeit/ Späte Bronzezeit	Ha B	850/750
			1000
		Ha A	
			1200
		Bz D	
			1350/1300
	Mittlere Bronzezeit	Bz C	
			1450
		Bz B	
			1600
	Frühe Bronzezeit	Bz A	
			2200
Neolithikum	Endneolithikum		
			2700
	Spätneolithikum		
			3400
	Jungneolithikum		
			4400
	Mittelneolithikum		
			4800
	Altneolithikum		
			5500

Abb. 5.2.2
Untergliederung des Neolithikums und der Bronzezeit.

von *Schnurkeramik* – definiert ist. Weitere chronologische Unterscheidungen finden auf der Grundlage von keramischen Regionalstilen statt.

Steinkupferzeit (Chalkolithikum oder Äneolithikum)

| 5.2.4

Die *Steinkupferzeit* (Kupfersteinzeit) oder das **Chalkolithikum** bzw. **Äneolithikum** ist jene Zeit, in der erstmals Kupfererz geschmolzen und zu Geräten gegossen wurde. Wenngleich in unserer Systematik als ›Epoche‹ angesprochen, handelt es sich hierbei in Bezug auf Mitteleuropa eher um eine nur sehr schwach oder gar nicht ausgeprägte Übergangsphase zwischen dem Neolithikum und der Bronzezeit.

Während man diese Epoche in Westeuropa und im Vorderen Orient vorzugsweise als ›Chalkolithikum‹ bezeichnet, herrscht im südöstlichen Europa der Begriff ›Äneolithikum‹ vor.

Chalkolithikum, von griech. *chalkós*, ›Erz‹, ›Metall‹, ›Kupfer‹, und *líthos*, ›Stein‹. Kupferstein- oder Steinkupferzeit.

Äneolithikum, aus lat. *aeneus*, ›ehern‹, ›kupfern‹, und griech. *líthos*, ›Stein‹. Kupferstein- oder Steinkupferzeit.

Bronzezeit

| 5.2.5

Die *Bronzezeit* ist jene Epoche, in der der Mensch aus den Metallen Zinn und Kupfer erstmals die Legierung Bronze herzustellen vermochte. Damit war ein Metallwerkstoff geschaffen, der sich nicht nur in beliebige Formen gießen ließ, sondern zudem eine Reihe vorzüglicher Materialeigenschaften wie etwa eine beträchtliche Härte bei gleichzeitiger Elastizität aufwies. Die Bronzezeit wird traditionell in die Perioden der Früh-, Mittel- und Spätbronzezeit untergliedert (Abb. 5.2.2). Allerdings ist die Terminologie regional nicht einheitlich. So unterscheidet man im nördlichen Mitteleuropa und im Norden Europas meist eine Ältere und eine Jüngere Bronzezeit. Die feinere zeitliche Unterteilung der Bronzezeit in den verschiedenen Großregionen beruht in erster Linie auf einer Kombination von Bronzeformen, Keramikstilen und Bestattungssitten.

Heute wird auch die sogenannte *Urnenfelderzeit* – deren Kulturerscheinungen sich vor allem südlich der deutschen Mittelgebirge finden – meist zur Bronzezeit gerechnet. Sie ist nach der vorherrschenden Bestattungssitte – Urnengräber in Nekropolen, die über hundert, ja manchmal sogar mehrere Hundert Bestattungen umfassen können – benannt. Die Bronzezeit beginnt in Mitteleuropa um 2200 v. Chr. und endet mit der Wende vom 9. zum 8. Jahrhundert v. Chr. Traditionell wird ihr Ende im süd- und südwestdeutschen Raum und angrenzenden Gebieten um 750 v. Chr. angesetzt; aufgrund naturwissenschaftlicher, insbesondere dendrochronologischer Daten aus Schweizer Seeufersiedlungen zieht man aber auch die 2. Hälfte des 9. Jahrhunderts v. Chr. in Erwägung.

5.2.6 Vorrömische Eisenzeit

Die Epoche der *Vorrömischen Eisenzeit* wird in die Ältere oder Frühe sowie in die Jüngere oder Späte Eisenzeit unterteilt. Eisen tritt in Form von Schwertklingen oder als Schmuckeinlage an Schwertgriffen bereits in der Jüngeren (oder Späten) Urnenfelderzeit – also ab etwa der Mitte des 10. Jahrhunderts v. Chr. – auf. Die Gewinnung von Eisen aus Eisenerz und seine Verarbeitung zu Werkzeugen, Waffen und Schmuck setzte auf breiter Front jedoch erst im Laufe der ersten Hälfte des 8. Jahrhunderts ein (→ Kap. 4.3). Diese erste Periode der Vorrömischen Eisenzeit – also die Ältere oder Frühe Eisenzeit – wird nach dem Fundort Hallstatt im Salzkammergut (Österreich) als *Hallstattzeit* bezeichnet. Man pflegt sie seit dem Beginn des 20. Jahrhunderts in die Stufen ›Hallstatt C‹ (Ha C) und ›Hallstatt D‹ (Ha D mit den Phasen Ha D1, Ha D2 und Ha D3) zu unterteilen (Abb. 5.2.3). Diese zeitliche Differenzierung erfolgt zum einen anhand von Waffen und

			Zeit v. Chr.
Späte Eisenzeit	Späte Latènezeit	Lt D	15/0
		Lt D2	80
		Lt D1	
			150
	Mittlere Latènezeit	Lt C	
		Lt C2	200
		Lt C1	
			275
	Frühe Latènezeit	Lt B	
		Lt B2	325
		Lt B1	
			375
		Lt A	
			475/450
Frühe Eisenzeit	Späte Hallstattzeit	Ha D	
		Ha D3	525
		Ha D2	550
		Ha D1	
			650
	Frühe Hallstattzeit	Ha C	
			850/750

| Abb. 5.2.3
Untergliederung der Vorrömischen Eisenzeit.

Schmuck, zum anderen anhand unterschiedlicher Keramikstile und Bestattungssitten. Die Frühe Eisenzeit beginnt – wie oben bereits ausgeführt – um etwa 800 v. Chr. und endet mit dem Beginn der Jüngeren Eisenzeit um 475/450 v. Chr.

Die Periode der Jüngeren oder Späten Eisenzeit – sie wird absolut-chronologisch bis zum Zeitpunkt des Vordringens der Römer in nordalpines Gebiet um 15 v. Chr. gerechnet – bezeichnet man nach dem Fundort La Tène am Neuenburger See (Schweiz) als *Latènezeit*. Sie wird in die Stufen ›Frühlatène‹ – ›Latène A‹ (Lt A) und ›Latène B‹ (Lt B mit den Phasen Lt B1 und Lt B2) –, ›Mittellatène‹ (Lt C mit den Phasen Lt C1 und Lt C2) und ›Spätlatène‹ (Lt D mit den Phasen Lt D1 und Lt D2) untergliedert (Abb. 5.2.3). Diese Differenzierung beruht einerseits im Wesentlichen auf Waffen, Schmuck (insbesondere Ringen) und Trachtzubehör (insbesondere **Fibeln**) sowie andererseits auf unterschiedlichen Keramikstilen und Bestattungssitten.

Fibel, von lat. *fibula*, ›Klammer‹, ›Spange‹. Gewandspange zum Zusammenhalten der Kleidung (ähnlich unseren heutigen Sicherheitsnadeln).

Römische Kaiserzeit

| 5.2.7

Die Epoche der *Römischen Kaiserzeit* ist aufs engste mit der politischen Organisation des Römischen Reichs verknüpft. Der im Jahre 44 v. Chr. ermordete *Gaius Iulius Caesar* (100–44 v. Chr.) vollzog testamentarisch die Adoption seines aus dem altrömischen Patriziergeschlecht der Octavier stammenden Neffen *Gaius Octavius* (63 v. Chr.–14 n. Chr.), den seine Zeitgenossen *Octavianus* nannte. Mit der Verleihung des Titels ›Augustus‹ (›der Erhabene‹) im Jahre 27 v. Chr. wurde Octavian erster römischer Kaiser. Für die *Althistoriker* beginnt daher mit diesem Jahr die Römische Kaiserzeit. Aus dem Blickwinkel der mitteleuropäischen *Archäologie* stellt sich das etwas anders dar: Hier lässt man – wie gerade ausgeführt – diese *Epoche* gemeinhin mit dem Jahr 15 v. Chr. beginnen.

Historische und archäologische Epochengliederung

In der im Text angesprochenen unterschiedlichen Festlegung des Beginns einer Epoche durch Althistoriker und Archäologen zeigt sich sehr schön die Willkürlichkeit solcher Differenzierungen. Leuchtet die althistorische Festlegung in diesem Fall noch ein, gilt das weit weniger für die Archäologie. Mit dem von *Tiberius* (42 v. Chr.–37 n. Chr.) und *Drusus* (38–9 v. Chr.), den beiden Stiefsöhnen des Kaisers *Augustus* befehligten ›Alpenfeldzug‹ des Jahres 15 v. Chr. kam es zwar zu einem Vorstoß der Römer in das Alpenvorland, aber die außerordentlich schlechte archäologische Quellenlage bietet eigentlich keinen Anlass, hier einen zeitlichen Schnitt anzusetzen. Die schriftliche Überlieferung ist zwar besser, lässt aber auch zu wünschen übrig. Es wird vermutet, dass der Alpenfeldzug in der römischen Überlieferung nur deswegen einen größeren Raum einnimmt, weil daran Mitglieder des Kaiserhauses beteiligt waren. Zwar war der römische Einfluss in der Folgezeit im süddeutschen und südwestdeutschen Raum von sehr großer Bedeutung, aber das gilt für das linksrheinische Gebiet bereits seit den Feldzügen *Caesars* in Gallien – also seit den Jahren 58–51 v. Chr. –, als der Rhein die östliche Grenze des römisch besetzten gallischen Territoriums bildete. Damit hätte der Archäologe – folgte er dem Beispiel der Römischen Kaiserzeit – mit der Mitte des 1. Jahrhunderts v. Chr. eine neue Epoche beginnen lassen können. Das gilt umso mehr, als man den Epochenbegriff ›Römische Kaiserzeit‹ ja auch auf das sogenannte ›Freie Germanien‹ – also auf den nicht von den Römern besetzten Teil Mittel- und Nordeuropas – anwendet. Grundsätzlich ist festzuhalten, dass archäologische Zeiteinheiten keine historisch relevanten Einheiten sind (→ Kap. 3.5.2). In unserem Beispiel kommt die Vermischung zweier unterschiedlicher Zeitkonzepte hinzu: Der historische Begriff ›Römische Kaiserzeit‹ ist offenkundig von der politischen Organisation des Römischen Reichs abgeleitet, während das gleichnamige archäologische Zeitkonzept sich auf frühgeschichtliche Funde und Befunde bezieht. Wie sich auch am Beispiel des Endes der Römischen Kaiserzeit zeigt, ist die Vermischung der althistorischen mit der archäologischen Ebene nicht nur inkonsequent, sondern für den Studienanfänger auch sehr verwirrend. Dass diese Inkonsequenz überhaupt besteht, liegt natürlich in dem Bemühen der Archäologen begründet, sich für die frühgeschichtliche Zeit einer chronologischen Terminologie zu bedienen, die der historischen Epochengliederung möglichst entspricht.

Der archäologische Begriff ›Römische Kaiserzeit‹ bezieht sich im Wesentlichen auf jene Gebiete Mittel- und Nordeuropas, die sich zu jener Zeit nicht unter römischer Herrschaft befanden, also zum sogenannten ›Freien Germanien‹ gehörten. Auch diese Epoche wird weiter unterteilt, und zwar in die Ältere und Jüngere Kaiserzeit. Den Wechsel setzt man meist um die Mitte des 2. Jahrhunderts, bisweilen aber auch an der Wende vom 2. zum 3. Jahrhundert an. Mitunter vertritt man auch eine Dreiteilung in die ›Frühe‹, ›Mittlere‹ und ›Späte Kaiserzeit‹. Natürlich werden fernerhin Stufen und Phasen unterschieden, da der Archäologe immer um eine möglichst *feine zeitliche Differenzierung* bemüht

Grenzen archäologischer Feinchronologie

Die relativ-chronologische Feingliederung in der Ur- und Frühgeschichtlichen Archäologie wird häufig zum Selbstzweck, da sie in ihren Möglichkeiten und Grenzen nur sehr selten hinreichend durchdacht wird. Schriftliche Auseinandersetzungen mit dieser Thematik sind äußerst rar. Man kann sich ihr nur über modellhafte Überlegungen nähern. Auf der Grundlage von Vermutungen über den Herstellungs-, Nutzungs- und Deponierungszeitraum materieller Formen ist man zu dem Ergebnis gelangt, dass es mit traditionellen archäologischen Mitteln kaum möglich sein wird, relativ-chronologische Unterscheidungen zu treffen, die unter einer Zeitspanne von bestenfalls 30, eher jedoch bei 50 bis 60 Jahren liegen. Aus dieser Perspektive erscheint etwa die gängige, extrem feine zeitliche Gliederung der Spätlatènezeit unangebracht (hierzu Eggert 2008).

ist. *Hans Jürgen Eggers* (1906–1975), der sich anhand des römischen Imports und Funden aus römischen **Kastellen** am eingehendsten mit der absoluten Chronologie der Römischen Kaiserzeit im Freien Germanien auseinandersetzte, schlug sogar eine fünfteilige Gliederung vor (Abb. 5.2.4). Für die Alte Geschichte endet die Römische Kaiserzeit mit dem Untergang des Weströmischen Reichs im Jahre 476. Dem folgt die Archäologie nicht; für sie ist das Ende dieser Epoche mit dem Jahr 375 verknüpft. Als Bezugspunkt nimmt man den Einfall der Hunnen nach Europa.

Die archäologische Differenzierung der Römischen Kaiserzeit beruht inhaltlich gesehen wiederum in erster Linie auf der Veränderung materieller Formen – Schmuck, Trachtzubehör (insbesondere Fibeln), Waffen und Keramik – sowie des Bestattungswesens.

Kastell, von lat. *castellum*, ›befestigter Platz‹, ›Feste‹. Dauerhaftes Lager römischer Hilfstruppen.

Abb. 5.2.4
Untergliederung der Römischen Kaiserzeit, Völkerwanderungszeit und Merowingerzeit.

			Zeit n. Chr.
Merowingerzeit	Jüngere Merowingerzeit	JM III	720/750
			670/680
		JM II	
			630/640
		JM I	
			600
	Ältere Merowingerzeit	AM III	
			560/570
		AM II	
			520/530
		AM I	
			450/480
Völkerwanderungszeit			
			375/400
Römische Kaiserzeit	Jüngere Römische Kaiserzeit	C 3	
			300
		C 2	
			200
		C 1	
			150
	Ältere Römische Kaiserzeit	B 2	
			50
		B 1	
			0

5.2.8 Völkerwanderungszeit

Die *Völkerwanderungszeit* müsste gemäß der Logik der Epochengliederung mit dem Jahr 375 beginnen. So verfährt die Archäologie zwar auch formal – d. h. wenn klare Schnitte verlangt werden –, aber nicht in der Praxis. Im innerfachlichen Austausch lässt man die Völkerwanderungszeit meist mit dem Ende des 4. Jahrhunderts beginnen (Abb. 5.2.4). Dabei wird die Tatsache berücksichtigt, dass sich ab dieser Zeit die durch den Hunneneinfall ausgelösten Wanderungsbewegungen der Germanen und später auch der Slawen intensivierten.

Die Völkerwanderungszeit war von vergleichsweise kurzer Dauer. Sie fand bereits nach höchstens 100 Jahren mit der unter *Chlodwig I.* (um 466–511) (→ Kap. 7.15) einsetzenden Festigung und dem Ausbau des Merowingerreichs im letzten Viertel des 6. Jahrhunderts ihr Ende. Archäologisch gesehen, ist die Völkerwanderungszeit wie alle anderen Epochen auf der Grundlage ihrer materiellen Hinterlassenschaften definiert. Sie wird mitunter in zwei Stufen unterteilt.

Merowingerzeit

| 5.2.9

Die Epoche der *Merowingerzeit* begann gegen Ende des 5. Jahrhunderts mit dem Ausbau des fränkischen Merowingerreichs (→ Kap. 7.15) durch Chlodwig I. Bisweilen setzt man ihren Beginn bereits um die Mitte des 5. Jahrhunderts an. Sie endete nach rund 150 Jahren, als das Reich aufgrund innerer Fehden und daraus resultierender Teilungen weitgehend geschwächt war. Zu jener Zeit – also um die Mitte des 8. Jahrhunderts – wurde das merowingische Geschlecht von den Karolingern abgelöst.

Archäologisch ist die Merowingerzeit durch bestimmte Waffen, Trachtbestandteile und Schmuckformen sowie durch eine besondere Bestattungssitte gekennzeichnet. Die Toten wurden unverbrannt in Baum- oder gezimmerten Särgen beigesetzt. Die langrechteckigen Gräber wurden auf oft ausgedehnten Gräberfeldern zu Reihen angeordnet; man spricht daher von *Reihengräbern*. Aufgrund dieser auffälligen Bestattungssitte wird die Kultur der Merowingerzeit sogar als *Reihengräberzivilisation* bezeichnet.

Auf der Grundlage einer Feindifferenzierung des archäologischen Materials pflegt man eine Ältere und eine Jüngere Merowingerzeit zu unterscheiden. Der Wechsel wird dabei an der Wende vom 6. zum 7. Jahrhundert angesetzt. Gelegentlich folgt man aber einer Dreiteilung, die – analog zur Römischen Kaiserzeit – mit den Bezeichnungen ›Frühe‹, ›Mittlere‹ und ›Späte Merowingerzeit‹ belegt wird (Abb. 5.2.4).

Mit der Merowingerzeit endet der Arbeitsbereich der mitteleuropäischen Ur- und Frühgeschichtlichen Archäologie. Seit dem Ende des 6. Jahrhunderts stehen immer mehr Schriftzeugnisse zur Verfügung und mit den Karolingern werden sie dann zur beherrschenden Quellengattung. Aus konventionell-formaler Sicht ist damit der Übergang von der Frühgeschichte zur Geschichte vollzogen.

Testfragen

1. Was verstehen Sie unter dem Begriff ›Jungpaläolithikum‹?
2. Erklären Sie die Begriffe ›Neolithikum‹, ›Chalkolithikum‹ und ›Äneolithikum‹.

Literatur

M. K. H. Eggert, Prähistorische Archäologie: Konzepte und Methoden (Tübingen – Basel 2008³).

U. von Freeden/S. von Schnurbein (Hrsg.), Spuren der Jahrtausende: Archäologie und Geschichte in Deutschland (Stuttgart 2002).

W. Menghin/D. Planck (Hrsg.), Menschen – Zeiten – Räume: Archäologie in Deutschland (Stuttgart 2002).

S. Rieckhoff/J. Biel, Die Kelten in Deutschland (Stuttgart 2001).

Nachbarwissenschaften | 6

Inhalt

6.1   Hilfs- oder Nachbarwissenschaften? 119
6.2   Geistes- bzw. Kulturwissenschaften 121
6.3   Naturwissenschaften 141

Hilfs- oder Nachbarwissenschaften? | 6.1

Es ist vielfach üblich, jene Wissenschaften, die den Erkenntnisinteressen des eigenen Fachs nützlich sind, als ›Hilfswissenschaften‹ zu bezeichnen. Für die betroffenen Fächer hat diese Bezeichnung jedoch einen negativen Beigeschmack, da sie ihnen lediglich einen nachgeordneten Status einzuräumen scheint. Ein solches Verständnis entsprach in der Vergangenheit meist der wissenschaftlichen Praxis. Nur selten haben die so bezeichneten Wissenschaften mehr als ›Hilfsdienste‹ für archäologische Fragestellungen geleistet – zu einer wirklichen Zusammenarbeit kam es in aller Regel nicht. Gemeinsamen Veröffentlichungen fehlte meist das Verbindende; es war gängige Praxis – und ist es bisweilen immer noch –, dass etwa Naturwissenschaftler, die an archäologischen Forschungsprojekten mitgearbeitet hatten, ihre Ergebnisse, so interessant sie auch sein mochten, im Anhang der archäologischen Veröffentlichung vorstellten und erörterten. Da dabei eine Integration der Ergebnisse beider Seiten nur selten stattfand, beschränkte sich das Gemeinsame auf eine sogenannte ›Buchbindersynthese‹.

Gerade der Beitrag der Naturwissenschaften wie etwa der Archäobotanik, der Archäozoologie oder der Bodenkunde (→ Kap. 6.3.1–6.3.3) ist für die Ur- und Frühgeschichtliche Archäologie seit langem von kaum zu überschätzender Bedeutung bei der Interpretation der Vergangenheit. Allerdings muss man zugleich feststellen, dass die Kooperation zwischen diesen und anderen Fächern und der Archäologie durchaus noch verbesserungsfähig ist. Das wird aber nur dann möglich sein, wenn sich die Wissenschaften, die im Rahmen eines Projekts zusammenarbeiten, bereits in der Planungsphase abstimmen und dabei die Fragestellungen und die Lösungsmöglichkeiten einzuschätzen versuchen. Dieser Dialog muss dann kontinuierlich weitergeführt werden, so dass die sich ständig verändernde Erkenntnislage der beteiligten Wissenschaften immer angemessen reflektiert wird und gegebenenfalls zu Veränderungen in der Vorgehensweise, gegebenenfalls auch zu Anpassungen auf der Ebene der nachgeordneten Fragestellungen führt. Nur durch einen solchen Forschungsdialog vermag der Archäologe gemeinhin den Stellenwert der naturwissenschaftlichen Ergebnisse einzuschätzen.

Was hier abstrakt am Beispiel der Naturwissenschaften skizziert wurde, gilt selbstverständlich auch für alle anderen Fächer, mit denen die Ur- und Frühgeschichtliche Archäologie kooperiert oder kooperieren möchte. Das trifft somit für die Ethnologie ebenso zu wie für die Alte Geschichte, für die Mittelalterliche Geschichte nicht weniger als für die Klassische Philologie, die Religionswissenschaft oder die Germanistik. In allen Fällen bedarf es des ständigen Meinungsaustauschs zwischen den Beteiligten, denn nur so können Irrwege und Zirkelschlüsse vermieden, das Erkenntnispotential des jeweiligen Beitrags abgeschätzt und die Forschungsstrategie demgemäß abgestimmt werden.

Aus den einst als ›Hilfswissenschaften‹ bezeichneten Fächern werden auf diese Weise *Nachbarfächer*, die sich mit ihren jeweiligen Partnern zu einer intensiven Kooperation auf Zeit zusammenfinden. Das jedenfalls ist die Idealvorstellung wissenschaftlicher Zusammenarbeit – oft ist die Realität davon leider recht weit entfernt. Dies gilt selbst für große **interdisziplinäre** Forschungsvorhaben, bei denen das Eigeninteresse mancher Beteiligten häufig größer ist als das gemeinsame Anliegen. In solchen Situationen kann allein ständiges, nachdrückliches Insistieren des gewählten Sprechers des Forschungsverbunds zu besserer Integration der kooperierenden Wissenschaften führen. Wie wenig befriedigend der Forschungsalltag auch sein mag, die alte Konzeption der ›Hilfsfächer‹ sollte endgültig der Vergangenheit angehören.

Disziplin, von lat. *disciplina*. ›Schule‹, ›Unterweisung‹, ›Wissenschaft‹. Hier: Wissenschaftszweig, Spezialgebiet einer Wissenschaft; Interdisziplinarität, von lat. *inter*, ›zwischen‹. Zusammenarbeit zwischen unterschiedlichen Wissenschaftsbereichen.

Geistes- bzw. Kulturwissenschaften

| 6.2

Der Begriff ›Geisteswissenschaften‹ beginnt in der deutschsprachigen Philosophie und Wissenschaftsdiskussion seit etwa der Mitte des 19. Jahrhunderts eine Rolle zu spielen. Die so bezeichneten Wissenschaften befanden sich von vornherein in Opposition zu den seinerzeit in voller Entwicklung befindlichen Naturwissenschaften. Die hinter diesen beiden Wissenschaftskategorien stehenden, als Gegensatz aufgefassten Begriffe ›Natur‹ bzw. ›Materie‹ und ›Geist‹ entstanden im Umfeld des **Deutschen Idealismus**. Während des 20. Jahrhunderts wurden nicht mehr allein die Natur-, sondern auch die Sozialwissenschaften als Konkurrenz zu den Geisteswissenschaften begriffen.

Üblicherweise definiert man die Geisteswissenschaften als eine nach Gegenstandsbereich und Methodik mehr oder weniger zusammengehörige Gruppe von Einzelwissenschaften. Dazu werden alle historisch-philologischen Fächer gerechnet, die die historisch überlieferten bzw. zeitgenössischen Zeugnisse quellenkritisch erfassen und dann auszulegen und zu verstehen suchen. Konkret gesprochen rechnet man zu den Geisteswissenschaften ein weites Spektrum an Fächern, das sich von der Ägyptologie und Alten Geschichte bis zur Germanistik und Zeitgeschichte erstreckt. Selbstverständlich muss es bei einer solchen Breite erhebliche Unterschiede in Theoriebildung und Methodik geben.

Besonders in den letzten zwei Jahrzehnten hat sich der Begriff ›Geisteswissenschaften‹ verstärkt gegen den der ›Kulturwissenschaften‹ zu behaupten. Der Tatbestand an sich ist nicht neu – bereits um die Wende vom 19. zum 20. Jahrhundert hat der deutsche Philosoph *Heinrich Rickert* (1863–1936) den Gegenpol der Naturwissenschaft nicht – wie seinerzeit üblich – als ›Geisteswissenschaft‹, sondern als ›Kulturwissenschaft‹ bezeichnet. Da die Ausgangslage sich seitdem grundlegend verändert hat, ist die damalige Diskussion nur noch von forschungsgeschichtlichem Interesse. Immerhin bleibt festzuhalten, dass sich Rickerts Neubenennung – obwohl sein Werk während des ersten Viertels des 20. Jahrhunderts stark rezipiert wurde – letztlich nicht durchsetzen konnte.

Heute befinden wir uns in einer Situation, in der die Unterscheidung zwischen Natur- und Geisteswissenschaften nicht nur für überholt, sondern zudem für unsinnig erklärt wird – diese Einstellung findet sich allerdings wenn nicht ausschließlich, so doch vorwiegend bei Geisteswissenschaftlern. Viele Naturwissenschaftler hingegen blicken – man möge uns die Verallgemeine-

---

Deutscher Idealismus. Bezeichnet die philosophiegeschichtliche Periode zwischen *Immanuel Kant* (1724–1804) und *Georg Wilhelm Friedrich Hegel* (1770–1831) sowie neben der Lehre dieser beiden Philosophen besonders die Philosophie von *Johann Gottlieb Fichte* (1762–1814) und *Friedrich Wilhelm Joseph Schelling* (1775–1854). Der Begriff wurde als Gegenpol zu ›Materialismus‹ geschaffen; er unterstellte die Vorherrschaft der Idee bzw. des Geistes über die Materie bzw. die Realität.

rung nachsehen – eher mitleidig auf die Geisteswissenschaftler herab, die sie gelegentlich gar in schmähender Absicht als ›Hermeneutiker‹ bezeichnen. Als Archäologen müssen wir uns weder dem alle Unterschiede negierenden Lager ›fortschrittlicher‹ Geisteswissenschaftler einreihen noch Verständnis für die Einstellung wenig aufgeschlossener Naturwissenschaftler aufbringen. Wir haben das Glück, dass uns die ständige Zusammenarbeit mit Naturwissenschaftlern in aller Regel vor extremen Vertretern ihrer Zunft bewahrt hat, und wir hoffen, dass diese Erfahrung auf Gegenseitigkeit beruht. Insgesamt aber ist offenkundig, dass der alte Gegensatz zwischen Geistes- und Naturwissenschaften keineswegs überwunden ist.

Uns geht es jedoch weniger um das Verhältnis zwischen Natur- und Geisteswissenschaften, als vielmehr um die Frage, was sich hinter der Tendenz verbirgt, die Geisteswissenschaften gegenwärtig verstärkt mit der Bezeichnung ›Kulturwissenschaften‹ zu belegen. Zunächst einmal ist festzuhalten, dass inzwischen – ausgehend von Großbritannien und den USA – auch innerhalb der deutschen Geisteswissenschaften eine sogenannte *Kulturelle Wende* stattgefunden hat. Auf den einfachsten Nenner gebracht, wird man diese Wende als eine Verknüpfung von Sozial- und Kulturanalyse charakterisieren können. Damit geht die Betonung der symbolischen und kommunikativen Sphäre kultureller Zeugnisse einher. Anders ausgedrückt, kann man feststellen, dass anstelle eines nicht weiter konkretisierten ›Geistes‹ nunmehr ›Kultur‹ getreten ist – eine Kategorie, die sich in jedem beliebigen Fach ohne weiteres mit Leben füllen lässt. Das trifft übrigens auch für die Naturwissenschaften zu, denn schließlich sind sie als Wissenschaften ein charakteristisches Kulturphänomen. Sehen wir einmal von dieser für alle Wissenschaften geltenden Grundtatsache ab, ist das zentrale Konzept ›Kultur‹ in den Philologien in Sprachen und Texten, in den Geschichtswissenschaften vor allem in Schriftzeugnissen und in den Archäologien in nichtschriftlichen Kulturhinterlassenschaften verkörpert.

Zusätzlich zur Beeinflussung durch die englischsprachige Diskussion lässt sich in Deutschland eine Rückbesinnung auf die Zeit um die Wende vom 19. Jahrhundert zum 20. Jahrhundert feststellen. Dabei knüpft man jedoch nicht an Rickert, sondern an zeitgenössische Versuche einer ›Kulturgeschichtsschreibung‹ an. Sie wurde seinerzeit als Gegenpol zur etablierten, vornehmlich auf ›Große Individuen‹ und ›Haupt- und Staatsaktionen‹ ausgerichteten Geschichtwissenschaft begriffen.

Für die Ur- und Frühgeschichtliche Archäologie hat der gegenwärtige Trend – einige wenige Ausnahmen bestätigen die Regel – so gut wie keine Rolle gespielt; das überrascht insofern nicht, als sie ja selbst an der Erörterung fachbezogener grundlegender Themen nur sehr wenig Interesse gezeigt hat (→ Kap. 3.5.1). Im Gegensatz dazu werden die mit der Kulturellen Wende zusammenhängenden Fragestellungen bei den Historikern durchaus diskutiert. Es erscheint bedenklich, wenn sich die als konservativ geltende deutsche Geschichtswissenschaft den neuen Herausforderungen theoretischer und interpretatorischer Art zugänglicher zeigt als die Ur- und Frühgeschichtliche Archäologie. Allerdings ist jetzt auch in unserem Fach eine zwar immer noch zurückhaltende, aber doch zunehmende Rezeption jener Denkweisen, Forschungsansätze und Forschungsthemen festzustellen, die mit der allgemein zu registrierenden kulturwissenschaftlichen Orientierung verbunden sind (→ Kap. 8.3; 8.4).

Bei aller positiven Bewertung der skizzierten Entwicklung wollen wir nicht bestreiten, dass die Bezeichnung ›Kulturwissenschaft‹ sowohl im Singular als auch im Plural heute beinah Schlagwortcharakter hat. Die Zahl der unaufhörlich erscheinenden Bücher und Sammelbände zu dieser Thematik ist kaum noch zu überblicken. Man darf daher sicherlich von einer Art ›Wissenschaftsmode‹ sprechen. Dennoch erscheint es uns unangebracht, das Gesamtphänomen darauf reduzieren zu wollen. Die Differenzierung der Theoriediskussion in zahlreichen traditionell als ›Geisteswissenschaften‹ bezeichneten Fächern hat zusammen mit einem oft **semiotischen**, bedeutungsorientierten Kulturbegriff in vielen Fächern zu einer erheblichen Erweiterung des Forschungsspektrums geführt. Für die Ur- und Frühgeschichtliche Archäologie mit ihrer traditionellen Theorieabstinenz halten wir diese von Außen, d. h. aus der zeitgenössischen Wissenschaftsdiskussion hervorgehenden Anregungen für sehr gewinnbringend. Es kommt hinzu, dass unser Fach aufgrund seiner spezifischen quellenbedingten erkenntnistheoretischen Voraussetzungen in einem besonderen Maße dafür bestimmt ist, sich als anthropologisch inspirierte Kulturwissenschaft historischer Ausrichtung zu verstehen.

Unabhängig von solchen fachbezogenen Überlegungen kann man sich dieser Problematik auch aus einem anderen Blickwinkel nähern. Betrachten wir nur einmal den starken Einfluss der Sozialwissenschaften auf das öffentliche Bewusstsein in der Bundesrepublik Deutschland nach 1945. Dabei geht es nicht nur um

Semiotischer Kulturbegriff, von griech. sēmeīon, ›Zeichen‹. Eine Auffassung von Kultur, die den zeichenhafter Charakter von Kulturerscheinungen betont.

den Einfluss, den diese Wissenschaften auf die Formung des Verständnisses der Gegenwart ausgeübt haben, sondern vor allem um die Tatsache, dass durch sie unsere Wahrnehmung von Geschichte überhaupt verändert worden ist. Wenn also die nicht zu den Geisteswissenschaften gerechneten Sozialwissenschaften derart grundlegend auf das Verständnis eines klassischen Gebiets der Geisteswissenschaften eingewirkt haben, dann stellt sich die Frage, ob es sinnvoll ist, diese überkommene Kategorie weiterhin zu verwenden.

Aus unserer Sicht spricht manches dafür, die historischen Wissenschaften einschließlich der Archäologien statt als ›Geisteswissenschaften‹ fortan als ›Kulturwissenschaften‹ zu bezeichnen. Allerdings sollte man dies nicht dogmatisch betrachten. Aber gerade Archäologen haben derart viel mit kulturgeschichtlich interessierten Naturwissenschaftlern zu tun, dass das Gegensatzpaar des 19. Jahrhunderts der archäologischen Praxis des frühen 21. Jahrhunderts nicht mehr gerecht zu werden vermag. Das trifft im Übrigen auch auf das Verhältnis der Archäologie zu den Sozialwissenschaften zu. Waren Geistes-, Natur- und schließlich auch Sozialwissenschaften einst Gegensätze, geht die Archäologie als Kulturwissenschaft heute mit den Sozialwissenschaften, insbesondere mit der Sozialethnologie, eine zunehmend enge Verbindung ein.

6.2.1 | Archäologien

Wir hatten eingangs bereits darauf hingewiesen, dass es verschiedene archäologische Fächer gibt (→ Kap. 2.3). Sie alle sind Nachbarwissenschaften der Ur- und Frühgeschichtlichen Archäologie. Im Folgenden geben wir zu jedem dieser Fächer einen kurzen Überblick, wobei vor allem jeweils die deutsche Forschungstradition berücksichtigt wird.

Wie die Ur- und Frühgeschichtliche Archäologie hat auch die *Vorderasiatische Archäologie* oder *Archäologie Vorderasiens* ihre Wurzeln im 19. Jahrhundert. Damals begannen sich besonders Europäer, die als Reisende oder Diplomaten in den Vorderen Orient kamen, für die Ruinenstätten und die Kunst des Alten Orients zu interessieren. Wie auch bei anderen archäologischen Wissenschaften dienten die frühen Ausgrabungen im Alten Orient vor allem dazu, ästhetisch ansprechende archäologische Objekte ans Tageslicht zu befördern. Die Vorderasiatische Archäologie war daher anfangs stark kunstarchäologisch geprägt; recht bald trat jedoch mit der Bauforschung, also der architektonischen Erfassung einstiger Ansiedlungen, ein weiteres wichtiges Spezialgebiet hinzu. Heute spielt der kunstarchäologische Aspekt innerhalb des Fachs kaum mehr eine Rolle. Im Rahmen kunstarchäologischer Forschung geht es mittlerweile vielmehr um Kunst als soziales und politisches Medium. Insgesamt verfolgt das Fach einen breiten kulturgeschichtlichen Forschungsansatz, der alle aussagefähigen Überreste im Arbeitsgebiet der Vorderasiatischen Archäologie einbezieht. Dieses Arbeitsgebiet wird in geographischer Hinsicht im Norden vom Schwarzen Meer, dem Kaukasus und dem Kaspischen Meer, im Westen von der Ostküste der Ägäis und des Mittelmeeres sowie der Sinai-Halbinsel, im Süden von der Nord- und Ostküste des Persischen Golfs und im Osten vom Ostrand des iranischen Hochlandes begrenzt. Politisch gesehen handelt es sich bei dem zur Diskussion stehenden Raum also im Wesentlichen um die Türkei, Syrien, Irak und Jordanien sowie den westlichen Teil des Iran. Der von Vorderasiatischen Archäologen behandelte Zeitraum reicht von etwa 9000 v. Chr. – der Frühphase des *Akeramischen Neolithikums* (→ Kap. 7.3) – bis ins letzte Drittel des 4. Jahrhunderts v. Chr., als der Makedonenkönig *Alexander der Große* (356–323 v. Chr.) seine Eroberungsfeldzüge gegen die Perser führte. Um 3100 v. Chr. wurde im südmesopotamischen Babylonien die Schrift erfunden. Von diesem Zeitpunkt an kann die Vorderasiatische Archäologie zusätzlich zu den materiellen Hinterlassenschaften auf eine schriftliche Überlieferung zurückgreifen. Dadurch ist sie für die Zeit seit dem Ende des 4. Jahrtausends v. Chr. in einem hohen Maße mit der Altorientalischen Philologie verknüpft, die sich mit der Entzifferung und Lesung der **Keilschrifttexte**, die zunächst überwiegend wirtschaftliche und rechtliche Themen behandelten, beschäftigt.

Keilschrift. Mesopotamische Schrift, die um 3100 v. Chr. entwickelt wurde. Der Name geht auf die keilartigen Griffeleindrücke in den damals als Schriftträger verwendeten weichen Ton zurück.

Durch europäische Forschungsreisende im ›Heiligen Land‹ wurden im Verlaufe des 19. Jahrhunderts zahlreiche Ruinenstätten entdeckt, die sich samt zugehörigen beweglichen Altertümern mit Bibeltexten in Verbindung bringen ließen. Damit erwuchs der bis dahin vom Alten und Neuen Testament ausgehenden *Biblischen Altertumskunde*, die sich der historischen Erforschung der Bibel widmete, ein neuer Quellenbereich. Die *Biblische Archäologie* ist also von Anfang an eng mit der Wissenschaft vom Alten Testament verbunden. Unter Biblischer Archäologie versteht man heute in erster Linie die Archäologie des Landes Israel/Palästina – also des Landes westlich und östlich des Jordans; selbstverständlich werden auch angrenzende Regionen in die Forschungsaktivitäten einbezogen. Ihr Ziel ist es, die biblische und archäologische Überlieferung zusammenzuführen. Entgegen einer weit verbreiteten Ansicht geht es dabei nicht darum, die Historizität biblischer Quellen mittels der archäologischen Überlieferung zu bestätigen oder zu widerlegen. Ziel ist es vielmehr, die unabhängig voneinander gewonnenen Forschungsergebnisse im Überschneidungsbereich des historischen Materials und der daraus abgeleiteten Ergebnisse beider Wissenschaften kritisch zu sichten und den Grad der möglichen Übereinstimmungen von Quellen und Deutungen zu bestimmen.

Lässt sich das geographische Arbeitsgebiet relativ deutlich begrenzen, ist die chronologische Bestimmung des Arbeitsfeldes nicht ganz so klar. Je nach Fachverständnis wird einerseits ein Zeitraum von etwa 1550 v. Chr. bis zum Beginn der Alleinherrschaft *Konstantins des Großen* (306–337 n. Chr.) im Jahre 324 n. Chr. angeführt. Andererseits gibt es auch offenere Auffassungen, die den Beginn des Arbeitszeitraums der Biblischen Archäologie bereits in der Kupfersteinzeit (→ Kap. 5.2.4) im frühen 4. Jahrtausend v. Chr. ansetzen. Das Sachgut der Biblischen Archäologie besteht wie bei allen Archäologien aus Funden und Befunden, wird aber seit der Spätbronzezeit (um 1550 v. Chr.) durch schriftliche Hinterlassenschaften in Form von Inschriften und Texten bereichert, die sich auf Ton, Stein oder anderen Materialien erhalten haben. Somit kommt der **Epigraphik** und den betroffenen Philologien – insbesondere der Altorientalischen Philologie und ihrem Teilgebiet Semitistik – große Bedeutung zu. Bis heute bildet die Biblische Archäologie eine Hilfswissenschaft des theologischen Teilgebiets der Exegese, d. h. der Auslegung vor allem des Alten, aber auch des Neuen Testament.

> Epigraphik, von griech. *epí*, ›auf‹, ›darauf‹, und *gráphein*, ›ritzen‹, ›schreiben‹. Inschriftenkunde.

Die *Klassische Archäologie* ist zwar nicht das älteste aller archäologischen Einzelfächer – das ist die Christliche Archäologie (→ unten) –, sie gilt jedoch vielen als ›Mutter‹ der Archäologie, da sie die erste archäologische Wissenschaft war, die an einer Universität gelehrt wurde. Bereits 1809 gab es eine Außerordentliche Professur für *Griechische Literatur und Archäologie* in Gießen. Darüber hinaus kann die Klassische Archäologie auf eine bald dreihundertjährige Tradition stetiger Forschung zurückblicken. Wir erinnern nur an die frühen Ausgrabungen der beiden durch den Vesuvausbruch 79 n. Chr. zerstörten römischen Städte *Herculaneum* (ab 1738) und *Pompeji* (ab 1748) am Golf von Neapel. Die Klassische Archäologie entstand also im 18. Jahrhundert, und als ihr Nestor gilt der in

Stendal geborene und seit 1755 in Rom arbeitende *Johann Joachim Winckelmann* (1717–1768). Es ist wohl nicht verfehlt, in ihm den Begründer der sogenannten ›kunstarchäologischen Forschung‹ zu sehen, die auch andere archäologische Fächer wie z. B. die Vorderasiatische Archäologie stark beeinflusste. Sein 1764 erschienenes Hauptwerk *Geschichte der Kunst des Alterthums* stellt die erste grundlegende Untersuchung des Kunstschaffens des Altertums dar. Darin nahm er eine Periodisierung der Kunst vor, die er folgendermaßen gliederte: Ursprung, Fortgang, Wachstum, Fall. Die so artikulierte normative, also wertende Kunstauffassung beeinflusste die deutsche Klassische Archäologie bis ins 20. Jahrhundert hinein.

Da sich die Klassische Archäologie ausnahmslos mit den Kulturen der Griechen und Römer beschäftigt, lässt sich sowohl ihr geographisches als auch ihr zeitliches Arbeitsgebiet relativ einfach abstecken. Das geographische Zentrum liegt in Griechenland, auf den Ägäischen Inseln, in der kleinasiatischen Küstenzone und in Italien; selbstverständlich sind auch Regionen außerhalb der genannten Gebiete, in denen Griechen und Römer Zeugnisse hinterlassen haben, einzubeziehen. Zeitlich betrachtet ergibt sich ein Arbeitsfeld von rund 1500 Jahren; es beginnt um die Wende vom 2. zum 1. Jahrtausend v. Chr. mit der **Protogeometrischen Stufe** in Griechenland und endet im späten 5. Jahrhundert n. Chr. mit dem Untergang des Weströmischen Reichs (476). Neben dem genannten Arbeitsgebiet nimmt sich die Klassische Archäologie zu einem gewissen Teil auch der ägäischen Ur- und Frühgeschichte an. Dazu zählen vor allem die ägäischen bronzezeitlichen Vorläuferkulturen wie z. B. die in das 3. und 2. Jahrtausend v. Chr. zu datierende *Minoische Kultur* auf der Insel Kreta und die auf dem griechischen Festland beheimatete und den Ägäisraum beherrschende *Mykenische Kultur* (ca. 1600–1050 v. Chr.). Damit kommt es zwangsläufig zu inhaltlichen Überschneidungen mit der Ur- und Frühgeschichtlichen Archäologie.

Das Quellenmaterial der Klassischen Archäologie besteht in der Regel aus materiellen Hinterlassenschaften. In Verbindung mit der traditionellen Ausrichtung des Fachs besitzen Zeugnisse bildnerischen Schaffens, vor allem der Bildhauerkunst und Malerei, innerhalb der Forschung eine große Bedeutung. Bis heute spielt diese Ausrichtung – und damit das antike Kunstwerk – eine wichtige Rolle in der Klassischen Archäologie; mittlerweile wird allerdings weniger Wert auf den ›Künstler‹ und das ›Kunstwerk‹ gelegt, sondern die sozialgeschichtliche und politische Dimension der Bildwerke betont. Das Fach orientiert sich bei seiner

> Geometrischer Stil. Früher griechischer Kunststil von ca. 1050–700 v. Chr., der einfache geometrische Formen (z. B. Linien, Kreise, Dreiecke) bevorzugte.

Ikonographie, von griech. *eikṓn*, ›Bild‹, und *gráphein*, ›ritzen‹, ›schreiben‹, Bildbeschreibung, hier: wissenschaftliche Bestimmung bzw. Analyse von Bildwerken. – **Ikonologie,** von griech. *eikṓn*, und *lógos*, ›Wissen‹, ›Lehre‹. Lehre vom Sinngehalt von Bildwerken; Bildbedeutung.

Als ›Parallelüberlieferung‹ bezeichnet man eine Überlieferung, die mit einer anderen – häufig auch andersgearteten – zeitlich parallel läuft.

Numismatik, von griech. *nómisma*, ›Gesetz‹, ›Brauch‹, ›Münze‹. Münzkunde.

Humanismus, von lat. *humanus*, ›menschlich‹. Frühneuzeitliche Phase des 14.–16. Jahrhunderts, mit der die Wiederentdeckung der antiken Kultur einherging. Die humanistische Bewegung ist eng mit der Renaissance (von franz. *renaissance*, ›Wiedergeburt‹) verbunden.

Interpretation der Bildwerke stark an der kunsthistorischen Methodik. Über die Form- und Stilanalyse, **Ikonographie** und **Ikonologie** versucht man, die antiken Kunstwerke zu analysieren, zu klassifizieren und zu interpretieren. Sowohl aus fachspezifischer wie aus einer übergeordneten archäologischen Perspektive kommt der schriftlichen sogenannten ›**Parallelüberlieferung**‹ – Inschriften und sonstige Texte – neben den von der Klassischen Archäologie in erster Linie berücksichtigten nicht-schriftlichen materiellen Zeugnissen ein beträchtlicher Rang bei der Deutung der griechisch-römischen Antike zu. Die Analyse und Auswertung der Schriftquellen teilen sich verschiedene Wissenschaften, nämlich die Klassische Philologie, also die Griechische und Lateinische Sprachwissenschaft, sowie die Alte Geschichte mit ihren Spezialfächern Epigraphik und **Numismatik**. Insofern ist die Klassische Archäologie nur eine unter mehreren Wissenschaften, die sich mit der Erforschung der griechisch-römischen Antike befassen.

Im Gegensatz zur Klassischen Archäologie, die sich der griechischen und römischen Kultur des Mittelmeerraums widmet, beschäftigt sich die *Provinzialrömische Archäologie* oder *Archäologie der Römischen Provinzen* ausschließlich mit der Erforschung der römischen Kultur in den Provinzen des Römischen Reichs. Die Wurzeln des Fachs reichen zwar bis zum **Humanismus** zurück; der entscheidende Umschwung in der Auseinandersetzung mit den römischen Zeugnissen in den Provinzen erfolgte in Deutschland jedoch erst Ende des 19. Jahrhunderts. Einen wichtigen Impuls dazu gab 1892 die Gründung der *Reichs-Limeskommission,* die es sich zur Aufgabe gemacht hatte, die römische Grenzbefestigung – den Obergermanisch-Rätischen Limes – zu erforschen (→ Kap. 3.4.4). Die Forschungsregionen der Provinzialrömischen Archäologie sind, wie gesagt, die Römischen Provinzen. In seiner größten Ausdehnung unter Kaiser *Trajan* (*Marcus Ulpius Traianus,* 53–117 n. Chr.) umfasste das Römische Reich neben den Küsten rund um das Mittelmeer und das Schwarze Meer auch Teile Großbritanniens. Das Arbeitsgebiet ist also recht groß, in der Praxis wird es aber dadurch eingeschränkt, dass sich das Fach beispielsweise in Deutschland vor allem den einst zum Römischen Reich gehörigen Teilen Deutschlands, Österreichs und der Schweiz zuwendet, während sich die Provinzialrömische Archäologie Großbritanniens verständlicherweise den römischen Hinterlassenschaften der einstigen Provinz Britannien widmet. Die räumliche Konzentration der deutschen Provinzialrömischen Archäologie auf das genannte Gebiet beeinflusst ihren Arbeitsbereich auch in zeitlicher Hinsicht. Man lässt ihn mit der Einrichtung der römischen Provinz *Gallia Narbonensis* im späten 2. Jahrhundert v. Chr. beginnen und etwa 600 Jahre später, also mit der Auflösung der Provinzen im Verlauf des 5. nachchristlichen Jahrhunderts, enden.

Die Quellen der Provinzialrömischen Archäologie sind, da ein beträchtlicher Teil der römischen Hinterlassenschaften in den Provinzen auf die Präsenz des Militärs zurückgeht, Militäreinrichtungen wie Lager – speziell Kastelle – und die im direkten Umfeld dieser Lager anzutreffenden zivilen Siedlungen. Selbstverständlich nehmen daneben römische Städte und andere zivile Ansiedlungen wie z.B. die zahlreichen *vici* (Pl. von lat. *vicus*, ›Dorf‹) und *villae rusticae* (Pl. von lat. *villa rustica*, ›bäuerliches Landhaus‹), also landwirtschaftliche Betriebe, eine wichtige Rolle bei der Erforschung des römischen Lebens in den Provinzen ein. Nicht zu vergessen sind wirtschaftliche Anlagen wie Betriebe zur Keramik- und Ziegelproduktion, etwa die im heutigen Rheinland-Pfalz befindliche Terra Sigillata-Manufaktur von Rheinzabern (*Tabernae*). Die dort vor allem im 2. Jahrhundert n. Chr. produzierte Ware fand ihre Abnehmer im gesamten Römischen Imperium, von den germanischen Provinzen – *Germania inferior* und *Germania superior* – bis nach Dakien (heutiges Ex-Jugoslawien, Rumänien und Bulgarien) und Britannien. Neben den rein archäologischen Quellen spielen auch die zahlreichen epigraphischen (z.B. Grab- und Weihesteine, Militärdiplome) und numismatischen Quellen eine große Bedeutung für die historische Interpretation; sie ermöglichen zugleich, die politischen, wirtschaftlichen und kulturellen Verhältnisse der römischen Provinzen mit denen in der Hauptstadt Rom zu verknüpfen. Glückliche Umstände führten in den letzten Jahren dazu, dass die Provinzialrömische Archäologie auf eine weitere, bis dahin kaum beachtete Quellengruppe zurückgreifen kann: *Schlachtfelder*. Hier sei besonders auf das bereits Ende der achtziger Jahre entdeckte Schlachtfeld bei Kalkriese (→ Kap. 7.14) sowie das neu entdeckte, weit in der Germania libera befindliche Schlachtfeld des 3. Jahrhunderts bei Northeim (Niedersachsen) verwiesen. Gerade die Entdeckung dieses Ortes war überraschend, gab es doch bislang weder archäologische noch historische Hinweise darauf, dass die Römer noch zu dieser Zeit so tief in germanisches Gebiet vorgedrungen waren. Dieser neue Fundplatz bereichert also die historische Erkenntnis nicht nur in militärhistorischer Sicht; er wirft auch ein ganz neues Licht auf die römische Germanien-Politik des 3. Jahrhunderts.

Terra Sigillata, von lat. *terra*, ›Erde‹, und *sigillum*, ›Stempel‹. Leuchtend rotes römisches Tafelgeschirr, das häufig mit einem Stempel des Namens des Töpfermeisters oder der Töpferwerkstatt versehen ist.

Militärdiplom. Entlassungsurkunde der sogenannten ›Auxiliarsoldaten‹ (von lat. *auxilium*, ›Hilfe‹), also Soldaten der römischen Hilfstruppen, die aus unterworfenen Völkern rekrutiert wurden. Nach 25-jähriger Dienstzeit wurde ihnen auf Bronzetafeln die Verleihung des römischen Bürgerrechts bestätigt.

Germania libera, von lat. *liber*, ›frei‹. Bezeichnung für das ›freie Germanien‹, also das nicht von den Römern besetzte germanische Gebiet.

Katakombe, wohl von griech. *katá kýmbas*, ›bei den Schluchten‹, ›bei den Höhlungen‹. Bezeichnung für die in frühchristlicher Zeit angelegten unterirdischen Begräbnisstätten in Rom.

Wir hatten schon angedeutet, dass die *Christliche Archäologie* das älteste aller archäologischen Fächer ist. Bereits in der zweiten Hälfte des 16. Jahrhunderts erforschten römische Theologen die frühchristlichen **Katakomben** Roms, jedoch weniger aus wissenschaftlichem Interesse als aus ideologischen Gründen. Die Katakomben galten damals im Kampf gegen die vermeintliche ›Irrlehre‹ des Protestantismus als unumstößliche Zeugnisse des wahren, also katholischen Glaubens. Schließlich bezeugten sie den Kult der Märtyrer bis in die früheste Zeit des Christentums. Die Anfänge der Christlichen Archäologie verdeutlichen, dass sie sich vorrangig mit der archäologischen Überlieferung des frühen Christentums beschäftigt. Es verwundert daher nicht, dass sie eng mit dem theologischen Teilgebiet der Kirchengeschichte verbunden ist. Aufgrund ihres Forschungsgegenstands – den materiellen Hinterlassenschaften der frühen Christen und der unmittelbar vorausgehenden und gleichzeitigen nichtchristlichen Umwelt – ist sie jedoch auch eine typische archäologische Wissenschaft.

Zu den Quellen der Christlichen Archäologie zählen neben allen künstlerischen Äußerungen des frühen Christentums – etwa Wandmalerei und Mosaikkunst – auch Architekturbefunde, beispielsweise von Versammlungsräumen, Kirchen, Kapellen, Klöstern sowie ober- und unterirdische Begräbnisstätten. Daher steht sie in methodologischer Hinsicht der Kunstgeschichte und Bauforschung sehr nahe, und ihre Arbeitsweise ist stark von kunst- und architekturtheoretischen Ansätzen geprägt. Darüber hinaus besitzt die Christliche Archäologie eine reiche schriftliche Überlieferung vor allem der frühen Gemeinden in verschiedenen Regionen Vorderasiens, Griechenlands und Italiens. Ihr Arbeitsgebiet entspricht im Großen und Ganzen den politischen Grenzen des spätrömischen Imperiums, greift jedoch teilweise darüber hinaus, wenn es um jene Zeugnisse des frühen Christentums geht, die jenseits dieser Grenzen gefunden werden, sei es z. B. im heutigen Georgien und Armenien, in Äthiopien, im Sudan oder in Irland. Da die frühesten materiellen Hinterlassenschaften der Christen erst aus dem 3. Jahrhundert stammen – dies trifft sowohl für die Katakomben als auch für Zeugnisse der frühchristlichen Kunst zu –, gilt die Zeit um 200 als Untergrenze. Die obere Begrenzung ist je nach regionalem und kulturellem Kontext recht variabel. Im Osten endet das Arbeitsgebiet der Christlichen Archäologie im 7. Jahrhundert mit der arabischen bzw. islamischen Eroberung, im Westen wird als obere Grenze üblicherweise die Herrschaft *Karls des Großen* (747–814) betrachtet. Im

Norden Europas reicht sie zeitlich noch weiter; hier sei nur an die Christianisierung Skandinaviens erinnert, die beispielsweise in Finnland bis ins 12. Jahrhundert hinein stattfand.

Wenn die zeitliche Obergrenze der Christlichen Archäologie im Westen also die Zeit um 800 ist, ergeben sich unweigerlich Überschneidungen mit der *Archäologie des Mittelalters* bzw. *Mittelalterarchäologie*. Ihr zeitlicher Rahmen beginnt in Mitteleuropa gewöhnlich mit der Einsetzung *Karls des Großen* zum König der Franken im Jahr 768 – womit zugleich das Karolingerreich begründete wurde – und endet mit dem Beginn der Neuzeit, also an der Wende vom 15. zum 16. Jahrhundert. Das Arbeitsgebiet der Mittelalterarchäologie beschränkt sich weitgehend auf Europa. Die Konzentration auf Europa und eine eher kleinräumige Forschung mag damit zusammenhängen, dass die Archäologie des Mittelalters in erster Linie von den Landesdenkmalämtern vertreten und das Fach nur an wenigen deutschen Universitäten gelehrt wird (→ Kap. 9.1). Im Gegensatz zu den anderen archäologischen Fächern ist die Mittelalterarchäologie ein junges Fach. Selbstverständlich beschäftigten sich seit dem 19. Jahrhundert immer wieder Gelehrte aus archäologischer Perspektive mit dem Mittelalter, doch erst in der zweiten Hälfte des 20. Jahrhunderts entwickelte sich die archäologische Mittelalterforschung zu einer eigenständigen Wissenschaft. Die Primärquellen dieses Fachs sind die materiellen Hinterlassenschaften des Mittelalters; außerdem verfügt die Mittelalterarchäologie über eine schriftliche Überlieferung, mit der sich bekanntlich die Mittelalterliche oder Mittlere Geschichte auseinandersetzt. Der Archäologie des Mittelalters stehen zudem zahlreiche Bildquellen zur Verfügung. Insgesamt gesehen unterscheiden sich ihre Quellen prinzipiell nicht von denen, die beispielsweise die Ur- und Frühgeschichtliche Archäologie als Grundlage der Erkenntnis nutzt. Im Übergangsbereich vom Frühmittelalter (ca. 500–750) zum Hochmittelalter (ca. 750–1250) bilden vor allem große Gräberfelder eine wichtige Quellengruppe. Geprägt ist diese Zeit besonders durch die zunehmende Christianisierung, so dass Kultbauten wie z. B. Kirchen und Klöster ein weiteres großes Forschungsgebiet darstellen. Darüber hinaus spielt für die Archäologie des Mittelalters auch die Untersuchung von frühen Städten bzw. der Stadtentwicklung eine bedeutende Rolle. Ein weiterer Untersuchungsbereich des Fachs sind Wehranlagen wie Burgen und **Motten** sowie **Pfalzen**.

Motte, von franz. *motte*, ›Sode‹, ›Erdhaufen‹. Künstlich aufgeschütteter Erdhügel mit einem hölzernen oder steinernen Turm.

Pfalz, von lat. *palatium*, ›Palast‹. Befestigter Wohnsitz mittelalterlicher Herrscher, die sich dort vorübergehend aufhielten, um Hoftag zu halten, und dann mit ihrem Gefolge zur nächsten Pfalz weiterreisten. Pfalzen bestanden gewöhnlich aus einem Wohngebäude (›Palas‹), einem Saal- bzw. Versammlungsbau, einer Kirche (›Pfalzkapelle‹) und einem Wirtschafts- oder Gutshof.

6.2.2 Geschichtswissenschaft

Die *Geschichtswissenschaft* – man sollte vielleicht besser den Plural benutzen und von *Geschichtswissenschaften* sprechen – wird über ihre Quellen, die schriftlichen Hinterlassenschaften des Menschen in der Vergangenheit, definiert. Gegenstand der Geschichtswissenschaften ist somit die schriftlich überlieferte Geschichte des Menschen. Damit beleuchten die Quellen historischer Fächer zumeist andere Aspekte der Vergangenheit als diejenigen archäologischer Fächer.

Der Begriff ›Geschichte‹ vereinigt zwei Bedeutungen: zum einen werden damit die *res gestae* bezeichnet, also ›vollbrachte Taten‹. Zum anderen versteht man unter ›Geschichte‹ aber auch die ›Geschichte der vollbrachten Taten‹ (*historia rerum gestarum*) und damit die Erfassung und Darstellung der Vergangenheit. Diese Doppelbedeutung zeigt, dass ›Geschichte‹ nie in nur einem Sinne verstanden werden kann, sondern stets beide Bedeutungen in sich trägt. Die Unterscheidung in *res gestae* und *historia rerum gestarum* ist daher vor allem eine analytische Trennung, und zwar – vereinfacht gesagt – in ›Geschichte‹ und ›Geschichtswissenschaft‹; letztere ist dabei als Inbegriff aller Bemühungen um Erkenntnis der mit dem Menschen verbundenen Vergangenheit zu begreifen.

Geschichte, auch darüber muss man sich im Klaren sein, ist immer ›gemachte Geschichte‹, also eine Konstruktion. Denn es gibt einen Unterschied zwischen der tatsächlichen Geschichte einerseits und ihrer sprachlichen Erfassung andererseits: Das erkannte bereits der griechische Historiker *Thukydides* (um 455–396 v. Chr.) vor fast zweieinhalbtausend Jahren. Die Darstellung und Deutung von Geschichte – das betrifft nicht nur die Geschichtswissenschaften, sondern auch alle archäologischen Fächer – geschieht immer von der Gegenwart aus. Vergangenheit spricht daher auch nicht durch die Quellen, sondern sie wird vielmehr durch das erkennende Subjekt, den Historiker, auf der Grundlage von Quellen zur Sprache gebracht. Geschichtswissenschaft ist also ›standortgebunden‹ – immer von einer bestimmten Perspektive abhängig – und trägt zeit- und kulturspezifische Fragen sowie entsprechende theoretische Positionen an das historische Material heran; jede Gegenwart schafft ihre eigene Vergangenheit.

Wir hatten oben schon angesprochen, dass bisweilen besser von Geschichtswissenschaften im Plural als nur von ›Geschichtswissenschaft‹ gesprochen werden sollte. Dies hängt vor allem damit zusammen, dass es kein Universitätsfach ›Geschichtswissenschaft‹ gibt, sondern nurmehr verschiedene nach Raum und Zeit aufgegliederte historische Fächer. Mit der Geschichtswissenschaft verhält es sich also wie mit der Archäologie: Beide wird man an der Universität vergebens suchen. Allerdings existiert – anders als bei den archäologischen Fächern – eine gemeinsame universitäre Institutionalisierung im Sinne eines ›Historischen Seminars‹, ›Historischen Instituts‹ o. ä., in das gewöhnlich alle historischen Fächer integriert sind. Während die geschichtswissenschaftlichen Einzelfächer somit in der Regel unter einem gemeinsamen Dach und in einer **Fakultät** versammelt sind, besitzen die Einzelarchäologien keinen institutionellen Überbau und sind zumeist über verschiedene Fakultäten verteilt.

Die flächendeckende universitäre Etablierung der Geschichtswissenschaften in Deutschland fand im 19. Jahrhundert statt und ging mit einer zumeist epochenspezifischen Strukturierung einher. Heute findet man an einem Historischen Institut üblicherweise Teilbereiche wie die *Alte Geschichte* (Geschichte der griechisch-römischen Antike), *Mittelalterliche* oder *Mittlere Geschichte* (die Zeit von etwa 500 bis ca. 1500) sowie die *Neuere Geschichte* bzw. *Geschichte der Neuzeit*. Der letztgenannte Bereich ist an den deutschen Universitäten zumeist nochmals in die *Geschichte der Frühen Neuzeit* (die Zeit von etwa 1500 bis zur Französischen Revolution 1789), *Neuere Geschichte* im engeren Sinne (von der Französischen Revolution bis zum Ende des Ersten Weltkriegs 1918) und die *Zeitgeschichte* (Geschichte des 20. Jahrhunderts bis heute) untergliedert. Neben diesen Fächern finden sich an den Universitäten noch zahlreiche andere historische Teilbereiche wie z. B. die *Geschichtliche Landeskunde*, die *Wirtschaftsgeschichte*, die *Osteuropäische Geschichte*, die *Historischen Hilfswissenschaften* und viele mehr. Darüber hinaus gibt es historische Wissenschaften, die an der Universität gewöhnlich anderen Fakultäten zugerechnet werden, beispielsweise die *Geschichte der Medizin* oder auch die *Wissenschaftsgeschichte*.

Von besonderem Interesse für die Ur- und Frühgeschichtliche Archäologie sind vor allem die beiden historischen Nachbarfächer der Alten und Mittelalterlichen Geschichte. Anders als bei der Klassischen Archäologie und der Archäologie des Mittelalters (→ Kap. 6.2.1) beschränkt sich die von ihnen bereitgestellte Parallelüberlieferung zwar nur auf einen Teilbereich des Fachs – die Frühgeschichte –, aber sie ist überaus wichtig. Dazu zählen unter

---

Fakultät, von lat. *facultas*, ›Möglichkeit‹, ›Fähigkeit‹, ›Menge‹. Ein zentrales Organ der universitären Selbstverwaltung, das von Lehrenden und Studierenden mehr oder weniger zusammengehörender Wissenschaften gebildet wird; z. B. Medizinische Fakultät, Kulturwissenschaftliche Fakultät.

anderem die ›ethnographischen‹ Berichte *Caesars* (100–44 v. Chr.) über die Gallier bzw. Kelten in seinem Werk über den Gallischen Krieg (*Commentarii de bello Gallico*), in denen er zahlreiche Aspekte der keltischen Lebensweise (Wirtschaft, Religion, Siedlungsweise etc.) beschreibt – selbstverständlich aus der Perspektive des Außenstehenden. Aber auch für verschiedene andere Bereiche der Frühgeschichte besitzen wir Schriftquellen, die wir für die Deutung hinzuziehen können. Wir verweisen nur auf die Berichte fränkischer und arabischer Autoren – Missionare und Händler –, die uns über die Wikinger berichten (→ Kap. 7.17).

Die Geschichtswissenschaften spielen also als kulturwissenschaftliche Nachbarfächer für die Ur- und Frühgeschichtliche Archäologie eine wichtige Rolle. Eine fruchtbare Zusammenarbeit von Archäologie und Geschichtswissenschaften setzt allerdings von vornherein gemeinsame Fragestellungen und einen ständigen Austausch voraus. Diese Art von Zusammenarbeit ist jedoch – trotz der immer wieder geäußerten Bekenntnisse zur Interdisziplinarität – alles andere als die Regel. Vielmehr betrachten beide Seiten die jeweils andere als Hilfswissenschaft. Hier gilt es in Zukunft also verstärkt aufeinander zuzugehen. Doch nicht nur in inhaltlicher Hinsicht sind die Geschichtswissenschaften für die Archäologie von Bedeutung. Gerade vor dem Hintergrund theoretischer Grundlagenarbeit nehmen sie eine Vorreiterfunktion ein. Wir verweisen lediglich auf Fragen nach der Objektivität historischer respektive archäologischer Quellen und die damit einhergehenden Diskussionen zum sogenannten ›Historischen Erzählen‹, auf Forschungstendenzen wie die Sozial-, Alltags- sowie die Frauen- und Geschlechtergeschichte. Andere kulturwissenschaftliche Fragestellungen und Konzepte wie z. B. das Kulturelle Gedächtnis sowie neuerdings die Umweltgeschichte oder der Umgang mit Bildern (→ Kap. 8) werden von der Geschichtswissenschaft eingehend rezipiert, diskutiert und bisweilen weiterentwickelt. Die Geschichtswissenschaft liefert also entscheidende Ideen, die auch der Ur- und Frühgeschichtlichen Archäologie als Historischer Kulturwissenschaft wichtige Impulse zu geben vermögen. Die Ur- und Frühgeschichtsforschung sollte den in der Geschichtswissenschaft stattfindenden methodisch-theoretischen Diskussionen daher, so unser Appell, in Zukunft deutlich mehr Aufmerksamkeit schenken.

Ethnologie und Empirische Kulturwissenschaft | 6.2.3

Die *Ethnologie*, an deutschen Universitäten früher so gut wie ausschließlich ›Völkerkunde‹ genannt, beschäftigte sich traditionsgemäß mit außereuropäischen **traditionalen Gesellschaften**. Mit der international zu beobachtenden Auffächerung dieser Wissenschaft ist der überlieferte Forschungsschwerpunkt erheblich verändert worden: Ethnologen arbeiten heute nicht nur in vielen ländlichen Gegenden Europas, sondern auch in Großstädten, und zwar gleichgültig, ob es sich dabei um Ballungszentren in Europa, Indien, Afrika oder den USA handelt. Unabhängig von dieser inneren Differenzierung stellt die Erforschung traditionaler Gesellschaften immer noch den Kernbereich des Fachs dar. Dabei spielt das Eingreifen der modernen Welt in alle Lebensbereiche und ihre Verzahnung mit dem Überlieferten eine besondere Rolle.

Der deutsche Ethnologe *Karl-Heinz Kohl* hat sein Fach als »Wissenschaft vom kulturell Fremden« umschrieben und damit das Konzept der ›Fremdheit‹ zu Recht an die zentrale Stelle ethnologischer Reflexion gerückt. Fremdheit ist naturgemäß relativ, und was dem Ethnologen bei einer von ihm erforschten Bevölkerung zunächst als völlig ›fremd‹, d. h. unverständlich erscheint,

> Traditionale/traditionelle bzw. vormoderne Gesellschaft. Soziologisch-sozialethnologischer Begriff für Gruppen, die sozial sowie wirtschaftlich wenig differenziert sind und deren Lebensweise und soziopolitische Organisation in hohem Maße von verwandtschaftlichen Bindungen und gruppenspezifischen Traditionen geprägt sind.

Ethnologie und Ethnographie

Ethnologie, von griech. *éthnos*, ›Volk‹, ›Volksstamm‹, und *lógos*, ›Wissen‹, ›Lehre‹. Völkerkunde; Wissenschaft, die sich vorwiegend mit traditionalen Gesellschaften befasst. Bisweilen wird die Ethnologie heute als *Kulturanthropologie* bezeichnet. Das ist eine Konsequenz aus der starken Beeinflussung der Ethnologie durch die amerikanische *Cultural Anthropology*. Im Zuge dieses Einflusses hat die deutsche Ethnologie ihre traditionelle kulturhistorische Ausrichtung abgelegt und sich insbesondere soziologischen Fragestellungen geöffnet. Hinter der gelegentlichen Verwendung des Begriffs ›Kulturanthropologie‹ steht wohl auch eine Abwendung von der überkommenen Fachbezeichnung mit ihrem zentralen Konzept ›Volk‹, das sich als schwierige und forschungsgeschichtlich belastete Kategorie erwiesen hat. Eine wissenschaftshistorische Auseinandersetzung mit diesem Konzept in der Ethnologie verdanken wir *Ernst Wilhelm Müller*. – Von der Ethnologie pflegt man üblicherweise die *Ethnographie* (von griech. *gráphein*, ›ritzen‹, ›schreiben‹) im Sinne von ›Völkerbeschreibung‹ zu unterscheiden. Dieser Begriff betont die in der Regel auf eine Gruppe oder Bevölkerung konzentrierte Analyse der gesamten Kultur, der sozialen und politischen Organisation, der Wirtschaftweise und so fort, ohne dass dabei der Vergleich mit ähnlichen oder anders strukturierten ethnischen Einheiten im Vordergrund stünde. Dass aber auch die Ethnographie letztlich das Vergleichen voraussetzt, soll damit nicht geleugnet werden.

wird ihm mit wachsender Einsicht in die anfangs so andersartige Kultur zunehmend verständlicher werden. Allerdings trifft auch zu, dass erst die Verfremdung des allzu Gewohnten die Wahrnehmung von dessen Wirklichkeit zu schärfen vermag. Es ist der komparative ›ethnologische Blick‹, der im Fremden das Eigene und im Eigenen das Fremde erkennt. Er hilft – zumindest grundsätzlich – den Fallstricken von **Ethnozentrismus**, Nationalismus und Vorurteilen verschiedenster Art zu entgehen.

Die Ethnologie kann man im weitesten Sinne als Wissenschaft vom Menschen und seiner Kultur – oder, vielleicht genauer, als Wissenschaft vom Menschen als sozialem und kulturellem Wesen – bezeichnen. Damit geht letztlich ein globaler Anspruch einher, der in der Wirklichkeit allerdings durch forschungsgeschichtliche und pragmatische Gegebenheiten eingeschränkt wird. Für viele außereuopäische Völker sind bekanntlich eigene Wissenschaften zuständig – hier seien nur die Sinologie, Japanologie, Koreanistik, Indologie, Iranistik und Turkologie genannt. Damit schließt sich der Kreis insofern, als der globale Anspruch sich eben ursprünglich auf sogenannte ›Naturvölker‹ bezog – ein Begriff, auf dessen Unangemessenheit der Ethnologe *Ernst Wilhelm Müller* nachdrücklich hingewiesen hat. Entscheidend ist jedoch das komparative Anliegen, das die Ethnologie mit einigen anderen Kulturwissenschaften – etwa der Vergleichenden Religionswissenschaft, der Vergleichenden Literaturwissenschaft, der Vergleichenden Musikwissenschaft, aber auch der Vergleichenden Rechtswissenschaft – teilt. Angesichts ihrer globalen Ausrichtung und inhaltlichen Breite kann die Ethnologie als vergleichende Wissenschaft *par excellence* gelten, und ihrer forschungsgeschichtlichen Tradition zufolge ist sie das auch von Anbeginn gewesen.

Wir möchten noch einmal zum zentralen Begriff der Fremdheit zurückkehren und aus dieser Perspektive einen flüchtigen Blick auf unser eigenes Fach werfen. Hätten wir als Archäologen einen ähnlich direkten Zugang zur ur- und frühgeschichtlichen Lebenswirklichkeit wie der Ethnologe zu seinem Forschungsbereich, würden wir das Gefühl der Fremdheit, das uns die Vergangenheit einflößte, wohl kaum als geringer empfinden. Wir sprechen das hier an, weil wir – sofern wir darüber überhaupt nachdenken – allzu häufig von einer weitgehenden ›mentalen‹ Ähnlichkeit des ur- und frühgeschichtlichen Menschen mit uns selbst ausgehen. Die Ethnologie hingegen lehrt uns, dass es höchst unterschiedliche Kulturen gibt und diese Unterschied-

---

Ethnozentrismus, von griech. *éthnos*, ›Volk‹, ›Volksstamm‹, und lat. *centrum*, ›Mittelpunkt‹. Haltung, die das eigene Volk zum Wertmaßstab macht und daraus eine Überlegenheit über andere Völker ableitet.

lichkeit auf historisch gewachsenen Anschauungen und Werten beruht – Kultur ist, um es mit Müller zu sagen, »soziales Erbe«.

Nach unserer Auffassung ist die Ethnologie für die Ur- und Frühgeschichtliche Archäologie eine sehr wichtige Nachbarwissenschaft. Es gibt kein anderes Fach, das so direkt und anschaulich über die Verknüpfung aller Lebensbereiche – von der materiellen Kultur (→ Kap. 4.1) bis zu hochkomplexen Riten – unterrichtet. Deswegen ist dem Fachstudenten der Ur- und Frühgeschichtswissenschaft, der ja über nichts anderes als den materiellen Niederschlag längst vergangenen Lebens verfügt, dringend zu raten, wo immer möglich Ethnologie als Nebenfach zu wählen oder sich zumindest damit zu beschäftigen.

Im Gegensatz zur Ethnologie mit ihrer weltweiten Ausrichtung ist der Forschungsbereich der *Europäischen Ethnologie* oder *Empirischen Kulturwissenschaft* – wie das Fach in Tübingen heißt – auf Europa bezogen. Ohne Zusätze wie ›Europäische Ethnologie‹ findet man die traditionelle Bezeichnung ›Volkskunde‹ nur noch an sehr wenigen Universitäten. Die einstmals ausgeprägte Tendenz zu einer gleichsam unhistorischen ›Volks‹-Betrachtung mit einem nicht minder ausgeprägten Hang zum idealisierten Ländlichen und zum ›Volkstümlichen‹ bzw. ›Volkstümelnden‹ ist im Wesentlichen erst in den sechziger Jahren des 20. Jahrhunderts aufgebrochen worden. Mit an erster Stelle ist der Tübinger Volkskundler *Hermann Bausinger* zu nennen, dessen 1961 veröffentlichte Habilitationsschrift *Volkskultur in der technischen Welt* eine grundlegende Neubesinnung und einen Wendepunkt verkörperte. Gerade die von Bausinger begründete *Tübinger Schule* erwies sich als sehr einflussreich bei der Entwicklung der alten Volkskunde zu einer modernen Sozialwissenschaft.

Schaut man sich gegenwärtige Einführungen in die Europäische Ethnologie wie beispielsweise die von *Wolfgang Kaschuba* an, wird deutlich, wie sehr sich manche der wesentlichen Grundkonzepte von Ethnologie und Europäischer Ethnologie entsprechen. Insgesamt ist offenkundig, dass die Ethnologie sowohl in theoretischer als auch in methodischer Hinsicht einen erheblichen Einfluss auf ihre europäische ›Schwester‹ ausgeübt hat. Da letztere durch ihren regionalen Bezug in einem weit größeren Maße als die Ethnologie mit der Allgegenwart der industriellen Welt konfrontiert ist, könnte man meinen, dass sie sich in ständiger Gefahr befinde, von der *Soziologie* aufgesogen zu werden. Das entspricht jedoch keineswegs der Realität, weil sich Soziologie und Europäische Ethnologie in grundlegenden Aspekten,

> **Methoden der Empirischen Sozialforschung**
>
> *Quantitative und qualitative Methoden* der Empirischen Sozialforschung. Kennzeichen der quantitativen Methoden ist eine standardisierte und nachvollziehbare Erfassung der für das konkrete Forschungsprojekt angestrebten Daten. Diese quantifizierten Daten werden mit statistisch-mathematischen Verfahren ausgewertet. Im Gegensatz dazu steht bei qualitativen Methoden die Inhalts- und Bedeutungsanalyse der empirisch erfassten Phänomene im Vordergrund. Da das Verfahren der Datenerhebung gegenüber quantitativen Methoden weit weniger strukturiert und damit letztlich offen ist, lässt sich die leitende Fragestellung durch Erkenntnisse während des Erhebungsprozesses verändern. – *Teilnehmende Beobachtung*. Gängige Methode der ethnographischen Feldforschung, bei der der Ethnograph nach der überkommenen Tradition der Ethnologie in der Regel mindestens ein Jahr lang inmitten der von ihm untersuchten Gruppe lebte. In der Europäischen Ethnologie und der Großstadtethnologie (*Urban Anthropology*) trifft diese ›stationäre‹ Untersuchungspraxis nicht mehr oder nur noch sehr bedingt zu. Die teilnehmende Beobachtung ist eine klassische Form der qualitativen Datenerhebung.

Generalisierung. Forschungsziel, das in eingehend untersuchten Einzelfällen Gemeinsamkeiten zu erkennen sucht und damit die Formulierung von soziokulturellen Regeln anstrebt. Das generalisierende Anliegen unterscheidet die sozialwissenschaftlich ausgerichteten Fächer von den traditionellen Geschichtswissenschaften.

Empirie, von griech. *empeiría*, ›Erfahrung‹. Wissenschaftliche praktische Erfahrung im Unterschied zur Theorie (von griech. *theōría*, ›Betrachtung‹; hier: begriffliche, abstrakte Betrachtung).

und zwar vor allem im Bereich des Forschungsansatzes und des Forschungsziels, unterscheiden. Hier genügt ein Verweis auf den auf Repräsentativität angelegten Modus der Erhebungen – zumeist *quantitative Methoden* – der Soziologie im Vergleich zum Prinzip der *Teilnehmenden Beobachtung* und weiteren *qualitativen Methoden* sowie dem kulturanalytischen Anliegen der Europäischen Ethnologie. Auch das Prinzip der **Generalisierung empirischer** Befunde ist bei der Soziologie stärker ausgeprägt als bei der Ethnologie und Europäischen Ethnologie.

Die Europäische Ethnologie ist nicht von der Soziologie bedroht, sondern – wenn man sich überhaupt auf solche Überlegungen einlassen möchte – weit eher von der Ethnologie. Denn diese Wissenschaft hat, wie bereits einleitend angedeutet, ihren Arbeitsbereich längst auf Europa ausgedehnt, und in Anbetracht der starken theoretischen und methodischen Bindung zwischen diesen beiden Wissenschaften mag ihre akademische Trennung tatsächlich als ein Relikt aus einer vergangenen Zeit erscheinen.

6.2.4 | Philologien

Unter ›Philologie‹ versteht man die Wissenschaft von Texten, die in einer bestimmten Sprache verfasst sind. Zu den Philologien gehören also alle Sprachwissenschaften, gleichgültig ob es sich bei diesen Sprachen um moderne oder nicht mehr gesprochene

Sprachen wie beispielsweise Altägyptisch, Sumerisch, Altgriechisch, Latein, Altisländisch oder Althochdeutsch handelt. Es versteht sich, dass die Ur- und Frühgeschichtliche Archäologie an jenen Sprachwissenschaften interessiert ist, deren Texte in den Bereich fallen, mit dem sie sich auseinandersetzt.

Da aus der urgeschichtlichen Zeit keinerlei Schriftzeugnisse vorliegen (→ Kap. 3.1), gibt es für diesen immensen Zeitraum der Menschheitsgeschichte natürlich auch keine Philologien. Für die Ur- und Frühgeschichtliche Archäologie werden die Sprachwissenschaften daher im Großen und Ganzen erst in dem Augenblick interessant, in dem es um den Bereich der Frühgeschichte geht. Dabei ist der Aussagewert der überlieferten Textquellen sehr unterschiedlich. Bei historischen Werken wie *Caesars* (100–44 v. Chr.) Kommentaren zum Gallischen Krieg beispielsweise ist der philologische Aspekt für die Frühgeschichte in zweifacher Hinsicht interessant: Eine umfassende philologisch-textkritische Analyse des Werks bildet einerseits die Voraussetzung für seine Nutzung als historische Quelle; andererseits werden dabei von Caesar überlieferte **onomastische** Angaben keltischen Ursprungs in ihrem Textzusammenhang erfasst und ermöglichen damit einen Beitrag zu ihrer Bedeutung um die Mitte des 1. Jahrhunderts v. Chr.

Caesars *Commentarii de bello Gallico* sind auch insofern ein gutes Beispiel für schriftliche Zeugnisse in frühgeschichtlichem Kontext, weil sie von jemandem verfasst wurden, der der Kultur, über die er schrieb, nicht angehörte. Das ist zwar häufig so, gilt jedoch nicht uneingeschränkt, wie sich an der altnordischen Literatur zeigen lässt. Diese Überlieferung ist nicht von Kulturfremden verfasst, sondern eine autochthone Quellengattung. Zwar wurde sie erst verhältnismäßig spät — im 13. und 14. Jahrhundert — in schriftliche Form gebracht, aber sie reicht in tieferliegende Zeitschichten des 9. bis 11. Jahrhunderts zurück.

Insgesamt trifft zu, dass die eingehende philologische Analyse von Texten oder bestimmter Textstellen immer dann notwendig ist, wenn es etwa darum geht, die Angaben antiker und anderer Autoren zu archäologischen Funden und Befunden in Beziehung zu setzen. Auch in solchen Fällen wird die fachübergreifende Forschung nur dann erfolgreich sein, wenn die Problematik eingehend diskutiert und in gemeinsamer Auseinandersetzung von allen Seiten beleuchtet wird. Gerade im Bereich der antiken, über den keltischen bzw. germanischen Norden berichtenden Schriftzeugnisse gibt es zahlreiche Beispiele für die hier zur Diskussion stehende Thematik und entsprechende Kooperationen.

Onomastik, von griech. *onomastiké (téchnē)*, ›Namengeben‹ bzw. ›Kunst des Namengebens‹. Wissenschaft von den Eigennamen, Namenkunde.

Es genügt, an die Vernichtung der Legionen des *Varus* durch die Krieger des cheruskischen Adligen *Arminius* im Jahre 9 n. Chr. zu erinnern, die der römische Historiker *Cassius Dio* beschrieben hat (→ Kap. 7.14). Der Archäologe aber fragt sich, inwieweit der sehr anschauliche Bericht des Dio mit der Topographie jenes Geländes von Kalkriese übereinstimmt, das viele inzwischen für den Ort der Varusschlacht halten.

Testfragen

1. Benennen Sie die archäologischen Nachbarfächer der Ur- und Frühgeschichtlichen Archäologie. Beschreiben Sie kurz deren Arbeitsgebiet in zeitlicher und räumlicher Hinsicht.
2. Welche historischen Nachbarfächer sind für die Ur- und Frühgeschichtliche Archäologie von besonderem Interesse?
3. Wie definieren Sie das Anliegen der Ethnologie?
4. Was unterscheidet Ethnologie, Kulturanthropologie und Europäische Ethnologie?

Literatur zu Geistes- bzw. Kulturwissenschaften

D. Bachmann-Medick, Cultural Turns: Neuorientierungen in den Kulturwissenschaften (Reinbek bei Hamburg 2006).

H. Böhme/P. Matussek/L. Müller, Orientierung Kulturwissenschaft: Was sie kann, was sie will (Reinbek bei Hamburg 2000).

M. K. H. Eggert, Archäologie: Grundzüge einer Historischen Kulturwissenschaft (Tübingen – Basel 2006).

J. Kocka, Veränderungen in der Geschichtswissenschaft: Eine ›Geisteswissenschaft‹? In: W. Prinz/P. Weingart (Hrsg.), Die sog. Geisteswissenschaften: Innenansichten (Frankfurt am Main 1990) 134–137.

J. Mittelstraß, Die Geisteswissenschaften im System der Wissenschaft. In: W. Frühwald/ H. R. Jauß/R. Koselleck/J. Mittelstraß/B. Steinwachs, Geisteswissenschaften heute: Eine Denkschrift (Frankfurt am Main 1991) 15–44.

A. Nünning/V. Nünning (Hrsg.), Konzepte der Kulturwissenschaften: Theoretische Grundlagen – Ansätze – Perspektiven (Stuttgart – Weimar 2003) [Unveränd. Nachdr. 2008 mit verändertem Haupttitel: »Einführung in die Kulturwissenschaften«].

Literatur zu archäologischen Einzelfächern

T. Bechert, Römische Archäologie in Deutschland: Geschichte. Denkmäler. Museen (Stuttgart 2003).

A. H. Borbein/T. Hölscher/P. Zanker (Hrsg.), Klassische Archäologie: Eine Einführung (Berlin 2000).

F. W. Deichmann, Einführung in die Christliche Archäologie (Darmstadt 1983).
M. K. H. Eggert, Archäologie: Grundzüge einer Historischen Kulturwissenschaft (Tübingen – Basel 2006).
G. P. Fehring, Die Archäologie des Mittelalters: Eine Einführung (Darmstadt 2000³).
V. Fritz, Einführung in die Biblische Archäologie (Darmstadt 1993²).
T. Fischer (Hrsg.), Die römischen Provinzen: Eine Einführung in ihre Archäologie (Stuttgart 2001).
M. Heinz, Vorderasiatische Altertumskunde: Eine Einführung (Tübingen – Basel 2009).
T. Hölscher, Klassische Archäologie – Grundwissen (Darmstadt 2002).
F. Lang, Klassische Archäologie (Tübingen – Basel 2002).
H. J. Nissen, Geschichte Altvorderasiens. Oldenbourg Grundriss der Geschichte 25 (München 1999).
B. Scholkmann, Das Mittelalter im Fokus der Archäologie. Archäologie in Deutschland, Sonderheft Plus (Stuttgart 2009).
U. Sinn, Einführung in die Klassische Archäologie (München 2000).
D. Vieweger, Archäologie der biblischen Welt (Göttingen 2006²).

Literatur zur Geschichtswissenschaft

M. K. H. Eggert, Archäologie: Grundzüge einer Historischen Kulturwissenschaft (Tübingen – Basel 2006).
Geschichte in Wissenschaft und Unterricht 60/3, 2009 (Themenheft: Einheit der Geschichte).
H.-J. Goertz, Geschichte: Ein Grundkurs (Reinbek bei Hamburg 2007³).
S. Jordan, Lexikon Geschichtswissenschaft. Hundert Grundbegriffe (Stuttgart 2002).
S. Jordan, Einführung in das Geschichtsstudium (Stuttgart 2005).

Literatur zur Ethnologie und Empirischen Kulturwissenschaft

W. Kaschuba, Einführung in die Europäische Ethnologie (München 2006³).
K.-H. Kohl, Ethnologie – die Wissenschaft vom kulturell Fremden: Eine Einführung (München 2000²).
E. W. Müller, Kultur, Gesellschaft und Ethnologie: Aufsätze 1956–2000. Mainzer Beiträge zur Afrika-Forschung 5 (Münster – Hamburg – London 2001).
B. J. Warneken, Die Ethnographie populärer Kulturen: Eine Einführung (Wien – Köln – Weimar 2006).

Naturwissenschaften | 6.3

Geologie, Geomorphologie und Bodenkunde | 6.3.1

Geologie ist dem Wortsinn nach die Wissenschaft von der Erde, einschließlich des Lebens, das sich darauf entwickelt hat. Sie befasst sich mit der Entstehung der Erde, ihrem Aufbau sowie ihrer Gestalt, und zwar besonders ihren Oberflächenformen. Die Wurzeln dieser Wissenschaft reichen bis in die Antike zurück.

Endogene und exogene Dynamik, von griech. *éndon*, ›innen‹, ›innerhalb‹, und *éxō*, ›außen‹, ›außerhalb‹, sowie *-genḗs*, ›hervorbringend‹, ›verursachend‹. Prozesse, die aus dem Erdinneren resultieren bzw. von außen auf die Erdoberfläche einwirken.

Quartär, von lat. *quartus*, ›der Vierte‹. Nach alter, inzwischen überholter Zählung die vierte erdgeschichtliche Epoche, die das Pleistozän (→ Kap. 3.3.2) und das Holozän (→ Kap. 5.2.1) umfasst.

Geomorphologie, von griech. *gē̂*, Wortbildungselement mit der Bedeutung ›Erde‹, und *morphḗ*, ›Gestalt‹. Wissenschaft von den Formen der Erdoberfläche.

Pedologie, von griech. *pédon*, ›Boden‹, und *lógos*, ›Wissen‹, ›Lehre‹. Bodenkunde.

Für Ur- und Frühgeschichtliche Archäologen sind Grundkenntnisse des ›Systems Erde‹ sinnvoll. Dabei geht es z. B. um ihren Schalenaufbau sowie um die **endogene Dynamik**, d. h. um Prozesse wie Vulkanismus und Erdbeben, die die Erdoberfläche verändern und in der Regel erhebliche, oft sogar katastrophale Folgen für die Besiedlung betroffener Regionen haben. Auch die **exogene Dynamik**, beispielsweise Klima, Verwitterung und Erosion, der Wasserkreislauf, Flüsse und Meere sowie schließlich Gletscher und Wüsten mit den daraus resultierenden Konsequenzen sind für das Verständnis der Herausbildung der Oberflächengestalt der Erde maßgebend. Knapp zusammengefasst gilt die Regel, dass das Relief der Erdoberfläche auf einer ständigen Wechselwirkung von endogenen und exogenen Prozessen beruht. Diese Prozesse sind keineswegs auf die geologische Vergangenheit beschränkt, sondern sie wirken ebenso in der Gegenwart und werden die Erdoberfläche auch in Zukunft prägen.

In der archäologischen Feldpraxis hat sich darüber hinaus ein solides Wissen über gesteinsbildende Minerale sowie die Entstehung, Einteilung und Charakteristika der Gesteine als hilfreich erwiesen. Für jene Prähistoriker, die sich mit dem Paläolithikum (→ Kap. 5.2.1) beschäftigen, sind fundierte Kenntnisse in **Quartärgeologie** für das Verständnis der pleistozänen Umwelt von großer Bedeutung.

Anders als die Geologie widmet sich die **Geomorphologie** in erster Linie den Oberflächenformen der Erde. Dabei spielen exogene Prozesse eine herausragende Rolle. Zwischen der Geologie und der Geomorphologie besteht also ein großer Überschneidungsbereich. Allgemein ist festzuhalten, dass gute Kenntnisse der Gliederung der verschiedenen Landschaftsformen und der wichtigsten Prozesse ihrer Herausbildung für den Feldarchäologen von erheblichem Nutzen sind. Sie ermöglichen eine hinreichend präzise Charakterisierung seiner Fundplätze und erlauben es, jene Wirkkräfte anzusprechen, die zur Formung und Veränderung des Reliefs beigetragen haben bzw. beitragen.

Die *Bodenkunde* oder **Pedologie** setzt sich mit dem Aufbau von Böden aus Mineralen und Gesteinen sowie ihren organischen Substanzen (Bodenbiologie) auseinander. Hinzu kommen die chemischen und physikalischen Strukturen und Abläufe – sie fallen in den Bereich der ebenfalls zur Bodenkunde gehörenden Bodenchemie und Bodenphysik –, die die Bodenbildung und Bodenveränderung beeinflussen. Nicht minder wichtig sind Fragen der Bodenentwicklung, Bodensystematik und Bodenverbreitung. Auch die qualitativen Aspekte von Böden, unter anderem ihr Nährstoffgehalt und die damit zusammenhängende Bodenbewertung, bilden ein Arbeitsgebiet der Bodenkunde. Für den Feldarchäologen sind besonders Kenntnisse der Grundlagen der Bodenkartierung empfehlenswert. Sie setzen eine zumindest überblicksartige Vertrautheit mit elementaren Aspekten der Bodenbildung und Bodeneinteilung voraus. Der Archäologe wird dadurch in die Lage versetzt, eine pedologische Grobcharakterisierung seiner Grabungsbefunde durchzuführen und nach Einschätzung der betreffenden Verhältnisse gegebenenfalls Spezialisten heranzuziehen.

Anthropologie und Paläogenetik | 6.3.2

Die Anthropologie, also die Wissenschaft vom Menschen und seiner Entwicklung, gehört zu den klassischen Nachbarfächern der Ur- und Frühgeschichtswissenschaft. Das zeigt ein Blick in die Vergangenheit. Bereits lange vor der universitären Etablierung der Ur- und Frühgeschichtlichen Archäologie kam es – vor allem in den Jahren nach 1870 – zu zahlreichen Gründungen sogenannter ›Anthropologischer Gesellschaften‹, in denen nicht allein anthropologische, sondern auch urgeschichtliche sowie ethnologische Fragen und Probleme diskutiert wurden. Die wohl wichtigste dieser Gesellschaften war die 1869 von *Rudolf Virchow* in Berlin mitbegründete *Berliner Gesellschaft für Anthropologie, Ethnologie und Urgeschichte* (→ Kap. 3.3.2).

Die Wurzeln von Ur- und Frühgeschichtlicher Archäologie und Anthropologie reichen also weit ins 19. Jahrhundert zurück. Sie haben ihren Ursprung im gemeinsamen Forschungsgegenstand – dem Menschen als Kultur- und Naturwesen – sowie in sich überschneidenden Forschungsfragen, etwa der Entwicklung oder Rekonstruktion der Lebensweise des Menschen. Die Anthropologie, die zur Unterscheidung von der Historischen und der Kulturanthropologie/Ethnologie (→ Kap. 6.2.2) bisweilen auch als *Physische Anthropologie* bezeichnet wird, bedient sich naturwissenschaftlicher Methoden. Dabei interessiert sie sich sowohl für die Entwicklung des Individuums (**Ontogenese**) als auch der Arten (**Phylogenese**).

Grundsätzlich ist zwischen *Paläoanthropologie* und *Prähistorischer Anthropologie* zu unterscheiden. Erstere befasst sich mit der Entwicklung des Urmenschen, also dem Prozess der **Hominisation**. Ihr Quellenmaterial sind fossile Überreste von **Hominiden**. Die Prähistorische Anthropologie dagegen beschäftigt sich mit dem anato-

> Ontogenese, von griech. *on*, ›Wesen‹, und *génesis*, ›Entstehung‹. Entwicklung eines einzelnen Lebewesens von seiner Entstehung bis zum Tod. – Phylogenese, von griech. *phylon*, ›Stamm‹, und *génesis*, ›Entstehung‹. Stammesgeschichte der Lebewesen.

> Paläoanthropologie, von griech. *palaiós*, ›alt‹, *ánthropos*, ›Mensch‹, und *lógos*, ›Wissen‹, ›Lehre‹. Wissenschaft, die sich mit dem Menschen, hier

Hominisation, von lat. *homo*, ›Mensch‹. Darunter versteht man die Menschwerdung, d. h. die stammesgeschichtliche Entwicklung des Menschen. Als Hominiden werden Vertreter heute noch lebender (z. B. Gorilla) oder bereits ausgestorbener menschenartiger Lebewesen (z. B. Australopithecus) bezeichnet.

Osteologie, von griech. *ostéon*, ›Knochen‹, und *lógos*, ›Wissen‹, ›Lehre‹. Wissenschaft von den Knochen.

Morphologie, von griech. *morphé*, ›Gestalt‹, und *lógos*, ›Wissen‹, ›Lehre‹. Wissenschaft von der Gestalt und Form, hier des Menschen.

Population, von lat. *populus*, ›Volk‹, Bevölkerung. In der Biologie versteht man darunter die Gesamtheit der Individuen einer Art in einem begrenzten Bereich.

speziell dem Urmenschen, und dessen Entwicklung beschäftigt.

misch modernen Menschen und damit der jüngeren Menschheitsgeschichte. Ihre Quellen bestehen aus Überresten menschlicher Knochen bzw. aus Leichenbrand – sie gewinnt ihre Erkenntnisse daher vor allem aus der osteologischen Analyse ihres Quellenmaterials. Hin und wieder steht der Prähistorischen Anthropologie auch der komplette menschliche Körper für Untersuchungen zur Verfügung, beispielsweise wenn – wie bei Moorleichen – der Körper durch günstige feuchte Bedingungen weitgehend vollständig erhalten ist.

Ziel der Paläoanthropologie und der Prähistorischen Anthropologie ist es, die Entstehung, Entwicklung und Lebensweise des Menschen anhand des zur Verfügung stehenden Quellenmaterials zu rekonstruieren. Methodisch bedient sie sich dazu verschiedener naturwissenschaftlicher Analyseverfahren. Die osteologische und damit morphologische Analyse führt zu zahlreichen wichtigen Erkenntnissen; je nach Quellenlage lassen sich anhand von Knochen Alter, Geschlecht und Größe eines Individuums bestimmen; es können Aussagen über Krankheiten, Verletzungen und Abnutzungsspuren der Knochen zu Lebzeiten getroffen werden, aber auch solche, die die Todesumstände betreffen. Darüber hinaus lassen osteologische Untersuchungen indirekt Rückschlüsse auf die Ernährung des betreffenden Menschen zu, beispielsweise wenn sich Mangelerscheinungen an Zähnen und Knochen niederschlagen.

Neuerdings werden immer häufiger Methoden der Genetik sowie biochemische Verfahren, z. B. die *Strontiumisotopenanalyse* (→ Kap. 7.7), eingesetzt. Das noch junge Forschungsgebiet der sogenannten Paläogenetik beschäftigt sich mit alter bzw. fossiler DNA, auch *ancient DNA* (aDNA) genannt. Dabei werden molekulargenetische Untersuchungen an DNA verstorbener Organismen vorgenommen. Molekulargenetische Verfahren ermöglichen gegenüber herkömmlichen osteologischen Analysen eine Reihe zusätzlicher Informationen. Dazu gehören besonders solche Untersuchungen, die Hinweise auf genetische Verwandtschaft zwischen Individuen und Populationen geben. Allerdings hat die Paläogenetik mit einigen Problemen zu kämpfen, die das Aussagepotential ihrer Arbeiten einschränken. So wird in letzter Zeit nachdrücklich darauf hingewiesen, dass die Forschung mit menschlicher aDNA immer wieder mit verunreinigtem Material zu tun habe, da eine Kontamination der Probe – also beispielsweise die aus einem Knochen entnommene DNA – etwa durch den Bearbeiter nicht völlig auszuschließen sei; die Probe ist in

> **DNA und Paläogenetik**
>
> Die Abkürzung ›DNA‹ steht für das englische *desoxyribonucleic acid* (dt. Desoxyribonukleinsäure; daher früher auch als ›DNS‹ abgekürzt). Die DNA ist Träger der primären Erbinformation eines jeden Lebewesens. Die Paläogenetik versucht aus Knochenresten von Urmenschen das jeweilige Erbgut zu isolieren – also eine Art paläogenetischen ›Fingerabdruck‹ herzustellen –, um somit z. B. verwandtschaftliche Beziehungen zwischen verschiedenen Menschenformen zu klären. 1996 gelang es erstmals – übrigens aus dem 1856 im Neandertal gefundenen Skelett – Reste von DNA, speziell mitochondrialer DNA (kurz: ›mtDNA‹), zu gewinnen. Mitochondriale DNA wird ausschließlich über die Mutter weitergegeben. Anders als der Samen des Mannes, der nur aus einem Zellkern besteht, ist die Eizelle der Frau eine komplette Zelle mit Zellkern und Mitochondrien. Da sich in den ›Kraftwerken der Zelle‹, wie die Mitochondrien auch genannt werden, Mutationen, also spontane Veränderungen des Erbguts, häufiger abspielen als im Zellkern, sind sie dort auch besser nachzuweisen. Die mtDNA ist daher geeigneter, genetische Ähnlichkeiten und Unterschiede – etwa zwischen Neandertalern und heutigen Menschen (→ Kap. 7.1) – festzustellen.

diesem Fall nicht mehr authentisch und das Untersuchungsergebnis damit fragwürdig. Auch wenn molekulargenetische Verfahren daher noch nicht auf der ganzen Linie über jeden Zweifel erhaben sind, haben sie die Erkenntnismöglichkeiten der Anthropologie doch außerordentlich erweitert bzw. zu mehr Exaktheit geführt. Über molekulargenetische Methoden lässt sich z. B. das Geschlecht eines Individuums zweifelsfrei bestimmen, so dass die häufig unsichere morphologische Geschlechtsdiagnose jetzt durch ein zuverlässiges Verfahren ersetzt bzw. damit abgesichert werden kann.

War die Anthropologie vor etwa dreißig Jahren also noch eine Wissenschaft, die überwiegend mit menschlichem Skelettmaterial arbeitete und vor allem morphologische Analysen betrieb, so kann sie heute aufgrund der in der Mikrobiologie und Biochemie entwickelten Verfahren auf molekulargenetischem und spurenanalytischem Gebiet deutlich mehr Aussagen über den Menschen in der Vergangenheit liefern. Damit hält sie für die Ur- und Frühgeschichtliche Archäologie wichtige Erkenntnisse bereit, die diese allein nicht zu gewinnen vermag.

Archäozoologie

| 6.3.3

Archäozoologische Untersuchungen finden bereits seit der Erforschung der dänischen Muschelhaufen (→ Kap. 7.4.1) und der schweizerischen Pfahlbauten (→ Kap. 7.9) um die Mitte des 19. Jahr-

Archäozoologie, von griech. *archaíos*, ›alt‹, *zôon*, ›Lebewesen‹, ›Tier‹, und *lógos*,

hunderts statt. Schon damals schenkte man Funden von Tierresten in archäologischem Fundzusammenhang die gebührende Aufmerksamkeit. Zentrale Aufgabe der *Archäozoologie* ist es seitdem, die Beziehungen zwischen Mensch und Tier in ur- und frühgeschichtlicher Zeit zu untersuchen. Dazu nutzt sie die bei archäologischen Ausgrabungen zu Tage kommenden Überreste von Tieren, bei denen es sich vornehmlich um Hartgewebe wie Knochen, Zähne und Geweihe handelt; hinzu treten Muschel- und Schneckenschalen. Seltener, nur bei äußerst günstigen Bodenbedingungen, erhalten sich auch Überreste wie Federn, Fell und Haare oder Chitinhüllen und Chitinpanzer wirbelloser Tiere wie Krebse und Insekten.

Der erste und zugleich wichtigste Arbeitsgang der Archäozoologie ist die Bestimmung der Tierart, die sogenannte Taxonomie. Dazu muss zuerst der einzelne Knochen bzw. das Knochenfragment bestimmt werden; daran schließt sich dann die Zuordnung zu einer Tierart an. Hierbei zieht die Archäozoologie Vergleichssammlungen von Skeletten heute lebender Tierarten heran. Je nach Tierart und Erhaltungszustand der Überreste lassen sich durch archäozoologische Untersuchungen zahlreiche weitere Merkmale ermitteln, z. B. Alter, Geschlecht, Größe, Krankheiten, Zeitpunkt des Todes im Jahreslauf sowie Spuren postmortaler Art (z. B. Schnittspuren an Knochen). Weitere methodische Arbeitsschritte sind die Erfassung der Häufigkeit der an einem Fundplatz vorkommenden Tierarten (z. B. das Verhältnis von Haus- zu Wildtieren), die Bestimmung der Häufigkeit der verschiedenen Skelettelemente (also bestimmter Körperteile), eine Analyse der Fragmentierung der vorgefundenen Knochen und anderes mehr. Solche Untersuchungen geben uns Hinweise auf Aspekte wirtschaftlicher Art, etwa wenn es um die Nutzung von Tieren als Nahrungsquelle geht.

Archäozoologische Analysen liefern aber nicht nur viele nützliche Erkenntnisse hinsichtlich der Ernährung ur- und frühgeschichtlicher Menschen, sie geben in vielfältiger Weise auch Auskunft über die Mensch-Tier-Beziehung in der Vergangenheit. Tiere kamen beispielsweise als Nutz- und Arbeitstiere zum Einsatz, sie dienten dem Schutz oder einfach nur als Begleiter des Menschen. Sie waren Rohstofflieferanten, deren Knochen und Geweihe für die Herstellung von alltäglichen Gegenständen wie Kamm, Nadel oder Ring genutzt werden konnten; Felle und Sehnen wurden zu Kleidung weiterverarbeitet. Darüber hinaus waren sie Handelsgut, Prestigeobjekt und – nicht zu vergessen –

›Wissen‹, ›Lehre‹. Wissenschaft, die sich mit Überresten von Tieren aus archäologischen Fundzusammenhängen befasst.

Chitin, von griech. *chitón*, ›Gewand‹, ›Hülle‹. Hornähnlicher Stoff im Panzer von Gliederfüßern.

Taxonomie, von griech. *táxis*, ›Ordnung‹, und *nómos*, ›Gesetz‹. In der Biologie wird darunter die Einordnung von Lebewesen in ein biologisches System verstanden.

Postmortal, von lat. *post*, ›nach‹, und *mors*, ›Tod‹. Nach dem Tod (eintretend).

Kultobjekt. Gerade im Rahmen von Kulthandlungen spielten Tiere als Opfer eine wichtige Rolle. In einigen ur- und frühgeschichtlichen Kulturen besaßen bestimmte Tierarten eine besondere Stellung. Das gilt etwa für das Pferd bei den *Skythen* und anderen sogenannten *Reitervölkern* (→ Kap. 7.11). Das Pferd war hier nicht nur Nutz- und Arbeitstier, Handelsgut und Rohstofflieferant, sondern es nahm auch als Opfertier im Bestattungskult einen herausragenden Platz ein – Mensch und Tier waren selbst im Tod miteinander verbunden.

Die angeführten Beispiele verdeutlichen, dass die Archäozoologie für die Ur- und Frühgeschichtliche Archäologie ein wichtiges Nachbarfach darstellt, ohne das sie heute nicht mehr betrieben werden kann. Die Erkenntnisse der Archäozoologie liefern uns Einsichten zu Ernährungsgewohnheiten, zur Wirtschaftsweise, zur Struktur von Siedlungen, zur Domestikation von Tieren (→ Kap. 4.3), zur Bedeutung von Tieren in Religion und Kult, aber auch ganz generell zur Umweltgeschichte, etwa wenn es um die Rekonstruktion der Umweltverhältnisse in einem bestimmten Zeitabschnitt oder Raum geht.

Archäobotanik

6.3.4

Als Begründer der **Archäobotanik** gilt der Zürcher Professor für Botanik und **Entomologie** *Oswald Heer* (1809–1883). Er verfasste unter anderem die seinerzeit grundlegenden Abhandlungen *Die Pflanzen der Pfahlbauten* (1865) sowie *Flachs und die Flachskultur im Altertum* (1872). Wie der Name schon sagt, beschäftigt sich die Archäobotanik mit ›alten‹ Pflanzen oder richtiger mit Pflanzen, die aus archäologischen Fundzusammenhängen stammen. Gelegentlich wird dafür auch die von dem dänischen Botaniker *Hans Helbaek* geprägte Bezeichnung **Paläoethnobotanik** verwendet. Die Archäobotanik stellt ein Spezialgebiet der Botanik dar. Somit gehört sie aufgrund ihrer Herkunft und disziplinären Verankerung wissenschaftssystematisch gesehen zu den Naturwissenschaften. Da ihre Forschung jedoch in hohem Maße an historisch-kulturwissenschaftlichen Fragestellungen ausgerichtet ist, besteht vor allem mit den archäologischen Einzelfächern eine sehr enge Verbindung.

In der Archäobotanik wird grundsätzlich zwischen sogenannten ›*on-site*-‹ und ›*off-site*-Daten‹ unterschieden. Unter archäobotanischen *on-site*-Daten versteht man alle organischen Überreste, die aus archäologischen Befunden stammen; *off-site*-Daten hin-

Archäobotanik, von griech. *archaíos*, ›alt‹, und *botaniké* (*epistḗmē*), ›Pflanzenkunde‹. Wissenschaft, die sich mit Überresten von Pflanzen aus archäologischen Fundzusammenhängen befasst.

Entomologie, von griech. *éntomon*, ›Insekt‹, und *lógos*, ›Wissen‹, ›Lehre‹. Insektenkunde.

Paläoethnobotanik, von griech. *palaiós*, ›alt‹, und *éthnos*, ›Volk‹. Wird synonym zu ›Archäobotanik‹ verwendet.

gegen betreffen das Umfeld jener archäologisch-historischen Erscheinungen, um deren Erforschung es geht. Dazu zählen besonders Ablagerungen in feuchtem Milieu wie Mooren, Seen und Flusstälern, in denen sich organische Überreste erhalten konnten. Aber auch Bild- oder Schriftzeugnisse mit Hinweisen auf Pflanzen gehören zur Kategorie der *off-site*-Daten.

> Palynologie, von griech. *palýnein*, ›streuen‹, und *lógos*, ›Wissen‹, ›Lehre‹. Zweig der Botanik, der sich mit der Erforschung von Pollen und Sporen befasst.

Die Archäobotanik gliedert sich im Wesentlichen in zwei Forschungsrichtungen, die Pollenanalyse oder **Palynologie** und die Großrestanalyse. Die Pollenanalyse befasst sich mit sogenannten ›**Mikroresten**‹, und zwar **Blütenstaub (Pollen)** und **Sporen**, die Analyse der Groß- oder **Makroreste** hingegen mit allen anderen Pflanzenteilen wie etwa Samen, Früchten und Holz. Wenngleich Großreste meist unter dem Mikroskop untersucht werden, sind sie im archäologischen Befund doch in aller Regel auch mit bloßem Auge bzw. mit einer Lupe erkennbar. Anders verhält es sich hingegen mit Pollenkörnern, die man aufgrund ihrer Kleinheit nur mit Hilfe eines Mikroskops identifizieren kann.

> Mikroreste, von griech. *mikrós*, ›klein‹. In der Archäobotanik Pollen und Sporen.

> Pollenkörner (auch als ›Pollen‹ oder ›Blütenstaub‹ bezeichnet) sind Träger des männlichen Erbguts von Samenpflanzen, während Sporen dieselbe Funktion bei Moosen und Farnpflanzen erfüllen.

Archäobotanische Untersuchungen sind heutzutage ein fester Bestandteil der Archäologie. Allein mit ihrer Hilfe ist es möglich, die für jede Kultur wichtigen Vegetationsvoraussetzungen zu klären sowie die Nutzung von Wildpflanzen als Nahrungsmittel und als Rohstoff für die vielen verschiedenen Tätigkeitsbereiche vom Hausbau bis zum Fischfang herauszuarbeiten. Auch einen derart fundamentalen zivilisatorischen Fortschritt wie die Umwandlung von Wild- in Kulturpflanzen vermag die Archäobotanik nachvollziehbar zu machen, und nur durch sie ist es möglich, Wildpflanzen von Domestikaten (→ Kap. 4.3) zu unterscheiden. Zusammenfassend ist festzuhalten, dass die Archäobotanik als vegetations- und agrargeschichtlich ausgerichtete Naturwissenschaft für die Erforschung der materiellen Lebensbedingungen des Menschen von größter Wichtigkeit ist.

> Makroreste, von griech. *makrós*, ›groß‹. In der Archäobotanik Samen, Früchte, Holz und andere Pflanzenteile außer Pollen und Sporen.

6.3.5 | Archäometrie

> Archäometrie, von griech. *archaíos*, ›alt‹, und *metreín*, ›messen‹. Wissenschaft, die kulturgeschichtlichen Fragen mit Hilfe naturwissenschaftlicher Methoden nachgeht.

Der Begriff ›**Archäometrie**‹ ist erst seit dem Jahr 1959 geläufig, in dem er als Name für die noch heute bestehende Zeitschrift *Archaeometry* gewählt wurde. Sein Inhalt war allerdings zunächst noch nicht eindeutig definiert. Den unterschiedlichen Standpunkten lag lediglich die Auffassung zugrunde, dass es in jedem Falle um die Anwendung naturwissenschaftlicher Methodik auf kulturgeschichtliche Fragestellungen ging. Dabei beschränkten manche den Gegenstandsbereich auf anorganische Phänomene, vor allem auf die chemischmineralogische und physikalische Materialanalytik sowie auf bergmännische und hüttentechnische Untersuchungen und – in geringerem Maße – auf physikalisch-chemische Datierungsverfahren wie die Radiokohlenstoffuntersuchung von organischen Substanzen (→ Kap. 3.5.4.3). Andere wiederum rechneten zur Archäometrie auch alle biowissenschaftlichen Arbeitsgebiete im weiteren Sinne, z. B. die Archäobotanik (→ Kap. 6.3.4) und die Archäozoologie (→ Kap. 6.3.3).

Seit geraumer Zeit beginnt sich das umfassendere Verständnis des Begriffs ›Archäometrie‹ durchzusetzen. Heute rechnet man dazu also nicht mehr nur die Materialanalytik und naturwissenschaftliche Datierung, sondern auch die ausschließlich Biomaterialien gewidmeten Fächer Archäobotanik und Archäozoologie. Das Gleiche trifft für die klassische Physische Anthropologie sowie deren neuestes Arbeitsfeld, die Paläogenetik (→ Kap. 6.3.2), zu. Mehr noch, auch die Geowissenschaften werden – soweit sie sich mit archäologisch-kulturgeschichtlichen Fragen befassen – in die Archäometrie eingeschlossen. Aber damit endet das heutige Verständnis der Archäometrie nicht. Vielmehr bezieht man auch geophysikalische Erkundungsmethoden wie Magnetometerprospektion, Geoelektrik und Georadar (→ Kap. 3.4.4) mit ein. Selbst die Luftbildarchäologie wird in einem soeben erschienenen Handbuch dem Bereich der Archäometrie zugewiesen.

Folgte man also der gegenwärtigen allumfassenden Konzeption der Archäometrie, dann hätten wir die meisten der in diesem Kapitel behandelten Wissenschaften unter dieser Überschrift abhandeln müssen. Darauf haben wir bewusst verzichtet, weil auf diese Weise der Begriff ›Archäometrie‹ zu einem inflationär gebrauchten Etikett würde, das den darunter zusammengefassten, gänzlich unterschiedlichen Fächern und Arbeitsgebieten nicht zu nutzen, sondern in ihrer institutionellen Entfaltung nur zu schaden vermag. Dass man Fächer wie Physische Anthropologie, Archäozoologie und Archäobotanik allerdings auf einer höheren Ebene mit guten Argumenten als *Archäobiologie* zusammenfassen könnte, ist eine ganz andere Frage.

Wir schlagen vor, unter *Archäometrie* im Wesentlichen die von einer kulturgeschichtlichen Fragestellung geleitete naturwissenschaftliche Beschäftigung mit der anorganischen Welt zu verstehen. Unter dieser Definition würden so traditionreiche und wichtige Forschungsfelder wie die Material- und dabei besonders die Metallanalytik sowie die Erforschung antiker Metalltechnik – Kupfer, Bronze und Eisen – fallen. Den archäometallurgischen Untersuchungen zur Herkunft von Erzen, zum frühen

Bergmannswesen und zur Verhüttungstechnik kommt nach wie vor eine sehr hohe kulturgeschichtliche Bedeutung zu – sie bildet einen der Schwerpunkte einer in unserem Sinne verstandenen Archäometrie. Das Gleiche gilt für die kulturgeschichtlich inspirierte Analyse nicht-metallischer Stoffe. Der gesamte technische Fortschritt einschließlich seiner wirtschaftlichen und gesellschaftlichen Folgen beruht ja seit frühesten Zeiten auf einer immer besseren Kenntnis natürlicher Rohstoffe sowie auf der Nutzung der schöpferischen Kraft des Feuers. Bereits im Altneolithikum spielt die Versorgung mit bestimmtem Feuerstein über beträchtliche Distanzen eine große Rolle, und mit den Metallzeiten wurde das natürliche Vorkommen von Erzen und der oft weiträumige Vertrieb von Rohstoffen oder von Barren immer wichtiger. Solchen Versorgungsnetzen lässt sich nur durch Herkunftsbestimmungen der betreffenden Materialien auf die Spur kommen.

Aber nicht nur die Materialanalytik und die Archäometallurgie, sondern auch geophysikalische Prospektionsmethoden sollte man der Archäometrie zuschlagen. So wäre die Archäometrie davor bewahrt, zu gleicher Zeit alles und nichts zu sein.

Literatur

K.-W. Alt, Stichwort ›Naturwissenschaftliche Methoden in der Archäologie, § 8: Anthropologie‹. RGA² 20, 2002, 597–600.

J. Grotzinger/T. H. Jordan/F. Press/R. Siever, Allgemeine Geologie (Berlin – Heidelberg 2008⁵).

A. Hauptmann/V. Pingel (Hrsg.), Archäometrie: Methoden und Anwendungsbeispiele naturwissenschaftlicher Verfahren in der Archäologie (Stuttgart 2008).

S. Jacomet/A. Kreuz, Archäobotanik: Aufgaben, Methoden und Ergebnisse vegetations- und agrargeschichtlicher Forschung (Stuttgart 1999).

H. Leser, Geomorphologie. Das Geographische Seminar (Braunschweig 2003⁸).

H. Reichstein, Stichwort ›Naturwissenschaftliche Methoden in der Archäologie, § 7: Archäozoologie‹. RGA² 20, 2002, 592–597.

D. Richter, Geologie. Das Geographische Seminar (Braunschweig 1997⁵).

F. Scheffer/P. Schachtschabel, Lehrbuch der Bodenkunde, 15. Aufl. neu bearbeitet und erweitert von H.-P. Blume/G. W. Brümmer/U. Schwertmann u. a. (Heidelberg – Berlin 2002¹⁵).

H. Sponagel (Redaktionsleitung), Bodenkundliche Kartieranleitung. Hrsg. von der Bundesanstalt für Geowissenschaften und Rohstoffe in Zusammenarbeit mit den Staatlichen Geologischen Diensten der Bundesrepublik Deutschland. Ad-hoc-Arbeitsgruppe Boden der Staatlichen Geologischen Dienste und der Bundesanstalt für Geowissenschaften und Rohstoffe (Hannover 2005⁵).

G. A. Wagner (Hrsg.), Einführung in die Archäometrie (Berlin – Heidelberg – New York 2007).

H. Zepp, Einführung in die Geomorphologie. Grundriß Allgemeine Geographie (Paderborn – München – Wien u. a. 2008⁴).

Aus der archäologischen Forschung | 7

	Inhalt	
7.1	Aussterben und Überleben	151
7.2	Eiszeitkünstler auf der Schwäbischen Alb?	158
7.3	Von Jägern und Megalithen	166
7.4	Jagen, Fischen, Sammeln und Töpfern	171
7.5	Von Bauern und Viehhaltern	180
7.6	Knochen im Grubenring	185
7.7	Der Tote im Eis	190
7.8	Der ›Himmel‹ über Nebra	197
7.9	Häuser auf Pfählen?	204
7.10	›Fürstensitze‹ und ›Fürstengräber‹	209
7.11	Herren der Steppe	213
7.12	Terrakotten in der Savanne	223
7.13	Manching oder Vom Dorf zur Stadt	229
7.14	Entscheidung im Teutoburger Wald	237
7.15	Das Grab eines Königs	245
7.16	Ein neuer Glaube	252
7.17	Plünderer und Händler	258

Aussterben und Überleben | 7.1

2006 jährte sich die Entdeckung der namengebenden urmenschlichen Skelettreste aus dem Neandertal zum einhundertfünfzigsten Mal (→ Kap. 3.3.2). Zu diesem ›Jubiläum‹ wurden mehrere

Ausstellungen konzipiert und eine Fülle neuer Publikationen herausgegeben. Ausstellungen und Veröffentlichungen verband unter anderem das Interesse, das in der Öffentlichkeit bestehende und in vielerlei Hinsicht verzerrte Bild vom ›keulenschwingenden‹ Neandertaler zu korrigieren und neueste Forschungsergebnisse zu präsentieren. Dabei wurde deutlich, dass in der Neandertalerforschung – neben klassischen Fragen zur Herkunft, zum Aussehen, zum Sprachvermögen, zur Lebensweise oder zur Umwelt – derzeit vor allem zwei Schwerpunkte vorherrschen: Zum einen geht es um die Frage nach dem Verwandtschaftsgrad von modernem Menschen und Neandertaler, oder anders ausgedrückt: War der Neandertaler einer unserer Vorfahren? Unmittelbar damit hängt zum anderen die Frage nach dem Verschwinden des Neandertalers am Ende des *Aurignaciens* um etwa 30 000 vor Heute zusammen (→ Kap. 7.2). Beide Fragen sollen uns daher im Folgenden beschäftigen.

Mit der Periode des *Mittelpaläolithikums* beginnt die Zeit des Neandertalers. Als sein ›Ahn‹ gilt gemeinhin der *Homo heidelbergensis* – eine Menschenform, die nach einem Unterkieferfund aus Mauer bei Heidelberg benannt ist (→ Kap. 5.2.1). Vom ›Ante-Neandertaler‹ wird erstmals für die Zeit zwischen 300 000–200 000 vor Heute gesprochen. Der Begriff ›Prä‹- oder ›Proto-Neandertaler‹ wird für Formen des *Homo heidelbergensis* benutzt, die bereits kla-

Mittelpaläolithikum

Das *Mittelpaläolithikum* ist ein Zeitabschnitt, der den mittleren Bereich der Altsteinzeit (Paläolithikum) umfasst und von etwa 300 000 bis 40 000–30 000 Jahre vor Heute reicht. Für das europäische Mittelpaläolithikum hat sich auch die Bezeichnung *Moustérien*, nach dem namengebenden Fundort Le Moustier in Südwestfrankreich, durchgesetzt. Üblicherweise wird diese Periode mit der Zeit des Neandertalers gleichgesetzt. Archäologisch bzw. technologisch ist dieser Abschnitt durch sogenannte ›Abschlagindustrien‹ gekennzeichnet, die sich häufig der *Levalloistechnik* bedienen. Diese nach dem Fundort Levallois-Perret bei Paris benannte Steinbearbeitungstechnik geht mit einer sorgfältigen Präparation (Vorbearbeitung) der Kernsteine – dem Ausgangsmaterial für die Herstellung von Werkzeugen – einher. Vor dem eigentlichen Abschlag muss zuerst eine ›Plattform‹ geschaffen werden, von der aus dann gezielt herunter-/abgeschlagen wird (sogenannter ›Zielabschlag‹). Je nach gewünschtem Endprodukt (ob Klinge, Abschlag oder Spitze) muss eine je spezifische Technik angewendet werden. Die abgeschlagenen Produkte lassen sich dann zu verschiedenen Werkzeugen weiterverarbeiten. Als charakteristische Artefakte sind sogenannte ›Handspitzen‹ (etwa die ›Moustierspitze‹) zu nennen; auch zweiseitig bearbeitete Werkzeuge (›Zweiseiter‹) und Faustkeile kommen noch vor.

re anatomische Merkmale des Neandertalers aufweisen (z. B. am Schädel; ca. 200 000–100 000 vor Heute). Als ›Klassischen (Späten) Neandertaler‹ begreift man jene Menschenform, die etwa um 115 000 vor Heute in Europa auftrat und bis zu ihrem Aussterben vor etwa 30 000 Jahren lebte. Die menschlichen Überreste beispielsweise, die man 1856 in der Kleinen Feldhofer Grotte im Neandertal barg, gehören in diese letzte Kaltzeit, auch **Würm-** oder **Weichselglazial** genannt. Sie dauerte von etwa 115 000–11 500 vor Heute.

Der Neandertaler unterscheidet sich vom modernen Menschen durch verschiedene Skelettmerkmale, insbesondere solche des Schädels. Hier sei auf die sehr ausgeprägten Überaugenwülste, die fliehende Stirn und einen generell gedrungeneren und robusteren Körperbau hingewiesen. Durch diesen war er gut an das raue Eiszeitklima in Europa angepasst. Als Jäger und Sammler – weniger als Fischer – zogen die Neandertaler in Kleingruppen von maximal 20 Personen umher und folgten dabei dem jahreszeitlichen Nahrungsangebot ihres Lebensraums, vor allem dem Wild. Schließlich war Fleisch das Hauptnahrungsmittel. Lange Zeit galt der Neandertaler als ›tumber Affenmensch‹. Heute können wir jedoch aufgrund der materiellen Hinterlassenschaften dieser frühen Menschen auf bestimmte soziale und kulturelle Fähigkeiten schließen. So wissen wir, dass sie Schmuck – etwa Anhänger und Perlen aus Tierzähnen und Elfenbein – herstellten, Knochen mit Ritzzeichnungen versahen, natürliche Farbstoffe (z. B. Ocker, Rötel, schwarzes Mangandioxid) wohl zur Körperbemalung verwendeten und gemeinschaftliche Jagden auf Großwild organisierten. Es gibt Anzeichen für die Versorgung von kranken und verletzten Artgenossen und darüber hinaus steht außer Frage, dass die Neandertaler ihre Toten bestatteten. Die heutigen Kenntnisse über den Neandertaler zeigen also, wie unbegründet das traditionelle Urteil war.

Wenn wir uns der Frage der möglichen Verwandtschaft des *modernen Menschen* mit dem Neandertaler zuwenden, hilft uns die Archäologie nur bedingt weiter. Seit den neunziger Jahren des letzten Jahrhunderts erfährt die Neandertalerforschung vornehmlich durch die Ergebnisse der *Paläogenetik* (→ Kap. 6.3.2) einen enormen Auftrieb. Ihr gelang es, Erbinformation aus Neandertalerskeletten zu isolieren, was Vergleiche mit der Erbsubstanz des heutigen Menschen zuließ. Damit war es möglich, die immer wieder gestellte Frage nach der vermuteten Vermischung von Neandertaler und modernem Menschen zu beantworten. Trotz

Glazial, von lat. *glacies*, ›Eis‹, ›Kälte‹. Geologischer Begriff für ›Eis-‹ oder ›Kaltzeit‹. ›Interglazial‹ ist dementsprechend als Zwischeneis- bzw. Warmzeit zu verstehen.

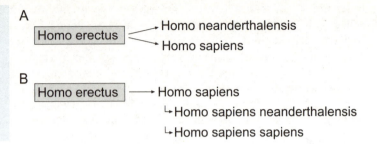

Abb. 7.1.1
Neandertaler und moderner Mensch: A als eigene Arten (Spezies); B als Unterarten (Subspezies) des Homo sapiens.

Genpool. Gesamtheit der Gene einer Bevölkerung zu einer bestimmten Zeit.

einiger methodischer Ungereimtheiten scheint dieses Problem mittlerweile weitgehend geklärt: Die Ergebnisse der Paläogenetik lassen darauf schließen, dass es sich beim Neandertaler (*Homo neanderthalensis*) und dem modernen Menschen (*Homo sapiens*) um zwei verschiedene Spezies (Arten) handelt. Nach heutigen Erkenntnissen hat der Neandertaler also nicht zum **Genpool** des Jetztmenschen beigetragen. Die These einiger Paläoanthropologen, Neandertaler und moderner Mensch seien verschiedene Unterarten (Subspezies) des *Homo sapiens* – weshalb man von *Homo sapiens neanderthalensis* und *Homo sapiens sapiens* sprechen müsse –, ist damit wohl widerlegt (Abb. 7.1.1). Der Neandertaler kann nicht länger als einer unserer Vorfahren angesehen werden. Eine Vermischung beider Menschenarten ist dennoch nicht völlig auszuschließen, da es – wenn auch umstrittene – Hinweise gibt, die auf gemeinsame Nachkommen hindeuten. So weist das vierjährige Kind von Lagar Velho (Portugal), das vor etwa 24 500 Jahren vor Heute gelebt hat, nach Ansicht einiger Anthropologen sowohl Merkmale des Neandertalers als auch des modernen Menschen auf.

Die Ergebnisse der Paläogenetiker haben darüber hinaus in einem anderen ungeklärten Fall zu weitreichenden Schlussfolgerungen geführt. Weil augenblicklich alles gegen eine verwandtschaftliche Beziehung von *Homo neanderthalensis* und *Homo sapiens* spricht, erhält die sogenannte ›Verdrängungstheorie‹ immer mehr Bedeutung. Danach verließ der moderne Mensch um 60 000 vor Heute Afrika und drang nach Europa vor, wo er den Neandertaler verdrängte und indirekt zu dessen Aussterben beitrug.

Es gibt allerdings auch andere Erklärungsversuche für das Aussterben des Neandertalers. Immer wieder werden in diesem Zusammenhang klimatische Veränderungen angeführt, an die er sich nicht habe anpassen können. Zusammen mit einer mögli-

> **Entstehung des modernen Menschen**
>
> Derzeit gibt es zwei Modelle zur Entstehung des modernen Menschen (Abb. 7.1.2). Das *Multiregionale Evolutionsmodell* geht von einer ›gleichberechtigten‹ Entwicklung aus. Der einen Hypothese zufolge haben sich auf den verschiedenen Kontinenten regional unterschiedliche Entwicklungslinien gebildet, deren Populationen sich später in den Kontaktzonen vermischt und so zur heutigen genetischen Verwandtschaft geführt hätten. Die Vertreter des sogenannten ›*Out-of-Africa*-Modells 2‹ sind dagegen der Ansicht, der anatomisch moderne Mensch habe sich ausschließlich in Afrika entwickelt und von dort über die gesamte Welt verbreitet. Die Paläogenetik lieferte in den letzten Jahren mehrere Indizien, wonach der *Homo sapiens* ursprünglich aus Afrika stammte und es eine Art Urmutter – ›Schwarze Eva‹ (*Black Eve*) genannt – gegeben habe. Derzeit deutet also mehr auf das ›*Out-of-Africa*-Szenario 2‹ hin, aber das letzte Wort ist noch nicht gesprochen. Das Modell ›*Out-of-Africa* 1‹ ist dagegen heute akzeptiert. Es besagt, dass sich der *Homo erectus* vor ca. 2 Millionen Jahren von Afrika aus nach Europa und Asien ausbreitete.

cherweise geringen Fortpflanzungsrate und einer hohen Kindersterblichkeit sei es zu einem Bevölkerungsrückgang gekommen, der letztendlich zu seinem Verschwinden geführt habe. Krankheiten, die durch den modernen Menschen in das Territorium des Neandertalers gelangten, könnten ebenfalls eine Dezimierung der Population befördert haben. Ausgeschlossen ist dagegen die in erster Linie in populärwissenschaftlichem Kontext aufgeworfene Behauptung, der moderne Mensch habe aktiv und gezielt die Ausrottung des Neandertalers betrieben. Für einen »Krieg der ersten Menschen«, wie das Nachrichtenmagazin *Der Spiegel* (12/2000) titelte, finden sich keine archäologischen Belege. Sicher ist jedenfalls, dass die jüngsten datierten Skelettfunde des Neandertalers aus Kroatien stammen und nicht älter als ca. 28 000 Jahre sind. Die verschiedentlich vertretene Annahme, der Neandertaler habe sich seit dem Auftreten des *Homo sapiens* nach und nach in den südlichen Teil der Iberischen Halbinsel (sogenannte ›Ebro-Grenze‹; benannt nach dem gleichnamigen Fluss in Nordspanien) in eine Art ›Reservat‹ zurückgezogen, kann demzufolge nicht mehr aufrechterhalten werden. Vielmehr ist eine Begegnung beider Menschenarten in der etwa 10 000 Jahre währenden Übergangszeit in Europa wahrscheinlich. Der Tübinger Urgeschichtler *Nicholas J. Conard* hält ein solches Aufeinandertreffen vor allem auf der Schwäbischen Alb für möglich, weil davon auszugehen sei, dass beim Eintreffen des modernen Menschen dort noch Neandertaler siedelten. Da es aber bisher keinen konkreten Hinweis darauf gibt, sieht es derzeit so aus, als habe

Abb. 7.1.2

Vereinfachte Wiedergabe des Multiregionalen Evolutionsmodells (A) und des ›Out-of-Africa-Modells 2‹ (B).

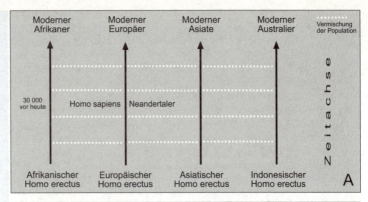

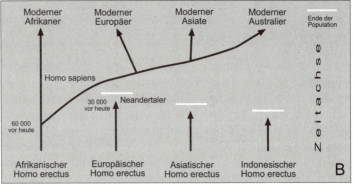

Monokausal, von griech. *mónos*, ›allein‹, ›einzig‹, und lat. *causa*, ›Grund‹, ›Fall‹. Auf nur einer Ursache beruhend.

Indigen, von lat. *indigena*, ›einheimisch‹, ›eingeboren‹. Fachsprachlich für eben diese Bedeutungen.

Hiatus, von lat. *hiatus*, ›Kluft‹, ›Öffnung‹. Hier soviel wie ›zeitliche Lücke‹.

der *Homo sapiens* bei seiner Ankunft ein weitgehend leeres Gebiet vorgefunden.

Für das Aussterben des Neandertalers gibt es keine **monokausale** Erklärung. Das Auftreten des modernen Menschen in Europa vor etwa 40 000 bis 30 000 Jahren hat sicherlich einen erheblichen Einfluss auf die **indigene** Neandertalerbevölkerung gehabt. Interessanterweise ist just für diese Zeit eine Veränderung der materiellen Kultur festzustellen: Um 40 000 vor Heute folgt auf das Inventar der Mittleren Altsteinzeit (Mittelpaläolithikum) das der Jüngeren Altsteinzeit (Jungpaläolithikum). Dabei ist jedoch strittig, ob der Wandel und die Innovationen in der Werkzeugherstellung mit dem *Homo sapiens* in Verbindung gebracht werden können. Problematisch ist hier insbesondere, dass bislang kein Skelettfund eines modernen Menschen in Europa älter als 32 000–35 000 Jahre ist. Die früheste Stufe des Jungpaläolithikums – das Aurignacien – setzt allerdings, wie schon erwähnt wurde, vor etwa 40 000 Jahren ein. Damit gibt es einen **Hiatus** von etwa 5000 Jahren. Es ist also derzeit nicht zu klären, wer für die Neuerungen unter anderem auf technischem Gebiet zu Beginn des Aurignaciens verantwortlich ist. Einstweilen muss offenbleiben, wer die in der Zeit zwischen 40000 und 30000 Jahren erstmals auf der Schwäbischen Alb auftretende Kleinkunst geschaffen hat (→ Kap. 7.2). Einiges spricht für den modernen Menschen, es ist aber ebenso gut möglich, dass »entscheidende Impulse der ›Jungpaläolithisierung‹«, wie es der Kölner Archäologe *Jürgen Richter* ausgedrückt hat, vom Neandertaler ausgingen.

Seit seiner Entdeckung im Jahr 1856 hat der Neandertaler die urgeschichtliche Forschung immer wieder vor neue Fragen gestellt. Die Forschungsgeschichte zeigt anschaulich, dass Erkenntnisse vornehmlich durch die Zusammenarbeit verschiedener Fächer und gemeinsam entwickelte Fragestellungen erzielt werden können. Die Archäologie allein vermag hier nicht mehr weiterzukommen. Zu entscheidenden Fortschritten in der Neandertalerforschung könnten natürlich auch neue Skelettfunde beitragen. Weltweit liegen bisher lediglich Reste von 300 Individuen und damit eine recht geringe Quellenbasis vor. Um die offenen Fragen zu klären, bedarf es weiterer gemeinschaftlicher Anstrengungen vor allem von Archäologie, Anthropologie und ihrer Spezialrichtung Paläogenetik.

Testfragen

1. Nennen Sie Faktoren, die für das Aussterben des Neandertalers verantwortlich sein könnten.
2. Benennen und erläutern Sie die konkurrierenden Modelle, die die Entstehung des modernen Menschen zu erklären versuchen.

Literatur

B. Auffermann/J. Orschiedt, Die Neandertaler: Auf dem Weg zum modernen Menschen (Stuttgart 2006).
M. Bolus/R. W. Schmitz, Der Neandertaler (Ostfildern 2006).
N. J. Conard (Hrsg.), When Neanderthals and Modern Humans Met (Tübingen 2006).
N. J. Conard/S. Kölbl/W. Schürle (Hrsg.), Vom Neandertaler zum modernen Menschen (Ostfildern 2005).
Rheinisches Landesmuseum Bonn (Hrsg.), Roots – Wurzeln der Menschheit (Bonn 2006).
R. W. Schmitz (Hrsg.), Neanderthal 1856–2006. Rheinische Ausgrabungen 58 (Mainz 2006).
F. Schrenk/S. Müller, Die Neandertaler (München 2005).

7.2 | Eiszeitkünstler auf der Schwäbischen Alb?

Die archäologische Erforschung der zahlreichen Höhlen der Schwäbischen Alb setzte erst zu Beginn des 20. Jahrhunderts ein. Bald schon rückte diese Region in den Mittelpunkt des Interesses der Fachwelt: Der Tübinger Urgeschichtler *Gustav Riek* (1900–1976) hatte 1931 bei seinen Grabungen in der wenige hundert Meter oberhalb von Stetten ob Lontal gelegenen Höhle am sogenannten ›Vogelherd‹ ungewöhnliche Entdeckungen gemacht. In Schichten, die er dem *Mittleren* und *Oberen* Aurignacien zuordnete, fand er eine Reihe von stab- und plattenförmigen, bisweilen durchlochten Knochen- und Elfenbeingegenständen; mehrere von ihnen waren regelhaft mit Einkerbungen verziert. Geradezu spektakulär aber war der Fund von kleinen, rund 5 bis 10 cm großen, aus Mammutstoßzähnen hergestellten Elfenbeinfiguren. Dabei handelte es sich um folgende Vollplastiken: ein

Aurignacien, Gravettien und Magdalénien

Als *Aurignacien* wird die nach dem südwestfranzösischen Fundort Aurignac bezeichnete früheste Stufe der Jüngeren Altsteinzeit (Jungpaläolithikum) benannt, mit der die jungpaläolithischen ›Klingenkulturen‹ einsetzen; die in einer einfachen Technik hergestellten Klingen sind verhältnismäßig lang, breit und dick. Im Bereich der Schwäbischen Alb wird das Aurignacien aufgrund von mehreren Dutzend [14]C- und anderen naturwissenschaftlichen Daten etwa in die Zeit von 40 000–30 000 vor Heute datiert. Auf das Aurignacien folgt das nach dem südwestfranzösischen Fundort La Gravette benannte *Gravettien* (Mittleres Jungpaläolithikum). Es zeichnet sich unter anderem durch eine differenziertere Klingentechnik mit langschmalen Klingen und bestimmten, daraus hergestellten Werkzeugen aus (z. B. sogenannte ›Gravette-Spitzen‹); diese Werkzeuge sind häufig auffallend klein. Das Gravettien wird auf der Schwäbischen Alb zwischen etwa 30 000 und 20 000 Jahren vor Heute datiert; der Übergang vom Aurignacien erscheint hier nach heutigem Forschungsstand als fließend. Die derzeitige Datenbasis ist allerdings recht gering. Der Stufe des Gravettien lässt man das nach der in Südwestfrankreich liegenden Höhle La Madeleine benannte *Magdalénien* (Jüngeres Jungpaläolithikum) folgen. Es wird durch eine fortgeschrittene Klingentechnik charakterisiert; tendenziell nimmt die Größe der Werkzeuge weiter ab. Für das Späte Magdalénien sind unter anderem auch ein- und zweireihige Widerhakenspitzen aus Knochen, sogenannte ›Harpunen‹, typisch. Im südwestfranzösisch-nordspanischen Raum repräsentiert das Magdalénien den Höhepunkt der jungpaläolithischen Kunst, insbesondere der Höhlenkunst (→ Infobox Höhlenkunst). Auf der Schwäbischen Alb dagegen sind magdalénienzeitliche Kunstwerke so gut wie unbekannt. Die in das Spätglazial fallende Stufe des Magdalénien wird meist zwischen etwa 15 000 und 10 000 vor Heute datiert. Der Übergang zwischen Gravettien und Magdalénien ist in zeitlicher Hinsicht unklar.

Mammut, ein Fragment eines Mammuts, ein Wildpferd, zwei **Feliden** (Panther und Höhlenlöwe), ein Bison, eine menschliche Figur und zwei weitere Tiere, von denen eines vielleicht eine Großkatze und das andere einen Bären, ein Nashorn oder ebenfalls eine Großkatze darstellt. Hinzu kam eine weitere, im **Flachrelief** gearbeitete große Raubkatze (Abb. 7.2.1, 1).

Feliden (Pl.), abgeleitet von *felidae* (Pl.) zu lat. *feles*, ›Katze‹. Große Raubkatzen oder Großkatzen.

Es dauerte gut 40 Jahre, bis die Datierung der Vogelherdfiguren in das Aurignacien durch die systematischen modernen Ausgrabungen im sogenannten ›Geißenklösterle‹, einer Höhle im Achtal bei Blaubeuren, bestätigt wurde. Im Geißenklösterle hat ab 1973 *Joachim Hahn* (1942–1997) gegraben. Er fand ebenfalls Elfenbeinfiguren: die Halbplastik eines Bisons, eine wohl menschliche Darstellung im Flachrelief, eine Mammut-Vollplastik und einen vollplastisch dargestellten, aufgerichteten Bären. Bereits 1970 hatte Hahn die Fachwelt mit einer Elfenbeinstatuette aus dem ›Hohlestein-Stadel‹ überrascht. Die Höhle des Stadels liegt etwa 3 km loneaufwärts vom Vogelherd. Die 28,1 cm lange Figur war von Hahn aus zahlreichen Fragmenten zusammengesetzt worden, die in den Prähistorischen Sammlungen der Stadt Ulm aufbewahrt wurden und aus Altgrabungen stammten. Bei der als ›Löwenmensch‹ bekannten Statuette handelt es sich um ein Mischwesen mit einem Löwenkopf und einem menschenähnlichen Körper (Abb. 7.2.2).

Relieftechnik, von franz. *le relief*, ›das Hervorheben‹. Bildwerk, dessen Figuren sich von einer Fläche abheben. Nach dem Grad der Reliefausprägung unterscheidet zwischen Flach- und Hochrelief.

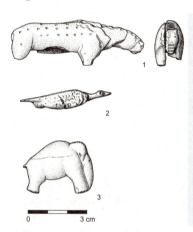

Abb. 7.2.1
1 Großkatze aus der Vogelherdhöhle;
2 Wasservogel aus dem Hohlen Fels;
3 Mammut aus der Vogelherdhöhle.

Mit den Funden im Geißenklösterle war der Nachweis erbracht, dass die innerhalb der Vogelherd-Stratifizierung (→ Kap. 3.5.3.1) nicht genau lokalisierten Figuren tatsächlich dem Aurignacien und damit einer Zeit von etwa 40 000–30 000 vor Heute angehörten – eine Datierung, die immer wieder angezweifelt worden war. So sehr man in anderen Höhlen auf der Schwäbischen Alb mit Schichten aus dem Aurignacien auch nach figürlichen Darstellungen suchte, blieb man ebenso wie in allen anderen Fundstellen dieser Zeit in Mitteleuropa erfolglos. Für die Schwäbische Alb wurde dieser Befund neuerdings jedoch drastisch revidiert.

Sediment, von lat. *sedere*, ›sitzen‹, ›sich setzen‹. Geologischer Fachbegriff, mit dem man eine durch Ablagerung (›Sedimentation‹) entstandene Schicht bezeichnet, deren Material (z. B. Gestein, Sand, Kies) an anderen Stellen abgetragen wurde.

Abb. 7.2.2 | ›Löwenmensch‹ aus dem Hohlestein-Stadel.

0   5 cm

Schlämmen. Mit Hilfe von fließendem Wasser und Sieben unterschiedlicher Maschenweite durchgeführtes Verfahren der Feinuntersuchung des Grabungsaushubs. Auf

In den letzten zehn Jahren haben die Höhlen der Schwäbischen Alb immer wieder für Schlagzeilen in den Medien gesorgt. Es sind wiederum Tübinger – nunmehr die Arbeitsgruppe um *Nicholas J. Conard* –, die dort graben und fündig werden. Besonders aufsehenerregend war zunächst ein maximal 7,6 cm großer, im Jahre 1998 im ›Hohlen Fels‹ bei Schelklingen gefundener Kalkblock. Man nimmt an, dass er sich aus der Höhlendecke gelöst hatte und im Laufe der Zeit in das **Höhlensediment** geriet. Er ist mit einer vollständig erhaltenen Reihe von Ovalen und einer gekappten doppelten Reihe aus dunkelroten Punkten bemalt. Das Gesteinsfragment war in eine Schicht des *Magdalénien* eingebettet und wird als einstiger Teil einer Höhlenwandbemalung interpretiert. Damit lag erstmals ein Hinweis auf Wandbemalung in einer Höhle der Schwäbischen Alb vor. Bemalte Steine waren allerdings schon vorher bekannt. So hatte Hahn im Geißenklösterle, in einer weitaus älteren, aurignacienzeitlichen Schicht, einen knapp 8,5 cm langen, an den Enden schwarz und rot sowie im gesamten Innenbereich der flachen Oberseite gelb bemalten Kalkstein gefunden. Aus der ›Kleinen Scheuer‹ im Hohlestein stammt ein mit roten, gepunkteten Streifen bemaltes Kalkgeröll. Im Zusammenhang mit diesen punktbemalten Kalksteinen ist auch eine Kalkplatte mit drei parallelen Doppelreihen aus roter Punktbemalung zu nennen, die bereits 1912 in der ›Oberen Klause‹ im Altmühltal (Mittelfranken) aus einer Schicht des Oberen Magdalénien geborgen worden ist. Allerdings gab es bei diesen rotbemalten Steinen im Gegensatz zu dem Fragment aus dem Hohlen Fels keinerlei Hinweis, dass sie einst zu einer Wandbemalung gehörten, wenngleich Hahn auch für das Aurignacien bemalte Höhlenwände nicht völlig ausgeschlossen hatte.

Weitaus bedeutender noch erscheinen aber die bei den Ausgrabungen der letzten Jahre geborgenen figürlichen Bildwerke. Dazu zählt zunächst einmal eine merkwürdige, 2001 im Hohlen Fels freigelegte, rund 3,5 cm lange Vollplastik aus Elfenbein, die im potentiellen Kopfbereich unvollständig war. Sie unterschied sich von allen bisher bekannten Artefakten. Die Ausgräber erwogen eine Deutung als menschenartiges Wesen oder als Vogel. Im folgenden Jahr wurde beim systematischen **Schlämmen** des Aushubs dann ein kompletter Kopf gefunden, der sich an die Bruchstelle der Figur anpassen ließ. Die 4,7 cm lange Plastik ließ sich jetzt klar als fliegender oder tauchender Wasservogel interpretieren (Abb. 7.2.1, 2). Sie gehörte einer Schicht des Aurignacien an. Ebenfalls ungewöhnlich war der Fund des Fragments einer nur 2,6 cm hohen Figur mit teils menschlichen, teils tierischen Zügen in der gleichen Schicht des Hohlen Fels. Sie weist trotz ihrer Kleinheit eine gewisse Ähnlichkeit mit der oben erwähnten Plastik des sogenannten ›Löwenmenschen‹ aus den Altgrabungen im Hohlestein-Stadel auf. Aus zwei höhergelegenen aurignacienzeitlichen Schichten der gleichen Höhle stammen zwei Fragmente eines insgesamt knapp 4,0 cm langen Tierkopfs, wohl eines Pferdes. Schließlich fand sich 2004 ein weiteres Elfenbeinfragment in einer Schicht des Übergangs zwischen Aurignacien und Gravettien, das mit Vorbehalt als Teil des Rumpfs einer Pferdefigur gedeutet wird.

Die jüngste spektakuläre Entdeckung wurde ebenfalls im Hohlen Fels gemacht. Im Mai 2009 stellte Conard auf einer Pressekonferenz in Tübingen eine knapp 6 cm große Frauenstatuette aus Mammutelfenbein vor (Abb. 7.2.3). Sie wurde aus sechs Bruchstücken zusammengesetzt, die 2008 im unteren Bereich einer Aurignacien-Schicht gefunden wurden. Aufgrund der vorliegenden ^{14}C-Daten ist sie vor etwa 35 000 Jahren hergestellt worden und damit rund 5000 Jahre älter als die bisher bekannten, in das *Gravettien* datierenden Frauenskulpturen.

Obwohl die Ausgrabung der Vogelherdhöhle durch Riek im Jahre 1931 nach zeitgenössischem Maßstab durchaus systematisch und sorgfältig durchgeführt wurde, vermag sie heutigen grabungstechnischen Ansprüchen in keiner Weise standzuhalten. Das ergibt sich schon aus der Tatsache, dass man die Höhle mit einer Grundfläche von etwa 150 m² und einem ungefähr drei Meter mächtigen Sediment in lediglich elf Wochen vollständig ausgrub. Da weder gesiebt noch geschlämmt wurde, ist es nicht erstaunlich, dass Sammler seit den frühen fünfziger Jahren durch mehr oder weniger oberflächliche Schürfungen aus dem Grabungsaushub nicht nur zahlreiche Stein- und Knochenartefakte, sondern auch eine Mammut-Rundplastik aus Sandstein sowie ein Bären- und ein Löwenköpfchen aus Elfenbein bergen konnten.

Seit 2005 wird der von Riek hinterlassene Abraum unter der Leitung von Conard systematisch geschlämmt. Der Erfolg ist erwartungsgemäß nicht ausgeblieben. Im Jahre 2006 wurden dabei mehrere Fragmente von Elfenbeinfiguren sowie die weitgehend vollständige, noch 5,6 cm lange Plastik einer löwenartigen Großkatze ausgelesen. Besonders wichtig aber war der Fund eines vollständig erhaltenen, 3,6 cm langen Elfenbeinmammuts

diese Weise sollen kleine und kleinste Artefakte und tierische (z. B. Fischgräten) sowie pflanzliche Reste (z. B. Holzkohle) geborgen werden.

| Abb. 7.2.3
Frauenstatuette aus dem Hohlen Fels.

0   3 cm

im Jahre 2006 (Abb. 7.2.1, 3). Unter den mittlerweile rund zwanzig aurignacienzeitlichen Elfenbeinplastiken aus Höhlen der Schwäbischen Alb ist es das einzige unbeschädigt überlieferte Stück.

Abgesehen von dem oben erwähnten Kalksteinfragment aus dem Hohlen Fels gibt es bisher keinerlei Anhaltspunkte für eine eiszeitliche Bemalung der Höhlen auf der Schwäbischen Alb. Das steht im Gegensatz zum südwestlichen Europa, wo die ersten *Höhlen mit Malereien* in der zweiten Hälfte des 19. Jahrhunderts und um die Wende zum 20. Jahrhundert entdeckt wurden. Hinzu kamen dann zunehmend mobile figürliche Objekte, auch aus anderen Teilen Europas.

Seit den ersten Entdeckungen ist immer wieder die Frage des Stellenwerts der Malereien, Gravierungen und Ritzungen sowie der plastischen Werke in der Kultur der jungpaläolithischen Jäger, Fischer und Sammler diskutiert worden. Davon nicht zu trennen

Höhlenkunst

Als *eiszeitliche Höhlenkunst* bezeichnet man die im sogenannten ›franko-kantabrischen Kunstkreis‹, also in Südwestfrankreich und Nordspanien, konzentrierte eiszeitliche Bemalung und Gravierung von Höhlenwänden. Sie datiert vor allem in das Magdalénien, aber es gibt auch Bilder aus dem Solutréen, Gravettien und Aurignacien. Das nach dem südwestfranzösischen Fundort Solutré benannte *Solutréen* ist eine in Westeuropa unterschiedene Stufe zwischen dem Gravettien und Magdalénien. Die Wandkunst findet sich häufig weit von jedem Tageslicht entfernt im Inneren der Höhlen. Ihre Entdeckung geht auf das letzte Viertel des 19. Jahrhunderts zurück. Bereits 1879 wurde man auf Bilder in der 1868 von einem Jäger entdeckten Höhle von Altamira bei Santillana (Prov. Santander, Nordwestspanien) aufmerksam. Sie gehören bis heute zu den berühmtesten Wandmalereien, deren Echtheit jedoch erst 1902 im Zuge der Entdeckung weiterer bemalter Höhlen im südwestlichen Frankreich anerkannt wurde. Nachdem im Verlauf des 20. Jahrhunderts immer mehr bemalte Höhlen im südwestfranzösisch-nordspanischen Raum entdeckt worden waren, stieß man in den neunziger Jahren auf zwei weitere spektakuläre Bilderhöhlen: die südlich von Marseille unter dem Meeresspiegel liegende *Grotte Cosquer* (1991; benannt nach dem Entdecker *Henri Cosquer*) und die *Grotte Chauvet* in Vallon-Pont-d'Arc im Tal der Ardèche (1994; benannt nach einem der drei Entdecker, *Jean-Marie Chauvet*). Die Malereien und Gravierungen auf den Höhlenwänden zeigen vor allem Tiere, gelegentlich aber auch Menschen oder ›Mischwesen‹ sowie – häufiger – geometrische Motive verschiedener Art. Es finden sich auch Darstellungen von Händen, teils als farbiger ›Abdruck‹, teils als farblich umgrenzte Negativformen. Neben dieser Wandkunst liegen aus dem Jungpaläolithikum auch ungezählte, meist in oder aus Knochen geschnitzte mobile Objekte mit Tierdarstellungen vor, die in das Gravettien, Solutréen und Magdalénien datieren.

war und ist die Frage der Deutung dieser bis heute üblicherweise als *Eiszeitkunst* bezeichneten kulturellen Erscheinungen. Bereits in den ersten Jahrzehnten des 20. Jahrhunderts dachte man in diesem Zusammenhang an magische Praktiken – an *Jagdzauber* oder *Jagdmagie*. Mit dem flächigen oder plastischen Abbild von Tieren, so war man überzeugt, hätten die jungpaläolithischen Menschen ihr Jagdglück beeinflussen wollen.

Riek etwa meinte 1934, das »Aurignacien-Kunstschaffen« des Vogelherds spiegele das Denken der Eiszeitjäger wider: »die Jägermacht«, so schrieb er, »triumphierte in der Kunst«. Er hielt die Figuren für den Ausdruck von Jagdzauber. Unter Hinweis auf die zahlreichen gravettienzeitlichen Elfenbein-Frauenstatuetten von anderen Fundplätzen Europas kam er zusammenfassend zu dem Ergebnis, »Wild und Weib« hätten damals »restlos den Geist des täglichen Daseins« beherrscht.

Jagdmagie/Jagdzauber

Der Begriff ›Jagdmagie‹ (Jagdzauber) bezeichnet eine weltweit verbreitete Praxis, mit magischen Mitteln, d. h. durch rituelle Mobilisierung übernatürlicher und spiritueller Kräfte, ein positives Jagdergebnis herbeizuführen. Die dabei vollzogenen Handlungen unterscheiden sich erheblich. Sie beziehen sich teils auf die rituelle Beeinflussung des zu erbeutenden Wilds, teils aber auch auf eine entsprechende Behandlung der einzusetzenden Jagdgeräte. Über Konzept, Inhalt und Funktion von Magie wird in der Ethnologie seit rund 140 Jahren diskutiert. Die Begriffe ›Magie‹ und ›Zauberei‹ werden oft gleichbedeutend verwendet.

Hansjürgen Müller-Beck hat 1987 auf die kulturspezifische Bindung des Begriffs ›Kunst‹ aufmerksam gemacht und hervorgehoben, dass ›Kunstwerke‹ nur vor ihrem jeweiligen historischen Hintergrund verständlich werden können. Darin, dass dieser Hintergrund uns für das Aurignacien weitgehend unbekannt ist, liegt die Schwierigkeit, die ›Kunstwerke‹ dieser Zeit und anderer Stufen des Jungpaläolithikums zu deuten. Für Müller-Beck verkörpern sie eine Symbolik von Jägern und damit eine religiöse Weltsicht.

Die bisher umfassendste Auseinandersetzung mit den bis Mitte der achtziger Jahre aus dem Vogelherd, dem Geißenklösterle und dem Hohlestein-Stadel bekanntgewordenen Tierfiguren hat 1986 Hahn vorgelegt. Er stellte seine sorgfältig abwägende, die Thematik in alle Richtungen hin ausleuchtende **monographische** Untersuchung unter den Titel *Kraft und Aggression*; den Untertitel – *Die Botschaft der Eiszeitkunst im Aurignacien Süddeutschlands* –

Monographie, von griech. *mónos*, ›allein‹, ›einzeln‹, und *gráphein*, ›ritzen‹, ›schreiben‹. Wissenschaftliche Einzelschrift, die einer bestimmten Thematik gewidmet ist.

versah er allerdings mit einem Fragezeichen. Er trug diesem Fragezeichen in seinem Text auch allenthalben Rechnung. So betonte er relativierend, dass vorwiegend kräftige Tiere wiedergegeben würden und lediglich rund ein Viertel der Figuren eine aggressive Körperhaltung aufweise, die zudem nicht nur als Zeichen der Aggression, sondern auch als Dominanz- oder Imponiergebärde gedeutet werden könne. Hahn betrachtete die Plastiken der Schwäbischen Alb als Ausdruck einer räumlich begrenzten, mythisch-religiösen Weltsicht.

Nicht zuletzt unter dem Eindruck des ›Löwenmenschen‹ des Hohlestein-Stadel, der neuerdings im Hohlen Fels gefundenen ähnlichen Figur sowie des ebenfalls von dort stammenden Wasservogels vertrat Conard dagegen die Meinung, die Bewohner der Schwäbischen Alb hätten eine Art *Schamanismus* praktiziert. Erst seit der Auffindung der Frauenstatuette im Hohlen Fels scheint er davon abzurücken; die Plastik selbst interpretiert er als Ausdruck von Fruchtbarkeitsvorstellungen. Die Schamanismusthese wurde im Zusammenhang mit der paläolithischen Höhlenkunst bereits vor gut 50 Jahren und auch später gelegentlich vertreten. Seit rund zehn Jahren erfreut sie sich nun – insbesondere im Gefolge von Arbeiten des südafrikanischen Archäologen *David Lewis-Williams* zur Höhlenmalerei – erneuter Aufmerksamkeit. Dabei wird meist übersehen, dass sie auf einer bestenfalls partiell anwendbaren ethnographischen Analogie (→ Kap. 3.4.6) beruht.

Schamanismus

Schamanismus ist von dem aus dem sibirischen Sprachraum stammenden Wort *šaman*, ›Schamane‹ abgeleitet. Es handelt sich dabei um einen vielschichtigen Komplex kulturspezifischer religiöser und medizinischer Vorstellungen und Handlungen, der sich in sehr unterschiedlichen ethnographischen Zusammenhängen findet. Schamanismus ist vor allem aus Nordeurasien, Nord- und Zentralasien sowie aus Nord- und Südamerika und dem südlichen Afrika bekannt. Zentrales Element des Schamanismus ist eine rituelle Trance oder Ekstase, die durch berauschende Substanzen oder bestimmte bewusstseins- und wahrnehmungsverändernde Praktiken, bisweilen aber auch durch psychische Veranlagung verursacht wird. In diesem Zustand begibt sich die Seele des Schamanen – Schamaninnen sind sehr selten – auf eine Jenseitsreise, tritt dabei mit gefährlichen spirituellen Mächten in Kontakt und sucht, sie für seine Gemeinschaft günstig zu stimmen. Im Gegensatz zu institutionalisierten religiösen Systemen beruht die Macht eines Schamanen allein auf seinen persönlichen Fähigkeiten und seinem *Charisma*. Zum Schamanen gehört oft (insbesondere im euroasiatischen Raum), aber nicht überall, eine besondere Kleidung und Ausrüstung.

Charisma, von griech. *chárisma*, ›Gnadengabe‹. Besondere Ausstrahlungskraft eines Menschen.

Lewis-Williams gründet seine Thesen in erster Linie auf die sogenannte *Buschmannkunst* des südlichen Afrikas. Es bleibt jedoch unerklärt, warum die paläolithischen Jäger Europas im Gegensatz zu ›schamanistischen‹ Gruppen Eurasiens Bildwerke in einer solche Vielzahl und Vielfalt hervorgebracht haben. Aus forschungsgeschichtlichem Blickwinkel erscheint die Spannweite der Interpretationsmuster der sehr vielfältigen ›Eiszeitkunst‹ beträchtlich. Die Wahrscheinlichkeit, für diesen materiell fassbaren Ausdruck einer vor etwa 10 000–35 000 Jahren existierenden Geistigkeit jemals eine umfassende Erklärung zu finden, dürfte verschwindend gering sein.

Ein letztes Wort zum Fragezeichen in der Überschrift dieses Abschnitts: Solange wir den Begriff ›Eiszeitkunst‹ im hergebrachten Verständnis frühester ästhetischer Praxis verwenden, ist die Titelfrage positiv zu beantworten. Bei allen Bedenken gegen diese Auffassung erscheint es schwierig, eine ähnlich eingängige Bezeichnung für die hier erörterten Objekte zu finden. In diesem Sinn sind die Plastiken der Schwäbischen Alb als derzeit älteste Kleinkunst der Welt anzusehen.

Neben der Frage nach der einstigen Bedeutung der hier erörterten Plastiken stellt sich die nicht minder wichtige Frage, warum sie erstmals im Aurignacien, also im Jungpaläolithikum, nicht aber schon im Mittelpaläolithikum (→ Kap. 5.2.1), auftreten. Diese Thematik wird im Augenblick intensiv diskutiert. Dabei ist die traditionelle Auffassung, der Neandertaler (→ Kap. 7.1) sei zu solchen Leistungen geistig nicht in der Lage gewesen, zunehmend fragwürdig geworden. Schließlich kennen wir nicht nur seine sehr differenzierte Steinbearbeitungstechnik und Werkzeugherstellung, sondern wir haben beispielsweise auch Hinweise auf Totenbestattung und die Herstellung von Schmuck, wenngleich nicht aus dem südwestdeutschen Raum. Die geistigen Fähigkeiten und das soziale Verhalten des Neandertalers wurden also früher durchaus unterschätzt. Dennoch gibt es bisher keinen Beleg für die Hypothese, er habe nicht nur die typischen Werkzeuge und den differenzierten Schmuck des frühen Aurignacien hervorgebracht, sondern auch die älteste figürliche Kunst und die im Geißenklösterle, Vogelherd und Hohlen Fels gefundenen Knochenflöten. Insofern tendieren die meisten Spezialisten immer noch zu der Auffassung, diese Kulturerscheinungen seien nicht mit dem *Homo neanderthalensis*, sondern mit dem frühmodernen Menschen, dem *Homo sapiens* zu verknüpfen (→ Kap. 7.1).

Buschmannkunst. Monochrome und polychrome Felsmalereien und Felsgravierungen der im Norden Namibias, im südlichen Angola sowie in der nördlichen und zentralen Kalahari Botswanas lebenden, heute meist als *San* (d.h. ›Wildbeuter‹) bezeichneten Buschleute. Die Motive bestehen neben Handabdrücken vor allem aus Menschen und Tieren sowie geometrischen Mustern. Viele dieser Malereien werden als Tranceszenen interpretiert.

Testfragen

1. Wann und von wem ist die Vogelherdhöhle ausgegraben worden, und worin liegt ihre Bedeutung für die eiszeitliche Kunst?
2. Wie wird das Jungpaläolithikum untergliedert, und welche Art von Eiszeitkunst ist auf der Schwäbischen Alb aus welchen Stufen überliefert?

Literatur

J. Clottes/D. Lewis-Williams, Schamanen: Trance und Magie in der Höhlenkunst der Steinzeit. Thorbecke Speläothek – Kunst und Kultur der steinzeitlichen Jäger 2 (Sigmaringen 1997).
N. J. Conard, A Female Figurine from the Baal Aurignacian of Hohle Fels Cave in Southwestern Germany. Nature 459, 2009, 248–252.
N. J. Conard/M. Malina/S. C. Münzel, New Flutes Document the Earliest Musical Tradition in Southwestern Germany. Nature, Online-Vorabveröffentlichung (Letter, 24. Juni 2009), doi:10.1038/nature08169.
J. Hahn, Kraft und Aggression: Die Botschaft der Eiszeitkunst im Aurignacien Süddeutschlands? Archaeologica Venatoria 7 (Tübingen 1986).
D. Lewis-Williams, The Mind in the Cave (London 2002).
G. Riek, Die Eiszeitjägerstation am Vogelherd im Lonetal (Tübingen 1934).

7.3 Von Jägern und Megalithen

Tepe, von türk. tepe, ›Hügel‹, ›Berg‹. Archäologischer Fachbegriff für ›Siedlungshügel‹.

Fruchtbarer Halbmond. Begriff, den der amerikanische Ägyptologe James Henry Breasted (1865–1935) geprägt hat. Er bezeichnet die Region am Oberlauf von Euphrat und Tigris, die heute auf dem Staatsgebiet von Israel, Jordanien, Libanon, Syrien, der südlichen Türkei sowie des Irak und Iran liegt.

Seit 1995 gräbt der Archäologe *Klaus Schmidt* vom *Deutschen Archäologischen Institut (DAI)* im südöstlichen Anatolien auf dem **Göbekli Tepe** aufsehenerregende Funde und Befunde aus (Abb. 7.3.1). Der Fundplatz liegt im nordwestlichen Bereich des vorderasiatischen sogenannten **Fruchtbaren Halbmonds**. Beim Göbekli Tepe (wörtlich etwa ›Gebauchter Berg‹) handelt es sich um einen natürlichen Berg, auf dem vor allem tonnenschwere, T-förmig zugehauene Steinpfeiler zutage kamen. Sie sind zu meist kreisförmigen bzw. rechteckigen Anlagen gruppiert und im Außenbereich durch Trockenmauerwerk miteinander verbunden; der Innenbereich wird von zwei zentralen T-Pfeilern dominiert (Abb. 7.3.2). Viele der Pfeiler sind von megalithischer Dimension: sie weisen häufig eine Höhe von über 3 m auf.

Bisher sind vier Steinkreise durch Grabungen nachgewiesen. Geomagnetische Messungen haben jedoch ergeben, dass insgesamt mit mindestens 20 monumentalen Anlagen zu rechnen ist. Da jede aus mindestens zehn, meist jedoch aus 14 oder mehr

Deutsches Archäologisches Institut

1829 wurde in Rom das *Instituto di Corrispondenza Archeologica* gegründet, das die Keimzelle des heutigen *Deutschen Archäologischen Instituts* (DAI) in Berlin und seiner Zweiganstalten im Inland sowie in einer Reihe von Städten der Alten Welt bildet. Im Verlaufe des 20. Jahrhunderts ist die ursprüngliche Konzentration auf die archäologische Erforschung der Klassischen Antike durch eine im Prinzip kulturell und räumlich nicht eingeschränkte Berücksichtigung archäologisch fassbarer Gemeinschaften in aller Welt ersetzt worden. So werden heute vom DAI neben seinem ›Traditionskern‹ Italien und Griechenland sowie dem Alten Orient nicht nur Kulturen Mittel- und Südwesteuropas, sondern z. B. auch solche Boliviens, Jemens, Südasiens, Eurasiens, Ostasiens und Nordafrikas erforscht. Das DAI ist eine Bundesanstalt im Geschäftsbereich des *Auswärtigen Amts*. Die Zentrale in Berlin besitzt Abteilungen in Athen (Griechenland), Istanbul (Türkei), Kairo (Ägypten), Madrid (Spanien) und Rom (Italien) sowie die Eurasien-Abteilung mit der Außenstelle Teheran (Iran) und der Orient-Abteilung mit den Außenstellen Bagdad (Irak; aufgrund der dortigen politischen Situation zur Zeit nicht besetzt), Damaskus (Syrien) und Sana'a (Jemen). Hinzu kommen die *Römisch-Germanische Kommission* (RGK) in Frankfurt a. M., die *Kommission für Alte Geschichte und Epigraphik* in München sowie die *Kommission für Archäologie Außereuropäischer Kulturen* (KAAK) in Bonn. Aufgrund seiner administrativen, personellen und finanziellen Situation ist das DAI die bedeutendste archäologische Forschungsinstitution der Bundesrepublik Deutschland.

Steinpfeilern besteht, ist mit weit über 200 Pfeilern zu rechnen; im Augenblick sind erst 43 von ihnen mehr oder weniger freigelegt. Die Befunde gehören einer älteren und einer jüngeren Phase an. Jene der älteren Phase (Schicht III) sind am besten bekannt. Sie werden im Folgenden erörtert.

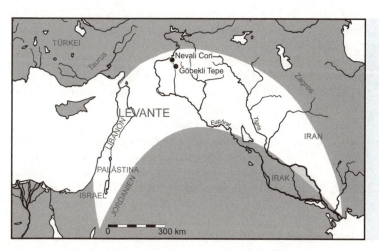

Abb. 7.3.1
Südöstliches Anatolien und ›Fruchtbarer Halbmond‹.

Abb. 7.3.2
Göbekli Tepe. Schematischer Teilplan der Ausgrabungen (Stand 2004).

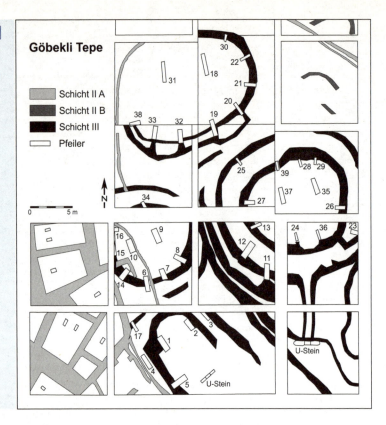

Anthropomorph, von griech. *ánthrōpos*, ›Mensch‹, und griech. *morphḗ*, ›Gestalt‹. Von menschlicher Gestalt, menschenähnlich.

Bukranium, von lat. *bucranium*, ›Ochsenschädel‹.

Vereinzelt auftretende stilisierte Arme und Hände geben einigen der Pfeilern ein **anthropomorphes** Aussehen. Dieser Eindruck wird bisweilen durch zwei ebenfalls im Flachrelief dargestellte Bänder verstärkt. Sie hängen in Art einer Stola parallel vom Brustbereich herab und scheinen ein Kleidungsstück darzustellen. An den Breit- und Schmalseiten sind die Pfeiler in der Regel mit unterschiedlichen Motiven – meist Tieren – in Relieftechnik verziert. Die Artenvielfalt der dargestellten Tiere ist beträchtlich. Wildschweine, Füchse, Schlangen und Vögel kommen recht häufig vor (Abb. 7.3.3, 1.2), Gazellen, Auerochsen, Wildesel, Kröten und Spinnen hingegen selten. Die vertikal angeordneten Tiere treten in der Regel ohne erkennbaren Bezug zueinander auf; szenische Anordnungen sind ebenfalls rar. Gelegentlich finden sich zeichenhafte Darstellungen in Form eines Stierschädels, eines sogenannten ›**Bukraniums**‹. Darüber hinaus gibt es abstrakte Zeichen – H-förmige Gebilde, Kreise und Halbmonde. Die Oberfläche der

Pfeilerköpfe weist häufig schälchen- oder näpfchenförmige Vertiefungen auf.

Die Befunde der ältesten Schicht – Schicht III – des Göbekli Tepe erscheinen in mehrfacher Hinsicht ungewöhnlich. Zum einen sind sie mit ihrer Datierung um 9500 v. Chr. sehr alt. Zum anderen handelt es sich um Monumentalarchitektur – andere megalithische Anlagen dieser Zeit sind aus dem vorderasiatischen Raum nicht bekannt. Und schließlich konnten im Fundspektrum des Fundplatzes weder Haustiere noch Kulturpflanzen nachgewiesen werden. Nach dem Ergebnis der bisherigen archäozoologischen und archäobotanischen Untersuchungen ist die ältere Phase dieses Platzes wirtschaftlich und kulturell noch von einer wildbeuterischen Lebensweise geprägt. Alle abgebildeten Tiere konnten auch in der lokalen Archäofauna nachgewiesen werden. Ungeachtet des jägerischen Kontextes muss allerdings betont werden, dass die durch Schicht III vertretene älteste Phase in eine Zeit gehört, in der an anderen Plätzen bereits Getreide angebaut und Haustiere gehalten wurden. Diese Epoche wird nach der gängigen Einteilung des vorderasiatischen Neolithikums als **Akeramisches Neolithikum** bezeichnet. Schicht III des Göbekli Tepe gehört damit in die ältere Phase (*Pre-Pottery Neolithic A*), Schicht II hingegen in die jüngere Phase (*Pre-Pottery Neolithic B*).

Der Göbekli Tepe ist in Bezug auf seine architektonische Gestaltung und die Gesamtheit seiner Darstellungen bis heute singulär. Ein gewisser Zusammenhang besteht allerdings mit dem knapp 50 km entfernten Nevalı Çori (wörtlich ›Tal der Pest‹). Dieser Ort ist 1992 nach seiner Ausgrabung durch *Harald Hauptmann* im Atatürk-Stausee untergegangen. Auch dort fand man T-Pfeiler in einem Steingebäude. Sie waren jedoch weit weniger aufwendig verziert. Die Grabungen in Nevalı Çori erbrachten zusätzlich unter anderem eine steinerne säulenartige Kompositfigur mit der Skulptur eines Raubvogels, der auf zwei menschlichen Köpfen sitzt. Sie wird als **Totempfahl** interpretiert. In Nevalı Çori fanden sich zudem rund 700 meist menschengestaltige Tonfigürchen sowie steinerne Skulpturen von Mensch und Tier. Die älteste Schicht von Nevalı Çori ist allerdings jünger als Schicht III des Göbekli Tepe. Sie datiert in die Phase *Pre-Pottery Neolithic B* und entspricht damit Schicht II des Göbekli Tepe. Außerdem hat es sich bei der Bevölkerung dort nicht um Jäger, sondern um Feldbauern und Viehhalter gehandelt, wie botanische Reste von Kulturpflanzen, Erntegeräte und Tierknochenfunde belegen.

| Abb. 7.3.3

Göbekli Tepe. T-Pfeiler, o. M. 1 ›Schlangennetz‹ und Widder (?); 2 Vögel, Keiler und Fuchs.

1

2

Akeramisches Neolithikum. Früheste, noch keramiklose Stufe des durch Nahrungsmittelproduktion (Kulturpflanzen und Haustiere) gekennzeichneten Neolithikums (→ Kap. 5.2.3). Die Einteilung geht auf die Ausgräberin von Jericho (Palästina), die englische Archäologin *Kathleen M. Kenyon* (1906–1978), zurück. Sie unterschied zwei Phase dieser Stufe, *Pre-Pottery Neolithic A* und *Pre-Pottery Neolithic B*.

Totempfahl, aus dem Wort *nintotem*, ›mein Familienabzeichen‹ der *Ojibwa*, einer Indianergruppe im nordöstlichen Nordamerika. Allgemein übliche, wenngleich irreführende Bezeichnung für die monumentalen geschnitzten Wappenpfähle einzelner Familien der amerikanischen Nordwestküstenindianer. Im Kontext von Nevalı Çori lediglich beschreibend gebrauchter Hilfsbegriff.

Es stellt sich die Frage, wie wir die Steinkreisanlagen des Göbekli Tepe mit ihren Reliefdarstellungen zu interpretieren haben. Mit anderen Worten: Wie und auf welche Weise deuten wir solche ungewöhnlichen Phänomene, die 11 000–12 000 Jahre alt sind? Niemand wird wohl angesichts der Gesamtanlage daran zweifeln, dass es sich beim Göbekli Tepe um einen Kultort oder ein Heiligtum gehandelt hat. Doch worum ging es in diesem Kult? Wie lassen sich die monumentalen T-Pfeiler und die mit ihnen verbundenen Darstellungen interpretieren? Selbst bei flüchtiger Betrachtung wird klar, dass sich die abgebildeten Tiere aufgrund ihrer Artenvielfalt einer einheitlichen Deutung entziehen. Wie wollte man denn auch Kraniche und Schlangen, Füchse und Kröten, Wildschweine und Spinnen zusammenbringen? Zu den Pfeilern und ihren Darstellungen treten meist großformatige Skulpturen aus Kalkstein hinzu. Sie stellen vor allem gefährliche und zähnefletschende Tiere dar, beispielsweise Keiler und Großkatzen. Leider sind sie bisher nur in Fragmenten und meist in Versturzlage gefunden worden.

Auch der Ausgräber Schmidt, der sich wie kein Zweiter mit dem Problem der Interpretation des Göbekli Tepe beschäftigt hat, vermag keine einheitliche Deutung zu bieten. Seine Suche nach einem nachvollziehbaren, in sich schlüssigen Bildprogramm bleibt zwar erfolglos, aber er sieht in den Darstellungen durchaus die Wiedergabe von Mythen. Die Überlegung, ob die Tiere ›Totemtiere‹ symbolisieren, verwirft er ebenso wie seinen Versuch, sie mit Bild- und Schriftquellen zur Mythologie der Kulturen des Alten Orients zu verknüpfen. Die auf den T-Pfeilern abgebildeten kranichartigen Vögel mit ihren merkwürdig im Knie geknickten, anthropomorphen Beinen lassen ihn an tanzende Menschen im Kranichkleid denken – hier schließt er schamanistische Praktiken (→ Kap. 7.2) nicht aus. Er interpretiert die Gesamtheit der mannigfachen Darstellungen als Hieroglyphen – ›heilige Zeichen‹ –, jedoch nicht im Sinne der altägyptischen Sprachschrift in Bildgestalt, sondern als **piktogrammartige**, sprachunabhängige Zeichen an heiligem Ort mit mutmaßlich heiliger Botschaft. Die Darstellungen des Göbekli Tepe können so lange nicht gedeutet werden, wie uns der ›kulturelle Code‹ zu ihrer Entschlüsselung fehlt. Es ist nicht zu erwarten, dass uns jemals eine vollständige Lesung der darin enthaltenen Botschaften gelingen wird.

Piktogramm, aus lat. *pictum*, Part. Perf. von *pingere* ›malen‹, und griech. *grámma*, zu *gráphein*, ›ritzen‹, ›schreiben‹. Formelhaftes, bedeutungstragendes graphisches Symbol, Bildsymbol.

Testfragen

1. Beschreiben Sie die Befunde der älteren Phase des Göbekli Tepe und gehen Sie dabei auch auf die absolute Datierung ein.
2. Erläutern Sie den Begriff ›Fruchtbarer Halbmond‹.

Literatur

Badisches Landesmuseum Karlsruhe (Hrsg.), Vor 12 000 Jahren in Anatolien: Die ältesten Monumente der Menschheit (Stuttgart 2007) [Darin vor allem die Beiträge von H. Hauptmann und K. Schmidt].
M. K. H. Eggert, Hermeneutik, Semiotik und Kommunikationstheorie in der Prähistorischen Archäologie: Quellenkritische Erwägungen. In: C. Kost/C. Juwig (Hrsg.), Bilder in der Archäologie – Archäologie der Bilder? Tübinger Archäologische Taschenbücher (Münster – New York – München u. a. im Druck).
K. Schmidt, Sie bauten die ersten Tempel: Das rätselhafte Heiligtum der Steinzeitjäger. Die archäologische Entdeckung am Göbekli Tepe (München 2006).

Jagen, Fischen, Sammeln und Töpfern | 7.4

Wildbeuter an der Ostsee | 7.4.1

An vielen Küsten der Alten und Neuen Welt finden sich sogenannte ›Muschelhaufen‹, d. h. langgestreckte, meist flache Erhebungen im einstigen Küstenbereich, die vor allem aus den Schalen von Meeresmuscheln sowie – in weit geringerem Maße – aus Fisch- und Tierknochen bestehen. Für den jütländischen Küstenbereich konnte erstmals *Jens Jacob Asmussen Worsaae* (1821–1885) aufgrund von eingelagerten Stein- und Knochenartefakten den Nachweis erbringen, dass es sich um anthropogen entstandene Ansammlungen handelt. Sie werden in der europäischen Forschung auch über Dänemark hinaus gern als **køkkenmøddinger** bezeichnet. Der forschungsgeschichtlich bedeutende Muschelhaufen von **Ertebølle** in Nordjütland wurde bereits in den Jahren 1893–1897 durch das Dänische Nationalmuseum in Kopenhagen ausgegraben. Er war rund 140 m lang, 30–40 m breit und bis zu 1,5 m hoch. Aufgrund der dabei geborgenen reichen Funde wurde der Fundplatz Ertebølle namengebend für diese endmesolithische Kultur (→ Kap. 5.2.2).

Allerdings weisen durchaus nicht alle Fundplätze der *Ertebølle-Kultur* Muschelhaufen auf; vielmehr ist seit langem bekannt, dass

Køkkenmødding (Pl. *køkkenmøddinger;* im Dt. auch ›køkkenmøddinger‹ und ›kjökkenmöddinger‹), dän. ›Küchenabfallhaufen‹.

Im Deutschen wird die Ertebølle-Kultur gelegentlich auch ›Ertebölle-Kultur‹ geschrieben.

NN, von ›Normalnull‹. Wird vom sogenannten ›Normalhöhenpunkt‹ gebildet, der in der Nähe von Berlin durch eine unterirdisch angebrachte Marke festgelegt ist und den Bezugspunkt des amtlichen Höhennetzes der Bundesrepublik Deutschland repräsentiert. Dieser Normalhöhenpunkt ist durch das Mittelwasser der Nordsee am Amsterdamer Pegel bestimmt.

Die Bezeichnung ›Trichterbecherkultur‹ leitet sich von charakteristischen becherartigen Gefäßen mit Trichterrand ab. Die Trichterbecherkultur ist vom südlichen Skandinavien bis nach Mähren und von den Niederlanden bis in das östliche Polen verbreitet. Aufgrund der für sie typischen Bestattung ihrer Toten in Megalithgräbern (→ Kap. 8.2) nannte man sie früher auch ›Megalithkultur‹.

es sich bei den Muschelhaufen um eine regionale, auf Nordjütland und die dänischen Inseln beschränkte Erscheinung handelt. Grundsätzlich sind sogenannte ›Basissiedlungen‹ mit ganzjähriger Besiedlung von saisonal genutzten Jagd- und insbesondere Fischfangstationen zu unterscheiden. Leider befinden sich viele dieser spätmesolithischen Plätze, sofern sie einst im Küstenbereich lagen, heute aufgrund von Landsenkung bzw. Meeresspiegelanstieg unter Wasser. Sie können nur durch archäologische Forschungstaucher erschlossen werden. Mit Beginn des Holozäns (→ Kap. 5.2.1) stieg der Spiegel der Weltmeere durch abschmelzendes Eis erheblich an. Davon war ab etwa 6000 v. Chr. auch das Ostseebecken betroffen. In der südlichen Mecklenburger Bucht sind viele der alten Küstenlinien heute von oft mächtigen Sedimenten überlagert und befinden sich meist mehr als 6 m **unter NN**. Auch deswegen sind Muschelhaufen der Ertebølle-Kultur in der südlichen Mecklenburger Bucht nicht bekannt.

Durch eine Reihe von ^{14}C-Daten (→ Kap. 3.5.4.3) wissen wir inzwischen, dass die endmesolithische Ertebølle-Kultur um 5450 v. Chr. begann; ihre sich bis etwa 5100 v. Chr. erstreckende Frühphase ist allerdings in der südlichen Mecklenburger Bucht bisher nur an einem in 6,5 m Wassertiefe liegenden Fundplatz nachgewiesen. Uns interessiert daher besonders die Spätphase, die von ungefähr 5100–4100 v. Chr. anzusetzen ist und vom Älteren Frühneolithikum, der *Trichterbecherkultur*, abgelöst wird. Nach dem gegenwärtigen Kenntnisstand scheint der älteste Abschnitt dieser Phase noch akeramisch – also keramiklos – gewesen zu sein. Erst ab etwa 4750 v. Chr. tritt erstmals Keramik auf, die oft recht dickwandig und grob gemagert ist. Sie besteht aus spitzbodigen krugartigen Gefäßen mit leicht S-förmigem Profil sowie flachen wannenartigen Schalen (Abb. 7.4.1.1). Da in diesen ova-

Ertebølle-Kultur

In der Ertebølle-Kultur finden sich vor allem aus mehr oder weniger großen Flintabschlägen hergestellte flächenretuschierte trapezoide und länglich-ovale Scheibenbeile. Daneben treten auch Kernbeile auf. Sie wurden aus einem Flintkern, von dem Reste der alten Oberläche (›Rinde‹) erhalten blieben, hergestellt. Bei beiden Typen handelt sich um typische Geräte des Spät- und Endmesolithikums, wobei Kernbeile tendenziell älter sind (Abb. 7.4.1.3). Als *Retusche* (von franz. *retoucher*, ›verändern‹, ›modifizieren‹), bezeichnet man eine absichtsvoll vorgenommene (intentionelle) Modifikation von Steinartefakten durch Druck oder Schlag. Es werden gemeinhin Flächen- und Kantenretuschen unterschieden.

len Tonwannen anhaftender Tran nachgewiesen wurde, nimmt man an, dass sie als Lampen dienten. Das Silexinventar (→ Kap. 4.3) besteht aus Klingengeräten wie Kratzern, Messern, Bohrern und Pfeilschneiden; hinzu kommen Beile (Abb. 7.4.1.2; 7.4.1.3). An Artefakten aus organischem Material liegen vor allem hölzerne Aalstecher, Fischspeere, Überreste von Reusen und Fischfangzäunen, hölzerne Paddel, Harpunen (→ Kap. 7.4.2) und T-förmige Äxte aus Reh- und Rothirschgeweih, Knochenspitzen sowie Vogelknochenpfrieme vor. Die sehr reichen Faunenreste belegen ein ausgeprägtes Wildbeutertum (→ Kap. 4.3), wobei neben der Jagd auf Reh, Rothirsch, Wildschwein und Ur sowie auf Kleinsäuger wie Marder auch Vögel, vor allem Entenvögel, eine Rolle spielten. Besonders kennzeichnend ist jedoch eine hochspezialisierte Anpassung an marine und limnische Ressourcen. An Fischen wurden Aale, Hechte, Plattfische, Forellen, Karpfen und Dorsche gefangen bzw. gestochen. Im Laufe der Zeit nahm die Jagd auf Robben zu, die schließlich zu einer bevorzugten Jagdbeute wurden; daneben wurden Schweinswale gejagt. Wenn auch Muschelhaufen in der südlichen Mecklenburger Bucht fehlen, wird man dennoch eine intensive Nutzung von Muscheln voraussetzen dürfen. Dass die Sammeltätigkeit ebenfalls eine Rolle spielte, ergibt sich z. B. aus verkohlten Haselnussschalen. Die Basislager und saisonalen Fischer- bzw. Jagdcamps der Ertebølle-Kultur wurden ebenso wie die nachfolgenden Siedlungen der Frühen Trichterbecherkultur gern in fjordartigen Buchten angelegt; sie boten einen gewissen Schutz vor Wind und Wetter.

Bisher haben sich für die Ertebølle-Kultur keinerlei Hinweise auf Getreideanbau gefunden. Auch Knochen von Schaf bzw. Ziege – sie sind nur sehr schwer zu unterscheiden – fehlen vollständig. Sieht man vom Haushund ab, gibt es mit Ausnahme von neun Rinderknochen vom Siedlungsplatz Rosenhof in Ostholstein keinerlei Anhaltspunkte für Haustiere. Die Rinderknochen stellen allerdings nur 1–2 % der Gesamtzahl der Säugetierreste dar. Das änderte sich erst in der von ungefähr 4100–3800 v. Chr. an-

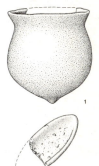

Abb. 7.4.1.1
Ertebølle-Keramik.
1 Spitzbodengefäß;
2 ›Lampe‹.

Marine und limnische Ressourcen, von lat. *mare*, ›Meer‹, und griech. *limnē*, ›See‹, ›Teich‹, sowie franz. *ressource*, ›(natürliche) Reserve‹, ›Mittel zur Ernährung und wirtschaftlichen Produktion‹. Aus dem Meer und dem Süßwasser stammende Nahrungsmittel.

Fjord, von norw. *fjord*. Schmaler, tief ins Landesinnere reichender Meeresarm.

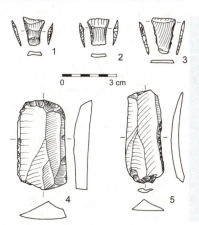

Abb. 7.4.1.2
Silexartefakte der Ertebølle-Kultur.
1–3 Querschneider;
4 Kratzer; 5 Klinge.

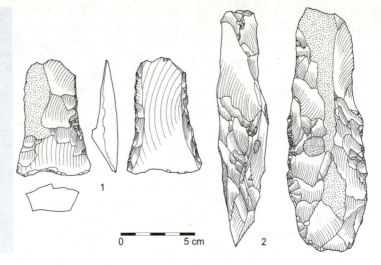

Abb. 7.4.1.3
Silexartefakte der Ertebølle-Kultur.
1 Scheibenbeil;
2 Kernbeil.

Abb. 7.4.1.4
Trichterbecher.

Amphore, von griech. *amphí*, ›ringsum‹, ›beid-‹, ›doppel-‹, und *phoreīn*, ›tragen‹. Zweihenkliges enghalsiges Gefäß.

zusetzenden Frühphase der Trichterbecherkultur, die man nach dem nur knapp 10 km von Rosenhof entfernten, 1996–1999 ausgegrabenen Siedlungsplatz Wangels neuerdings als *Wangels-Phase* bezeichnet. Nach dem bisherigen Stand der Bearbeitung der Tierknochen von Wangels entfallen etwa zwei Drittel auf Haustiere, und zwar vor allem auf das Rind. Daneben sind aber auch Schaf/ Ziege und Hausschwein nachgewiesen. Nicht nur am Fundplatz Wangels selbst wurde die Ertebølle-Kultur von der Frühen Trichterbecherkultur abgelöst. Alles in allem veränderte sich jedoch das Inventar der Geweih-, Knochen-, Holz- und Steingeräte der ›Wangels-Phase‹ gegenüber dem der Späten Ertebølle-Kultur kaum. Ein sehr ausgeprägter Unterschied zeigt sich hingegen in der Keramik, die nunmehr vorzugsweise aus weitmundigen Trichterbechern (Abb. 7.4.1.4), Trichterschalen, Ösenbechern und **Ösenamphoren** bestehen.

Fundplätze wie Wangels, die sowohl Material der Späten Ertebølle- als auch der Frühen Trichterbecherkultur aufweisen, machen deutlich, dass die Neolithisierung im südlichen Ostseebereich offenbar in einem langsamen Akkulturationsprozess (→ Kap. 4.3) vonstatten ging. Im Verlaufe dieses Prozesses wurden aus keramikherstellenden Wildbeutern Feldbauern und Viehhalter. Zur Zeit ist noch unklar, auf welche Wurzeln die Keramik der Ertebølle-Kultur zurückzuführen ist; es werden sowohl Beziehungen zu nordwesteuropäischen mesolithischen Gruppen als auch zu solchen des Baltikums erwogen.

Testfragen

1. Was verstehen Sie unter dem Begriff *køkkenmødding*?
2. Woher kommt die Bezeichnung ›Ertebølle-Kultur‹, und wie wird sie definiert?

Literatur

S. Hartz/D. Heinrich/H. Lübke, Frühe Bauern an der Küste: Neue ¹⁴C-Daten und aktuelle Aspekte zum Neolithisierungsprozeß im norddeutschen Ostseegebiet. Prähistorische Zeitschrift 75, 2000, 129–152.

S. Hartz/H. Lübke, Zur chronostratigraphischen Gliederung der Ertebølle-Kultur und frühesten Trichterbecherkultur in der südlichen Mecklenburger Bucht. Jahrbuch der Bodendenkmalpflege in Mecklenburg-Vorpommern 52, 2004, 119–143.

E. Noll, Ethnoarchäologische Studien an Muschelhaufen. Tübinger Schriften zur Ur- und Frühgeschichtlichen Archäologie 7 (Münster – New York – München u. a. 2002).

Wildbeuter in der Sahara | 7.4.2

Im August 2008 wurde der internationalen Presse eine archäologische Sensation präsentiert, die zur gleichen Zeit in archäologischen Internet-Foren verbreitet wurde: Es handelt sich um einen Bestattungsplatz mit rund 200 Körpergräbern an einem **Paläosee** in Niger. Die Nekropole von Gobero – so der Name des in der Südlichen Sahara gelegenen Fundplatzes (Abb. 7.4.2.1) – umspannt rund 5000 Jahre. Sie ist besonders bedeutend, weil etwa die Hälfte der Bestattungen die ältesten Gräber der Sahara darstellen. Hinzu kommt, dass es aus der Sahara nur sehr wenige ungestörte Gräber von Wildbeutern gibt. Schließlich gehören sämtliche Bestattungen von Gobero einer Zeit an, die durch ausreichende Niederschläge geprägt war; daher herrschte damals anstelle der Wüste eine Savannenlandschaft vor.

> Paläosee, von griech. *palaiós*, ›alt‹. Einstiger See in heutigen Wüsten- oder Halbwüstenlandschaften.

Der Fundplatz wurde bereits im Jahre 2000 von einer Arbeitsgruppe um den amerikanischen **Paläontologen** *Paul C. Sereno* von der Universität Chicago im Zuge von paläontologischen Surveys im zentralen Niger entdeckt. Die entscheidende archäologische Erforschung des Fundplatzes fand aber erst in den Jahren 2005 und 2006 statt.

> Paläontologie, von griech. *palaiós*, ›alt‹, *on*, ›seiend‹, und *lógos*, ›Wissen‹, ›Lehre‹. Wissenschaft von Tieren und Pflanzen vergangener Erdzeitalter.

Die älteste Phase von Gobero (›Phase 2‹ der örtlichen Sequenz) fällt in den Zeitraum von ungefähr 7700–6200 v. Chr. Aufgrund des relativ feuchten Klimas konnte eine Fischer-/Jäger-Sammler-

Abb. 7.4.2.1
Gobero in Niger.

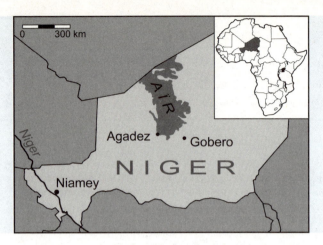

Bevölkerung weitgehend sesshaft im Uferbereich des ungefähr 3 m tiefen und einen Durchmesser von rund 3 km aufweisenden Sees leben. Sie war ausgesprochen hochgewachsen – sowohl Männer als auch Frauen erreichten eine Körperhöhe von annähernd 2 m – und bestattete ihre Toten in extremer Hockerlage, die nur durch Verschnürung des Leichnams erreicht worden sein kann. Soweit sich dem Vorbericht in einer Internet-Zeitschrift entnehmen lässt, sind mit den Bestattungen dieser Phase Mikrolithen, Harpunen und Angelhaken aus Knochen sowie eine charakteristische Keramik verknüpft.

Anhand von Pollenproben hat man für Phase 2 von Gobero eine offene Savannenlandschaft mit dauerhaft vorhandenen Wasser- und Sumpfgebieten erschlossen. Im letzten Drittel dieser Phase (ca. 6500–6300 v. Chr.) stieg der Grundwasserspiegel und damit der Seebereich beträchtlich an und das Friedhofsareal wurde übrschwemmt; davon zeugen die dunkle Färbung und Härte der Knochen. Zwischen ungefähr 6200 und 5200 v. Chr. kam es zu einer Siedlungsunterbrechung in Gobero; während dieser Trockenperiode war der See offenbar ausgetrocknet.

Auf diesen klimatisch bedingten **Siedlungshiatus** folgte eine rund 2000 Jahre anhaltende zweite Feuchtphase (Phase 3), in der wiederum Wildbeuter in dieser Region lebten. Nach anthropologisch-morphologischer Einschätzung soll es sich aber um eine andere, d. h. grazilere und weniger hochgewachsene Bevölkerung gehandelt haben. Die Ausgräber nehmen an, dass auch diese Menschen zumindest halbsesshaft waren, also sicher für eine längere Zeit im Jahr im Seebereich siedelten. Einige we-

Hiatus, von lat. *hiatus*, ›Kluft‹. Zeitliche Lücke.

nige Knochen domestizierter Rinder in Abfallhaufen sprechen dafür, dass neben der wildbeuterischen Lebensweise auch Viehhaltung betrieben wurde. Die Toten wurden in leichter Hockerlage bestattet; zu den Grabbeigaben zählen steinerne Geschossköpfe sowie Knochen-, Elfenbein- und Muschelschmuck (Abb. 7.4.2.2). Rund die Hälfte der Gräber von Gobero ist dieser Phase zuzurechnen. Auch diese Bestattungen müssen für eine gewisse Zeit dem Wasser ausgesetzt gewesen sein – die Skelette weisen die gleichen Merkmale wie die der Phase 2 auf. Demnach ist auch in Phase 3 von einem mehr oder weniger lange andauernden Anstieg des Seespiegels auszugehen.

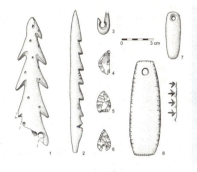

| Abb. 7.4.2.2
Artefakte aus Gobero. 1 Knochen (Krokodilunterkiefer); 2 Knochen; 3 Knochen; 4–6 Silex; 7 Stein; 8 Flusspferdelfenbein.

Artefakte saharischer Fischer/Jäger und Sammler

Das charakteristische Inventar der Wildbeutergruppen in der Sahara besteht aus sogenannten Knochen-›Harpunen‹ (Abb. 7.4.2.2, 1.2), knöchernen Angelhaken (Abb. 7.4.2.2.3) und Mikrolithen. Bei den *Mikrolithen* – von griech. *mikrós*, ›klein‹, ›kurz‹, und *líthos*, ›Stein‹ – handelt es sich um sehr kleine Steinartefakte von meist geometrischer Form (Dreiecke, Segmente, Trapeze). Sie wurden häufig seitlich in Pfeilköpfe eingesetzt und als querschneidige Pfeilbewehrungen (sogenannte ›Querschneider‹) verwendet (Abb. 7.4.2.3, 3–5). Mikrolithen sind kennzeichnende Artefaktformen des europäischen Mesolithikums (→ Kap. 5.2.2) und des afrikanischen *Later Stone Age*. ›Harpune‹ ist eine gängige, aber nicht immer korrekte Bezeichnung für gezähnte Knochenspitzen. Harpunenköpfe bzw. Harpunenspitzen sind ihrer Definition nach Geschossköpfe, die sich beim Eindringen in einen Tierkörper vom Schaft lösen, mit dem sie durch eine Leine verbunden sind. Archäologisch lassen sich derartige Harpunenspitzen letztlich nur anhand einer Durchbohrung im Basisbereich identifizieren. Alles andere, etwa eine umlaufende eingearbeitete Nut nahe der Basis, mag auch zur ständigen Fixierung der Spitze am Schaft gedient haben. Zur typischen Ausstattung mehr oder weniger sesshafter saharischer Wildbeuter gehört ferner Keramik. Sie ist meist mit eingeritzten oder eingestochenen Wellenbändern (engl. *wavy-line* bzw. *dotted wavy-line*) oder in sogenannter *Wiegebandtechnik* (engl. *rocked zigzag* bzw. franz. *impression pivotante*) ausgeführten Zickzackmustern verziert. Eine solche Keramik wurde auch im zeitlichen Kontext der zweiten Phase der Gobero-Sequenz gefunden (Abb. 7.4.2.4). Die Tatsache, dass die Fischer/Jäger und Sammler der Sahara Keramik hergestellt haben, spricht für einen hohen Grad von Sesshaftigkeit; sie dürfte durch günstige Umweltbedingungen und eine daran angepasste Lebensweise ermöglicht worden sein.

Abb. 7.4.2.3
Steinartefakte aus Ägypten. 1–5 Silex; 6 Rekonstruktion.

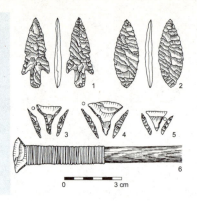

Aridisierung, von lat. *aridus*, ›trocken‹, ›dürr‹, ›wüstenhaft‹. Klimatisch gesteuerter Austrocknungsprozess.

Abb. 7.4.2.4
Tongefäß aus Gobero.

Die klimatisch günstigen Lebensbedingungen der Wildbeuter der Phasen 2 und 3 von Gobero werden auch aus den reichen Faunenresten in den Abfallhaufen deutlich. Sie umfassen unter anderem verschiedene Fischarten, Reptilien (z. B. Pythonschlangen und Krokodile) und Säugetiere (z. B. Elefanten und Flusspferde).

Aus der vierten und letzten Phase von Gobero (etwa 2500–300 v. Chr.) gibt es ebenso wie aus der ersten Phase keine Bestattungen. Diese Phase geht mit der zunehmenden und weiträumig ablaufenden Aridisierung der Sahara einher.

Die in Gobero in einmaliger Fülle ausgegrabenen prähistorischen Hinterlassenschaften markieren gewiss einen der Höhepunkte der archäologischen Erforschung der Sahara. Das dabei eingesetzte Arsenal der einschlägigen Naturwissenschaften, das die Ausgrabungen begleitet hat, wird auch bei der Auswertung einen entscheidenden Platz einnehmen. Hier sind vor allem zu nennen: Physische Anthropologie, Archäozoologie, Archäobotanik (insbesondere Pollenanalyse), Geomorphologie und Bodenkunde (→ Kap. 6.3) sowie die Strontiumisotopenanalyse (→ Kap. 7.7) und verschiedene Datierungsverfahren. Dadurch wird in der Südlichen Sahara an einem exzeptionellen Fundplatz die Erforschung früh- und mittelholozäner Fischer/Jäger und Sammler (→ Kap. 7.4.1) vorangetrieben, die als solche schon lange bekannt sind. Sie bildeten beispielsweise den Schwerpunkt des auf die Östliche Sahara konzentrierten, in den Jahren 1980–1993 von der Deutschen Forschungsgemeinschaft (DFG) geförderten Projekts *Besiedlungsgeschichte der Ostsahara* (B.O.S), das Kölner Prähistoriker unter der Leitung von *Rudolph Kuper* durchgeführt haben. Auch der Kölner DFG-Sonderforschungsbereich 389 *Kultur- und Landschaftswandel im ariden Afrika: Entwicklungsprozesse unter ökologischen Grenzbedingungen*, an dem Kuper ebenfalls federführend mitwirkte, befasste sich in den Jahren 1995–2007 mit der Erforschung dieser Fischer/Jäger und Sammler.

Der britische Archäologe *John E. G. Sutton* hat sich in den siebziger Jahren des 20. Jahrhunderts erstmals systematisch mit den an

> **Deutsche Forschungsgemeinschaft**
>
> Die *Deutsche Forschungsgemeinschaft* (DFG) ist die zentrale Organisation für die Förderung der Forschung in Deutschland. Organisiert als privatrechtlicher Verein, der seine Mittel von Bund und Ländern erhält, gehören ihr die meisten deutschen Universitäten sowie außeruniversitäre Forschungseinrichtungen, wissenschaftliche Verbände und die Akademien der Wissenschaften an. Zusätzlich zur Forschungsförderung berät die DFG Parlamente und Behörden in wissenschaftlichen Fragen, unterstützt die internationale wissenschaftliche Zusammenarbeit und fördert den wissenschaftlichen Nachwuchs. Die DFG ist aus der 1920 gegründeten *Notgemeinschaft der Deutschen Wissenschaft* hervorgegangen.

aquatische Ressourcen angepassten Wildbeutern der Sahara befasst. In mehreren Aufsätzen nahm er die entsprechenden Hinterlassenschaften vergleichend in den Blick und stellte sie in einen überregionalen klimatisch-geomorphologischen und chronologischen Zusammenhang. Er sprach von einer »aquatischen Zivilisation« bzw. vom »afrikanischen Aqualithikum«. So sehr diese Begriffe das entscheidende Charakteristikum der **Subsistenzbasis** dieser Wildbeuter benannten, konnten sie sich in der Forschung dennoch nicht durchsetzen. Insgesamt ist festzuhalten, dass das gesamte saharische Wildbeutertum trotz der genannten großen Forschungsprojekte in der Ostsahara immer noch viel zu wenig erforscht ist. Das gilt vor allem für die Zentrale und die Westliche Sahara. Von besonderer Bedeutung ist in diesem Zusammenhang auch die Frage der Herausbildung der mit den frühen Fischern/Jägern und Sammlern verknüpften Keramikherstellung.

> Aquatische Ressourcen, von lat. *aqua*, ›Wasser‹, und franz. *ressource*, ›(natürliche) Reserve‹, ›Mittel zur Ernährung und wirtschaftlichen Produktion‹. Aus dem Wasser stammende Nahrungsmittel.
>
> Subsistenz, von lat. *subsistentia*, ›Bestand‹, ›Substanz‹. Unter ›Subsistenz‹ bzw. ›Subsistenzbasis‹ versteht man in der Ethnologie die aus der Auseinandersetzung mit der natürlichen Umwelt resultierende, ausschließlich den Eigenbedarf deckende Gewinnung des Lebensunterhalts.

Testfragen

1. Was verbinden Sie mit dem Fundplatz Gobero?
2. Was sagt Ihnen der Begriff ›Aqualithikum‹?

Literatur

A. F. C. Holl, Holocene »Aquatic« Adaptations in North Tropical Africa. In: A. Brower Stahl (Hrsg.), African Archaeology: A Critical Introduction. Blackwell Studies in Global Archaeology 3 (Malden/MA – Oxford – Carlton/Victoria 2005) 174–186.

R. Kuper, Die holozäne Besiedlungsgeschichte der Ost-Sahara: Ein Gliederungsvorschlag. In: H.-P. Wotzka (Hrsg.), Grundlegungen: Beiträge zur europäischen und afrikanischen Archäologie für Manfred K. H. Eggert (Tübingen 2006) 233–242.

P. C. Sereno u. a., Lakeside Cemeteries in the Sahara: 5000 Years of Holocene Population and Environmental Change. PloS One 3/8, 2008, 1–22. doi:10.1371/journal.pone.0002995.
J. E. G. Sutton, The African Aqualithic. Antiquity 51, 1977, 25–34.

7.5 | Von Bauern und Viehhaltern

Zu den fundamentalen Veränderungen in der Menschheitsgeschichte – die im Zeitraffer als ›Umbrüche‹ oder ›Umwälzungen‹ erscheinen – gehört der Übergang von einer aneignenden zur produzierenden Wirtschaftsweise. Dieser Übergang wird mit dem Neolithikum verknüpft, oder – richtiger – das Neolithikum

›Viehhaltung‹ oder ›Viehzucht‹ und ›Feldbau‹ oder ›Ackerbau‹?

Es ist leider die Regel, dass in der Archäologie statt von ›Tier-‹ und ›Viehhaltung‹ von ›Tier-‹ und ›Viehzucht‹ gesprochen wird. Wie auch immer der durch die Zähmung von Wildtieren eingeleitete Domestikationsprozess abgelaufen sein mag, von ›Züchtung‹ im heutigen Sinne kann sicher keine Rede sein. Das Gleiche gilt prinzipiell auch für Kulturpflanzen. Züchtung setzt insbesondere bei Tieren eine absichtsvolle Beeinflussung durch gelenkte Auswahl und Kreuzung voraus, die wir für die Frühphase der Domestikation nicht unterstellen dürfen. Archäozoologen tendieren heute zu der Ansicht, dass die Domestikation – ausgehend von der Zähmung von Wildtieren – nicht das Resultat künstlicher Auslese darstellt, sondern als weitgehend ungesteuerter Prozess eigener Dynamik ablief, bei dem der Mensch nur eine sehr geringe Rolle spielte. Wenn also im Zusammenhang mit der Domestikation im Jahre 2002 in einer Zwischenüberschrift eines Übersichtsbeitrags zum Neolithikum von der »Züchtung von Pflanzen und Tieren« und »ersten Genmanipulationen« gesprochen wird, dann verfehlt der Autor sicher die historische Wirklichkeit. Angemessener erscheint die daraufhin im Text folgende Formulierung. Darin heißt es: »Die Menschen begannen zu ›züchten‹, indem sie durch Auswahl genetische Veränderungen unterstützten und dadurch ihre Kulturpflanzen und Haustiere heranzogen.« Dabei ist allerdings immer noch gänzlich offen, wann sich der Mensch der Folgen seines Handelns klar wurde. Was Haustiere betrifft, haben wir es bei ihren Besitzern also vermutlich während der gesamten Ur- und Frühgeschichte nicht mit ›Viehzüchtern‹, sondern mit ›Viehhaltern‹ zu tun. Wir finden, dass der archäologische Sprachgebrauch dieser Einsicht bis zum Nachweis des Gegenteils Rechnung tragen sollte.

Der Archäologe sollte auch – nach dem Vorbild der Ethnologie – zwischen ›Feldbau‹ und ›Ackerbau‹ differenzieren. Während man unter ersterem die Bewirtschaftung des Bodens mit Hilfe des Grabstocks und ähnlicher Geräte versteht, ist Ackerbau eine Form des Bodenbaus, bei der mit einem Ard oder einem Pflug Saatfurchen angelegt werden. Historisch gesehen geht dem Ard und dem Pflug der sogenannte ›Handhaken‹ oder ›Furchenstock‹ voraus, mit dem ebenfalls Saatfurchen gezogen wurden. Nach derzeitigem Kenntnisstand gibt es den Ard wohl seit dem Späten Neolithikum.

Ard bzw. Arder, von dän. *ard* bzw. schwed. *årder*, ›Pflug‹. Einfaches Holzgerät zum Bodenbau, das gezogen wird. Im Gegensatz zum Pflug weist es eine symmetrische Schar auf, die den Boden nicht wendet, sondern nur aufritzt.

wird vor allem dadurch definiert. Der britisch-australische Prähistoriker *Vere Gordon Childe* (1892–1957) hat dafür den Begriff ›Neolithische Revolution‹ (*Neolithic Revolution*) geprägt. Schon bald wurde jedoch klar, dass sich dahinter keine ›Revolution‹, sondern ein sehr allmählicher Prozess verbirgt. Childes Begriff trifft also nur aus der Zeitrafferperspektive zu. Der Prozess, der zum Neolithikum führte, setzte zuerst im sogenannten *Fruchtbaren Halbmond* ein, jener Region, die im Norden durch das Taurus- und im Osten durch das Zagros-Gebirge begrenzt wird (→ Kap. 7.3). Nur hier sind alle Wildformen der frühen Haustiere (Schaf, Ziege, Rind und Schwein) und Kulturpflanzen (Getreide) nachgewiesen. Es spricht daher alles dafür, dass der Prozess der Domestikation, d. h. der Zähmung und ›*Züchtung*‹ von Wildtieren und der Kultivierung von Wildpflanzen in diesem Raum stattgefunden und die Ausbreitung der Domestikate – also der Haustiere und Kulturpflanzen – von dieser Region ihren Ausgang genommen hat.

Wie bereits dargelegt, gibt es unterschiedliche Auffassungen zum *Neolithisierungprozess* (→ Kap. 4.3). Einerseits zeigt die charakteristische frühneolithische Tonware der sogenannten *Linienbandkeramik* einen Zusammenhang mit dem frühneolithischen ›Starčevo-Kőrös-Criş-Kreis‹ im heutigen westlichen Ungarn. Andererseits

Linienbandkeramik

Abb. 7.5.2
Bandkeramischer Kumpf.

Die früheste Stufe der Jungsteinzeit (Neolithikum) und damit der Sesshaftwerdung in Europa wird als *Bandkeramik* (bisweilen auch ›Linear-‹ oder ›Linienbandkeramik‹, kurz auch ›LBK‹) bezeichnet. Ihren Namen verdankt sie der über das gesamte Verbreitungsgebiet (Abb. 7.5.1) einheitlich verzierten Keramik, deren zentrales Motiv bandartige Muster sind (Mäander, Spiralen und Winkel) (Abb. 7.5.2). Anhand von ^{14}C- und dendrochronologischen Datierungen (→ Kap.3.5.4.2) wird die Bandkeramik in Mitteleuropa etwa in die Zeit von 5500–4900 v. Chr. datiert. Die bandkeramische Kultur ist vor allem durch Feldbau – der archäologische Nachweis von Pflügen fehlt bislang – und Viehhaltung geprägt. Die Menschen dieser Zeit suchten fruchtbare Lössböden auf und lebten in sogenannten ›Langhäusern‹, die zum Teil über 30 m lang und 8 m breit waren. Diese Häuser waren in der Regel in einen Wohn-, Arbeits- und Vorratsbereich unterteilt. Ein bandkeramisches Dorf bestand aus ca. fünf bis zehn Häusern. Neben solchen weilerartigen Siedlungen sind auch sogenannte ›Erdwerke‹ (→ Kap. 7.6) bekannt. Die Funktion dieser runden bis ovalen Grabenanlagen ist bis heute ungeklärt. Die Bestattungssitte während der Bandkeramik ist regional unterschiedlich. Die Toten wurden sowohl körper- als auch brandbestattet. In den Gräbern auf dem Gebiet des heutigen Baden-Württemberg etwa herrschte Körperbestattung in Hockerlage vor, d. h. der Tote wurde mit angezogenen Armen und Beinen beigesetzt (gelegentlich auch als ›Embryonalstellung‹ bezeichnet).

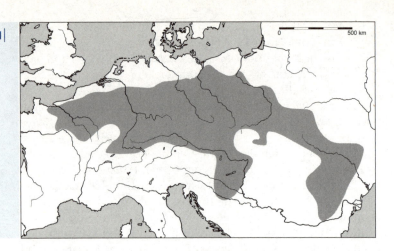

Abb. 7.5.1 | Verbreitung der Bandkeramik in Mitteleuropa.

gibt es – besonders in Südwestdeutschland – Grubenbefunde, in denen Scherben der Linienband- mit solchen der La Hoguette-Keramik vergesellschaftet sind; die La Hoguette-Keramik bringt man mit dem südfranzösisch-westmediterranen Raum in Verbindung. Für das mitteleuropäische Kerngebiet ist die Linienbandkeramik jedoch eindeutig die vorherrschende Kulturerscheinung des Altneolithikums (Abb. 7.5.1). Unklar ist immer noch, wie sich der Ausbreitungsprozess der neolithischen Lebens- und Wirtschaftsweise konkret vollzogen hat. Hier standen sich viele Jahre das ›Einwanderungsmodell‹ und das ›Anpassungsmodell‹ gegenüber. Dabei spielte das erstere – man unterstellte eine oder mehrere große Einwanderungswellen von ›Neolithikern‹ aus Südost- nach Mitteleuropa – eine weit wichtigere Rolle. Das Anpassungsmodell hingegen ging von einer Akkulturation (→ Kap. 4.3) mitteleuropäischer Jäger an neolithische Lebensverhältnisse aus, mit denen sie allmählich und gleichsam von Region zu Region in Kontakt kamen. Dass man heute beide Modelle miteinander verknüpft, ist zwar naheliegend, stellt aber letztlich doch eher einen bequemen Ausweg aus einer schwierigen Situation als die Konsequenz aus einer eindeutigen Forschungslage dar.

Seit einer Reihe von Jahren rechnet man damit, dass die Neolithisierung entlang des Rheins nicht nur bandkeramische Wurzeln hat. Vielmehr meint man aufgrund von pollenanalytischen Befunden (→ Kap. 6.3.4), dass Wildbeuter (→ Kap. 4.3) des Späten Mesolithikums entlang des Rheins und seiner Nebenflüsse bereits vor der Ankunft der ›Linienbandkeramiker‹ mit ihrer typischen Lebensweise »eine Art von Getreideanbau und Viehwirtschaft«

Missionare in Schwanfeld?

Lüning sucht seine These von der bandkeramischen ›Missionierung‹ an Befunden der ältestbandkeramischen Siedlung von Schwanfeld, Lkr. Schweinfurt (Unterfranken), zu belegen. Dort konnten die Grundrisse von vier Hofplätzen nachgewiesen werden; der Weiler wurde um 5500 v. Chr. mit drei Hofplätzen gegründet. Gut 50 % des gesamten Silexmaterials ist Hornstein, der in der Umgebung der Siedlung im Mainbereich vorkommt und zudem in 60 bis 80 km Entfernung ansteht. Rund 32 % des in der Siedlung gefundenen Feuersteins sind dem Baltischen Kreidefeuerstein zuzurechnen, der am ehesten aus dem rund 150 km entfernten Thüringen stammen dürfte. Auf Hofplatz 3 fand sich das Grab eines 23 bis 25 Jahre alten »Jägerkriegers«, der in linksseitiger Hockstellung mit Blick nach Süden bestattet worden war. Ihm hatte man neben einer wohl als **Dechsel** geschäfteten Flachhacke (Abb. 7.5.3, 1) sieben querschneidige Pfeilbewehrungen – bzw. entsprechend präparierte Pfeile – in Form von Trapezmikrolithen aus Baltischem Kreidefeuerstein beigegeben (Abb. 7.5.3, 2–8). Weitaus wichtiger für die Gesamtdeutung sind aber elf Silexartefakte verschiedener Form aus ungarischem **Radiolarit**, der vom Nordufer des rund 650 km entfernten Plattensees stammen soll. Acht dieser elf Artefakte wurden auf Hofplatz 2 gefunden, und zwar – folgt man dem Ausgräber – in den ersten vier Hausgenerationen. Die restlichen drei Stücke lagen in einem Hausgrundriss der vierten Hausgeneration auf Hofplatz 3; die Bewohner dieses Hofplatzes – so Lüning – hätten sie von ihren Nachbarn von Hofplatz 2 erhalten.

Das Vorkommen des Radiolarits wird als Beleg für die engen Verbindungen des »Clans« von Hofplatz 2 nach Nordwestungarn gewertet, wobei die vier Hausgenerationen rund 100 Jahre umfassen sollen. Diese Hofbewohner seien »Altbandkeramiker« und »dürften die gesuchten **Missionare** gewesen sein, die die Einheimischen in Schwanfeld bekehrten und belehrten«. Der »Jägerkrieger« wird als »Gründer von Hofplatz 3« und zugleich als Repräsentant eines auf diesem Hofplatz wohnenden »Clans« aus Thüringen gedeutet, während der dritte Hofplatz, also Hofplatz 1, wohl von – bekehrten – Ortsansässigen bewohnt gewesen sei. Es bleibt offen, ob die ›Thüringer‹ erst am Orte zu »Neubandkeramikern« wurden oder bereits als solche zuwanderten.

Nach dieser sehr kühnen Interpretation werden die sieben Trapezmikrolithen aus Baltischem Kreidefeuerstein für die Zuwanderung einer kleinen Gruppe aus Thüringen in Anspruch genommen. Elf Radiolaritartefakte sind die Grundlage, auf der eine rund 100 Jahre währende kontinuierliche Verbindung der Bewohner von Hofplatz 2 mit ihrer Ursprungsgruppe im Bereich des Plattensees erschlossen wird. Mehr noch: Diese elf Artefakte werden als Indikator der ethnischen Zugehörigkeit und der missionarischen Tätigkeit der Leute von Hofplatz 2 angesehen. Besonders erstaunlich ist es, dass weniger ›abgehobene‹ Alternativhypothesen – etwa die Frage des Rohmaterialvertriebs während des Neolithikums – nicht einmal erwähnt werden. Nach unserer Auffassung vermittelt ein derartiger Beitrag in einer nicht nur vom Fachpublikum, sondern vor allem auch von der interessierten Öffentlichkeit gelesenen populären Zeitschrift ein schiefes, um nicht zu sagen falsches Bild von den Erkenntnismöglichkeiten der Ur- und Frühgeschichtlichen Archäologie.

Dechsel. Steinerne oder metallene Beilklinge, deren Schneide quer zum als Griff dienenden Knieholz geschäftet ist. Im Falle des ›Jägerkriegers‹ von Schwanfeld handelt es sich um eine steinerne Flachhacke.

Radiolarit. Aus Skeletten der *Radiolarien* (Strahlentierchen) entstandenes rötliches bis grünlichgraues, sehr hartes Kieselgestein mit muscheligem Bruch.

Mission/Missionierung, von lat. *missio*, ›Sendung‹. Sendung; Botschaft. Verbreitung einer religiösen Lehre unter Ungläubigen durch ›Rechtgläubige‹.

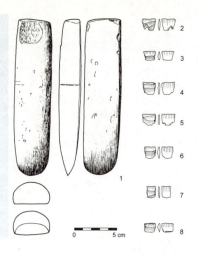

Abb. 7.5.3 Flachhacke und Trapezmikrolithen von Schwanfeld (Lkr. Schweinfurt).

betrieben hätten, die mit der sogenannten *La Hoguette-Kultur* Westeuropas zusammenhing. *Jens Lüning* ist dieser Auffassung, und er möchte deswegen historisch und begrifflich zwischen der »Neolithisierung« und der »Bandkeramisierung« differenzieren. Die spätmesolithischen Wildbeuter im Rheinbereich sollte man nach seiner Meinung daher besser als »Protoneolithiker« bezeichnen. Die »radikale Änderung auf allen Lebensgebieten«, der sich diese protoneolithischen Wildbeuter im Zuge des bandkeramischen Einflusses unterzogen, erinnere dabei an eine »Bekehrung«. Sie sei »nicht ohne den direkten Kontakt mit bandkeramischen Lehrern« vorstellbar, die »das ›Neue Leben‹ vorlebten und Andeutungen und Ratschläge gaben«. Lünings Anliegen wird durch Begriffe wie ›*Missionare*‹, ›bekehren‹ und ›belehren‹ im Titel seines knappen Aufsatzes aufs beste charakterisiert.

Sieht man sich die archäologische Quellenbasis für derlei weitgehende Schlüsse an, finden sich darin allerdings so gut wie keine stichhaltigen Argumente. Lassen sich eine ›Missionierung‹ und ein damit unterstellter ›neuer Glaube‹ archäologisch ohnehin nur sehr schwer nachweisen (→ Kap. 7.16), so sind die in diesem Falle angeführten Indizien alles andere als überzeugend.

Testfragen

1. Was verbirgt sich hinter dem Begriff ›Neolithisierung‹ und wie bestimmen Sie sein Verhältnis zum Begriff ›Neolithische Revolution‹?
2. Warum sollte man im Zusammenhang der Neolithisierung von ›Viehhaltung‹ und nicht von ›Viehzüchtung‹ sprechen?

Literatur

Archäologie in Deutschland 2006/3 (Themenheft: Die Anfänge des Neolithikums; darin besonders die Beiträge von D. Gronenborn, A. Kreuz und J. Lüning).

D. Gronenborn, Der »Jäger/Krieger« aus Schwanfeld: Einige Aspekte der politisch-sozialen Geschichte des mitteleuropäischen Altneolithikums. In: J. Eckert/U. Eisenhauer/A. Zimmermann (Hrsg.), Archäologische Perspektiven: Analysen und Interpretationen im Wandel. Festschrift für Jens Lüning zum 65. Geburtstag. Internationale Archäologie – Studia honoraria 20 (Rahden/Westf. 2003) 35–48.

D. Gronenborn (Hrsg.), Klimaveränderung und Kulturwandel in neolithischen Gesellschaften Mitteleuropas, 6700–2200 v. Chr. RGZM-Tagungen 1 (Mainz 2005).

D. Gronenborn, Beyond the Models: ›Neolithisation‹ in Central Europe. Proceedings of the British Academy 144, 2007, 73–98.

J. Lüning, Grundlagen sesshaften Lebens. In: U. von Freeden/S. von Schnurbein (Hrsg.), Spuren der Jahrtausende: Archäologie und Geschichte in Deutschland (Stuttgart 2002) 110–139.

Knochen im Grubenring | 7.6

Westlich des rheinland-pfälzischen Ortes Herxheim (Kr. Südliche Weinstraße) konnte die Archäologische Denkmalpflege Speyer von 1996 bis 1999 Teile einer Siedlung der Linienbandkeramik (→ Kap. 7.5) dokumentieren. Die Ansiedlung war von einem aus zwei parallelen ›Gräben‹ bestehenden *Erdwerk* umgeben (Abb. 7.6.1), in dem sich neben wenigen ›echten‹ Bestattungen hunderte scheinbar wahl- und pietätlos in die Gräben geworfene menschliche Skelettreste befanden. Die aufsehenerregenden Funde wurden 1998 noch während der Ausgrabungsarbeiten in einer ersten Ausstellung der Öffentlichkeit präsentiert. Die Ausgräber interpretierten die Anlage damals als Siedlung mit doppeltem Dorfgraben – ein Befund, der für die Bandkeramik mehrfach belegt ist. Sie schlossen seinerzeit nicht aus, dass der Tod der zahlrei-

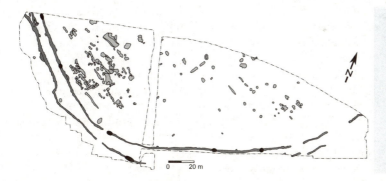

| Abb. 7.6.1

Grubenring von Herxheim (Kr. Südliche Weinstraße); schwarz: Fundkonzentrationen.

Erdwerke

Palisade, von franz. *palissade*, ›Pfahlwerk‹, ›Hecke‹. Zur Befestigung bzw. als Hindernis nebeneinander eingegrabene Holzstämme/Pfähle.

Kral (auch Kraal), von afrikaans, *kral* über port. *corall*, ›Viehpferch‹, afrikanisches Runddorf; heute: umzäuntes Viehgehege.

Der Begriff ›Erdwerk‹ wird gemeinhin als Bezeichnung für eine Siedlung ganz oder teilweise umgebende Gräben, Wälle und **Palisaden** gebraucht. Erdwerke sind seit der frühesten Stufe der Bandkeramik (→ Kap. 7.5) bekannt. Sie kommen im gesamten Verbreitungsgebiet der Bandkeramik vor und besitzen eine große Formenvielfalt. Es gibt sowohl Anlagen mit einem einzigen Graben als auch solche mit zwei oder drei Gräben. Darüber hinaus finden sich Erdwerke, die keinerlei Hinweise auf eine Innenbebauung und damit auch keine Siedlungsspuren aufweisen. Ihre Heterogenität hinsichtlich Form, Innenfläche, Bebauungsintensität und Fundspektrum hat zu einer Vielzahl an Deutungen geführt. Neben der Funktion als Befestigungsanlage wird von der Forschung beispielsweise auch eine Nutzung als **Viehkral**, befestigter Markt oder Platz mit ökonomischer, sozialer, politischer oder ritueller Funktion nicht ausgeschlossen. Favorisiert wird jedoch eine Deutung als Verteidigungsanlage und als zeremonieller Platz bzw. ›heiliger Ort‹. Aufgrund der vielgestaltigen Ausprägung der Erdwerke stellt sich jedoch die Frage, ob das Gesamtphänomen tatsächlich einer einzigen Funktion diente. Die erwähnte Mannigfaltigkeit der Erdwerke kann wohl kaum auf nur eine Ursache zurückgeführt werden. Der Fall ›Herxheim‹ lässt es vielversprechender erscheinen, jedes Erdwerk gemäß seiner individuellen Ausprägung zu interpretieren und von einer Gesamtdeutung abzusehen. Im Übrigen ist nicht auszuschließen, dass die Erdwerke während ihrer Nutzungszeit unterschiedliche Funktionen innehatten.

chen Individuen durch ein gewaltsames Ereignis herbeigeführt wurde. Diese Interpretation des Befunds kann heute nicht mehr aufrechterhalten werden; sie entsprach dem damaligen Stand der Auswertungsarbeiten.

Eingehende Analysen, die im Rahmen eines von der *Deutschen Forschungsgemeinschaft* (DFG) (→ Kap. 7.4.2) geförderten Projekts seit 2004 durchgeführt werden, haben mittlerweile neue, für die Interpretation der Anlage wichtige Erkenntnisse geliefert. Der zunächst als durchlaufender doppelter Erdwerksgraben angesprochene Befund entpuppte sich nach eingehender Untersuchung als doppelter Grubenring. Auf einer wohl vorher angelegten obertägigen Markierung wurden bis zu 10 m lange Gruben eingetieft und später verfüllt. Das bedeutet, dass das Herxheimer Erdwerk nicht in einem Arbeitsgang innerhalb eines kurzen Zeitraums, sondern wohl nach und nach über Jahrzehnte hinweg errichtet wurde. Ein ähnlicher Befund ist aus dem bandkeramischen Erdwerk von Rosheim im Elsass (Frankreich) bekannt. Hier wurde erstmals ein Ring aus nacheinander angeordneten, sich überschneidenden Langgruben und nicht aus einem einzelnen Graben nachgewiesen. Diese in Rosheim und Herxheim vorgefundenen Grubenringe sind wohl nicht singulär; vielmehr sind ähnliche Befunde in Zukunft auch in anderen Erdwerken zu erwarten. Um einen solchen Nachweis zu führen, bedarf es aber einer bisher noch kaum praktizierten Grabungstechnik. Die eindeutige Ansprache eines Befunds als durchgehender Graben oder nacheinander angelegte Langgruben kann nur dann erfolgen, wenn auf der Grabung neben den üblichen Querprofilen auch Längsprofile angelegt werden.

Die Herxheimer Anlage, die über einen Zeitraum von 350 Jahren besiedelt war (etwa 5300–4950 v. Chr.), ist aber nicht nur wegen ihrer Bauweise von Interesse, sondern vor allem wegen der in die Grubenringe eingebrachten ›Depots‹ (→ Kap. 3.4.3). Diese außergewöhnlichen Fundkonzentrationen – bestehend aus Kombinationen von häufig klein zerhackten Menschenknochen, Keramik- und Steinmaterial sowie Tierknochenresten – sind nur für die letzten fünfzig Jahre der Besiedlung nachgewiesen; sie fallen damit in die letzte Siedlungsphase und umfassen Überreste von rund 450 Menschen. Die anthropologische Auswertung zeigte keinerlei Auffälligkeiten hinsichtlich Geschlecht, Alter und Gesundheitszustand der Individuen. Frauen kommen ebenso häufig vor wie Männer; in den Gruben findet man sowohl Neugeborene als auch Erwachsene; die Toten weisen keinerlei Hinweise auf Mangelernährung, ungewöhnliche Krankheiten oder Gewalteinwirkung auf. Die Knochenreste wurden zum überwiegenden Teil (64%) im inneren Grubenring entdeckt; nur etwa ein Drittel fand man im äußeren Ring und lediglich 4% des Skelettmaterials kommt aus Siedlungsgruben der Dorfanlage im Innenbereich des doppelten Grubenrings. Hervorzuheben ist in diesem Zusammenhang die außergewöhnliche Behandlung der Knochen: In der Mehrheit handelt es sich um **perimortale** Zerlegungen, die sozusagen an ›frischen‹ Knochen ausgeführt wurden, also zu einem Zeitpunkt, als der Anteil organischer Substanzen an den Knochen noch relativ groß war. Dies gilt auch für die zahlreichen **Schädelkalotten**, die zudem nach einem identischen Muster mit wenigen Schlägen vom übrigen Teil des Kopfes abgetrennt wurden.

Wie bereits angesprochen sind die menschlichen Überreste zumeist mit absichtlich zerstörten Tongefäßen oder unbrauchbar gemachten Steinartefakten vergesellschaftet. Die neuesten Ergebnisse der Auswertung erbrachten weitere Auffälligkeiten: Die ›Minimalausstattung‹ der Fundkonzentrationen besteht aus einer Kombination von Menschenknochen und Keramikgefäßen. Da-

---

Perimortal, von griech. *peri*, ›um‹, ›herum‹, und lat. *mors*, ›Tod‹. Mit diesem Begriff wird der Zeitraum von kurz vor dem Ableben eines Individuums bis zu mehreren Jahren nach dessen Tod bezeichnet. Der Übergang zum Begriff ›postmortal‹ (von lat. *post*, ›nach‹) ›nach dem Tode‹ ist fließend.

Kalotte, von franz. *calotte*, ›Haube‹, ›Käppchen‹. Anatomischer Begriff für das Schädeldach ohne Schädelbasis.

bei spielte offenbar der Schädel eine große Rolle, denn er kommt regelhaft in allen bislang untersuchten Fundkonzentrationen vor, sei es als Kalotte oder als Kieferfragment. Tierverbiss ist an den Knochen nur in sehr geringem Maße nachweisbar; man vermutet daher, dass die menschlichen Überreste geschützt aufbewahrt oder gar irgendwo aus Gräbern entnommen und in Herxheim erneut bestattet wurden. Bei einigen Fundkonzentrationen konnte festgestellt werden, dass die Anzahl der in den Komplexen deponierten Individuen mit der Anzahl der beigegebenen Gefäße übereinstimmt. In allen Fundkonzentrationen fand sich ferner mindestens ein Gefäß, das nicht dem gängigen Regionalstil entspricht. Mehrere Artefakte zeigen deutliche Spuren von Hitzeeinwirkung und verschiedentlich ließen sich Aschereste in den Gruben nachweisen. Bemerkenswert ist darüber hinaus, dass die eingebrachten Tierknochen wohl nicht als Fleischbeigaben zu betrachten sind, sondern **intentionell**, im Sinne einer symbolischen Teilbeigabe – **pars pro toto** – niedergelegt wurden. Für diese Interpretation spricht zum einen die Zurichtung der Knochen, die derjenigen der menschlichen Knochen entspricht. Zum anderen stellen die Knochen selbst ein Indiz dar, handelt es sich doch überwiegend um Schädelstücke und Extremitätenknochen und damit um fleischarme Knochenteile.

Nimmt man all diese Hinweise zusammen, wird man in dem Herxheimer Erdwerk einen – wie die aus unterschiedlichen Regionen stammende Keramik bezeugt – überregionalen Bestattungsplatz sehen. Die nach Herxheim transportierten Toten wurden offensichtlich nach komplexen rituellen Regeln zerlegt und dann bestattet bzw. sekundär beigesetzt. Darauf deuten sowohl die ›rituelle‹ Zerstörung der Skelette als auch die absichtlich zerschlagenen Beigaben hin. Ein weiterer Indikator, der den überregionalen Charakter von Herxheim anzeigt, dürfte die Zahl der dort Bestatteten sein. Weil bisher nur ein Drittel des doppelten Grubenrings ausgegraben wurde, darf mit einer Gesamtzahl von über 1300 Menschen gerechnet werden. Da die hier beschriebene rituelle Nutzung des Platzes nur in den letzten 50 Jahren stattfand, kann es sich aufgrund der großen Zahl der Toten unmöglich um den örtlichen Bestattungsplatz der zugehörigen Siedlung im Inneren des Grubenrings handeln.

Das Erdwerk von Herxheim wirft trotz der zahlreichen neuen Erkenntnisse der letzten Jahre weiterhin viele Fragen für die Neolithikumsforschung auf. So war man etwa vor allem aufgrund der Befunde von *Talheim* (Kr. Heilbronn) und Asparn a.d. Zaya

---

Intentionell/intentional, von lat. *intentio*, ›Anspannung‹, ›Sorgfalt‹, ›Absicht‹. Mit einer Absicht verknüpft, absichtlich, zielgerichtet, zweckbestimmt.

Pars pro toto. Lateinische Redewendung (wörtlich: ›ein Teil für das Ganze‹). Archäologisch wird damit die Sitte beschrieben, anstatt eines ganzen Gegenstands nur einen Teil niederzulegen, z. B. nur einen Schwertknauf anstelle eines Schwertes.

Bandkeramisches Massengrab von Talheim

Die Bandkeramik wurde lange Zeit stets als weitgehend ›friedliche Kultur‹ angesehen. Gewalttätige Auseinandersetzungen – in Form von Krieg, Mord und Totschlag – waren, wie in allen Kulturen, jedoch auch hier verbreitet. Davon zeugt auch das im März 1983 in der Nähe von Talheim (Kr. Heilbronn) entdeckte **Massengrab**. Insgesamt wurden in dem ›Grab‹ 34 Tote gleichzeitig verscharrt. Von besonderem Interesse für die Deutung des Befunds sind die Ergebnisse der gerichtsmedizinischen Untersuchungen an den Skelettresten. Mindestens 18 Personen weisen unverheilte Schädelverletzungen auf. Aufgrund von **Frakturen** und sonstigen Defekten kommen als Tatwerkzeuge zumeist neolithische Flachhacken in Betracht. Darüber hinaus weisen zwei Männer Pfeilschussverletzungen auf. Fehlende Abwehrverletzungen etwa an Armen und Schultern der Opfer und die in der Mehrzahl von hinten zugefügten Frakturen haben zu der Vermutung geführt, die Talheimer seien im Schlaf überfallen und auf der Flucht vor den Angreifern verletzt und teilweise getötet worden. Da nicht alle belegten Verletzungen zum unverzüglichen Tod führten, ist davon auszugehen, dass neben den Toten auch Schwerverletzte in die Grube geworfen und somit lebendig begraben wurden. Zwischen Überfall und Verscharrung dürften wohl nur Stunden oder maximal ein bis zwei Tage vergangen sein; an den Knochen der Toten fand sich kein Tierverbiss. Wer die Toten achtlos in die Grube geworfen hat, bleibt ungeklärt. Die Art und Weise der Beseitigung spricht kaum für überlebende Angehörige, schon eher für die Angreifer, die damit ihre Tat vertuschen wollten. Andererseits: Warum sollten sich die Täter um ihre Opfer kümmern? Es wäre doch viel einfacher gewesen, sie einfach liegenzulassen.

Die Momentaufnahme des 7000 Jahre zurückliegenden **Massakers** von Talheim – und nur so kann man den Befund charakterisieren – wirft zahlreiche Fragen auf. Sicher ist, dass die Gruppe eines gewaltsamen Todes starb. Über das Motiv lässt sich aber nur spekulieren. Neben möglichen territorialen Auseinandersetzungen kommt beispielsweise Blutrache oder Kinder- und Frauenraub in Betracht. Letztlich bleibt aber das ›Wie‹, ›Wer‹ und ›Warum‹ ungeklärt.

Das Massengrab stellt eine von mehreren Bestattungsformen (→ Kap. 3.4.3) dar. Kennzeichnend ist eine größere Anzahl an Toten, die gleichzeitig bestattet werden, sowie die weitgehend fehlende Sorgfalt bei deren Bestattung.

Fraktur, von lat. frangere, ›brechen‹. Knochenbruch.

Massaker, von franz. massacre, ›Gemetzel‹. Gemetzel, Blutbad, Massenmord.

(Gemeinde Schletz, Österreich) in den letzten zwei Jahrzehnten von einem krisenhaften Ende der Bandkeramik – ausgelöst durch kriegerische Auseinandersetzungen oder eine wirtschaftliche Krise (z. B. Nahrungsmangel) – ausgegangen. Der Herxheimer Befund passt nicht mehr in dieses Deutungsschema: Nichts weist auf ein gewaltsames Ende der Siedlung hin.

Der Herxheimer Grabungsbefund, das bleibt festzuhalten, ist in mehrfacher Hinsicht interessant: Er zeigt zum einen den hohen Stellenwert einer differenzierten Grabungsmethode. Zum anderen wird deutlich, wie wichtig scheinbar unbedeutende Details für die Gesamtinterpretation von Befunden sein können. Die Neuinterpretation Herxheims als »zentraler Sekundär-Bestattungsplatz« – so die Deutung der Anlage durch die derzeitigen

Bearbeiter – hat somit auch Auswirkungen auf die Beantwortung der zentralen Frage nach ›Krieg oder Frieden‹ am Ende der Bandkeramik.

Testfragen

1. Was sind ›Erdwerke‹ und wie werden sie gedeutet?
2. Wie datiert das Herxheimer ›Erdwerk‹? Erläutern Sie, worin die Bedeutung des Erdwerks von Herxheim liegt.

Literatur

A. Häußer (Hrsg.), Krieg oder Frieden? Herxheim vor 7000 Jahren (Herxheim 1998).
J. Orschiedt/M. N. Haidle, The LBK Enclosure at Herxheim: Theatre of War or Ritual Centre? References from Osteoarchaeological Investigations. Journal of Conflict Archaeology 2, 2006, 153–167.
J. Wahl/H. G. König, Anthropologisch-traumatologische Untersuchung der menschlichen Skelettreste aus dem bandkeramischen Massengrab bei Talheim, Kreis Heilbronn. Mit einem Anhang von Jörg Biel. Fundberichte aus Baden-Württemberg 12, 1987, 65–193.
A. Zeeb-Lanz (Hrsg.), Krisen – Kulturwandel – Kontinuitäten. Zum Ende der Bandkeramik in Mitteleuropa. Beiträge der internationalen Tagung in Herxheim bei Landau (Pfalz) vom 14.–17. 06. 2007. Internationale Archäologie. Arbeitskreis, Tagung, Symposium, Kongress 10 (Rahden/Westf. 2009).
A. Zeeb-Lanz u. a., Außergewöhnliche Deponierungen der Bandkeramik – die Grubenanlage von Herxheim. Vorstellung einer Auswahl von Komplexen mit menschlichen Skelettresten, Keramik und anderen Artefaktgruppen. Germania 85, 2007, 199–274.

7.7 | Der Tote im Eis

Als Fundort wird häufig auch das Hauslabjoch bzw. ganz allgemein der Similaungletscher angegeben; man stößt daher immer wieder auf Umschreibungen wie ›Mann vom Hauslabjoch‹ bzw. ›Mann vom Similaun‹.

Als das Nürnberger Ehepaar *Erika* und *Helmut Simon* im September 1991 bei einer Bergwanderung in den Ötztaler Alpen in der Nähe des **Tisenjochs** (Grenzgebiet Österreich/Italien) in einer Felsmulde eine Leiche entdeckte, ahnten die beiden nicht, dass es sich dabei um einen sogenannten ›Jahrhundertfund‹ der Ur- und Frühgeschichtlichen Archäologie handelte. Schon wenige Tage nach der Entdeckung machte sich ein Fernsehteam des *Österreichischen Rundfunks* (ORF) zur Fundstelle in über 3000 m Höhe auf, um der offiziellen Bergung durch die Innsbrucker Gerichtsmedizin beizuwohnen. Da man zu diesem Zeitpunkt immer noch annahm, die mumifizierte Leiche stamme aus dem 19. oder 20. Jahrhundert, wurden keine Archäologen hinzugezogen; dies führte zu ihrer unsachgemäßen Freilegung mit Eispickel und Skistock. Die ›Ausgräber‹ stellten jedoch recht bald fest, dass es sich um einen ungewöhnlichen Fund handelte. Daher wurde am nächsten Tag der Innsbrucker Prähistoriker *Konrad Spindler* (1939–2005) in die Gerichtsmedizin gerufen. Er erkannte die Bedeutung des Funds, da die Gegenstände, die bei der **Mumie** lagen, auf eine Datierung in die Frühe Bronzezeit hindeuteten. Die später durchgeführte Radiokarbondatierung (→ Kap. 3.5.4.3) jedoch legte nahe, dass die – wie sich inzwischen herausgestellt hatte – männliche Leiche deutlich älter ist: Der Mann hat zwischen 3350 und 3100 v. Chr. gelebt – in einer Zeit, in der neben den herkömmlichen aus Stein gefertigten Materialien auch Werkzeuge, Geräte und Waffen aus Kupfer hergestellt wurden (→ Kap. 5.2.4). Bei der Leiche hatte man eine Beilklinge aus Kupfer gefunden – deswegen war die Mumie von Spindler zunächst in die Frühe Bronzezeit datiert worden.

Diese gut konservierte Gletschermumie, die schon bald nach ihrer Entdeckung den Namen ›Ötzi‹ erhielt, ist für die Archäologie in mehrfacher Hinsicht ein Glücksfall. Zum einen steht uns mit ihr zum ersten Mal ein Individuum aus dem 4. Jahrtausend v. Chr. zur Verfügung, dessen ungewöhnlicher Erhaltungszustand eine Vielzahl neuer Erkenntnisse ermöglicht. Zum anderen liefert uns das durch die außergewöhnlichen Konservierungsverhältnisse erhaltene Fundensemble einen Einblick in den Alltag jungsteinzeitlicher Menschen des Alpengebiets sowie Erkenntnisse über ihre Kleidung und Ausrüstung. Darüber hinaus bekommen wir durch den Fund Hinweise auf die Umweltbedingungen vor über 5000 Jahren.

Wir werden uns im Folgenden nur einigen wenigen, aus unserer Sicht wichtigen Gesichtspunkten widmen. Von besonderer Bedeutung erscheinen die neuesten Erkenntnisse zur Todesursache und die daraus folgende Deutung. Doch zunächst wollen wir einen Blick auf den Menschen und seine Ausrüstung werfen.

Der Tote vom Tisenjoch war ca. 1,60 m groß und zum Zeitpunkt seines Todes etwa 46 Jahre alt – ein für die damalige Zeit durchaus hohes Alter. Anthropologische und medizinische Untersuchungen – angewendet wurden vornehmlich zerstörungsfreie Untersuchungsmethoden wie Röntgenaufnahmen und Computertomographie – erbrachten, dass sich der Mann vor seinem Tod in gutem Gesundheitszustand befand. Zwar hatte er sich zu Lebzeiten einen Rippenbruch zugezogen, doch dieser war offenbar gut verheilt und hatte zu keinerlei Beeinträchtigung geführt. Zudem fanden sich nur geringfügige Abnutzungserscheinungen an den Gelenken. Die Zähne des Mannes weisen dagegen starke Abkauungsspuren auf. Dies kann auf den Verzehr von Getreide

Mumie, von pers. *mūm*, ›wachsartige Substanz‹. Vor Verwesung geschützter Leichnam; die Mumifizierung kann auf natürliche Weise geschehen, etwa durch Trockenheit oder Kälte, aber auch durch eine spezielle Behandlung der Leiche – z. B. Einbalsamierung – herbeigeführt werden.

zurückgeführt werden; beim Mahlen des Getreides gelangte – bedingt durch die damaligen Steinmühlen – Sand in das Mehl. Ferner gibt es Hinweise darauf, dass er seine Zähne als ›Werkzeug‹ benutzte, z. B. bei der Bearbeitung von Holz und Leder. Interessant ist, dass der ›Mann vom Hauslabjoch‹ an zahlreichen Stellen seines Körpers Tätowierungen aufweist, deren Funktion jedoch noch ungeklärt ist.

Aus der ursprünglichen gerichtsmedizinischen Bergung und den später durchgeführten archäologischen Nachuntersuchungen stammen zahlreiche Kleidungs- und Ausrüstungsgegenstände. Ihre Restaurierung fand im *Römisch-Germanischen Zentralmuseum* (RGZM) in Mainz (→ Kap. 3.3.1) statt. Die Kleidung des ›Gletschermannes‹ bestand ausschließlich aus tierischem Material, also Leder und Fellen, sowie aus Grasgeflecht; Kleidungsteile aus Stoff fehlen völlig. Hervorzuheben sind etwa die aus Ziegenfell hergestellten Beinkleider, die am Schuhwerk – ebenfalls aus Leder und Grasgeflecht – befestigt werden konnten. Diese ›Leggins‹ wurden intensiv benutzt, da sich zahlreiche Flickungen nachweisen lassen. Ähnliches gilt auch für den aus Fellen der Hausziege gefertigten Mantel, der lange in Gebrauch war. Ob die zuerst als Grasmantel gedeuteten Überreste eines Grasgeflechts tatsächlich zu einem ärmellosen Umhang gehören oder doch eher als Matte zu interpretieren sind, die als Zelt genutzt werden konnte, muss offenbleiben. Sicher ist jedoch, dass der Mann eine Bärenfellmütze mit Kinnriemen trug.

Der Mann vom Tisenjoch besaß verschiedene Ausrüstungsgegenstände, von denen wir die wichtigsten vorstellen möchten. Der wohl wertvollste Gegenstand ist das vollständig erhaltene Kupferbeil. Da damals – wie Grabfunde zeigen – nicht alle Männer in Besitz von Beilen waren, liegt es zunächst einmal nahe, Personen, die Waffen oder andere Gegenstände aus Kupfer besaßen, eine gesellschaftlich höhere Stellung zuzusprechen. Genauso deuten auch die Innsbrucker Archäologen, die sich seit ihrer Auffindung mit der Ötztaler Leiche beschäftigen, diesen Befund. Welche Funktion der Mann in seinem Dorf oder Umfeld tatsächlich ausübte, kann aber nicht mehr geklärt werden, auch wenn neueste Deutungen anderes glauben machen wollen (→ siehe unten). Allerdings gibt uns das Beil Hinweise auf seine Herkunft: Ähnliche Beile kommen in Oberitalien vor. Zu seiner weiteren Bewaffnung gehörte ein Bogen aus Eibenholz, der jedoch nicht fertiggestellt war. Offensichtlich war der Mann vor seinem Tod gerade dabei, einen neuen Bogen anzufertigen. Gleiches gilt für die in seinem Köcher gefundenen Pfeile: Nur zwei der vierzehn Pfeile waren einsatzfähig, bei den anderen handelte es sich um unfertige Stücke. Erwähnenswert ist darüber hinaus ein Dolch, der aus einer Silexklinge und einem Holzgriff sowie einer aus Bast geflochtenen Scheide besteht. Des Weiteren besaß der ›Mann aus dem Eis‹ unter anderem ein Tragegestell – unserem heutigen Rucksack nicht unähnlich –, ein Netz, das zur Jagd benutzt werden konnte und ein Gefäß aus Birkenrinde, das wohl als Glutbehälter gedient hat.

Einige der hier genannten Ausrüstungsgegenstände und Teile der Kleidung sprechen für eine südalpine Herkunft. Eine genaue Lokalisierung ermöglichen uns aber erst die durchgeführten *Isotopenanalysen* seiner Zähne und Knochen sowie die Pollenanalysen, die an Rückständen im Magen und Verdauungstrakt sowie an zahlreichen Fundgegenständen vorgenommen wurden. Die Archäobotaniker (→ Kap. 6.3.4) wiesen die Pollen dem nahegelegenen Vinschgau – genauer dem Schnalstal – zu. Ihnen war es ferner möglich, Auskunft über die letzte Mahlzeit des Mannes zu geben. Demzufolge nahm er Getreide – möglicherweise in Form

Isotopenchemie und kulturhistorische Aussage

Mit einer *Isotopenanalyse* kann der Anteil von **Isotopen** eines chemischen Elements in einer Probe festgestellt werden. Für die Archäologie ist diese Methode besonders interessant, weil dadurch die Herkunft eines Menschen oder eines Tieres bestimmt werden kann. Durch die Isotopenuntersuchung kann man ermitteln, wo – auf welchem Boden und in welcher Niederschlagszone – ein Organismus einst gewachsen ist. Über die Nahrungsaufnahme gelangt dieser Organismus (z. B. Pflanzen) in den Körper von Tier und Mensch. Entsprechende Isotopenanalysen von Knochen und Zähnen ermöglichen es dann, herauszufinden, wo z. B. ein Mensch aufgewachsen ist, und ob er später andernorts lebte. Die *Strontiumisotopenanalyse* ist dazu besonders gut geeignet, da sich Strontium ebenso wie Calcium in Zähnen und Knochen einlagert (Abb. 7.7.1). So lässt sich beispielsweise anhand der in einer Siedlungsgrube gefundenen Knochenreste eines Rinds mit einer Isotopenanalyse feststellen, ob das Rind in der Nähe der Siedlung oder weiter entfernt – etwa auf einer Alm – weidete. Ein solches Ergebnis gibt dem Archäologen Hinweise auf Aspekte wirtschaftlichen Handelns, die allein aus archäologischen Funden und Befunden kaum ableitbar wären. Die am Zahnschmelz der Gletschermumie vom Tisenjoch durchgeführten Isotopenuntersuchungen ergaben, dass der Mann seine Kindheit nicht auf kalkhaltigem Boden zugebracht hat. Man nimmt an, dass er im Eisacktal aufgewachsen ist; später, als Erwachsener, lebte er dann im Etschtal. Zusammen mit den Pollenanalysen kann sein Lebensraum sogar noch weiter eingeengt werden: alles weist auf das Schnalstal, ein Seitental der Etsch, hin.

Isotop, von griech. *isos*, ›gleich‹, und *tópos*, ›Ort‹. Atome gleicher Ladung, aber unterschiedlicher Masse.

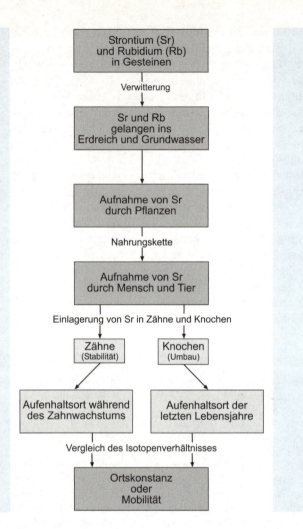

Abb. 7.7.1 ›Weg‹ des Strontiums zum Nachweis von Mobilität.

von Brot oder einem Brei – sowie Fleisch und Gemüse zu sich. Von besonderer Bedeutung ist das Ergebnis der Pollenanalyse für den Zeitpunkt seines Todes, seine Marschrichtung und die letzten zwei Tage seines Lebens. Man fand zum einen heraus, dass er im Mai oder Juni gestorben sein muss; zum anderen lassen sich die letzten 48 Stunden dahingehend rekonstruieren, dass er offenbar in Richtung Norden unterwegs war, also die Alpen von Süden nach Norden überqueren wollte. Der Mann legte dabei eine große Strecke in erstaunlich kurzer Zeit zurück. Er stieg von einer subalpinen Region (ca. 2500 m NN) in ein Hochtal (ca. 1200 m NN) hinab, um sich dann etwa 9–12 Stunden vor seinem Tod wieder ins Hochgebirge (über 3000 m NN) zu begeben.

Die Rekonstruktion der letzten Wanderung des ›Gletschermannes‹ und vor allem die 2001 durch Röntgenuntersuchungen in der linken Schulter entdeckte, 21 mm lange und 17 mm breite Pfeilspitze aus Feuerstein haben zu neuen Deutungen der Todesumstände geführt. Mittlerweile ist klar, dass er keines natürlichen Todes oder etwa – was anfangs auch immer wieder vermutet worden war – an Erschöpfung und Kälte starb, sondern gewaltsam: Nach einem Aufenthalt an der Baumgrenze stieg er vermutlich in sein Dorf hinab, wurde dort in einen ersten Kampf verwickelt, auf der Flucht erneut angegriffen und verletzt und stieg dann in Richtung Tisenjoch auf, um sich vor seinen Verfolgern über den Alpenkamm zu retten. Zwar führte die Pfeilschussverletzung nicht unmittelbar zum Tod, war aber letztlich doch so schwerwiegend, dass er – aufgrund des hohen Blutverlusts – daran starb. Neuerdings wird nicht mehr ausgeschlossen, dass es nach der Verwundung durch den Pfeilschuss zu einem frontalen Angriff kam, der zum Tod führte. Wie auch immer der ›Gletschermann‹ umkam, merkwürdig ist, dass keine Reste des Pfeilschafts gefunden wurden. Der Pfeil wurde also ganz offensichtlich aus der verletzten Schulter herausgezogen. Das könnte der Verletzte durchaus selbst bewerkstelligt haben, jedoch sind auch zwei andere Möglichkeiten denkbar: Zum einen könnte der Angreifer versucht haben, den Pfeil aus der tödlichen Wunde herauszuziehen, oder aber der ›Gletschermann‹ war nicht allein unterwegs und einer seiner Begleiter entfernte den Pfeil aus der Wunde des Verletzten, wobei die Feuersteinspitze im Körper stecken blieb. Beide Szenarien sind plausibel; bei der ersten Deutung wäre der Fundort mit dem Ort des Todes bzw. des Überfalls gleichzusetzen. Schließlich wurde dort auch seine gesamte Ausrüstung entdeckt, und es ist auszuschließen, dass der schwerverletzte Mann mitsamt seiner Ausrüstung ohne Hilfe noch eine größere Strecke zurücklegen konnte. Das andere Szenario würde hingegen darauf deuten, dass der Angriff auch an einer anderen Stelle hätte stattfinden können und seine Begleiter sich des Verwundeten und seiner Ausrüstung annahmen. Beide Interpretationen bleiben hypothetisch – genauso wie die Rekonstruktion der letzten beiden Tage. Tatsache ist aber, dass es einen Überfall gegeben hat. Neben der Pfeilschussverletzung zeugt davon auch eine Schnittverletzung am Daumen. Ob die an einigen Waffen entdeckten Blutspuren tatsächlich von Menschen stammen, ist aber noch offen.

Prospektor, von lat. *prospectare*, ›sich umsehen‹. Eine Person, die nach Rohstoffen sucht.

Der aus der Ethnologie stammende Begriff ›Sippe‹ (engl. *lineage*) bezeichnet eine Verwandtschaftsgruppe, deren Mitglieder von einem gemeinsamen Ahn in direkter und bekannter männlicher bzw. weiblicher Linie abstammen. Der heute auch in der deutschen Ethnologie statt ›Sippe‹ meist übliche Terminus ›Lineage‹ ist sehr komplex und wird entsprechend unterschiedlich verwendet.

Seit der Auffindung der Gletscherleiche im Jahr 1991 wurde viel darüber spekuliert, was einen steinzeitlichen Menschen ins Hochgebirge getrieben haben könnte. Frühe Interpretationen gingen davon aus, der Mann sei ein Senner, Bauer, Wanderhirte, Jäger, Krieger, Händler oder **Kupferprospektor** gewesen. Neuerdings wird erwogen, es habe sich bei ihm um das Oberhaupt einer **Sippe** gehandelt. Seine Aufgaben hätten in erster Linie im organisatorischen Bereich gelegen, wozu auch Tätigkeiten auf dem Hof sowie den Feldern und Weidegebieten gehörten – die Hochweiden in den Alpen, wo er starb, eingeschlossen.

Keine der angeführten Deutungen – vom Wanderhirten, Händler bis zum Sippenoberhaupt – kann jedoch letztlich bewiesen werden. Gewiss gibt es Interpretationen, die plausibler als andere sind, doch jedes Mal bleibt eine Reihe von Fragen unbeantwortet – und das, obwohl es kaum eine andere urgeschichtliche Mumie Mitteleuropas gibt, deren Leben und Tod so umfassend und von so vielen verschiedenen Forschungszweigen untersucht wurde. In den letzten Jahren haben vor allem die anatomischen bzw. gerichtsmedizinischen Untersuchungen immer wieder neue Fakten zur Todesursache beigetragen, so dass auch in Zukunft mit weiteren Erkenntnissen und vielleicht neuen Deutungen zu rechnen ist. Selbst nach 18 Jahren intensiver Forschung gibt der ›Mann aus dem Eis‹ also weiterhin Rätsel auf.

Seit ihrer Überführung 1998 nach Bozen befindet sich die Gletscherleiche im dortigen Museum und zieht Jahr für Jahr mehrere hunderttausend Besucher an. Bis heute hat der ›Mann aus dem Eis‹ nichts an seiner Faszination eingebüßt. Er löste von Beginn an ein selbst für heutige Bedingungen ungewöhnliches Medieninteresse aus. Der etwa 5300 Jahre alte Tote avancierte zum internationalen ›Medienstar‹ – auch nach fast 20 Jahren sorgt er immer noch für Schlagzeilen. So titelte beispielsweise eine große deutsche Wochenzeitung 2004 nach dem Tod des Entdeckers Helmut Simon mit der Schlagzeile »Der Fluch des Ötzi«. Und als der Archäologe und Erforscher der Mumie Konrad Spindler ein Jahr später verstarb, konnte man in einer Tageszeitung die Schlagzeile vom »Fluch der Mumie: Bringt Ötzi Tod und Verderben?« lesen. Die Anlehnung an die vermeintlich mysteriösen Todesfälle nach dem Auffinden des ägyptischen Pharaos *Tutanchamun* 1922 durch den britischen Ägyptologen *Howard Carter* (1874–1929) ist dabei mehr als deutlich.

Der ›Mann vom Hauslabjoch‹ ist für die europäische Archäologie eine der außergewöhnlichsten Entdeckungen des 20. Jahrhunderts. Wer hätte es 1991 schon für möglich gehalten, dass wir es mit einem jungsteinzeitlichen Mordfall zu tun haben? Zwar können wir nicht mehr lückenlos aufklären, durch wen und wie der Mann umkam, dennoch lieferten uns die medizinischen Untersuchungen zahlreiche Erkenntnisse zu seinem Leben und Sterben, die das anfängliche Bild eines an Erschöpfung gestorbenen Wanderhirten revidierten. Damit wird einmal mehr deutlich, wie wichtig heute naturwissenschaftliche und – speziell in diesem Fall – gerichtsmedizinische Untersuchungen für die archäologische Interpretation sein können.

Testfragen

1. Wann und wo lebte der ›Gletschermann‹, und wie hat man das festgestellt?
2. Skizzieren Sie die Szenarien, die zu seinem Tod geführt haben könnten.

Literatur

C. Knipper, Die Strontiumisotopenanalyse: Eine naturwissenschaftliche Methode zur Erfassung von Mobilität in der Ur- und Frühgeschichte. Jahrbuch des Römisch-Germanischen Zentralmuseums Mainz 51, 2004, 589–685.

A. Lippert/P. Gostner/E. Egarter Vigl/F. Hitschmann, Ein neues Bild vom Mann im Eis. In: R. Rollinger/B. Truschnegg (Hrsg.), Altertum und Mittelmeerraum: Die antike Welt diesseits und jenseits der Levante. Festschrift für Peter W. Haider zum 60. Geburtstag. Oriens et Occidens 12 (Stuttgart 2006) 655–674.

A. Lippert/P. Gostner/E. Egarter Vigl/P. Pernter, Leben und Sterben des Ötztaler Gletschermannes: Neue medizinische und archäologische Erkenntnisse. Germania 85, 2007, 1–27.

K. Oeggl u. a., The Reconstruction of the Last Itinerary of »Ötzi«, the Neolithic Iceman, by Pollen Analyses from Sequentially Sampled Gut Extracts. Quaternary Science Reviews 26, 2007, 854–861.

K. Spindler, Der Mann im Eis: Neue sensationelle Erkenntnisse über die Mumie aus den Ötztaler Alpen (München 1995).

Der ›Himmel‹ über Nebra | 7.8

Wie kaum ein anderes archäologisches Objekt der letzten Jahre sorgte die sogenannte ›Himmelsscheibe‹ von Nebra sowohl innerhalb der Ur- und Frühgeschichtlichen Archäologie als auch in den Medien und damit in der Öffentlichkeit für Aufsehen. Das hängt nicht zuletzt mit ihrer ungewöhnlichen Entdeckungsgeschichte zusammen.

Die Scheibe wurde 1999 von zwei Sondengängern, die mit Metalldetektoren auf dem Mittelberg bei Nebra (Burgenlandkreis, Sachsen-Anhalt) unterwegs waren, entdeckt. Angeblich war sie mit anderen Bronzegegenständen – zwei Schwertern, zwei Beilen, einem Meißel sowie Bruchstücken von Armspiralen – vergesellschaftet. Die beiden *Raubgräber* verkauften die Objekte nur kurze Zeit später für 31 000 DM weiter. Noch im selben Jahr wurde die Bronzescheibe dem *Museum für Vor- und Frühgeschichte der Staatlichen Museen zu Berlin* für 1 Million DM zum Kauf angeboten. Damals wurde als Fundort noch die Stadt Sangerhausen genannt, die ca. 40 km nordwestlich vom Fundort entfernt liegt. Der damalige Berliner Museumsdirektor, *Wilfried Menghin*, lehnte den Ankauf aus rechtlichen Gründen ab. Da dieser Verkauf misslang,

Raubgräberei

Kulturgeschichtlich betrachtet gibt es die Praxis der *Raubgräberei* schon in ur- und frühgeschichtlicher Zeit. Opfer von Plünderungen wurden besonders beigabenreiche Gräber, häufig schon kurz nach der Bestattung des oder der Toten. Man spricht in diesem Zusammenhang von *Grabraub*. Grabräuberei oder Raubgräberei gab es also zu allen Zeiten und in allen Räumen und ist damit als globales Phänomen zu betrachten.

Raubgrabungen, also das illegale Heben und Ausgraben archäologischer Objekte, und der illegale Handel mit diesen Objekten sowie Antiquitäten und Altertümern bereiten den Denkmalpflegebehörden mittlerweile große Probleme. Dabei ist nicht der Verlust der Objekte das größte Problem, sondern die damit in den meisten Fällen einhergehende Zerstörung des Befunds. Nie war es so einfach wie heute, auf Äckern und Feldern oder im Wald nach archäologischen Hinterlassenschaften zu suchen. Als ›Arbeitsgerät‹ dienen neben dem üblichen Werkzeug wie Hacken und Spaten besonders Metalldetektoren und detailliertes Kartenmaterial, mitunter setzen die ›Schatzsucher‹ selbst **GPS-** und **Nachtsichtgeräte** ein. Als Austauschforum von Informationen etwa zu ›lukrativen‹ Fundorten – es gibt regelrechte ›Schatzkarten‹ – sowie des Handels mit Objekten nutzen die vielen selbsternannten ›Hobbyarchäologen‹ mittlerweile vor allem das Internet. Nicht selten rechtfertigen Raubgräber ihr Tun damit, dass man lediglich den Archäologen bei der Arbeit helfe. Einer solchen Auffassung ist nachdrücklich zu widersprechen. Raubgräber zerstören archäologische Kulturdenkmäler und rauben Kulturgut. Dadurch wird nicht nur der wissenschaftlichen Erforschung der Vergangenheit erheblicher Schaden zugefügt, sondern auch der Gesellschaft, der die geraubten Objekte vorenthalten werden. Was viele der ›Schatzsucher‹ nicht wissen: Raubgräberei ist kein Kavaliersdelikt, sondern eine Straftat und kann, wie der Fall der Scheibe von Nebra zeigt, Haftstrafen nach sich ziehen. Aufgrund des föderalen Systems der Bundesrepublik Deutschland gibt es allerdings keine einheitliche Rechtslage; jedes Bundesland besitzt ein eigenes Denkmalschutzgesetz. Viele Archäologen fordern deshalb eine bundesweit einheitliche und vor allem schärfere Gesetzgebung.

GPS, Abkürzung für engl. *Global Positioning System* (dt.: Globales Positionsbestimmungssystem). Dabei handelt es sich um ein weltweites satellitengestütztes Verfahren zur Positionsbestimmung. In den letzten Jahren wurde es vor allem im Zusammenhang mit Navigationsgeräten für Autos bekannt.

wurde das Ensemble für 200 000 DM über eine Vermittlerin an einen Sammler veräußert. Fast drei Jahre lang gab es keine Spur des Verbleibs der Objekte; erst 2001 konnten die Vermittlerin und der damalige Besitzer ausfindig gemacht werden. Bei einem fingierten Treffen zwischen ihnen und *Harald Meller*, dem Direktor des *Landesamts für Denkmalpflege und Archäologie in Sachsen-Anhalt* sowie des dortigen *Landesmuseums für Vorgeschichte*, kam es 2002 in einem Basler Hotel zum polizeilichen Zugriff. Die beiden Hehler wurden festgenommen und die Objekte sichergestellt. Die zwei Raubgräber, die die Scheibe fanden, konnten später ebenfalls ermittelt und gefasst werden. Seitdem sind die Bronzescheibe und die restlichen Fundstücke Eigentum des Landes Sachsen-Anhalt und befinden sich seit 2008 in der Dauerausstellung im *Landesmuseum für Vorgeschichte* in Halle an der Saale.

Um zu Erkenntnissen über die Echtheit, das Alter, die Art der Herstellung, die Herkunft und anderes mehr zu gelangen, wurden an der Scheibe zahlreiche naturwissenschaftliche und materialkundliche Analysen durchgeführt. Es dürfte wohl nur wenige andere archäologische Objekte geben, die so intensiv ›durchleuchtet‹ wurden und immer noch werden. Die Scheibe ist nicht nur ein Forschungsobjekt von Archäologen, sondern auch von Chemikern, Physikern und Materialkundlern; hinzu kommt das starke Interesse der Astronomie. Seit 2004 beschäftigt sich zudem eine interdisziplinäre Forschergruppe der *Deutschen Forschungsgemeinschaft* (DFG) (→ Kap. 7.4.2) unter dem Titel *Der Aufbruch zu neuen Horizonten. Die Funde von Nebra, Sachsen-Anhalt, und ihre Bedeutung für die Bronzezeit Europas* unter anderem mit den Funden von Nebra.

Bei der ›Himmelsscheibe‹ handelt es sich um eine nahezu kreisrunde Scheibe, die aus Bronze – einer Legierung aus Kupfer und Zinn – gefertigt wurde. Sie besitzt einen Durchmesser von ca. 32 cm und ist in der Mitte ca. 4,5 mm, an den Rändern jedoch nur ca. 1,5 mm stark. Ihr Gewicht beträgt etwas mehr als 2 kg. Auf einer Seite ist sie mit 37 Goldblechen verziert, die – so die gängige Interpretation – den Sternenhimmel zeigen. Verschiedene Astronomen und Archäologen erkennen in den **Goldblechapplikationen** den Vollmond (oder die Sonne), den zunehmenden Mond (Sichelmond), das Sternbild der Plejaden (Siebengestirn), zwei Horizontbögen, ein stilisiertes Schiff sowie weitere Sterne. Vor allem das deutlich erkennbare Sternbild der Plejaden und die beiden Horizontbögen haben zu der Deutung geführt, dass es sich bei der Bronzescheibe um eine Art Kalender handeln könn-

Applikation, von lat. *applicare*, ›heranbringen‹, ›anfügen‹. Aufgenähte Verzierung auf Stoffen oder Leder. Hier: Auf einen Metallgegenstand angebrachte weitere Metallelemente.

te. Besonders die Plejaden sind von großer Bedeutung im bäuerlichen Jahreslauf. Ihr Auftreten am Sternenhimmel weist auf den Beginn und das Ende – Aussaat und Ernte – des bäuerlichen Jahres hin. Es wird daher vermutet, dass die Scheibe in diesem Zusammenhang als Kultgerät gedient haben könnte.

Die ›Himmelsscheibe‹, so wie sie sich uns heute präsentiert, wurde nicht in einem Arbeitsgang hergestellt. Wie materialkundliche Analysen gezeigt haben, hat man sie mehrmals umgearbeitet. Das Motiv, das wir heute betrachten, ist also nicht das ursprüngliche. Nach den Untersuchungen stammt die heutige Bildkomposition vielmehr aus der letzten Herstellungs- bzw. Nutzungsphase. Insgesamt glaubt man, fünf Phasen der Umarbeitung unterscheiden zu können (Abb. 7.8.1). Ursprünglich war die Scheibe lediglich mit dem Vollmond bzw. der Sonne, dem Sichelmond sowie den Plejaden und den anderen Sternen – insgesamt 32 – verziert. Wohl erst in einem zweiten Stadium kamen die Horizontbögen hinzu; in der dritten Phase wurde dann das als Schiff interpretierte Motiv am unteren Rand der Scheibe angebracht. Diese Deutung beruht auf Vergleichen mit ähnlichen Motiven aus der Mittleren und Späten Bronzezeit (ca. 1600–850 v. Chr.) in Mittel- und Nordeuropa (→ Kap. 5.2.5). Mit der Anbringung von Schiff und Horizontbögen könne man, so Meller in seinen verschiedenen Veröffentlichungen, eine Umdeutung der Scheibe fassen. Während anfangs noch ein deutlicher Bezug zum Mond (Vollmond und Sichelmond) festzustellen sei, würde jetzt eine klar solare Bedeutung erkennbar; der Vollmond müsse als Sonne verstanden werden. Dies sei als »entscheidende Bedeutungserweiterung« der Bronzescheibe, ja als »eindrucksvolles Zeichen einer uns heute nicht mehr bekannten Mythologie« zu betrachten. Die Durchlochung der Scheibe am Rand soll in der vierten Phase erfolgt sein. Zuletzt habe man dann offenbar einen der beiden Horizontbögen wieder entfernt.

Kürzlich wurde ein neuer Vorschlag zur Deutung des vermeintlichen Schiffs auf der ›Himmelsscheibe‹ vorgelegt. *Paul Gleirscher* glaubt, in dem halbrunden Motiv am unteren Rand

Abb. 7.8.1
Rekonstruktion der fünf Phasen auf der ›Himmelsscheibe‹ von Nebra. © LDA Sachsen-Anhalt.

eine Sichelklinge zu erkennen. Sicheln galten, so hebt er hervor, in Mitteldeutschland zur Spätbronzezeit als »herausragendes Mondsymbol«; darauf wiesen an den Sicheln angebrachte Markierungen und Zeichen hin, die als Zahlzeichen im Zusammenhang mit dem Mondzyklus interpretiert werden könnten. Eine solche Deutung würde also die Mondsymbolik auf der ›Himmelsscheibe‹ und damit die Fruchtbarkeitssymbolik im bäuerlichen Leben – besonders die Ernte – unterstreichen. Da vergleichbare Sicheln erst in der Spätbronzezeit (Beginn um 1300 v. Chr.) auftreten, setzt diese Interpretation allerdings voraus, dass die Anbringung der Sichel in der dritten Umarbeitungsphase nicht vor dieser Zeit vorgenommen worden sein kann.

Ob die Veränderungen an der Scheibe in einem eher kurzen Zeitraum – mehrere Jahrzehnte – durchgeführt wurden oder ob dazwischen etwa Jahrhunderte vergingen, können wir heute nicht mehr feststellen. Dies liegt vor allem daran, dass die Bronzescheibe selbst nicht datiert werden kann – auch nicht über naturwissenschaftliche Analysen. Wir können sie nur über die mutmaßlichen Beifunde zeitlich einordnen. Sie stammen aus einer Zeit um 1600 v. Chr. – die Herstellung der Scheibe wird daher gewöhnlich um diese Zeit herum oder früher angesetzt. Meller schließt als frühestes Datum sogar den Beginn des 2. Jahrtausends v. Chr. nicht aus. Letztlich können wir aber keine genaue Datierung vornehmen und auch nicht festlegen, wann sie deponiert wurde. Schließlich geben uns die Beifunde, wenn wir sie denn als solche akzeptieren, lediglich einen ungefähren Anhaltspunkt; die Scheibe kann jedoch davor oder erst danach gefertigt worden sein. Es wäre vorstellbar, wenngleich nicht sehr wahrscheinlich, dass die Beifunde Jahrzehnte oder Jahrhunderte überdauerten – etwa von Generation zu Generation weitergegeben wurden – und die Bronzescheibe zu einem späteren Zeitpunkt entstand. Sollte sie allerdings tatsächlich 3600 Jahre alt sein, so wäre sie die weltweit älteste bildliche Darstellung astronomischer Phänomene.

Wie wir gesehen haben, ist unsere Kenntnis der ›Himmelsscheibe‹ eher dürftig. Wir wissen weder, wann und von wem sie hergestellt wurde und wem sie gehörte noch wie lange sie im Gebrauch war, wann die Veränderungen an ihr vorgenommen wurden und es damit zu möglichen Umdeutungen der Scheibe kam. Über ihre Bedeutung können wir ebenfalls nur spekulieren: Das Bildprogramm gibt zwar gewisse Hinweise auf ihre Funktion – wohl im rituellen Kontext –, da wir aber die Bildkomposition nicht wirklich erschließen können, sind alle Deutungen letztlich hypothe-

Urgeschichtliche Observatorien

Mittlerweile lassen zahlreiche Kreis- und andere Grabenanlagen, Steinsetzungen und Steinkreise den Schluss zu, dass schon in früheren Zeiten der Himmel beobachtet wurde. Die wohl bekannteste Anlage unter ihnen ist der um 2500 v. Chr. errichtete Steinkreis von Stonehenge (England). Weniger imposant, dafür aber genauso interessant und deutlich älter ist die in den Jahren 2002–2004 vom *Institut für Prähistorische Archäologie* der Martin-Luther-Universität Halle-Wittenberg unter *François Bertemes* und dem *Landesamt für Denkmalpflege und Archäologie in Sachsen-Anhalt* vollständig ausgegrabene Kreisgrabenanlage von Goseck (Sachen-Anhalt). Dieser vom Beginn des 5. Jahrtausends stammende Monumentalbau lässt auf eine intensive Himmelsbeobachtung schließen. Er besteht aus zwei Palisadenringen und einem vorgelagerten Graben von rund 71 m Durchmesser. Die Anlage besitzt drei Tore, von denen die zwei südlichen den Punkt des Sonnenauf- und Sonnenuntergangs zur Wintersonnenwende (21. Dezember) am Beginn des 5. Jahrtausends markieren. Dem dritten Tor scheint keine astronomische Bedeutung zuzukommen. Ähnliche jungsteinzeitliche monumentale Anlagen sind in Mitteleuropa vor allem aus Bayern, Österreich, der Slowakei und Tschechien bekannt. Auch wenn sie alle einen individuellen Charakter besitzen, lassen sich doch gemeinsame Merkmale ausmachen. Dazu gehören etwa um einen Mittelpunkt herum angelegte kreisförmige Gräben – die Anzahl schwankt von nur einem bis zu vier solcher Gräben –, zwei bis vier Tore, ein zumeist unbesiedeltes – also freies – Zentrum sowie grabenbegleitende Palisaden, deren Durchlässe mit den äußeren Toren übereinstimmen. Aufgrund der auffallenden Übereinstimmungen der Torachsen zahlreicher dieser Anlagen mit Ereignissen im solaren Jahreszyklus wird für viele dieser Bauten eine Deutung als Zentralplatz mit Kultcharakter immer wahrscheinlicher; zuweilen werden sie als ›Sonnenobservatorien‹ bezeichnet. Trotz der neuen Erkenntnisse ist für die Interpretation der Kreisgrabenanlagen davon auszugehen, dass sie nicht nur einem Zweck dienten, sondern je nach Anlage unterschiedlich zu deuten sind. Zudem ist nicht auszuschließen, dass einzelne Anlagen im Laufe ihrer Nutzung mehrere Funktionen erfüllten.

Observatorium, von lat. *observare*, ›beobachten‹. Im astronomischen Kontext ist damit eine Beobachtungsstation gemeint.

tisch. Erschwerend kommt hinzu, dass wir es bei diesem Objekt mit einen singulären Fund ohne jegliche Vergleichsmöglichkeit zu tun haben, der zudem aus unsicheren Fundverhältnissen stammt. Wir wissen ebenfalls nicht, wie, durch wen und warum sie – eventuell mit den anderen Gegenständen – in den Erdboden gelangte. Handelte es sich um ein Opfer? Sollten die Gegenstände vielleicht später wieder aus dem Versteck geborgen werden? Letztendlich können wir ihre Bedeutung für die Menschen der Bronzezeit nicht mehr rekonstruieren. Anders ausgedrückt: Wir können ihren Kode nicht entziffern – er bleibt uns verschlossen.

Die Scheibe von Nebra ist aufgrund ihrer Einzigartigkeit seit ihrer Entdeckung in aller Munde – auch innerhalb der Prähistorischen Archäologie. Schließlich handelt es sich um ein Objekt, das die Fachwelt in dieser Form bisher noch nicht gesehen hat. Aufgrund der ungeklärten Fundumstände kam auch im Fach schnell die Frage nach ihrer Echtheit und ihrem Alter auf. Bis heute ist die Diskussion darum nicht abgeschlossen, auch wenn – wie die neueste Publikation zeigt – mehrere Indizien sowohl für die Echtheit der Scheibe als auch für die Zusammengehörigkeit des Fundensembles sprechen. Nichtsdestotrotz bleibt ein Vorbehalt bestehen, der vor allem damit zusammenhängt, dass gerade bei gesetzeswidrig und unsachgemäß geborgenen archäologischen Objekten der vermeintliche Fundort generell nicht über jeden Zweifel erhaben ist; das trifft auch auf das Nebraer Funde zu. Die berühmte Bronzescheibe ist also ein prägnantes Beispiel, wenn es um Fragen der Quellenüberlieferung bzw. um die Äußere Quellenkritik geht (→ Kap. 3.4.5). Die skeptischen Zeitgenossen werden die Zusammengehörigkeit des gesamten Ensembles und damit die frühe Entstehung der ›Himmelsscheibe‹ wohl erst dann akzeptieren, wenn ähnliche Objekte aus gesichertem Fundzusammenhang entdeckt werden.

Testfragen

1. Erläutern Sie das Bildprogramm der Bronzescheibe von Nebra, und gehen Sie auf ihre verschiedenen Nutzungsphasen ein.
2. Welche anderen Hinweise auf Himmelsbeobachtungen in ur- und frühgeschichtlicher Zeit kennen Sie?

Literatur

Archäologie in Deutschland 2005/6 (Themenheft: Kreisgrabenanlagen).
F. Brunecker (Hrsg.), Raubgräber, Schatzgräber (Biberach 2008).
P. Gleirscher, Zum Bildprogramm der Himmelsscheibe von Nebra: Schiff oder Sichel? Germania 85, 2007, 23–33.
H. Meller (Hrsg.), Der geschmiedete Himmel: Die weite Welt im Herzen Europas vor 3600 Jahren (Stuttgart 2004).
E. Pernicka u.a., Zur Echtheit der Himmelsscheibe von Nebra – eine kurze Zusammenfassung der durchgeführten Untersuchungen. Archäologisches Korrespondenzblatt 38/3 2008, 331–352.
S. Samida, ›Objekte der Begierde‹: Archäologische Dinge zwischen Forschung und Kommerzialisierung. Berliner Blätter (im Druck).
P. Schauer, Kritische Anmerkungen zum Bronzeensemble mit »Himmelsscheibe« angeblich vom Mittelberg bei Nebra, Sachsen-Anhalt. Archäologisches Korrespondenzblatt 35/3 2005, 323–328; 35/4, 2005, 559.

7.9 | Häuser auf Pfählen?

Im Januar 1854 erhielt *Ferdinand Keller* (1800–1881), seit 1832 Vorsitzender der *Antiquarischen Gesellschaft in Zürich*, einen Brief des Dorflehrers aus Obermeilen am Zürichsee. Darin berichtete dieser dem schweizerischen Urgeschichtsforscher, in Obermeilen seien aufgrund des stark gesunkenen Wasserspiegels des Sees zahlreiche Überreste menschlicher Tätigkeit entdeckt und gehoben worden. Sie könnten gewiss über die frühesten Bewohner der Gegend Aufschluss geben. Keller besuchte in den folgenden Tagen mehrmals die Fundstelle. Er fand nicht nur weitere Artefakte vor, sondern auch im Wasser stehende Holzpfähle. Noch im selben Jahr erschien der erste von insgesamt acht ›Pfahlbauberichten‹ aus Kellers Hand, die zwischen 1854 und 1878 in den *Mitteilungen der Antiquarischen Gesellschaft* veröffentlicht wurden. Bereits in seinem ersten Bericht lieferte Keller eine Deutung des Fundplatzes, die bis weit ins 20. Jahrhundert hinein für zahlreiche Kontroversen sorgte. Aufgrund der Befundlage und anhand ethnographischer Berichte aus Neuguinea (Ozeanien) sowie Ähnlichkeiten mit historischen Fischerhütten in der Schweiz vertrat er die Ansicht, bei den Pfahlwerken handele es sich um im offenen Wasser stehende Stützen einer Plattform, auf der die Häuser der damaligen Bewohner gestanden hätten (Abb. 7.9.1). In der Folge entdeckte man an weiteren Alpenrandseen und in Feuchtgebieten der Schweiz, Österreichs und Deutschlands, aber auch in Slowenien, Italien und Frankreich zahlreiche ähnliche Fundstellen, die man gleichfalls als Pfahlbausiedlungen interpretierte. Ein regelrechtes ›Pfahlbaufieber‹ war die Folge, das schnell auf die Öffentlichkeit übersprang und eine romantische Vorstellung von der Vergangenheit beförderte.

War man im 19. Jahrhundert fest davon überzeugt, bei den Siedlungen im Feuchtbodenbereich des Alpenvorlandes hande-

Abb. 7.9.1 | *Erste Rekonstruktion des ›Pfahlbaudorfs‹ bei Obermeilen (Schweiz).*

le es sich durchweg um ›Pfahlbauten‹ – auf Pfählen errichtete Häuser –, wurde diese Deutung im 20. Jahrhundert von einigen Forschern in Frage gestellt. Ausgrabungen des *Tübinger Urgeschichtlichen Forschungsinstituts* (UFI) unter *Robert Rudolf Schmidt* (1882–1950) und *Hans Reinerth* (1900–1990) im Federseemoor (Baden-Württemberg) erbrachten einen gegenteiligen Befund, nämlich eine ebenerdige Bauweise der Häuser. Dies führte zu einer heftigen wissenschaftlichen Diskussion. Der deutsche Prähistoriker *Oskar Paret* (1889–1972) war einer der ersten, der in den vierziger Jahren des 20. Jahrhunderts die Theorie von den Pfahlbauten als »romantischen Irrtum« abtat; in den fünfziger Jahren sprach sich dann auch der Schweizer Ur- und Frühgeschichtswissenschaftler *Emil Vogt* (1906–1974) in diesem Sinne aus. Heute wissen wir, dass weder die eine noch die andere Seite Recht hatte, sondern die verallgemeinernde Deutung falsch war. Es finden sich in den *Seeufer*- bzw. *Feuchtbodensiedlungen*, wie man die Pfahlbausiedlungen heute neutral nennt, sowohl ebenerdig angelegte als auch auf Pfählen gebaute Häuser. Ganze Plattfor-

›Pfahlbauten‹ und ›Pfahlbauromantik‹

Das Interesse an den sogenannten *Pfahlbauten* beschränkte sich nicht nur auf einige Gelehrte, die auf der Suche nach neuen Fundstellen waren, sondern avancierte zu einem gesamtgesellschaftlichen Thema. Es fand recht schnell Eingang in literarische Werke wie z. B. in *Friedrich T. Vischers* (1807–1887) Roman *Auch Einer* (1879) oder in die noch jungen Weltausstellungen. Bereits für die Weltausstellung 1867 in Paris stellten die Schweizer in der Sektion »Histoire du travail« (Geschichte der Arbeit), in der der Fortschritt der Menschheit dargelegt werden sollte, zahlreiche Objekte aus den Pfahlbausiedlungen aus. Zusätzlich wurden mehrere Gemälde präsentiert, die dem Publikum das Leben in den Siedlungen zeigen sollten. Der französische Urgeschichtsforscher *Gabriel de Mortillet* (1821–1898) fand für diese Art der Präsentation lobende Worte, da gerade die Gemälde für den Laien eine anschauliche Vorstellung von der fernen Vergangenheit lieferten. Für die Weltausstellung 1889 in Paris wurde gar eine Pfahlbausiedlung in Originalgröße nachgebaut. Die Nachbauten hatten damals offensichtlich eine große Wirkung – das bezeugen Zeitungsartikel, Karikaturen, Postkarten und die Produktion von Souvenirs. Außer in die Weltausstellungen, bei denen anfangs vor allem die archäologischen Funde beim Publikum für Faszination, Aufregung und Begeisterung sorgten, fand das Pfahlbaumotiv auch Eingang in diverse Jahreskalender und Schulbücher der Zeit. Selbst auf historischen Fasnachtsumzügen wurde die ›Welt der Pfahlbauern‹ nachgestellt. Die romantische Vorstellung vom Leben am See war im 19. Jahrhundert also ein beliebtes und populäres Thema, das alle Bevölkerungsschichten erreichte. Rückblickend bezeichnet man dieses ungemein starke gesellschaftliche Interesse als ›*Pfahlbauromantik*‹.

men mit Häusern im See, wie sie sich noch Ferdinand Keller vorstellte, konnten jedoch bisher nicht nachgewiesen werden.

Die Seeufersiedlungen sind aus verschiedenen Gründen ein wichtiges Forschungsfeld der Ur- und Frühgeschichtlichen Archäologie. Aufgrund des Sauerstoffabschlusses unter Wasser bieten sie außerordentlich gute Erhaltungsbedingungen für organisches Material wie z. B. Bauhölzer, Textilien, Leder, Nahrungsabfälle sowie tierische und pflanzliche Reste. Letztere haben dazu geführt, dass – für die damalige Zeit eher ungewöhnlich – Botaniker und Zoologen mit in die Forschungen einbezogen wurden. Mit Recht kann man sagen, dass gerade die Untersuchungen der Seeufersiedlungen die moderne Archäobiologie (→ Kap. 6.3.5) begründeten.

Seeufersiedlungen gibt es im Alpenvorland seit etwa 4400 v. Chr., also ab dem Jungneolithikum. Auch in Italien und Slowenien stammen die frühesten Siedlungen aus dem 5. Jahrtausend v. Chr., in Frankreich sogar aus dem 6. vorchristlichen Jahrtausend. Eine kontinuierliche Siedlungstätigkeit an den Seeufern fand dabei in der Regel nicht statt; es wurden verschiedene Besiedlungslücken nachgewiesen. Nördlich der Alpen etwa existiert eine solche, mehrere Jahrhunderte umfassende Lücke zwischen der ausgehenden Jungsteinzeit und dem Beginn der Bronzezeit. Ähnliches gilt für den Zeitraum zwischen ca. 1500 und 1100 v. Chr. Das Ende der Seeufersiedlungen liegt im westlichen Alpenvorland vom Genfer See im Südwesten bis zum Federsee im Nordosten um 850 v. Chr.

Die Gründe, warum sich die jungsteinzeitlichen Menschen im Bereich der überflutungsgefährdeten Feuchtgebiete niederließen, sind bis heute nicht völlig geklärt. Es gibt allerdings mehrere plausible Erklärungen. Sicherheitserwägungen könnten eine Rolle gespielt haben, schließlich bot eine von Wasser oder Moor umgebene Siedlung Schutz vor Feinden. Möglicherweise war für die Standortwahl aber auch ausschlaggebend, dass das Bauen in Gewässern und Mooren sehr leicht zu bewerkstelligen war, da die Pfosten beim Hausbau problemlos mehrere Meter in den Boden eingedrückt werden konnten. Für Fischer war das ufernahe Siedeln selbstverständlich gleichfalls von Vorteil, da sie jederzeit das fischreiche Wasser erreichen konnten. Zudem waren Gewässer ideale Verkehrswege, die mit Hilfe von Einbäumen ein schnelleres Vorwärtskommen als zu Land gestatteten sowie gute Transportmöglichkeiten boten.

Die über 150-jährige ›Pfahlbauforschung‹ hat zahlreiche Erkenntnisse zum Phänomen der Seeufersiedlungen erbracht. Vor allem in den letzten dreißig Jahren war der Erkenntniszuwachs beachtlich. Dazu hat vor allem das in den Jahren 1983–1993 von der *Deutschen Forschungsgemeinschaft* (DFG) (→ Kap. 7.4.2) geförderte Schwerpunktprogramm *Siedlungsarchäologische Untersuchungen im Alpenvorland* beigetragen, durch das nicht nur neue Feuchtbodensiedlungen entdeckt und ausgegraben werden konnten, sondern das auch viele wichtige Erkenntnisse zu Hausbau, Siedlungsgröße, Siedlungsdichte, Siedlungsdauer und anderem mehr lieferte; hilfreich waren dabei auch *taucharchäologische Untersuchungen*, mit denen weit im See liegende Siedlungen archäologisch erfasst werden konnten. Fast alle Seeufersiedlungen, unabhängig von der Zeitstellung, weisen eine dichte Bebauung und eine kurze Standzeit der Häuser auf. Dendrochronologische Untersuchungen haben ergeben, dass die Standzeit der Häuser im Jungneolithikum nur etwa 4 bis 20 Jahre betrug, bevor sie renoviert oder neu errichtet wurden. Ähnliches ist auch für die Siedlungen generell festzustellen, sie hatten ebenfalls nur eine kurze Dauer und bestanden ca. 5 bis 40 Jahre.

Die guten Erhaltungsbedingungen der ergrabenen Feuchtbodensiedlungen machen es möglich, ganze Häuser – vom Fußboden bis zum Dach – sowie deren Innenausstattung zu rekonstruieren. Es zeigt sich, dass die Häuser unabhängige Wirtschaftseinheiten bildeten, die über eine Herdstelle oder einen Backofen verfügten. Darüber hinaus gibt es Hinweise, dass sie teilweise bemalte und plastisch verzierte Innenwände besaßen: In Seeufersiedlungen am Bodensee wurde verschiedentlich mit weißer Farbe bemalter Wandverputz entdeckt. So fand man im Brandschutt eines über 6000 Jahre alten Hauses einer neolithischen ›Station‹ in Ludwigshafen am Bodensee (Baden-Württemberg) in den neunziger Jahren Überreste eines außergewöhnlichen Lehmverputzes: An den Wänden waren aus Lehm geformte weibliche Brüste angebracht worden. Eine kultische bzw. religiöse Deutung ist zwar naheliegend, aber welchem Zweck der für uns recht eigentümlich anmutende Wandverputz wirklich diente, lässt sich kaum mehr klären.

Die im Umfeld der Alpen nachgewiesenen etwa 500 Seeufersiedlungen haben unser Verständnis über die Siedel- und Wirtschaftsform ur- und frühgeschichtlicher Menschen in Feuchtgebieten stark erweitert. Die Bewohner waren Fischer, Bauern und Viehhalter; darauf deuten nicht nur die Funde und Befunde, sondern auch zahlreiche tierkundliche, bodenkundliche und botanische Analysen hin. In den Seeufersiedlungen wurden neben

Unterwasserarchäologie und Taucharchäologie

Die Bezeichnung *Unterwasserarchäologie* bildet einen Überbegriff für die systematische Erforschung prähistorischer und historischer Kulturdenkmäler sowohl in Gewässern als auch in Flachwasser- und Verlandungszonen. Unterwasserarchäologie ist demzufolge nicht mit *Taucharchäologie* gleichzusetzen, vielmehr bezeichnet man damit sowohl die Tätigkeit in Gummistiefeln als auch mit Tauchflossen. Eine so verstandene Unterwasserarchäologie gibt es also bereits seit der Entdeckung und wissenschaftlichen Untersuchung der ›Pfahlbauten‹ im 19. Jahrhundert. Heute sind die Aufgaben der Unterwasserarchäologie recht vielfältig, sie reichen von der Erforschung der Seen des Alpenvorlandes bis zu den Küsten von Nord- und Ostsee und von der Ur- und Frühgeschichte bis zur Neuzeit. Die erforschten Quellen sind ebenfalls recht verschiedenartig: Siedlungen, Gräber, Brücken und Häfen zählen genauso dazu wie Schiffe und Einbäume. Unterwasserarchäologische Ausgrabungen werden nicht anders durchgeführt als solche an Land; auch reine taucharchäologische Grabungen folgen dem beschriebenen Modus der Quellenerschließung (→ Kap. 3.4.4). Selbstverständlich gibt es spezielle Prospektionsmethoden und eine spezifische Ausrüstung sowie eigens für die Arbeit unter Wasser entwickelte Methoden der Dokumentation und Bergung. Grundsätzlich wird aber auch bei der Ausgrabung unter Wasser vermessen, fotografiert, gezeichnet und beschrieben. Dies gilt ebenfalls für Grabungen in Caissons. Dazu wird der Caisson ins Wasser gesetzt und das eindringende Wasser ständig abgepumpt. Diese Methode wurde erstmals 1929/30 von Hans Reinerth in Sipplingen am Bodensee erfolgreich angewendet. Die Unterwasserarchäologie ist aus der archäologischen Forschung nicht mehr wegzudenken. Sie übernimmt gerade hinsichtlich des Denkmalschutzes eine wichtige Aufgabe, da die in den Feuchtböden eingelagerten ur- und frühgeschichtlichen Quellen zunehmend durch Erosion und Austrocknung sowie Gundwasserabsenkungen und Trockenlegung von Mooren gefährdet sind.

Caisson, von franz. *caisson*, ›Kiste‹, ›Senkkasten‹. Meist aus Holz bestehender Senkkasten für Arbeiten im und unter Wasser.

Rindern, Schweinen, Schafen und Ziegen auch Hunde gehalten, in der Bronzezeit kam als Arbeitstier das Pferd hinzu. Archäobotanische Untersuchungen ergaben, dass auf den Feldern der neolithischen Siedlungen Kulturpflanzen wie Nacktweizen, Einkorn, Emmer, Gerste, Erbse, Mohn und Leinen angebaut wurden. Für die Bronzezeit konnten darüber hinaus Dinkel, Hirse und Linse nachgewiesen werden. Funde von Angelhaken, Harpunen, Netzsenkern und Netzen sowie eine große Zahl von Fischresten in den Kulturschichten weisen am Bodensee und am oberschwäbischen Federsee auf ausgeprägte Fischerei hin.

Trotz der zahlreichen Erkenntnisse, die wir mittlerweile über die Seeufersiedlungen besitzen, gibt es immer noch offene Fragen. Zum einen kennen wir bis heute keine Gräber, die sich den Feuchtbodensiedlungen des Alpenvorlandes zuordnen ließen. Wo haben also die Bewohner der Seeufersiedlungen ihre Toten bestattet? Zum anderen ist immer noch ungeklärt, in welchem Verhältnis die am See befindlichen Siedlungen zu denen im Hinterland standen. Auch die Fragen nach den Gründen sowohl für die Ansiedlung am See als auch für die Auflassung der Siedlungen sind noch offen. In der deutschen Feuchtbodenarchäologie hat man darüber hinaus im Gegensatz zur französischen leider keine ethnoarchäologischen Untersuchungen vorgenommen (→ Kap. 3.4.6). Das käme der Deutung der in aller Regel sehr komplexen archäologischen Befunde sowie allen grundsätzlichen Erwägungen über die damit verbundene Lebensweise sicherlich sehr zugute.

Testfragen

1. Warum ist es besser, von ›Seeufer‹ bzw. ›Feuchtbodensiedlungen‹ als von ›Pfahlbauten‹ zu sprechen?
2. Was weiß man über die Siedlungs- und Wirtschaftsweise der Bewohner der Seeufersiedlungen?

Literatur

Archäologie in Deutschland 2004/3 (Themenheft: 150 Jahre Pfahlbauforschung).
N. Müller-Scheeßel, Fair Prehistory: Archaeological Exhibits at French *Expositiones Universelles*. Antiquity 75, 2001, 391–401.
H. Schlichtherle (Hrsg.), Pfahlbauten rund um die Alpen. Archäologie in Deutschland, Sonderheft (Stuttgart 1997).
H. Schlichtherle, Stichwort ›Seeufersiedlungen‹. In: RGA² 28, 2005, 54–68.
Antiquarische Gesellschaft in Zürich (Hrsg.), Pfahlbaufieber: Von Antiquaren, Pfahlbaufischern, Altertümerhändlern und Pfahlbaumythen. Beiträge zu ›150 Jahre Pfahlbauforschung in der Schweiz‹. Mitteilungen der Antiquarischen Gesellschaft in Zürich 71 (Zürich 2004).

›Fürstensitze‹ und ›Fürstengräber‹ | 7.10

Mit den Begriffen *Fürstensitz* und *Fürstengrab* werden herausragende Siedlungen und Bestattungen bezeichnet. Wenngleich grundsätzlich nicht auf bestimmte Perioden eingeschränkt, werden sie doch besonders in der Späthallstatt- und Frühlatèneforschung verwendet. Dabei ist es das Verdienst des Tübinger Prähistorikers *Wolfgang Kimmig* (1910–2001), in einem 1969 erschienenen Aufsatz die enge Verbindung zwischen diesen beiden besonderen Ausprägungen von Siedlungs- und Gräberquellen für die Späthallstattzeit (Stufe Ha D, ca. 650–475/450 v. Chr.) herausgestellt zu haben.

Unter ›Fürstengräbern‹ versteht man nach Grabbau und Grabbeigaben hervorgehobene Bestattungen. Es handelt sich in der Regel um aufwendig gebaute Holzkammern unter oft gewaltigen Grabhügeln. Sie datieren in die Frühe oder Ältere Eisenzeit (Stufe Ha C – ca. 850/750–650 v. Chr. – und Ha D) sowie in die Frühe Latènezeit (Stufe Lt A und Lt B, ca. 475/450–275 v. Chr.) (→ Kap. 5.2.6). Die Toten – sie wurden unverbrannt in diesen Kammern bestattet – waren mit ganz wenigen Ausnahmen männlichen Geschlechts. Die meisten dieser Gräber sind bereits in antiker Zeit beraubt worden. Jene, die unberaubt überdauert haben, weisen eine sehr reiche Ausstattung auf; unter den Beigaben finden sich oft Güter, die man – auf welchen Wegen auch immer – aus dem Mittelmeerraum bezogen hatte. Ein sehr gutes Beispiel für diese Quellengruppe ist das 1978/79 ausgegrabene ›Fürstengrab‹ von Hochdorf (Eberdingen-Hochdorf, Kr. Ludwigsburg, Baden-Württemberg).

Späthallstattzeitliche ›Fürstensitze‹ – von Kimmig 1969 zunächst als »Adelssitze« bezeichnet – sind befestigte, in topographisch beherrschender Position angelegte Siedlungen wie etwa die *Heuneburg* bei Herbertingen-Hundersingen (Lkr. Sigmaringen, Baden-Württemberg). Zu Kimmigs Kriterien für diese Anlagen gehörte weiterhin ihre innere Gliederung in ein unbefestigtes *Suburbium* und eine befestigte ›Oberstadt‹ oder *Akropolis*. Zudem forderte er im Fundmaterial dieser Siedlungen eindeutig aus dem mediterranen Raum stammende Objekte sowie den Nachweis von ›Fürstengräbern‹ in der näheren – gelegentlich auch in der weiteren – Umgebung. Als geographischen Schwerpunkt dieser späthallstattzeitlichen Kulturerscheinung machte Kimmig den südwestdeutsch-schweizerisch-ostfranzösischen Raum aus. In dem bereits genannten Aufsatz von 1969 sowie in einer bedeutenden Synthese aus dem Jahre 1983 hat Kimmig bereits den Akkulturationsprozess (→ Kap. 4.3) der nordalpinen Führungsschicht – der »Fürsten«, »Adligen«, »großen Herren« oder **»Dynasten«**, wie er sie nannte – in so eindrucksvoller Sprache umrissen, dass dafür auch heute noch sein Begriff »Mediterranisierung« verwendet wird.

Das gängige Bild vom *Fürstenphänomen* der Späthallstattzeit war und ist im Wesentlichen aus Elementen der griechischen *Tyrannis*, des hoch- und spätmittelalterlichen *Feudalismus* sowie des neuzeitlichen *Absolutismus* zusammengesetzt, ohne dass dies je ausgesprochen und systematisch analysiert worden wäre. Aus

---

Suburbium, lat. ›Unterstadt‹, ›Vorstadt‹.

Akropolis, von griech. *akrópolis*, ›Oberstadt‹. Hochgelegener, befestigter Zufluchtsort antiker griechischer Städte.

Dynast, von griech. *dynástēs*, ›Machthaber‹, ›Herrscher‹.

›Fürstenphänomen‹. Übersetzung des franz. Begriffs *phénomène princier*, der für die ›Fürstengräber‹ und ›Fürstensitze‹ der Späthallstattzeit geprägt wurde.

DFG – Schwerpunktprogramm ›Fürstensitze‹

Seit 2004 fördert die *Deutsche Forschungsgemeinschaft* (DFG) (→ Kap. 7.4.2) ein Schwerpunktprogramm mit dem Titel *Frühe Zentralisierungs- und Urbanisierungsprozesse: Zur Genese und Entwicklung ›frühkeltischer Fürstensitze‹ und ihres territorialen Umfeldes* (DFG-SPP 1171). Dieses auf sechs Jahre angelegte Forschungsprojekt hat sich die Aufgabe gestellt, die Herausbildung der ›Fürstensitze‹ und ›Fürstengräber‹ der Späten Hallstatt- und Frühen Latènezeit in Mitteleuropa nachzuzeichnen und sozialhistorisch zu interpretieren. Das Gesamtprojekt besteht aus einer Reihe von Teilprojekten, die sich zum einen übergreifenden Fragestellungen widmen. Dazu gehört etwa das Verhältnis von Siedlungshierarchien – wie sie archäologisch in unterschiedlichen Siedlungstypen wie offenen Talsiedlungen, kleinen befestigten Höhensiedlungen und ›Fürstensitzen‹ fassbar werden – zu geographischen Räumen, die danach definiert sind, wie sehr das aus ihnen überlieferten Sachgut übereinstimmt. Eine wichtige Frage ist beispielsweise, ob und inwieweit die Umgebung eines ›Fürstensitzes‹ durch einen hohen Grad solcher Übereinstimmung auffällt. Zum anderen sind die Teilprojekte auf die Erforschung regionaler Schwerpunkte konzentriert, etwa der Heuneburg bei Hundersingen an der Oberen Donau, dem Hohenasperg am Mittleren Neckar oder dem Glauberg am Ostrand der Wetterau in Hessen. Neben der Prähistorischen Archäologie, die das Zentrum des DFG-SPP 1171 bildet, sind die Klassische Archäologie, die Alte Geschichte und die Kulturgeographie bzw. Historische Geographie als drei weitere kulturwissenschaftliche Fächer daran beteiligt. Hinzu treten eine Reihe von Naturwissenschaften, und zwar vor allem die Archäobotanik und die Archäozoologie, die Physische Geographie (Geomorphologie und Bodenkunde) sowie die Physische Anthropologie und Paläogenetik.

dieser Tatsache erklären sich auch die Kimmigschen Kernbegriffe »Dynastie« – herrschende, auf ›Fürstensitzen‹ residierende Geschlechter (z. B. »Heuneburg-Dynastie«) –, »Akropolis«, »Suburbium«, »adlige Territorien« bzw. »Herrschaftsbereiche« und dergleichen mehr.

Tyrannis, Feudalismus, Absolutismus

Diese drei Begriffe bezeichnen unterschiedliche Typen von institutionalisierter Machtausübung. Unter *Tyrannis* (von griech. *tyrannís*, ›Gewaltherrschaft‹) versteht man eine in Griechenland vom 7. bis zur Mitte des 5. Jahrhunderts v. Chr. auftretende Form unumschränkter Gewaltherrschaft. Der *Feudalismus* (von mittellat. *feudum*, ›Lehngut‹) ist eine auf dem Lehnsrecht beruhende Gesellschafts- und Wirtschaftsform, bei der die Herrschaft vom grundbesitzenden Adel ausgeht. Nach dem Lehnsrecht war der mit einem Lehnsgut (Lehen) beliehene Lehnsmann seinem Lehnsherrn durch einen persönlichen Treueeid (Lehnseid) verbunden. Als *Absolutismus* (von lat. *absolutus*, ›losgelöst‹, und franz. *absolutisme*) wird eine monarchische, d. h. auf Alleinherrschaft (von griech. *monarchía*) basierende Regierungsform im Europa des 17. und 18. Jahrhunderts bezeichnet. Der absolutistische Herrscher beanspruchte die unumschränkte und ungeteilte Staatsgewalt.

Als Gegenmodell zu der auf Kimmig zurückgehenden Deutung wird heute zunehmend versucht, das ›Fürstenphänomen‹ in starkem Maße kulturvergleichend, nämlich auf der Grundlage ethnologisch-soziologischer Begriffs- und Theoriebildung, zu interpretieren. Dieses Modell geht davon aus, dass die von den sogenannten ›Fürsten‹ ausgeübte Macht jener entspricht, die in traditionalen Gesellschaften von *Sippenoberhäuptern*, *Häuptlingen* oder *Big Men* ausgeübt wird. Angesichts solcher kulturvergleichend angelegten Interpretationen ist man überrascht, dass immer noch einige Archäologen den überkommenen Deutungsmodus vorziehen. Sie geben offenbar wenig auf die Erkenntnisse jener Fächer, die sich in besonderem Maße mit traditionalen Gesellschaften (→ Kap. 6.2.3) befassen.

Sippenoberhaupt, Häuptling und Big Man

In der Ethnologie (→ Kap. 6.2.3) werden diese Begriffe zur Kennzeichnung bestimmter soziopolitischer Positionen verwendet. Während ein *Sippenoberhaupt* dem ältesten Mann in einer politisch selbständigen Verwandtschaftsgruppe im Sinne einer Sippe entspricht, wird unter *Häuptling* das aus der ranghöchsten Sippe hervorgehende Oberhaupt mehrerer in der Rangfolge gestaffelter Sippen verstanden. Das von ihm wahrgenommene politische Amt unterliegt einer bestimmten Erbfolgeregel. Die Position eines *Big Man* (von engl. ›großer Mann‹) hingegen beruht nicht auf ererbter Autorität, sondern auf persönlichem Charisma (von griech. *chárisma*, ›Gnadengabe‹), d. h. auf einer besonderen Ausstrahlung. Mit Hilfe dieser Ausstrahlung, die durch persönliche Fähigkeiten (z. B. als großer Jäger oder Krieger) bedingt ist, erwirbt die betreffende Person in einer Gruppe besondere Autorität auf Zeit. Die damit verbundene Position ist von einer Gefolgschaft abhängig, deren Zustimmung sich ein Big Man immer wieder durch Geschenke und Feste sichern muss. Aufgrund ständiger Rivalität um diese Position ist sie politisch höchst instabil.

Testfragen

1. Was bezeichnet man als ›Fürstenphänomen‹ der Späthallstattzeit, und welche Vorstellungen liegen ihm zugrunde?
2. Welcher Interpretationsansatz wird heute im Zusammenhang mit dem ›Fürstenphänomen‹ verfolgt?

Literatur

M.K.H. Eggert, Die »Fürstensitze« der Späthallstattzeit: Bemerkungen zu einem archäologischen Konstrukt. In: H. Lüdtke/F. Lüth/F. Laux (Hrsg.), Archäologischer Befund und historische Deutung: Festschrift für Wolfgang Hübener zu seinem 65. Geburtstag am 15. Juni 1989. Hammaburg NF 9 (Neumünster 1989) 53–66.

M.K.H. Eggert, Wirtschaft und Gesellschaft im früheisenzeitlichen Mitteleuropa: Überlegungen zum ›Fürstenphänomen‹. Fundberichte aus Baden-Württemberg 29, 2007, 255–302.

F. Fischer, Stichwort ›Fürstensitze‹: § 2. Jüngere Hallstattzeit und Frühlatènezeit‹. RGA² 10, 1996, 221–225.

O.-H. Frey, Stichwort ›Fürstengräber‹: § 3. Hallstatt- und Frühlatènezeit‹. RGA² 10, 1996, 178–185.

E. Gersbach, Stichwort ›Heuneburg‹. RGA² 14, 1999, 526–531.

W. Kimmig, Zum Problem späthallstättischer Adelssitze. In: K.-H. Otto/J. Herrmann (Hrsg.), Siedlung, Burg und Stadt: Studien zu ihren Anfängen [Festschr. Paul Grimm] (Berlin 1969) 95–113.

W. Kimmig, Die griechische Kolonisation im westlichen Mittelmeergebiet und ihre Wirkung auf die Landschaften des westlichen Mitteleuropa. Jahrbuch des Römisch-Germanischen Zentralmuseums Mainz 30, 1983, 5–78.

D. Krauße (Hrsg.), Frühe Zentralisierungs- und Urbanisierungsprozesse: Zur Genese und Entwicklung frühkeltischer Fürstensitze und ihres territorialen Umlandes. Kolloquium des DFG-Schwerpunktprogramms 1171. Forschungen und Berichte zur Vor- und Frühgeschichte in Baden-Württemberg 101 (Stuttgart 2008).

Herren der Steppe

| 7.11

Als krummbeinig, untersetzt und krankhaft entstellt beschreibt ein griechischer Autor des 5. Jahrhunderts v. Chr. die Bewohner des nördlichen Schwarzmeergebiets. Andere antike Autoren berichten, die Bewohner müssten aufgrund der dort vorherrschenden Kälte sogar Hosen und Pelze tragen und von dem griechischen Geschichtsschreiber **Herodot von Halikarnassos** (ca. 485–425 v. Chr.) erfahren wir unter anderem, dass nach dem Tod eines Königs eine seiner Nebenfrauen erwürgt und mit ihm begraben wird. Die erste Behauptung, so viel wissen wir heute, gehört in das Reich der Fabeln, die beiden anderen Aussagen konnte die Archäologie mittlerweile anhand zahlreicher Grabfunde bestätigen. Aber noch immer ranken sich zahlreiche Mythen um die Bewohner des mongolischen und südrussischen Steppenraums, die *Skythen*. Die Bezeichnung ist dabei nicht ethnisch zu verstehen; sie wird vielmehr für alle früheisenzeitlichen **Reiternomaden** des eurasischen Steppengebiets benutzt (Abb. 7.11.1), da ihnen eine ähnliche Sachkultur (Tracht, Bewaffnung), ein ähnlicher Kunststil sowie eine weitgehend einheitliche Bestattungssitte eigen ist.

Herodots Bedeutung als erster Geschichtsschreiber des Abendlandes resultiert aus seinem neun Bücher umfassenden Werk *Historien* – einer Gesamtdarstellung griechisch-persischer Geschichte des 6./5. Jahrhunderts v. Chr. Darin schildert er nicht nur die kriegerischen Auseinandersetzungen zwischen Griechen und Persern, sondern in ethnographischer Manier auch zahlreiche Völker am Rande der griechischen Welt.

Abb. 7.11.1
Eurasisches Steppengebiet.

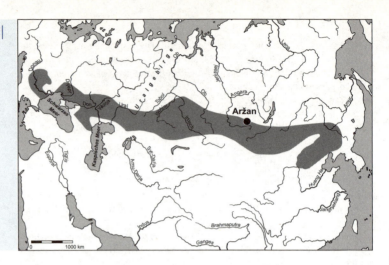

Die archäologische Skythenforschung ist stark von den Schilderungen Herodots beeinflusst. Er hat nicht nur ihre nomadische Lebensweise beschrieben – sie sollen in Wohnwagen gelebt haben –, sondern gibt uns auch wertvolle Hinweise zu ihrer Gesellschaftsstruktur. Die Angehörigen der skythischen Führungsschicht bezeichnet er mit dem griechischen Begriff *basileís*, also ›Könige‹. Besonders aufschlussreich ist seine detaillierte Beschreibung des für uns befremdlichen Totenrituals: Stirbt ein König, wird sein Leichnam, nachdem er mit Wachs eingerieben, von den Gedärmen befreit und mit Kräutern präpariert – also einbalsamiert – wurde, in einer viereckigen Grube bestattet. Eine seiner Frauen sowie ein Mundschenk, ein Koch, ein Pferdeknecht, ein Leibdiener, ein Bote und ausgewähltes Vieh – meistens Pferde – folgen ihm ins Grab. Als Grabbeigaben dienen goldene Schalen, andere Metalle werden nicht verwendet. Über dem Grab wird sodann ein Hügel errichtet, den man ein Jahr später weiter aufschüttet. Anschließend setzt man auf fünfzig ausgestopfte Pferde je einen ermordeten Jüngling und stellt sie in einem Kreis um den Hügel herum auf – soweit Herodot. Für die von Herodot überlieferte Sitte gibt es verschiedene archäologische Nachweise, zwei davon möchten wir vorstellen.

Herausgebildet hat sich die skythische Kultur in Südsibirien, genauer in Tuva – einer heute autonomen Republik innerhalb der Russischen Föderation – während des 9. und 8. vorchristlichen Jahrhunderts. Auf einer bei dem Ort Aržan im Norden von Tuva gelegenen Hochebene befindet sich eine mehrere hundert

Nomadismus

Unter *Nomadismus* (von griech. *nomás*, ›mit Herden umherziehend‹) versteht man eine nicht-sesshafte Lebens- und Wirtschaftsweise zumeist geschlossener sozialer Gruppen (z. B. Familienverbände), die durch Herdenviehhaltung und ständiges, ganzjähriges Umherziehen mit ihren Tieren und ihrer beweglichen Habe zwischen Winter- und Sommerweide geprägt ist. Die umherschweifenden Verbände, die in mobilen Behausungen (Zelt, **Jurte**) leben, legen dabei mit ihren Herden Distanzen von mehreren hundert Kilometern im Jahr zurück. Der Nomadismus unterscheidet sich dadurch und durch Verzicht auf Stallhaltung, auf geregelten Ackerbau und auf das Anlegen von Nahrungs- und Futtervorräten grundlegend von der Sesshaftigkeit. Die Herdentiere und damit hauptsächliche Nahrungsgrundlage der Nomaden sind z. B. Schaf, Ziege, Rind, Dromedar, Ren und Pferd; sie liefern Milch, Fleisch, Blut und gegebenenfalls Wolle. Auch wenn Nomaden weitgehend **autark** leben, ist der Austausch mit sesshaften Bevölkerungsteilen üblich; eingehandelte Waren sind z. B. Agrarprodukte, Metallgegenstände oder auch Luxusgüter. Der Lebensraum der Nomaden sind Steppen und Graslandschaften, wobei sie keine Besitzansprüche an Grund und Boden erheben; vielmehr haben sich über Generationen hinweg gewisse ›Nutzungsrechte‹ an Weideplätzen herausgebildet. Diese ›Nutzungsrechte‹ werden allerdings immer wieder von der im selben Gebiet lebenden sesshaften Bevölkerung in Frage gestellt; nicht selten kommt es deshalb auch noch heute zu Auseinandersetzungen zwischen sesshafter und nicht-sesshafter Bevölkerung. Die Gesellschaftsstruktur der Nomaden ist stark **patrilinear** geprägt. Nomadismus bezeichnet keine ›Kulturstufe‹, sondern eine an bestimmte geographische, **ökologische**, aber auch politische Bedingungen angepasste Lebensweise. Er ist nicht – wie früher einmal angenommen – aus Jäger- und Sammlerkulturen hervorgegangen; vielmehr bildet die Domestikation der Herdentiere und bäuerliche Tierhaltung die Voraussetzung für Nomadismus. Innerhalb der ethnologischen Forschung unterscheidet man verschiedene Arten: Vollnomadismus, Halbnomadismus (Viehhalter besitzen einen festen Wohnsitz), saisonaler Nomadismus, Teilnomadismus (ein Teil der Gruppe wandert, der andere bleibt am Ort), Bergnomadismus (z. B. **Transhumanz**, Almwirtschaft).

Im archäologischen Kontext spricht man von *Reiternomadismus/Reitervölkern*, wenn das Transport- und Fortbewegungsmittel das Pferd ist und dessen Funktion als Kampf- bzw. Kriegsmittel im Vordergrund steht. Die Reitervölker pflegten einen eigenen Kampfstil, da sie ausschließlich vom Pferd herab agierten. Kennzeichnend dafür sind die Verwendung von Distanzwaffen – wie des Reflex- oder **Kompositbogens** sowie der gewöhnlich dreiflügeligen Pfeilspitzen – und durch Wendigkeit und Schnelligkeit zu Pferd bedingte flexible Kampftaktiken. Neben den eisenzeitlichen Reitervölkern gehören z. B. auch die völkerwanderungszeitlichen und frühmittelalterlichen Hunnen, Awaren, Ungarn, und Mongolen zu den Reitervölkern. Der Nachweis nomadischer Lebensformen ist archäologisch nur schwer zu erbringen. Hinweise geben etwa klimatische und ökologische Bedingungen eines bestimmten Siedlungsraums (z. B. kaum für den Feld- oder Ackerbau nutzbares Land, Wassermangel), die Lokalisierung von möglichen Wanderrouten und Wasserstellen oder Felsbilder als Indikator menschlicher Anwesenheit.

Jurte, von türk. *yurt*, ›Heim‹, ›Heimat‹. Rundes Filzzelt mittelasiatischer Nomaden.

Autark, von griech. *autárkēs*, ›sich selbst genügend‹, ›unabhängig‹. Wirtschaftlich unabhängig von anderen.

Patrilinear, von lat. *pater*, ›Vater‹, und *linea* ›Linie‹. Abstammungszuordnung über die Vaterlinie (Gruppenzugehörigkeit, Name, Status und Erbrecht). – Matrilinear (von lat. *mater*, ›Mutter‹) bezeichnet die über die Mutterlinie bestimmte Abstammung.

Ökologie, von griech. *oíkos*, ›Haus‹, und griech. *lógos*, ›Wissen‹, ›Lehre‹. Wissenschaft von der Beziehung der Lebewesen zu ihrer Umwelt.

Transhumanz, von lat. *trans*, ›über‹, und *humus* ›Erde‹, ›Boden‹. Bezeichnung für eine halbnomadische Weidewirtschaft, bei der (meist fremde) Hirten das Vieh einer Dorfgemeinschaft je nach Jahreszeit auf unterschiedliche Weiden bringen, etwa von der Sommerweide in den Bergen auf die Winterweide im Tal. Bei der Almwirtschaft verbleibt das Vieh dagegen nach dem Almabtrieb in Stallungen.

Kompositbogen (Reflexbogen). Ein aus mehreren miteinander verleimten Materialien (z. B. Holz, Knochen, Horn, Sehnen) zusammengesetzter Bogen.

Kurgan, von russ. *kurgan*, ›Hügel‹, ›Hügelgrab‹; urspr. aus dem Tartarischen stammend. Grabhügel.

Kurgane umfassende Grabhügelnekropole – im Volksmund wird dieser Platz als ›Tal der Könige‹ bezeichnet. Der sogenannte ›Kurgan Aržan 1‹ wurde in den siebziger Jahren des 20. Jahrhunderts ausgegraben. Es handelt sich bei der ehemals etwa 3–4 m hohen und einen Durchmesser von 100 m aufweisenden Erhebung nicht um einen aus Grassoden errichteten Grabhügel, sondern um eine aus Steinplatten aufgeschichtete Plattform. Darin befand sich eine bis heute einzigartige Holzkonstruktion mit ca. 70 rechteckigen bzw. trapezförmigen Kammern, die radförmig um ein viereckiges Zentralgrab gruppiert waren (Abb. 7.11.2). Die meisten Kammern waren leer; neben den Resten des bereits ausgeraubten Zentralgrabs fand man 15 weitere Bestattungen sowie 13 Kammern mit weit über 100 Pferdeskeletten; möglicherweise handelte es sich dabei um die Pferde des Verstorbenen. Wie auch immer man diesen Befund interpretieren möchte – er verdeutlicht die enge Verbundenheit der Skythen, die Herodot übrigens auch als ›**Stutenmelker**‹ bezeichnet hat, mit ihren Pferden. Der Ausgräber deutet die Bestattung anhand der wenigen, aber wertvollen Funde – z. B. Reste verschiedenfarbiger Wollgewebe, Fragmente von Goldschmuck, Türkiseinlagen – als Grab eines frühskythischen ›Fürsten‹ oder ›Königs‹ und seiner Frau. Die Toten der übrigen Gräber werden als das Gefolge des ›Kö-

Noch heute stellen Nomaden in Zentralasien Kumys/Kumiss (von russ. *kumys*) her, ein alkoholisches Getränk aus vergorener Stutenmilch.

Abb. 7.11.2
Kurgan Aržan 1.

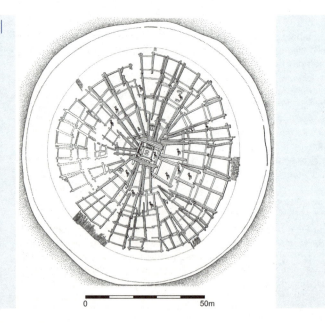

nigspaares‹ gedeutet. Diese und ähnliche Deutungen sind jedoch grundsätzlich kritisch zu betrachten, birgt die Verknüpfung von historischer und archäologischer Überlieferung in methodologischer Hinsicht doch stets die Gefahr der Überinterpretation bzw. der Vernachlässigung anderer möglicher Deutungen.

In den Gräbern und Kammern des Kurgans fanden sich verschiedene Objekte, die bereits von der typischen frühskythischen Tierstilornamentik (Abb. 7.11.3) geprägt sind; die Anstöße für diese Kunstentwicklung vermutet man in China. Anhand der Holzbalken der Grabkammer war es möglich, eine genauere Zeitbestimmung durchzuführen; danach wurde der Kurgan im ausgehenden 9. bzw. frühen 8. Jahrhundert v. Chr. errichtet. Die dort gefundenen Objekte bilden somit den bislang ältesten Nachweis frühskythischer Sachkultur.

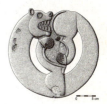

| Abb. 7.11.3
Bronzeplatte in Form einer eingerollten Tierfigur.

Ein russisch-deutsches Gemeinschaftsprojekt der *Staatlichen Eremitage in St. Petersburg* und des *Deutschen Archäologischen Instituts* (Eurasien-Abteilung) (→ Kap. 7.3) untersuchte in den Jahren 2000 bis 2004 in derselben Nekropole einen weiteren, am Ostrand gelegenen Grabhügel, ›Aržan 2‹ genannt. Dieser am Ende des 7. Jahrhunderts v. Chr. – dendrochronologische Analysen der in der Grabkammer verbauten Holzbalken ergaben ein Fälldatum zwischen 618 und 604 v. Chr. – errichtete Kurgan verdient es ebenfalls, hier erwähnt zu werden. Zwar fand sich in dem mit 80 m Durchmesser umfassenden und etwa 2,5 m hohen **Tumulus** keine radförmige Holzkonstruktion wie im Kurgan Aržan 1, dafür aber eine unberaubte Hauptbestattung. Sie lag nicht, wie zu erwarten gewesen wäre, im Zentrum der Anlage, sondern in der Nordhälfte des Hügels und dürfte deshalb unberaubt geblieben sein. In der Mitte des Kurgans entdeckte man zwei quadratische Gruben, die jedoch beide leer waren (Abb. 7.11.4). Möglicherweise handelte es sich hierbei um Scheingräber (→ Kap 3.4.3), die Ausgräber schließen allerdings auch eine Nutzung im Zusammenhang mit kultischen Handlungen während der Bestattungszeremonie nicht aus. In der aus Lärchenbalken errichteten rechteckigen Grabkammer der Hauptbestattung waren ein etwa 50–55 Jahre alter Mann und eine 30–35 Jahre alte Frau beigesetzt worden. Beide Personen waren ausgesprochen prunkvoll ausgestattet: Die Doppelbestattung enthielt über 9300 Objekte, davon bestanden mehr als 5500 aus Gold mit einem Gesamtgewicht von 20 kg. Der Mann trug einen fast 2 kg schweren goldenen Halsring mit umlaufender Tierstilornamentik, zahlreiche Goldblechapplikationen dürften zu einer nicht mehr erhaltenen Filz- oder Lederkappe des Toten gehört

Tumulus, von lat. *tumulus*, ›Hügel‹, ›Erhebung‹, ›Grab‹. Grabhügel.

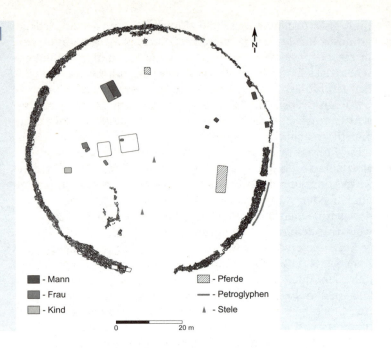

Abb. 7.11.4 | Kurgan Aržan 2.

Goryt/Gorytos, von griech. *gorytós*, ›Bogenbehälter‹. Typisch skythischer Köcher, der am Gürtel getragen wurde. In ihm waren sowohl der gespannte Bogen als auch die Pfeile untergebracht.

Pektorale, von lat. *pectus*, ›Brust‹. Seit dem Mittelalter Brustkreuz katholischer Würdenträger; hier: Brustschmuck.

haben. Seinen Oberkörper bekleidete ein hüftlanges Gewand mit Stehkragen, das mit rund 2500 gegossenen goldenen Pantherfigürchen bestickt war. Seine Hose – wohl aus Leder oder Filz – war mit mehreren tausend goldenen Miniaturperlen bestickt, seine Füße steckten in halbhohen Stiefeln mit goldenen Stulpen. Darüber hinaus waren ihm unter anderem ein eiserner Dolch, zwei Messer, ein Köcher aus Goldblech – ein sogenannter ›Goryt‹ –, mehrere Pfeile, ein Bogen sowie eine Reitpeitsche beigegeben worden. Die Frau war ebenfalls überreich mit Gold versehen; zu ihrer Ausstattung gehörten beispielsweise ein tierstilverziertes **Goldpektorale**, ein dem Umhang des Mannes ähnliches, mit tausenden goldenen, jedoch getriebenen Pantherfigürchen besticktes Kleidungsstück, goldene Ohr- und Lockenringe sowie eine spitz zulaufende Mütze, die mit goldenen Plättchen, Bändern und Nadeln verziert war. An den Kammerwänden waren darüber hinaus noch zahlreiche andere Beigaben (z. B. ein hölzernes Schöpfgefäß und ein goldener Kamm) befestigt. Neben diesem herausragenden Grab fand man in dem Kurgan weitere skythische Gräber, die als gleichzeitig zu betrachten sind. Einige der darin Bestatteten waren eindeutig gewaltsam getötet worden. Die Ausgräber gehen davon aus, dass es sich bei den Toten – wie schon im Kurgan Aržan 1 – um die bei Herodot beschriebenen Diener des ›Fürstenpaares‹ handelte. In Kurgan Aržan 2 entdeckte man darüber hinaus zwei Pferdegräber; eines davon barg 14 Pferdeskelette, die nachweislich nach der Grablegung des Paares deponiert worden waren, aber – wie die Ausgräber deutlich machen konnten – in engem zeitlichen Zusammenhang mit den anderen Gräbern stehen. Um die Pferde zu bestatten, musste nachträglich die Steinplattform des Kurgans geöffnet und wieder aufgeschichtet werden. Bei den Pferden handelte es sich, wie archäozoologische Untersuchungen ergaben, überwiegend um männliche Tiere im besten ›Nutzungsalter‹; offenbar konnte man problemlos auf die kostbaren Tiere verzichten. Die Anordnung der Grablegen – Frauengräber im Westen und Männergräber im Osten – stimmte mit der des ›Fürstenpaares‹ im Hauptgrab überein, wo die Frau ebenfalls im Westen, der Mann im Osten lag. Darüber hinaus fand man vier in Süd-Nord Richtung angeordnete sogenannte ›**Hirschsteine**‹, die den Grabhügel gleichsam ›teilen‹. Ausschließlich am Ostrand entdeckte man eine Reihe von 15 mit figürlichen Darstellungen verzierten Steinplatten. Die ›**Petroglyphen**‹ zeigen Tiere (Kamel, Pferd, Hirsch und Eber) und vereinzelt auch menschliche Figuren mit Ausrüstungsgegenständen. Die Aufstellung der Steinplatten dürfte bewusst nur im Osten erfolgt sein. Kommt man von Osten in die Hochebene, so passiert man als erstes den Kurgan Aržan 2 und blickt zwangsläufig auf die Steinplatten. Aufgrund der ungewöhnlichen Befunde betrachten die Ausgräber den Grabhügel nicht nur als Bestattungsplatz, sondern zudem als Kultort, an dem die Beisetzung des ›Fürstenpaares‹ von der Bestattungsgemeinde regelrecht ›inszeniert‹ wurde.

Die beiden Kurgane von Aržan belegen neben der wohl praktizierten Totenfolge (Frau und ›Diener‹) auch die bei Herodot erwähnte Grabkammer, die Beigabe von Pferden, die Sitte, dem ›König‹ Gold mitzugeben sowie die Aufschüttung eines Hügels. Für die Sitte der Einbalsamierung fehlen hier aufgrund der Erhaltungsbedingungen zwar alle Anhaltspunkte, skythische Grablegen aus dem Altai-Gebirge des 4./3. Jahrhunderts v. Chr. geben uns darüber jedoch eindrücklich Auskunft. Dort herrschen aufgrund der extremen Kälte sehr gute Erhaltungsbedingungen. Die **Permafrostböden** führen dazu, dass in den sogenannten ›Eiskurganen‹ zahlreiche organische Reste – darunter auch menschliche Körper – besonders gut erhalten bleiben. Untersuchungen an den Eismumien bestätigen die Berichte Herodots: Den dort gefundenen Körpern waren nachweislich die Eingeweide entnom-

Hirschsteine. Steinstelen mit menschenähnlicher Gestalt, die Darstellungen von Hirschen sowie von Ausrüstungsgegenständen reiternomadischer Krieger zeigen; sie waren vor allem in frühskythischer Zeit in Südsibirien verbreitet.

Petroglyphe, von griech. *pétros*, ›Stein‹, und *glýphein*, ›aushöhlen‹, ›herausschnitzen‹. Felsgravierung, Felsbild.

Permafrostboden, von lat. *permanere*, ›ausharren‹, ›fortdauern‹. Dauerfrostboden.

men und die Bauchhöhle anschließend mit Gras und Gewürzen ausgefüllt worden.

Wir haben gesehen, dass sich ein Zentrum der skythischen Kultur am Ende des 9. Jahrhunderts v. Chr. ganz im Osten der eurasischen Steppe, an der Grenze zu China, ausbildete. Nach und nach breiteten sich die typischen Elemente skythischer Lebens- und Wirtschaftsweise auch nach Westen aus. So gehörte das nördliche Schwarzmeergebiet bereits ab dem frühen 7. Jahrhundert v. Chr. zum skythischen Siedlungsgebiet; die dort lebenden Skythen wurden Nachbarn von Assyrern und Griechen und damit Thema der Geschichtsschreibung. Aus diesem Gebiet besitzen wir mittlerweile auch eindeutige Hinweise auf eine sesshafte Lebensweise – wenn auch erst im 5./4. Jahrhundert v. Chr. Einige ihrer Siedlungen deuten auf regen Kontakt zu ihren griechischen Nachbarn. Vom Nordschwarzmeerraum aus gelangten einige Gruppen noch weiter in den Westen, bis ins Karpatenbecken. Allerdings kann die lange Zeit vorherrschende Meinung, skythische Verbände hätten um 600 v. Chr. zahlreiche eisenzeitliche Höhensiedlungen im Ostalpenraum und diverse Ringwallanlagen der **Lausitzer Kultur** überfallen und abgebrannt, nicht mehr aufrechterhalten werden. Die als Indiz angeführten dreiflügeligen Pfeilspitzen – eine Erfindung der Skythen – innerhalb der zerstörten Burgen beweisen nicht die Anwesenheit von Skythen am Ort. Mittlerweile findet man diesen Pfeilspitzentyp in ganz Mitteleuropa (z. B. in Süddeutschland, Österreich, Südfrankreich und Italien), so dass hier eher mit einer Übernahme durch die einheimische Bevölkerung zu rechnen ist. Schließlich war die Durchschlagskraft dreiflügeliger Pfeilspitzen erheblich besser als die der im Westen verbreiteten zweiflügeligen Pfeilspitzen.

Dieser Einblick in die Kultur der skythischen Reiternomaden zeigt, dass wir es hier nicht mit einem ›Volk‹ im üblichen Sinne zu tun haben, sondern vielmehr mit einer vom Ende des 9. Jahrhunderts bis zum 3. Jahrhundert v. Chr. im eurasischen Steppengürtel auftretende Kulturerscheinung, die vor allem über eine bestimmte Sachkultur und Lebensweise sowie über ähnliche Bestattungssitten definiert wird. Dank neuer archäologischer Befunde und Funde können wir heute detailliertere Aussagen zu ihrer Lebensweise, zur sozialen Gliederung, zur Entstehung ihrer Kunst und zu ihren religiösen Vorstellungen machen, als es noch vor rund fünfzig Jahren der Fall war. Doch sind noch immer zahlreiche Fragen unbeantwortet: Wie kam es am Ende des 9. Jahrhunderts v. Chr. in Südsibirien so plötzlich

---

Lausitzer Kultur. Eine archäologische Kulturerscheinung der Mittleren Bronzezeit bis Frühen Eisenzeit, die sich etwa von der Elbe bis östlich der Weichsel und von der Ostsee bis in die Slowakei erstreckte. Der Begriff geht auf *Rudolf Virchow* (→ Kap 3.3.2) zurück.

Vettersfelde und die Frage von Skythen in Mitteleuropa

Im Jahre 1882 entdeckte man beim Pflügen eines Ackers in der Nähe von Vettersfelde (heute Witaszkowo, Polen) zahlreiche Goldgegenstände. Der Klassische Archäologe *Adolf Furtwängler* (1853–1907) veröffentlichte diesen bis heute singulären Fund bereits ein Jahr später. Das Fundinventar, das in das späte 6. bis frühe 5. Jahrhundert datiert werden kann, besteht unter anderem aus einem 600 g schweren, aus Goldblech getriebenen fischförmigen Beschlag, einer goldenen Zierplatte, einem verzierten Schwertscheidenbeschlag aus Goldblech, einem goldenen Anhänger sowie einer goldenen Dolchscheide. Einige Fundstücke – wie Fisch, Zierplatte, Scheidenbeschlag und Dolch – veranlassten schon Furtwängler, den Fund aufgrund der Tierstilverzierungen als ›skythisch‹ anzusprechen. Wie das Fundensemble von seinem vermuteten ›Ursprungsgebiet‹ im Schwarzmeerraum in den Westen gelangte, vermochte Furtwängler nicht eindeutig zu klären. Er hielt es für möglich, dass es sich um die Grablege eines skythischen ›Fürsten‹ handelte, der auf der Flucht vor den Persern 514/13 v. Chr. starb und in Vettersfelde um 500 v. Chr. seine letzte Ruhe fand. Der Prähistoriker *Paul Reinecke* (1872–1958) sah 1899 in dem Fund einen Hinweis auf skythische Einfälle in die Lausitz und schloss eine skythische Landnahme in Mitteleuropa nicht aus. Im 20. Jahrhundert wurde sogar der Untergang der Lausitzer Kultur ursächlich mit den vermuteten Skytheneinfällen in Zusammenhang gebracht. Neben dem Vettersfelder Fund führte man als Beleg die zahlreichen dreiflügeligen Pfeilspitzen an, die man in zerstörten Lausitzer Burgen gefunden hatte. Gingen Furtwängler und Reinecke noch davon aus, der Vettersfelder Fund stamme aus einem Grab, so ist mittlerweile durch verschiedene Nachgrabungen belegt, dass wir es mit einem Hortfund aus einer unbefestigten Siedlung zu tun haben. Bis heute können wir aber nur Vermutungen anstellen, wie das Vettersfelder Ensemble in die Niederlausitz kam. Eine Möglichkeit wäre etwa, die Gegenstände als Geschenk zu betrachten; allerdings stellt sich dann die Frage, von wem das Geschenk stammte und für wen es bestimmt war. Eine andere Möglichkeit ist, dass das Gold durch Raub oder kriegerische Auseinandersetzung in die Lausitz gelangte, wobei hier ebenfalls zu fragen wäre, welcher Art diese Auseinandersetzungen waren und wer gegen wen kämpfte. Wir müssen uns letztlich eingestehen, dass wir der ›Biographie‹ des Fundkomplexes von Vettersfelde in den mehr als 125 Jahren seit seiner Entdeckung kaum einen Schritt näher gekommen sind: »Hier«, so stellte Furtwängler 1883 in seinem Bericht fest, »hat die Wissenschaft ein Ende«.

zur Herausbildung der frühskythischen Kultur? Wo liegen ihre Wurzeln – in China? Worin ist der Goldreichtum der skythischen ›Fürstengräber‹ begründet? *Wie weit drangen die Skythen tatsächlich nach Westen vor?* Wie haben wir uns jenseits der spektakulären Grabfunde ihren Alltag vorzustellen? Gerade die letzte Frage macht deutlich, dass die Forschung immer noch allzu stark auf die Identifizierung und Freilegung von Gräbern – in Erwartung kostbar ausgestatteter Begräbnisse – fixiert ist. Gewiss haben diese Ausgrabungen unsere Kenntnis zu Aspekten des Totenrituals sowie zur skythischen Kunst erheblich erweitert. Was jedoch bis heute fehlt, ist eine archäologische Skythenforschung fern der ›Gräberarchäologie‹. Der Blick sollte in Zukunft daher auch auf andere Aspekte gerichtet werden, beispielsweise auf die Auffindung und archäologische Untersuchung skythischer Siedlungen im Nordschwarzmeergebiet. Auf diese Weise könnte ein Beitrag zur Erforschung der mehr oder minder ausgeprägten Sesshaftigkeit der Skythen geleistet werden. Darüber hinaus wäre es wünschenswert, grundsätzliche Überlegungen zur archäologischen Nachweisbarkeit nomadischer Lebensweisen und saisonal bedingter Wanderungen in ur- und frühgeschichtlicher Zeit anzustellen. Dazu müssten – weitaus intensiver als bislang geschehen – ethnohistorische bzw. ethnographische Daten, ethnoarchäologische Studien sowie ethnologische Theorien zum Nomadismus berücksichtigt werden. Möchten wir die skythische Lebensart sowie ihre Riten und Glaubensvorstellungen besser verstehen, dann sollten wir nicht nur die antike Literatur und ihre Grabarchitektur sowie ihre prachtvollen Bestattungen studieren, sondern auch andere Quellen in unsere Deutungen einbeziehen.

Testfragen

1. Beschreiben Sie das von Herodot geschilderte Totenritual der Skythen, und nennen Sie archäologische Nachweise.
2. Charakterisieren Sie den Begriff ›Nomadismus‹.

Literatur

B. Anke/L. Révész/T. Vida, Reitervölker im Frühmittelalter: Hunnen – Awaren – Ungarn. Archäologie in Deutschland, Sonderheft Plus (Stuttgart 2008).
Diverse Autoren, Stichwort ›Reiternomaden‹. RGA² 24, 2003, 395–412.
Diverse Autoren, Stichwort ›Skythen‹. RGA² 25, 2005, 36–44.
A. Furtwängler, Der Goldfund von Vettersfelde. 43. Programm zum Winckelmannsfeste der Archäologischen Gesellschaft zu Berlin (Berlin 1883).
S. R. Hauser (Hrsg.), Die Sichtbarkeit von Nomaden und saisonaler Besiedlung in der Archäologie: Multidisziplinäre Annäherung an ein methodisches Problem. Mitteilungen des SFB »Differenz und Intergration« 9 [= Orientwissenschaftliche Hefte 21] (Halle/Saale 2006).
W. Menghin/H. Parzinger/A. Nagler/M. Nawroth (Hrsg.), Im Zeichen des goldenen Greifen: Königsgräber der Skythen (München – Berlin – London u. a. 2007).
H. Parzinger, Die Skythen (München 2004).

Terrakotten in der Savanne | 7.12

Die *Deutsche Forschungsgemeinschaft* (DFG) (→ Kap. 7.4.2) hat in den vergangenen zwei Jahrzehnten mehrere große interdisziplinär angelegte archäologische Forschungsvorhaben in Afrika gefördert. Seit dem 1. Januar 2009 hat sie sich nunmehr in einem auf 12 Jahre ausgelegten Projekt mit dem Titel *Entwicklung komplexer Gesellschaften im sub-saharischen Afrika: Die nigerianische Nok-Kultur* engagiert. Antragsteller sind *Peter Breunig* – er ist an der Universität Frankfurt am Main Inhaber der einzigen deutschen Professur für Ur- und Frühgeschichte Afrikas – und die Archäobotanikerin *Katharina Neumann* (ebenfalls Universität Frankfurt).

Es ist sicherlich ungewöhnlich, dass wir im Rahmen dieses Buchs ein Vorhaben erörtern, von dem bisher erst die – wenngleich sehr vielversprechenden – Ergebnisse einer Vorlaufphase zur Verfügung stehen. Das geschieht aus zwei Gründen: Zum einen geht es uns darum, die Aufmerksamkeit auf ein faszinierendes Kulturphänomen Westafrikas zu richten. Zum anderen möchten wir aufzeigen, dass der Terminus *Nok Culture* zwar vor rund 65 Jahren in die archäologische Welt eingeführt worden ist, diese sogenannte ›Kultur‹ aber bis heute viele Fragen aufwirft. Im Folgenden werden wir uns zunächst auf diese beiden Aspekte konzentrieren, um dann das Frankfurter Vorhaben zu umreißen.

Bernard Fagg (1915–1987), der in Cambridge Archäologie und Ethnologie studiert hatte und dann in der Kolonialverwaltung von Nigeria tätig war, wurde gegen Mitte der vierziger Jahre in den *Antiquities Service* der Kolonie abgeordnet. Man beauftragte ihn mit dem Aufbau eines Archäologischen Zentrums und eines Museums in Jos. Dort fand er einige bemerkenswerte, in einem sehr spezifischen Stil gestaltete **Terrakotten** vor: den Kopf und Körper eines Affen sowie den Kopf und die Hand eines Menschen. Sie stammten, ohne dass die näheren Fundumstände bekannt waren, aus dem Zinn-Tagebau im Nok-Tal. Kurz nachdem Fagg die Inventarisierung der in Jos vorhandenen Sammlung begonnen hatte, wurde er über einen weiteren Fund aus den nahegelegenen Zinn-Minen von Jemaa informiert, den ein Arbeiter als Vogelscheuche verwendet hatte: Es handelte sich um den bemerkenswert fein modellierten Kopf eines Menschen, der stilistisch mit jenen Stücken übereinstimmte, die er in Jos vorgefunden hatte (Abb. 7.12.1, 1). Diese Objekte erschienen ihm so ungewöhnlich, dass er sie einer *Nok Culture* zuwies.

Terrakotta, von gleichbedeutend ital. *terracotta*, aus *terra*, ›Erde‹, und *cotto*, ›gebrannt‹. Hier: Gebrannte Tonskulptur.

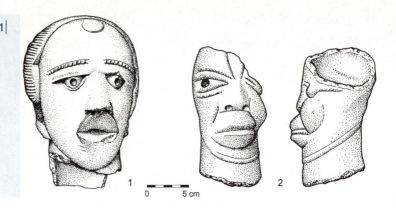

Abb. 7.12.1
Terrakotta-Köpfe.
1 Jemaa; 2 Ungwar Kura.

Seit Mitte der fünfziger Jahre wurden weitere Fragmente von Terrakottafigurinen gefunden. Neben Menschen und Affen lag bald ein breites Spektrum von Lebewesen vor, darunter auch Elefanten, Schlangen und Leoparden. Erste Grabungen von Fagg erbrachten die Vergesellschaftung der Terrakotten mit Stein- und Eisenartefakten. Schließlich wurden Mitte der sechziger Jahre unter seiner Leitung im Dorf Taruga mit Hilfe eines Magnetometers (→ Kap. 3.4.4) 20 Eisenerzverhüttungsplätze lokalisiert, von denen 13 ausgegraben werden konnten. Es handelte sich dabei um die Reste von Verhüttungsöfen mit kurzem Schacht, die mit der Radiokohlenstoffmethode (→ Kap. 3.5.4.3) in die Zeit von rund 500–200 v. Chr. datiert wurden. Da von sämtlichen Grabungen nur kurze Vorberichte erschienen sind, blieb naturgemäß vieles unklar. Sicher war bis zum Beginn des Frankfurter Forschungsprojekts nur, dass die Nok-Figurinen die ältesten bekannten Skulpturen im subsaharischen Afrika sind. Sie finden sich nach bisherigem Kenntnisstand im Zentrum Nigerias in einem ungefähr ellipsenförmigen Gebiet von etwa 250 km größter Breite und 500 km Länge (Abb. 7.12.2).

Die Nok-Skulpturen – sie waren ursprünglich offenbar bis zu 1 m hoch – zeichnen sich stilistisch durch eine Reihe von Besonderheiten aus. Dies gilt in erster Linie für die in der Regel dreieckig geformten Augen, die durch meist stark gebogene, ausgeprägte Brauen betont werden. Pupillen und Ohren sind zumeist als kreisförmige Öffnungen dargestellt. Das Spektrum der figuralen Einzelheiten ist groß. Bei Menschen wurde offenbar besondere Aufmerksamkeit auf die Ausgestaltung der höchst unterschiedlichen Haartrachten und Kopfbedeckungen gelegt, aber auch andere Merkmale – etwa Schmuckringe, Bärte, Narbenver-

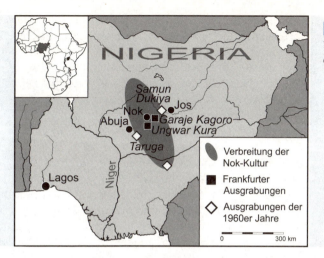

Abb. 7.12.2
Verbreitungsgebiet der Nok-Kultur.

zierungen, Armhaltungen und Kleidung – beeindrucken durch sorgfältige Wiedergabe. Es gibt auch Kompositfiguren – beispielsweise sitzen viele Menschen auf umgestülpten rundbodigen Tongefäßen. Bisweilen wirken die Gesichter deformiert bzw. verzerrt – ganz so, als gäben sie z. B. Gesichtslähmungen oder andere Verunstaltungen wieder (Abb. 7.12.1, 2). Nach Berichten der lokalen Bevölkerung soll es auch fehlende Extremitäten geben. Für die Terrakotten gilt grundsätzlich, dass der Kopf gegenüber der Wirklichkeit größer als der Rumpf und dieser größer als die Extremitäten wiedergegeben ist. Müsste man den ›Nok-Stil‹ – bei allen Unterschieden, die man schon relativ früh erkannt hat – auf einen gängigen Begriff bringen, dann würde man ihn wohl am ehesten als ›expressiv‹ bezeichnen. Für das ästhetische Empfinden der Westlichen Welt sind die Skulpturen exotisch und ausdrucksstark – ihnen ist jene Anziehungskraft zu eigen, die afrikanische Plastik seit dem Ende des 19. Jahrhunderts auf Künstler der Europäischen Moderne ausgeübt hat.

Es verwundert daher nicht, dass Nok-Plastiken seit den späten sechziger Jahren des 20. Jahrhunderts zu begehrten Sammlerobjekten geworden sind und auf dem internationalen Kunstmarkt große Beachtung erfahren. Dort werden sie zu sehr hohen Preisen gehandelt – es heißt, dass exzeptionelle Stücke bis zu 100 000 Dollar erzielen. Damit geht es der *Nok-Kultur* Nigerias nicht anders als anderen archäologischen Kulturen mit Objekten von hohem ästhetischen Reiz, wo immer sie beheimatet sein mögen: Die Fundstellen werden hemmungslos und ausschließlich dieser Objekte wegen geplündert und damit für alle Zeiten zerstört. Letztendlich haben wir hierzulande das gleiche Phänomen mit dem illegalen Einsatz von Metalldetektoren bei der Plünderung metallführender archäologischer Befunde (→ Kap. 7.8) – nur geht es dabei nicht um keramische Objekte. Die Zerstörung von Fundplätzen im Nok-Gebiet mit dem Ziel, Terrakotten für den Verkauf zu gewinnen, währt nunmehr bereits rund vier Jahrzehnte.

Wo ein Kunstmarkt existiert, gibt es immer auch Fälscher. Diese Binsenweisheit trifft ebenfalls auf Nok-Terrakotten zu. Man muss davon ausgehen, dass ein vorerst nicht zu quantifizierender Anteil jener Plastiken, die sich mit der Herkunftsangabe ›Nok-Kultur‹ in Museen und privaten Sammlungen befinden, gefälscht ist. Breunig und sein nigerianischer Kooperationspartner *James Ameje* haben 2006 einem Künstler in einem Dorf in der Nähe von Jos bei seiner Arbeit zugesehen und ihn interviewt. Er stellt perfekte Skulpturen im Nok-Stil aus einem Ton her, der dem der Originalfiguren sehr ähnlich ist. Bisweilen fügt er dem Ton sogar zerstoßene Fragmente originaler Nok-Terrakotten hinzu. Die Hauptabnehmer seiner dem Stil der Originale nachempfundenen Reproduktionen sind Händler aus Togo und Niger, die ihre Erwerbungen vermutlich an Kunden aus Übersee verkaufen. Die ethnoarchäologische Studie (→ Kap. 3.4.6) von Breunig und Ameje vermittelte darüber hinaus eine Reihe aufschlussreicher Beobachtungen zur Herstellungs-, Verzierungs- und Brenntechnik der Terrakotten. Sie lieferte auch eine gute Vorstellung vom Maß an Geschick – und damit an Spezialisierung – und Zeit, das zur Herstellung solcher Figuren nötig ist.

Als die Frankfurter Archäologen in den Jahren 2005 und 2006 im Rahmen eines anderen DFG-Projekts erste Surveys zwischen Abuja im Westen und Nok im Osten durchführten, stießen sie mit Hilfe lokaler Führer auf eine beträchtliche Zahl von Fundplätzen mit Terrakotta-Fragmenten. Allerdings boten diese Plätze mit ihren zahlreichen unsystematisch über das Areal verstreuten Suchlöchern ein Bild der Verwüstung. Dennoch war schon bald klar, dass sich auf solchen Plätzen trotz aller Zerstörung immer noch mehr oder weniger ungestörte Zonen befanden, die genügend Möglichkeiten für systematische Ausgrabungen boten. Der Survey von 2006, der sich auf die Umgebung von Nok konzentrierte, erbrachte eine große Dichte an Fundplätzen. Teils handelt es sich um kleine Fundstellen an Berghängen – vielleicht einstige Gehöfte –, teils aber auch um mehrere Hektar große Fundkonzentrationen auf Hügelkuppen und in der Ebene, die man am ehesten größeren Siedlungen zuweisen möchte. Bei ihren Geländebegehungen fanden die Frankfurter Forscher auch Reste von Eisenerzverhüttungsanlagen. Seit den Untersuchungen von Fagg in den sechziger Jahren hat man einen inneren Zusammenhang zwischen der Nok-Kultur bzw. den Nok-Terrakotten und der Verhüttung von Eisenerz angenommen, der jedoch derzeit noch hypothetisch ist. Im Zuge ihrer Voruntersuchungen konnten die Frankfurter ebenfalls einen Verhüttungsofen ausgraben. Es handelt sich um die Basis eines Ofens, in der sich zwei Terrakotta-Fragmente fanden. Sie sind offenkundig nach Aufgabe der Anlage in die Verfüllung gelangt. Die bisherigen Radiokarbondaten fallen in die zweite Hälfte des 1. Jahrtausends v. Chr. und passen zu jenen, die bisher von der Nok-Kultur bekannt sind.

Bereits im Jahre 2006 konnten an drei Fundstellen erstmals ungestörte Schichten ausgegraben werden. Sie lieferten zahlreiche Fragmente von Figurinen, Keramik sowie Steinartefakte und Steinperlen. Eisenobjekte und Eisenschlacke sind bisher relativ selten. Auf allen bisher untersuchten Fundplätzen fand sich ungewöhnlich viel archäobotanisches Material, das unter anderem Perlhirse (*Pennisetum glaucum*) enthielt. Damit liegt der erste Hinweis auf eine Kulturpflanze der Nok-Kultur vor. An Körnern von Perlhirse der drei Fundstellen wurden Radiokohlenstoffdatierungen vorgenommen, deren nicht kalibrierte Zentralwerte in den Zeitraum von 2542–2354 vor Heute fallen (→ Kap. 3.5.4.3). Noch erfolgreicher waren die Feldforschungen in den Jahren 2007 und 2008, in denen größere Ausgrabungen einen sehr hohen Fundanfall erbrachten. In Garaje Kagoro wurden in einer Ausgrabungsfläche von etwa 30 m² in einem Abstand von ungefähr 2 m neun Konzentrationen von fragmentierten Terrakotta-Skulpturen und unbearbeiteten Steinen ausgegraben. Aus der Art ihrer Fragmentierung und ihrer Niederlegung leiten die Frankfurter Archäologen den Schluss ab, dass diese Figuren intentionell zerschlagen wurden und somit eine rituelle Zerstörung vorliegt – eine Deutung, in der sie sich durch einen identischen Befund in rund 600 m Entfernung bestärkt sehen.

In diesem Zusammenhang ist auf die ganz ähnliche Deutung hinzuweisen, die der britische Archäologe *Thurstan Shaw* bereits 1978 vorgetragen hat. Er äußerte die Hypothese, dass die Terrakotten als Altarfiguren eines Kults gedient haben könnten,

Schwenden, Schwendbau. Auch als ›Brandfeldverfahren‹ oder ›Brandfeldwirtschaft‹ bezeichnete Feldbaumethode. Das Gelände wird durch Fällen der Bäume und Niederbrennen der sonstigen Vegetation für den Bodenbau vorbereitet, wobei die Asche als Dünger dient. Im Deutschen bezeichnet man dieses Bodenbauverfahren fälschlicherweise meist als ›Brandrodungsfeldbau‹. Tatsächlich verbleiben der Baumstumpf und das Wurzelwerk beim Schwenden jedoch – im Gegensatz zum Roden – im Boden.

der möglicherweise die Fruchtbarkeit des Bodens sichern sollte. Schreine, so erwog er, hätten vielleicht am Rande kultivierter Flächen gestanden und jedesmal, wenn ein neues Stück Baumsavanne oder Wald für den Feldbau (→ Kap. 7.5) **geschwendet** worden sei, habe man einen neuen Schrein mit neuen Figuren errichtet. Den alten Schrein mit seinen Figuren ließ man dann verfallen. Selbst wenn Shaw nicht von einer gezielten Zerstörung der Figuren ausging, zeigt seine Deutung doch eine bemerkenswerte allgemeine Übereinstimmung mit der Frankfurter These. An allen anderen Fundplätzen treten die Terrakotten allerdings so gehäuft auf, dass man den Eindruck gewinnt, sie seien Teil des Alltags gewesen.

In Anbetracht der Tatsache, dass die Nok-Kultur trotz der hier knapp umrissenen ersten Frankfurter Ergebnisse aus den Jahren 2005 bis 2008 immer noch in wesentlichen Zügen unbekannt ist, sieht sich das neue, seit Januar 2009 laufende interdisziplinäre Langzeitvorhaben mit einer Reihe zentraler Fragen konfrontiert: Die wichtigste Aufgabe ist zunächst einmal, eine relative Chronologie der Nok-Kultur, die ja nach derzeitigem Kenntnisstand einen Zeitraum von etwa 700–800 Jahren umfasst, zu erarbeiten. In diesem Zusammenhang geht es unter anderem um mutmaßliche Ursprungs- und Nachfolge-Kulturen sowie vor allem um die interne Entwicklung der Nok-Kultur. Von erheblicher Bedeutung ist zudem eine Analyse des Siedlungssystems und dessen innerer Differenzierung. Darüber hinaus bildet die Funktion der Terrakotta-Plastiken ein wichtiges Forschungsziel. Dazu bedarf es weiterer feldarchäologischer und nicht zuletzt auch kulturvergleichend gewonnener Ergebnisse. Zu den im engeren Sinne archäologischen Aufgaben zählt unter anderem die Frage, ob es innerhalb der möglicherweise regional differenzierten Nok-Kultur stilistische Unterschiede gab. Zentral ist auch die Erforschung der wirtschaftlichen Basis und damit zusammenhängend der Umfang der frühen Eisenerzverhüttung. Die Eisentechnik bedingt einen hohen Verbrauch natürlicher Ressourcen durch den für die Verhüttung notwendigen großen Bedarf an Holzkohle; daher ist eine eingehende Untersuchung der menschlichen Einwirkung auf die natürliche Umwelt und deren Konsequenzen für die Vegetations- und Landschaftsentwicklung dringend geboten.

Testfragen

1. Von wem stammt die Bezeichnung ›Nok-Kultur‹, und wofür wurde sie gewählt?
2. Welche Ziele verfolgt das neue Frankfurter Forschungsprojekt?

Literatur

P. Breunig/J. Ameje, The Making of »Nok terracotta«. Afrique: Archéologie & Arts 4, 2006, 19–102.

P. Breunig/N. Rupp, Das Rätsel der Nok-Kultur. Spektrum der Wissenschaft 2008/7, 64–72.

N. Rupp, Beyond Art: Archaeological Studies on the Nok Culture, Central Nigeria (Frankfurt am Main 2007).

N. Rupp/P. Breunig/S. Kahlheber, Exploring the Nok Enigma. Antiquity 82/316, 2008. Antiquity Project Gallery, URL: <http://www.antiquity.ac.uk/ProjGall/kahlheber/index.html>.

T. Shaw, Nigeria: Its Archaeology and Early History. Ancient Peoples and Places 88 (London 1978).

Manching oder Vom Dorf zur Stadt | 7.13

Die großflächigen Ausgrabungen in *Manching* (Markt Manching, Lkr. Pfaffenhofen, Bayern) begannen im Jahre 1955 unter *Werner Krämer* (1917–2007), der seinerzeit Leiter der Bayerischen Bodendenkmalpflege war. 1956 wurde er zum Ersten Direktor der *Römisch-Germanischen Kommission* (RGK) des *Deutschen Archäologischen Instituts* (→ Kap. 7.3) in Frankfurt gewählt. Seitdem liegt die Projektleitung bei der RGK – sie wird seit vielen Jahren von *Susanne Sievers*, der Zweiten Direktorin, wahrgenommen. Das Siedlungsareal war vom Ende der Früh- bis zum Ende der Mittellatènezeit (Lt B2 bis Lt C2) – also von rund 325 bis 150 v. Chr. (→ Kap. 5.2.6) – unbefestigt. Wohl erst gegen Ende des dritten Viertels des 3. Jahrhunderts v. Chr. wurde dann eine rund 7 km lange, ursprünglich annähernd kreisförmige Mauer errichtet, die eine Fläche von rund 380 ha umschloss (Abb. 7.13.1). Sie grenzte im Südwesten an die Paar und an den Igelsbach an und bestand zunächst aus einem *murus Gallicus*. Nachdem er baufällig geworden war, blendete man ihm eine sogenannte *Pfostenschlitzmauer* vor, die später ihrerseits durch eine neue Mauer gleichen Typs ersetzt wurde (Abb. 7.13.2). Von den einstigen Toren ist heute noch das Südtor im Gelände erkennbar; das Osttor wurde nach den

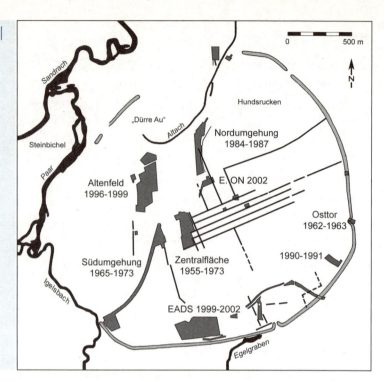

Abb. 7.13.1 Grabungsflächen in Manching seit 1955.

Grabungsbefunden rekonstruiert. Bei beiden Toren handelt es sich um sogenannte *Zangentore*. Ein weiteres Tor im Westen lässt sich erschließen. Bis heute hat man gut 20 ha – etwas mehr als 5 % – der Innenfläche ausgegraben. Manching ist damit die am besten ausgegrabene Siedlung der Frühen bis Späten Latènezeit; die überaus reichen Funde und Befunde dieser Siedlung sind in bisher 15 voluminösen Bänden und zahlreichen Aufsätzen vorgelegt worden.

Im Zuge der Ausgrabungen konnte nachgewiesen werden, dass sich im Nordteil ein Altarm der Donau – die ›Dürre Au‹ – befand, der in keltischer Zeit einen Zugang zur Donau besaß und damit einen idealen Hafen bot. Im zentralen Teil der Siedlung stieß man auf ein verzweigtes Wegenetz mit einem ungefähr 50 auf 80 m großen gepflasterten Platz, der als Versammlungs- und Marktplatz interpretiert wird. Seine Datierung in die Spätlatènezeit liegt nahe, lässt sich aber nicht erhärten. Im Bereich der sogenannten ›Südumgehung‹ wurde offenbar ab Ende des 2. Jahrhunderts v. Chr. zumindest in Teilen ein neues Wege- und Straßennetz mit neuen Grundstücksgrenzen und darauf

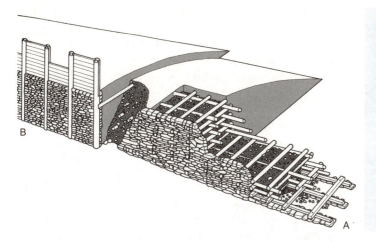

Abb. 7.13.2
Murus Gallicus (A) und Pfostenschlitzmauer (B) von Manching.

abgestimmter Ausrichtung von Gebäuden angelegt. Es stellt vermutlich das Ergebnis einer gezielten Bauplanung dar. In diesem Sinne dürfte auch die Umleitung des ursprünglich in die Donau mündenden Igelsbachs zu interpretieren sein, der nach dieser Maßnahme in die Paar mündete. Durch den Zugang zur Donau und eine über die Paar nach Süden weisende Verbindung, die auch in der Römerzeit eine wichtige Rolle spielte, war Manching ausgesprochen gut an ein Fernverbindungsnetz angeschlossen. Ein beträchtlicher Teil der Innenbebauung zeigt gehöftartige Strukturen mit Wohnhäusern, Speichern und Ställen, aber auch

Murus Gallicus, Pfostenschlitzmauer und Zangentor

Der *murus Gallicus* – die ›gallische Mauer‹ – ist von *Caesar* in seinen *Commentarii de bello Gallico* ausführlich beschrieben worden. Es handelt sich dabei um ein mit Eisennägeln zusammengefügtes, aus horizontal verlegten Balken bzw. Stämmen bestehendes Holzrahmenwerk, dessen Inneres mit Steinen und Erde gefüllt wurde. Die Mauerfront verblendete man mit Steinen, zwischen denen in regelmäßigen Reihen die Köpfe der senkrecht zum Verlauf der Mauer ausgerichteten Balken sichtbar waren. Die Rückseite der Mauer wurde durch eine mächtige Erdrampe stabilisiert. Mauern dieser Art wurden archäologisch in zahlreichen Oppida von der Bretagne im Westen bis nach Manching im Osten nachgewiesen. – Bei der *Pfostenschlitzmauer* handelt es sich um eine Holz-Erde-Mauer unterschiedlicher Konstruktion, deren steinverblendete Front in regelmäßigen Abständen durch in den Boden gerammte Holzpfosten unterbrochen wird. Im archäologischen Befund zeigen sich die vergangenen Pfosten als senkrechte ›Schlitze‹ in der Mauerwand. – Ein *Zangentor* ist eine Toranlage, bei der die Mauerenden (Torwangen) nach innen, also in Richtung der geschützten Fläche, einziehen und damit eine ›zangenförmige‹ Torgasse bilden.

mit Handwerkshütten. Es gibt außerdem Langbauten, bei denen es sich um Ställe oder Magazinbauten gehandelt haben könnte. Aus der Siedlungsdauer von rund 300 Jahren resultiert im anstehenden Kies und Sand eine Vielzahl von sich überschneidenden Befunden, die die Rekonstruktion – und damit auch die zeitliche Differenzierung – der Bebauung vor erhebliche Probleme stellt.

Mannigfache Produktionsreste bezeugen nicht nur die Verarbeitung von Eisen, Bronze und Blei, sondern auch von Edelmetall. Das Gleiche gilt beispielsweise für Knochen, Geweih, Bernstein und Glas. Ob **Sapropelit** in der Siedlung verarbeitet oder als fertiger Schmuck aus Böhmen importiert wurde, lässt sich derzeit nicht entscheiden. Was die Keramikproduktion betrifft, wurden drei spätlatènezeitliche Töpferöfen ausgegraben. Mehr als 800 Waffen bzw. Fragmente von Waffen, zum Teil aus Deponierungen, lassen an eine Herstellung innerhalb der Siedlung denken. Allerdings ließ sich bisher nicht hinreichend klären, warum diese zumeist mittellatènezeitlichen Schwerter, Lanzen und Schildbuckel – sie stammen zum größten Teil aus der Zentralfläche der Siedlung – in die Erde gelangten. Auch *Münzherstellung*, die wohl in der Mittellatènezeit einsetzte, ist durch eine Stempelpatrize, Schrötlingsformen (sogenannte ›Tüpfelplatten‹) und Schrötlinge belegt. Das große Fundspektrum aus der Siedlung lässt vielfache Beziehungen zu mehr oder minder weit entfernten Nachbarregionen sowie in den Mittelmeerraum erkennen.

Manching war – sieht man einmal von den Mooren im Westen und im Süden (Donau- und Feilenmoos) ab – von landwirtschaftlich nutzbarem Land umgeben, das vor allem nördlich der Donau fruchtbare Böden aufwies. Nach mikrobotanischen Untersuchungen besteht kein Zweifel, dass auch innerhalb der noch unbefestigten Siedlung – in unmittelbarer Nähe des dicht besiedelten Areals – Ackerbau betrieben wurde. Die beiden Moore boten Raseneisenstein für die Eisengewinnung, und auf der

Sapropelit, von griech. *saprós*, ›verfault‹, und *pēlós*, ›Schlamm‹. Fossilisiertes kohleartiges Material, das unter Sauerstoffabschluss in Seen und Meeren entstanden ist (Faulschlammkohle). Es diente vor allem der Fertigung von Ringschmuck.

Münzherstellung

Zur Münzherstellung gehören eine *Stempelpatrize* (von lat. *pater*, ›Vater‹), d.h. ein Oberstempel, und eine *Stempelmatrize* (von lat. *mater*, ›Mutter‹), d.h. ein Unterstempel, sowie ein bzw. mehrere *Schrötlinge*, d.h. Münzrohlinge. Die Prägeflächen der Stempel sind mit den negativ geschnittenen Münzbildern verziert. Die Schrötlinge werden in tönernen Schrötlingsformen oder ›Tüpfelplatten‹ gegossen. Für die Münzherstellung (›Münzschlagen‹) wird der Schrötling zwischen Unter- und Oberstempel platziert und der Oberstempel dann mit Hilfe eines Hammers auf den Schrötling geschlagen.

Fränkischen Alb am Nordrand des Donaubeckens stand Bohnerz an, das ebenfalls für eine Verhüttung geeignet war. Holz als Baumaterial dürfte ausreichend verfügbar gewesen sein, und der im *murus Gallicus* verbaute Kalkstein wurde offenbar auf der Alb gebrochen und auf dem Wasserwege in die Siedlung transportiert. Berechnungen haben ergeben, dass allein für die Verblendung der Mauerfront rund 6900 m^3 Kalkstein benötigt wurden. Ungefähr 90 000 m^3 Erdreich und Steine waren für die Mauerfüllung notwendig und ca. 100 000 m^3 Erde für die Anschüttung der stabilisierenden rückwärtigen Rampe. Für das Holzrahmenwerk dieses Bauwerks benötigte man etwa 11 000 Festmeter Holz und ungefähr 2 t Nägel. Der Bau dieser Mauer stellte also eine gewaltige Leistung dar, die eine effiziente Organisation und Koordination voraussetzte.

Im Zentralbereich der noch offenen Siedlung hat man einen dreiphasigen Grundriss ausgegraben, dessen älteste Phase in die Mittellatènezeit datiert. Er wird aufgrund seiner Form als sogenannter ›Umgangstempel‹ interpretiert. Im Zuge der Ausgrabungen wurden in Manching mehrere solcher Bauten entdeckt. Im Nordteil der ›Südumgehung‹ schließlich konnte ein ganzes Areal – unter anderem mit einem polygonalen oder runden Bau, zwei gewaltigen langgestreckten rechteckigen Gebäuden sowie mehreren anderen Bauten mit rechteckigem und quadratischem Grundriss – freigelegt werden, das man als Heiligtum deutet. Allerdings sind in der jüngeren einschlägigen Literatur gewisse Zweifel spürbar – eine Interpretation dieses Bezirks als Hof einer sozial herausgehobenen Familie schließt man offenbar nicht mehr aus. Dem kultischen Bereich werden auch Teile eines einst etwa 70 cm hohen eisernen Pferdes und ein vergoldetes, aufwendig gestaltetes hölzernes Bäumchen mit Holzknospen in eichelähnlicher Form und Efeublättern zugewiesen. Es gehört aufgrund stilistischer Erwägungen ins fortgeschrittene 3. Jahrhundert v. Chr., also in die Mittellatènezeit. Diese Datierung trifft auch für das Pferd zu.

In seinem 1984 veröffentlichten Buch *Oppida* hat der britische Ur- und Frühgeschichtliche Archäologe *John Collis* die in *Caesars* Kommentaren zum Gallischen Krieg (*Commentarii de bello Gallico*) erwähnten gallischen *oppida* zu den frühesten Städten nördlich der Alpen erklärt. Die These war alles andere als neu: Der Ur- und Frühgeschichtler *Joachim Werner* (1909–1994) etwa hatte bereits 1939 die Oppida Caesars »als richtige Städte« bezeichnet und versucht, diese These am Beispiel des auf dem Mont Beuvray (Burgund) gelegenen Oppidums *Bibracte* im Einzelnen nach-

Umgangstempel, meist als ›gallo-römischer Umgangstempel‹ bezeichnet. In der Regel ein Zentralbau unterschiedlichen Grundrisses, der kultischen Handlungen diente und von einem Grabengeviert umgeben war.

Oppidum, Pl. Oppida, lat. ›Befestigung‹, ›fester Platz‹, ›Stadt‹.

zuweisen. Zuvor hatte schon der im Ersten Weltkrieg gefallene Franzose *Joseph Déchelette* (1862–1914) aufgrund seiner Grabungen in Bibracte nachdrücklich den städtischen Charakter dieses Oppidums betont. Die geographische Lage von Bibracte ist kein Einzelfall: Die überwiegende Zahl der von Caesar erwähnten Oppida befand sich im mittelgallischen Raum, wenngleich er diesen Begriff auch auf Anlagen in Britannien übertrug. Im Zuge der wissenschaftlichen Auseinandersetzung mit diesem Phänomen wurde bald klar, dass befestigte Anlagen vom Typ der gallischen Oppida von der Bretagne bis ins Karpatenbecken vorkommen.

Eine eingehende Auseinandersetzung mit Caesars Verwendung des Begriffs ›Oppidum‹ und anderer Bezeichnungen, die er in ähnlichem Zusammenhang benutzt hat, verdanken wir einem Aufsatz des Ur- und Frühgeschichtlichen Archäologen *Wolfgang Dehn* (1909–2001) von 1951. Er arbeitete heraus, dass Caesar im Zusammenhang mit den Oppida immer wieder von Mauern und Toren sprach; überdies findet sich in den *Commentarii* anlässlich der Belagerung von *Avaricum* eine eingehende Schilderung der Konstruktion eines *murus Gallicus*. Die Binnengliederung der Oppida wurde von Caesar jedoch kaum erörtert; für Avaricum erwähnt er einen Markt- und Versammlungsplatz (*forum*). Einige von ihnen – Bibracte, Avaricum und *Vesontio* – stellten wohl politische Mittelpunkte der Stämme dar. Aus Caesars dürftigen Angaben lässt sich auch eine allerdings vage bleibende wirtschaftliche Bedeutung erschließen.

Die Frage, inwieweit sich die spätlatènezeitlichen Oppida als frühe Städte begreifen lassen, wurde 1989 von *Andreas Boos* erstmals kritisch erörtert, indem er den caesarischen mit dem archäologischen Sprachgebrauch konfrontierte. Das Ergebnis war insofern ernüchternd, als sich die für Bibracte herausgearbeiteten Kriterien städtischer Zivilisation – Befestigung, Verwaltungs- und Kultzentrum, Marktplatz, Händler- und Handwerkerviertel sowie schließlich ein Wohnbezirk für den Stammesadel – in ihrer Gesamtheit auf kein anderes gallisches Oppidum übertragen ließen. Dies lag aufgrund mangelnder großflächiger Ausgrabungstätigkeit natürlich im Fehlen von Quellen begründet. Wichtig ist auch Boos' Betonung des Bedeutungswandels, den der Begriff ›Oppidum‹ in der Antike erfuhr. Nach dem älteren Sprachgebrauch ist *oppidum* als ›befestigter Raum‹, als ›Burg‹ im Sinne einer Verteidigungsanlage für die darin oder in deren Umkreis wohnende Bevölkerung zu verstehen. Später, und zwar noch in republikanischer Zeit, bezeichnet der Begriff nicht mehr den befestigten Platz als solchen, sondern die Stadt im Allgemeinen. Caesars Begriffsverwendung erscheint bisweilen ambivalent; außerdem liegt der Gedanke nahe, er habe die keltische Ortsnamen-Endung -*dunon* (latinisiert -*dunum*) – die für befestigte Plätze vorbehalten war – mit dem Begriff *oppidum* übersetzt.

Die vorerst letzte Auseinandersetzung mit der Problematik ›Oppidum = Stadt‹ wurde 2008 von *Stefan Schreiber* vorgelegt. Er nimmt – nach einer Klärung der Begriffe ›Stadt‹, ›Zentralort‹ und ›Oppidum‹ – das Oppidum von Manching als archäologischen Bezugspunkt seiner Überlegungen. Die begriffliche Klärung führte zu einem ähnlichen Ergebnis wie es auch Boos erzielt hatte: Weder Caesars Verwendung des Begriffs ›Oppidum‹ noch jene der Archäologen ist einheitlich. Im Gegensatz zu Boos stellt Schreiber seine Ausführungen in den größeren Kontext der Diskussion um die Begriffe ›Stadt‹ und ›Zentralort‹. Ohne seine Argumentation hier im Einzelnen darlegen zu können, sei festgehalten, dass er – wie übrigens auch schon Boos – den Begriff ›Oppidum‹ aus der archäologischen Siedlungsforschung tilgen möchte. Stattdessen schlägt er – in Anlehnung an den tschechischen Ur- und Frühgeschichtlichen Archäologen *Vladimír Salač* – vor, von »Fortifikations-Zentren« (»Berg-Oppida« nach Salač) sowie »Fortifikations-, Produktions- und Distributionszentren« (»Tal-Oppida« nach Salač) zu sprechen. Es ist jedoch kaum anzunehmen, dass sich dieser Vorschlag durchsetzen wird. Unabhängig davon bleibt die Frage, ob die Bezeichnung ›Stadt‹ für Manching angemessen ist.

Diese Frage ist im Rahmen der sehr weitgefächerten Diskussion zum Stadtbegriff zu sehen. Was die Archäologie betrifft, hat sich in den letzten Jahren eine Auffassung durchgesetzt, die mit dem Althistoriker *Frank Kolb* eine ›Stadt‹ im Wesentlichen – und teilweise recht vage – nach folgenden Gesichtspunkten definiert: (1) geographisch-administrativ (Geschlossenheit der Siedlung), (2) demographisch (mindestens 1000 Einwohner) und (3) wirtschaftlich-sozial (ausgeprägte Arbeitsteilung und soziale Differenzierung). Als weitere Merkmale führt Kolb die Differenziertheit der Bauten sowie einen »urbanen Lebensstil« an. Er folgt damit sowohl dem Stadtbegriff des Sozialwissenschaftlers *Max Weber* (1864–1920) als auch dem Konzept des ›Zentralorts‹ in der Siedlungsgeographie. Allerdings glaubt er angesichts der Vielfalt der politischen und wirtschaftlichen Verhältnisse nicht, dass es »*die* Stadt des Altertums« gegeben hat. Damit wird deutlich, dass Kolb ebenso wie Weber von einem **idealtypischen** Stadtbegriff ausgeht.

Idealtyp oder Idealtypus. Ein von Max Weber in die Wissenschaftslehre eingeführter Typusbegriff, der ausgewählte Züge der Wirklichkeit in idealer Form abstrahiert und übersteigert.

Für unsere Fragestellung scheint ein pragmatischer Stadtbegriff, der nur aus einem Vergleich der zur Diskussion stehenden archäologischen Phänomene abgeleitet werden kann, sinnvoller. Betrachtet man die Funde und Befunde von Manching aus dieser Perspektive, wird der qualitative und quantitative Abstand deutlich, der diese Siedlung von all jenen trennt, die man aus vorausgehenden Stufen und Perioden kennt. Belegt man die einen mit hierarchisch aufsteigenden Begriffen wie ›Einzelgehöft‹, ›Weiler‹ und ›Dorf‹, dann wird angesichts dessen, was wir von Manching wissen, die Bezeichnung ›Stadt‹ nicht allzu weit hergeholt sein. Dabei verwenden wir die Bezeichnung ›Stadt‹ vor dem Hintergrund von Zeit und Raum. Wenn wir von Manching als Stadt sprechen, meinen wir damit keine Stadt wie Rom oder Athen, sondern wir beziehen uns auf die Zone nordwärts der Alpen. In Bezug auf die noch unbefestigte Siedlung der Mittellatènezeit halten wir es für angebracht, sie mit Sievers als eine Siedlung mit »urbanen Tendenzen« zu bezeichnen. Generell sehen wir es nicht als hilfreich an, den Begriff ›Stadt‹ durch ›Zentralort‹ und ähnliche Hilfskonstruktionen zu ersetzen – dies erschiene wie ein durch ein Worttabu ausgelöster Fluchtversuch.

Der Fall ›Manching‹ zeigt uns eindringlich die Möglichkeiten, aber auch die Grenzen archäologischer Siedlungsforschung. Die Möglichkeiten insofern, als hier ein Fülle von Funden und Befunden zum jüngereisenzeitlichen Siedlungswesen und den damit verknüpften Lebensverhältnissen aufgedeckt werden konnten; die Grenzen aber, weil ein Vergleich und damit die Einordnung aufgrund des Fehlens ähnlich langfristig und großflächig gegrabener Siedlungen schwerfällt. Und wir müssen einräumen, dass selbst an diesem exzeptionellen Platz für die späte Frühlatènezeit (Lt B2) und für die frühe Mittellatènezeit (Lt C1) zwar Funde, aber so gut wie keine Befunde vorliegen. Der in unserer Überschrift angesprochene Übergang vom Dorf zur Stadt ist demnach für Manching zwar vorauszusetzen, lässt sich aber archäologisch nicht fassen.

Testfragen

1. Was sind ›Oppida‹?
2. Nennen Sie einige wesentliche Charakteristika der Siedlung von Manching (Erforschung, Zeitstellung, Struktur).

Literatur

A. Boos, »Oppidum« im caesarischen und im archäologischen Sprachgebrauch – Widersprüche und Probleme. Acta Praehistorica et Archaeologica 21, 1989, 53–73.
J. Collis, Oppida: Earliest Towns North of the Alps (Sheffield 1984).
W. Dehn, Die gallischen »Oppida« bei Cäsar. Saalburg-Jahrbuch 10, 1951, 36–49.
C. Dobiat/S. Sievers/T. Stöllner (Hrsg.), Dürrnberg und Manching: Wirtschaftsarchäologie im ostkeltischen Raum. Akten des Internationalen Kolloquiums in Hallein/Bad Dürrnberg vom 7. bis 11. Oktober 1998. Kolloquien zur Vor- und Frühgeschichte 7 (Bonn 2002) 183–191 [Darin besonders die Beiträge von S. Sievers und M. Leicht].
F. Kolb, Die Stadt im Altertum (München 1984).
S. Schreiber, Das keltische Oppidum zwischen »Protostadt« und »Stadt«? Zum Stadtbegriff in der Späten Eisenzeit am Beispiel Manchings. Ethnographisch-Archäologische Zeitschrift 49, 2008, 25–56.
S. Sievers, Stichwort ›Manching‹. In: RGA² 19, 2001, 208–212.
S. Sievers, Manching: Die Keltenstadt (Stuttgart 2003).

Entscheidung im Teutoburger Wald

| 7.14

Seit dem Jahre 7 n. Chr. – gut 60 Jahre, nachdem *Caesar* erstmals eine Brücke über den Rhein errichtet und rechtsrheinischen Boden betreten hatte – war *Publius Quinctilius Varus* Oberbefehlshaber der römischen Truppen am Rhein und damit auch für Germanien zuständig. Seine zentrale Aufgabe bestand darin, die von *Drusus* und *Tiberius* unterworfenen germanischen Gebiete rechts des Rheins unter eine einheitliche römische Verwaltung zu bringen. Dabei sollte insbesondere die Steuereintreibung auf eine solide Grundlage gestellt und die römische Rechtsprechung eingeführt werden.

Varus befand sich im Jahre 9 n. Chr. mit seinem aus drei Legionen bestehenden Heer auf dem Rückmarsch von der Weser zu den römischen Stützpunkten an Lippe und Ruhr, als er in einen Hinterhalt geriet, den ihm germanische Truppen unter Führung des Cheruskers *Arminius* bereitet hatten. Bis dahin galten die Cherusker als bevorzugte Bündnispartner der Römer.

Publius Quinctilius Varus (um 46 v. Chr.–9 n. Chr.). Seine Niederlage in der Schlacht gegen die Germanen war die schwerste römische Niederlage in der Zeit des Augustus (27 v. Chr.–14 n. Chr.).

Nero Claudius Drusus (38–9 v. Chr.). Stiefsohn des Augustus und jüngerer Bruder des Tiberius. War Statthalter der gallischen Provinzen und Oberbefehlshaber der römischen Truppen am Rhein. Begann 12 v. Chr. die Feldzüge zur Eroberung Germaniens. Kam bei der Rückkehr von der Elbe durch die Folgen eines Sturzes von seinem Pferd ums

Arminius der Cherusker

Arminius (um 18 v. Chr.–19 oder 21 n. Chr.) war ein cheruskischer Adliger, der von 1–6 n. Chr. als Führer germanischer Hilfstruppen in römischen Diensten stand; dafür waren ihm das römische Bürgerrecht und der Rang eines Ritters verliehen worden. Nach dem Sieg über Varus kämpfte er auch gegen Germanicus, dem er jedoch im Jahre 16 n. Chr. im Bereich der Weser unterlag. Nach Kriegszügen gegen die Markomannen unter ihrem König *Marbod* (gest. um 37 n. Chr.) wurde er 19 oder 21 n. Chr. im Zuge einer Verschwörung von Verwandten ermordet.

Leben. – *Claudius Nero Tiberius* (42 v. Chr.–37 n. Chr.). Älterer Bruder des Drusus und wie jener Stiefsohn – später auch Adoptivsohn – des Augustus. Befehligte in den Jahren 8–7 v. Chr. die römischen Truppen bei der Eroberung Germaniens. Folgte 14 n. Chr. Augustus als Kaiser.

Wir kennen den Verlauf des für Rom katastrophalen Untergangs der drei varianischen Legionen ausschließlich aus römischen Schriftzeugnissen. Zu den in diesem Zusammenhang wichtigsten Historikern gehören der im 3. Jahrhundert griechisch schreibende Senatshistoriker *Cassius Dio*, der eine Quelle aus tiberianischer Zeit benutzte, sowie *Tacitus*, der das verlorene Werk von *Plinius dem Älteren* über die Germanenkriege herangezogen hat.

Antike Historiker und die Varusschlacht

Für die Varusschlacht sind vor allem drei Historiker von Bedeutung: *Cassius Dio* (letztes Drittel 2. Jh.–erstes Drittel 3. Jh. n. Chr.). Griechischer Historiker, von dessen Hauptwerk, der etwa 80 Bände umfassenden *Römischen Geschichte*, nur ein Teil erhalten ist. – *Tacitus* (*Publius Cornelius Tacitus*, um 55–um 120 n. Chr.). Römischer Historiker und Politiker. Besonders wichtig in unserem Zusammenhang ist sein Alterswerk *Annales*, das er wohl im 2. Jahrzehnt des 2. Jahrhunderts verfasste. – *Plinius d. Ä.* (*Gaius Plinius Secundus*, 23/24–79 n. Chr.). Römischer Staatsbeamter, Offizier, Historiker und Schriftsteller. Er kam beim Ausbruch des Vesuvs ums Leben. In unserem Zusammenhang ist sein verlorengegangenes Werk aus neronisch-frühflavischer Zeit (54–96 n. Chr.) über die Germanenkriege von Interesse.

Legion, von lat. *legio*. Einheit des römischen Heers, die in augusteischer Zeit aus rund 6100 Fußsoldaten und 700 Reitern sowie leichten Truppen und nichtrömischen Hilfstruppen bestand. Legionär, von lat. *legionarius*, ›Legionssoldat‹. Römischer Berufssoldat.

Cassius Dio liefert als Einziger einen Bericht über den gesamten Ablauf des Kampfgeschehens sowie über Hintergründe und Folgen der römischen Niederlage. Allerdings ist zu berücksichtigen, dass wir über den Grad der römischen Kontrolle des Gebiets zwischen Rhein und Elbe jenseits der Lippelinie trotz aller Bemühungen der Althistoriker so gut wie gar nichts wissen. Schließt man sich der Sicht Dios an, dann betrieb der neue römische Oberbefehlshaber eine für die germanische Psyche gänzlich unangemessene Besatzungspolitik. Jenes Ereignis, das vor 2000 Jahren mit dem Freitod des Varus und einer Reihe seiner hohen Offiziere sowie dem Untergang seiner drei Legionen endete, wurde insbesondere im Deutschland des 19. Jahrhunderts als *nationaler Sieg über Fremdherrschaft* verstanden und in diesem Sinne als zeitloses Vorbild gedeutet.

›Hermann der Cherusker‹ als Nationalheld

Der Sieg der Germanen unter Arminius gegen die Römer hat die Deutschen wie kaum ein anderes historisches Ereignis beschäftigt. Seit dem 16. Jahrhundert sah man in Arminius eine herausragende Figur und einen Helden der deutschen Geschichte. Die damals vorgenommene Eindeutschung des Namens in ›Hermann‹ ist ein Zeichen dafür. Vor allem im 18. Jahrhundert, ausgelöst durch eine weit verbreitete Romantisierung des ›Germanentums‹, gewann auch der ›Hermann-Mythos‹ an Bedeutung; Arminius/Hermann wurde nun in den Rang einer nationalen ›Stifterfigur‹ erhoben – er galt als Befreier Germaniens und damit Deutschlands –, und die Varusschlacht wurde als Gründungsakt der deutschen Nation betrachtet. Die Idee, ›Hermann dem Cherusker‹ ein Denkmal zu setzen, ließ daher nicht lange auf sich warten. Erste Skizzen dazu wurden bereits 1819 von dem Maler und Bildhauer *Ernst von Bandel* (1800–1876) entworfen. Der Bau des Denkmals begann dann in den dreißiger Jahren des 19. Jahrhunderts, konnte aber – unter anderem aufgrund finanzieller Schwierigkeiten – erst 1875 vollendet werden. Das insgesamt über 50 m hohe Hermannsdenkmal bei Detmold steht ganz in der Tradition anderer Denkmäler des 19. Jahrhunderts; es fungierte als Symbol für die Befreiungskriege gegen Frankreich (1813–15). Deutlich wird das an der Haltung Hermanns: Plante man das Denkmal anfangs noch mit gesenktem Schwert, wurde Hermann schließlich mit erhobenem Schwert und Blick nach Westen – in Richtung Frankreich – dargestellt. Dieses Denkmal im Teutoburger Wald war im 19. Jahrhundert von herausragender Bedeutung für das deutsche Nationalbewusstsein.

Die Popularisierung Hermanns hat auch in Kunst und Literatur ihre Spuren hinterlassen. Zu erinnern ist etwa an *Heinrich von Kleists* (1777–1811) Werk *Hermannsschlacht* (1808), ein **anti-welsches** und stark tendenziöses Drama, das nach der Niederlage Preußens gegen Frankreich (1807) entstand. Die Aufführung des Dramas erlebte vor allem nach der Reichsgründung 1871 und während der nationalsozialistischen Diktatur ihre Höhepunkte. Nicht vergessen sei auch der deutsche Stummfilm *Die Hermannsschlacht* (Uraufführung 1924), den man mit über 1000 Komparsen an den Externsteinen im Teutoburger Wald produzierte.

Welsch, von althochdt. *walh*, ursprünglich in der Bedeutung ›keltisch‹, später ›romanisch‹. Der Begriff wird heute noch in der Schweiz in der Bezeichnung ›Welschschweizer‹ für die französischsprachige Bevölkerung verwendet.

Dio gibt eine außerordentlich dichte Beschreibung des Geschehens, das schließlich in die vernichtende Niederlage mündete. Das römische Heer führte einen großen Tross an Wagen und Lasttieren, Frauen und Kindern mit sich, so dass es sich nur in einer lang auseinandergezogenen Marschkolonne durch das schwierige und unübersichtliche Terrain – zerklüftete, schwer passierbare Gebirgswälder – zu bewegen vermochte. Regen und Sturm erschwerten nach Dio den sich über mehrere Tage erstreckenden Marsch, wobei die Kolonne von den Germanen eingekreist und unablässig attackiert wurde. Um größere Beweglichkeit zu gewinnen, verbrannten die Römer dann den größten Teil der mitgeführten Wagen und alles, was sie nicht unbedingt zu brauchen meinten. Auch im offenen Gelände kam es offenbar nicht zur Feldschlacht, in der die Römer ihre militärische Überlegenheit hätten ausspielen können. Schließlich gerieten sie wiederum in Wälder, ohne dass die Germanen Ruhe gaben. Erneut setzte ein Unwetter ein. Da sich inzwischen die Zahl der angreifenden

Germanen durch die Aussicht auf leichte Beute erheblich erhöht hatte und viele Legionäre bereits gefallen waren, bereitete es den Germanen laut Dio nur geringe Mühe, die noch verbliebenen Teile des römischen Heers einzuschließen und niederzumachen. In dieser ausweglosen Situation mussten sich die Römer endgültig geschlagen geben – der bereits verwundete Varus und einige seiner hohen Offiziere töteten sich selbst.

Seit der Wiederentdeckung der *Annalen* des Tacitus im Jahre 1505 in einer im 9. Jahrhundert angefertigten und in dem nahe Höxter in Nordrhein-Westfalen gelegenen Kloster Corvey aufbewahrten Handschrift wurden unzählige Hypothesen, ja ganze Theoriegebäude über den Ort der Varusschlacht aufgestellt. Ausgangspunkt war eine Bemerkung des Tacitus über die im Sommer des Jahres 15 n. Chr. in Germanien stattfindenden militärischen Aktivitäten des Drusussohns **Germanicus**. Sie bezog sich auf den in der Nähe der Quellen von Ems und Lippe gelegenen *saltus Teutoburgiensis*, das Teutoburger Waldgebirge bzw. den Teutoburger Wald. Germanicus soll dort das Schlachtfeld des Jahres 9 n. Chr. aufgesucht und die Überreste von Gefallenen an Ort und Stelle bestattet und mit einem Grabhügel überwölbt haben. Die geographische Angabe des Tacitus wurde bereits im 16. Jahrhundert auf den zwischen Oerlinghausen und Bad Driburg gelegenen Höhenzug Osning übertragen. ›Teutoburger Wald‹ ist also keineswegs der überlieferte Name dieses Mittelgebirges – es handelt sich vielmehr um eine gelehrte Spekulation, die auf den Humanisten und Reformator *Philipp Melanchthon* (1497–1560) zurückgeht.

Ausgehend von Tacitus hat die neuzeitliche Forschung rund 30 diskussionswürdige Lokalisierungsversuche im ostwestfälischen Raum unternommen – insgesamt soll es mehr als 700 Thesen zum Ort der Varusschlacht geben. Sie alle stützten sich wenn nicht ausschließlich, so doch weitgehend auf antike Schriftsteller. Allein der Althistoriker *Theodor Mommsen* (1817–1903) gründete seine 1885 vorgetragene Lokalisierung des Schlachtfelds auf archäologische Funde, und zwar auf Gold- und Silbermünzen der Römischen Republik und der augusteischen Zeit, die er in der Sammlung der in Kalkriese bei Bramsche im Osnabrücker Land ansässigen Familie *von Bar* vorfand. Soweit es sich ermitteln ließ, stammten sämtliche Münzen aus der Kalkrieser-Niewedder Senke, einem Engpass zwischen dem zum Wiehengebirge gehörigen Kalkrieser Berg und dem sogenannten ›Großen Moor‹. Mommsens Verknüpfung dieses Fundniederschlags mit dem Ort

Gaius Iulius Caesar Germanicus (15 v. Chr.–19 n. Chr.). Sohn des Drusus sowie Neffe und Adoptivsohn des Tiberius. Erhielt 13 n. Chr. den Oberbefehl am Rhein und unternahm von 14–16 n. Chr. mehrere Feldzüge gegen die Germanen. Wurde von Tiberius abberufen.

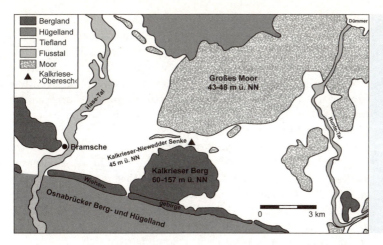

Abb. 7.14.1
Topographie des Fundplatzes von Kalkriese.

der Varusschlacht wurde jedoch schon bald bezweifelt und geriet schließlich in Vergessenheit.

Dies änderte sich durch die Aktivitäten des britischen Offiziers Capt. J. A. S. (»Tony«) Clunn, der als ehrenamtlicher Mitarbeiter der *Archäologischen Denkmalpflege Osnabrück* im Sommer 1987 in der Gemarkung Kalkriese einen weitgehend zerpflügten Verwahrfund römischer Silbermünzen mit insgesamt 160 Denaren entdeckte. Zu den Funden gehörten auch drei römische Schleudergeschosse aus Blei. Diese Entdeckung führte ab Ende 1987 zu großangelegten Ausgrabungen in der Kalkrieser-Niewedder Senke.

Der Engpass zwischen dem Kalkrieser Berg und dem Großen Moor hat einen sanduhrförmigen Verlauf; er erstreckt sich über etwa 6 km in West-Ost-Richtung. Während er an beiden Enden etwa 2,5 km breit ist, verengt er sich in der Mitte auf ungefähr 1 km. Der Kalkrieser Berg erreicht 157 m über NN. Die Senke des Engpasses selbst fällt von etwa 50 m über NN am Nordfuß des Berges bis auf etwa 45 m über NN am Rande des Großen Moores ab (Abb. 7.14.1).

Die umfangreichsten Ausgrabungen fanden in der Flur ›Oberesch‹ statt. Dort konnte ein rund 400 m langer, einst wohl ungefähr 4 m breiter, wellenartig verlaufender, breit zerflossener Wall im Bereich des Hangfußes des Kalkrieser Berges nachgewiesen werden. Er war teils aus Grassoden, teils aus mit **Torfplaggen** abgedecktem Sand sowie im westlichen Teil auch unter Verwendung von anstehenden Kalksteinen errichtet worden. Aufgrund einiger Pfostenlöcher rekonstruiert man ihn mit einer Brustwehr. Die Ausgräber gehen davon aus, dass er zur Verengung der Passage

Sode, Plagge, niederdt. für abgestochenes Gras-, Heide- oder Torfstück.

zwischen Kalkrieser Berg und Großem Moor von den Germanen im Zusammenhang mit dem geplanten Hinterhalt angelegt wurde. Die Germanen hätten demnach hinter diesem Wall auf der dem Kalkrieser Berg zugewandten Seite auf das herannahende römische Heer gelauert. Die meisten römischen Funde lagen im Vorfeld des Walls und lassen sich nur als Folge von Kampfhandlungen erklären. Auf einen Tross deuten Maultierskelette – eines davon mit einer kleinen Bronzeglocke und zwei eisernen Trensenringen – sowie Schirrungszubehör wie Trensen, Jochaufsätze und eiserne Ketten hin. Das Fundmaterial besteht vor allem aus Waffen – Lanzenspitzen, Lanzenschuhe, **Pilumspitzen**, Dolchfragmente, Schildbestandteile (Schildbuckel, Schildfesseln, Rand- und Zierbeschläge), Helmbestandteile (darunter eine einstmals mit Silberblech überzogene eiserne Gesichtsmaske eines Helms) sowie Schienenpanzerplatten und Beschläge von Schwertgürteln. Außerdem fanden sich Pionierwerkzeuge wie eine **Dolabra** und Kreuzhacken sowie ein Spektrum von Fibeln, darunter besonders die für das augusteische Heer kennzeichnenden sogenannten ›Aucissa-‹ oder ›Soldatenfibeln‹. Das Münzspektrum umfasst einige Gold- sowie viele Silber- und Bronzemünzen, die in erster Linie aus augusteischer Zeit stammen. Die jüngsten Stücke stellen Kupfermünzen mit dem **Gegenstempel** des Varus dar, der erst ab dem Jahre 7 n. Chr. eingeschlagen worden sein kann – dem Jahr seines Amtsantritts als Statthalter der gallischen Provinzen. Münzen aus der Zeit nach 10 n. Chr. fehlen.

Von Bedeutung sind außerdem acht Gruben mit Menschen- und Tierknochen, die im Vorfeld des Walls zutage kamen – die Tierknochen stammen übrigens ausnahmslos von Maultieren und Pferden. Aufgrund von Verwitterungserscheinungen müssen diese Knochen mehrere Jahre an der Oberfläche gelegen haben, bevor sie in den Gruben deponiert wurden. In einigen konnte mehr als ein menschliches Individuum nachgewiesen werden, in einem Falle mindestens neun. Mehrere Menschenknochen, insbesondere Schädel, zeigen Hiebverletzungen. Soweit feststellbar, stammen die überlieferten Knochen ausschließlich von adulten bis frühmaturen, d. h. etwa 20 bis 47 Jahre alten Personen. Die Skelettreste deuten mit einer Ausnahme auf Männer hin; ein Knochen gehörte wohl zum Becken einer Frau. Jene Althistoriker und Archäologen, die Kalkriese für den Ort der Varusschlacht halten – und das ist der überwiegende Teil –, sehen in diesen Knochengruben eine Bestätigung ihrer Auffassung: Sie deuten sie als Zeugnis der von Tacitus überlieferten Bestat-

---

Pilum, von lat. *pilum*, ›Wurfspieß‹. Wurflanze der römischen Fußsoldaten.

Dolabra, von lat. *dolabra*, ›Haue‹, ›Spitzhaue‹, ›Brechaxt‹. Römische Pionieraxt mit einer Axtschneide und einer lang ausgeschmiedeten Spitze.

Gegenstempel (Kontermarke), nachträglich durch Einschlagen einer Markierung vorgenommene amtliche Kennzeichnung von Münzen zur Bekräftigung ihrer fortdauernden Gültigkeit.

tung der Überreste von Gefallenen durch Germanicus im Jahre 15 n. Chr.

Als Kritiker einer voreiligen Gleichsetzung der Funde und Befunde von Kalkriese mit der Varusschlacht ist der Tübinger Althistoriker und Numismatiker *Reinhard Wolters* hervorgetreten. Er setzt sich zunächst einmal mit der in vielen Punkten vagen und auch deswegen vielfältig interpretierten literarischen Überlieferung auseinander, aus der der detaillierte Bericht des Cassius Dio heraussticht, der allgemein als wichtigste Quelle gilt. Die dort für den Marsch ins Verderben geschilderten topographischen Verhältnisse stehen offenkundig im Widerspruch zur Situation im Bereich des Kalkrieser Berges und Großen Moores. Außerdem erscheint es Wolters schwer vorstellbar, dass die Kalkrieser-Niewedder Senke als zentrale, den Niederrhein mit der Mittelweser verbindende West-Ost-Verbindung den Römern völlig unbekannt gewesen sein soll. Im Übrigen gebe es bei Tacitus für das Jahr 15 n. Chr. im Anschluss an die Schilderung der Nachbestattungsaktion des Germanicus einen Bericht über einen zwischen Weser und Ems anzusetzenden germanischen Hinterhalt, in den der unter dem Oberkommando des Germanicus operierende **Legat** *Aulus Caecina* mit insgesamt vier Legionen geriet. Die Römer konnten sich daraus nur unter großen Verlusten befreien. Dabei spielt Tacitus ausdrücklich auf die Varuskatastrophe an. Die von ihm mit diesem Caecina-Hinterhalt verknüpfte topographische Situation – ein schmaler Geländestreifen zwischen einem stark wasserführenden Berg, der den Germanen als Ausgangsbasis diente, und einem großen Moor – trifft, wie Wolters meint, ziemlich gut auf die Kalkrieser Situation zu.

Wolters weist ebenfalls zu Recht darauf hin, dass das Hauptargument für die Verknüpfung von Kalkriese mit der Varusschlacht auf dem numismatischen Befund beruht: Einerseits können die jüngsten Münzen – jene mit dem Gegenstempel des Varus – erst nach 7 n. Chr. in den Boden gelangt sein; andererseits fehlen solche, die ab 10/13 n. Chr. geprägt worden sind. Nach Wolters ist dieser Befund keineswegs eindeutig zu interpretieren: Weder wüssten wir, welchen Mechanismen die Verteilung des Kleingelds der verschiedenen Münzstätten folgte – der Sold der Legionssoldaten bestand aus Kleingeld, d. h. Silber- und Bronzemünzen – noch vermöchten wir einzuschätzen, wie lange es dauerte, bis frisch geprägte Münzen bei den Soldaten in Germanien ankamen. Ferner sei die Münzprägung in jener Zeit alles andere als regelmäßig gewesen, so dass die Soldaten vielfach mit alten und

> Legat, von lat. *legatus*, ›Gesandter‹, ›Bevollmächtigter‹. Allgemein ein vom Römischen Senat ernannter Gesandter; seit Augustus wurde diese Bezeichnung jedoch meist für den Oberbefehlshaber einer Legion (*legatus legionis*) verwendet.

bereits umgelaufenen Münzen bezahlt worden seien. Schließlich fehle in Norddeutschland ein ›Germanicus-Horizont‹, d. h. es gibt weder Münzen oder andere archäologische Funde noch römische Militäranlagen, die für die Zeit des Germanicus – also die Zeitspanne zwischen 13 und 16 n. Chr. – charakteristisch seien. Dies ist umso erstaunlicher, als in diesen Jahren ständig große römische Truppenverbände in rechtsrheinischem Gebiet anwesend waren. Wolters nimmt dies zum Anlass, eine grundsätzliche methodische Überprüfung der gegenwärtigen numismatischen Datierung spätaugusteischer Fundkomplexe anzuregen.

Zusammenfassend lässt sich festhalten, dass mit Kalkriese ein Platz entdeckt wurde, der für die Auseinandersetzung zwischen Römern und Germanen offenkundig von größter Bedeutung ist – ob es sich dabei allerdings tatsächlich um den Ort der Varusschlacht handelt, ist eine andere Frage. Das ist angesichts der Widersprüche zwischen der Topographie und der literarischen Überlieferung einerseits sowie der Mehrdeutigkeit der Münzdatierung andererseits durchaus nicht zweifelsfrei erwiesen. Jedenfalls spricht der archäologische Befund von Kalkriese eindeutig für eine kriegerische Auseinandersetzung größeren Ausmaßes. Mit diesem Fundplatz wurde erstmals ein frühgeschichtliches Schlachtfeld entdeckt.

Testfragen

1. Was sind die wichtigsten Elemente der Topographie des Fundplatzes von Kalkriese, und welche archäologischen Funde und Befunde liegen dort vor?
2. Was spricht für, was gegen die Verknüpfung des Fundplatzes von Kalkriese mit der Varusschlacht?

Literatur

W. Schlüter/R. Wiegels (Hrsg.), Rom, Germanien und die Ausgrabungen von Kalkriese: Internationaler Kongreß der Universität Osnabrück und des Landschaftsverbandes Osnabrücker Land e. V. vom 2. bis 5. September 1996. Osnabrücker Forschungen zu Altertum und Antike-Rezeption 1 [= Kulturregion Osnabrück 10] (Osnabrück 1999).

R. Wiegels, ›Varusschlacht‹ und ›Hermann‹-Mythos – Historie und Historisierung eines römisch-germanischen Kampfes im Gedächtnis der Zeiten. In: E. Stein-Hölkeskamp/K.-J. Hölkeskamp (Hrsg.), Erinnerungsorte der Antike: Die römische Welt (München 2006) 503–525.

R. **Wiegels (Hrsg.)**, Die Varusschlacht: Wendepunkt der Geschichte? Archäologie in Deutschland, Sonderheft Plus (Stuttgart 2007).
S. **Wilbers-Rost/H.-P. Uerpmann/M. Uerpmann/B. Grosskopf/E. Tolksdorf-Lienemann**, Kalkriese 3: Interdisziplinäre Untersuchungen auf dem Oberesch in Kalkriese. Archäologische Befunde und naturwissenschaftliche Begleituntersuchungen. Römisch-Germanische Forschungen 65 (Mainz 2007).
R. **Wolters**, Kalkriese und die Datierung okkupationszeitlicher Militäranlagen. In: G. A. Lehmann/R. Wiegels (Hrsg.), Römische Präsenz und Herrschaft im Germanien der augusteischen Zeit: Der Fundplatz von Kalkriese im Kontext neuerer Forschungen und Ausgrabungsbefunde. Abhandlungen der Akademie der Wissenschaften zu Göttingen. Philologisch-Historische Klasse, Dritte Folge, Bd. 279 (Göttingen 2007) 135–160.
R. **Wolters**, Die Schlacht im Teutoburger Wald: Arminius und das römische Germanien (München 2008).

Das Grab eines Königs | 7.15

Adrien Quinquin, Arbeiter beim Bau eines zur Kirche St. Brictius (St. Brice) in Tournai (Belgien) gehörenden Armenhauses, war mit seiner Spitzhacke fast 3 m unter der Erdoberfläche tätig. Hieb folgte auf Hieb, aber Quinquin hörte nichts. Er war taubstumm. Erst als er etwas im Erdreich glänzen sah, wurde ihm klar, dass er mit seiner Hacke einen Schatz getroffen hatte.

Es war der 27. Mai 1653, als Quinquin ein Grab entdeckte, das die Archäologie bis heute beschäftigt: ein in das örtliche Kalkgestein eingetieftes Körpergrab, das im wahrsten Sinne des Wortes ›Gold und Edelsteine‹ enthielt, nämlich mehr als 100 Gold- und 200 Silbermünzen, einen rund 300 g schweren goldenen Armring, eine goldene, mit **Almandinen** in *Cloisonné-Technik* verzierte **Zwiebelknopffibel**, etwa 300 kleine goldene, mit einem Perldraht eingefasste und mit Rückenösen versehene Bienen, deren Flügel ebenfalls Einlagen aus Almandin trugen (Abb. 7.15.1), einen kleinen goldenen, wiederum mit Almandin verzierten Stierkopf mit drei Rückenösen, eine Reihe weiterer, meist mit Almandineinlagen versehener Goldobjekte sowie – das wichtigste Stück – einen goldenen Siegelring mit der spiegelverkehrten Umschrift CHILDERICI REGIS – das ›S‹ war seitenverkehrt eingraviert. Die Siegelfläche schmückte das Porträt eines frontal dargestellten Mannes mit rechts geschulterter Lanze, Mantel und Brustpanzer. Sein mittig gescheiteltes, lang herabfallendes Haar ist zu beiden Seiten des Kopfes gebunden und endet lockig im Schulterbereich (Abb. 7.15.2).

Zu diesen Kostbarkeiten trat eine Waffenausrüstung aus einem zweischneidigen eisernen Langschwert (einer sogenannten *Spatha*), einem eisernen einschneidigen Kurzschwert (*Scramasax*

Almandin, aus mittellat. *al(l)mandian*, nach der antiken Stadt Alabanda in Kleinasien; zur Gruppe der Granate gehöriger roter Schmuckstein.

Cloisonné-Technik, von franz. *cloison*, ›das Abgeteilte‹, ›Abgetrennte‹. Ziertechnik, bei der aus verschiedenen Materialien bestehende Einlagen (etwa Edelsteine, Glas, Bernstein) in Zellen eingesetzt werden, die durch dünne, auf eine Grundplatte aufgelötete Stege aus Gold geschaffen wurden (Zellenwerktechnik).

Zwiebelknopffibel. Gewandspange, deren Achse mit zwiebelförmigen Abschlussknöpfen verziert ist.

Abb. 7.15.1
Childerichgrab (Tournai, Belgien). Bienen mit Rückenöse. Gold mit Almandineinlagen.

Föderat, von lat. *foederatus*, ›Verbündeter‹; ein durch einen Vertrag (*foedus*) an Rom gebundener Partner.

Abb. 7.15.2
Childerichgrab (Tournai, Belgien). Goldener Siegelring.

oder *Sax*), einer gut 1 kg schweren eisernen Streit- oder Wurfaxt (*Francisca*) sowie einer ebenfalls eisernen Lanzenspitze. Die beiden Schwerter bzw. die Schwertscheiden waren mit almandintragenden Goldbeschlägen verziert (Abb. 7.15.3). Außerdem fand sich noch eine Bergkristallkugel mit einem Durchmesser von beinahe 5 cm, in der sich das Licht so brach, dass das darin eingefangene Bild beim Blick durch die Kugel um 180° gedreht erschien.

Bei der Bergung des aufsehenerregenden Funds ging es turbulent zu: zahlreiche Fundstücke verschwanden sofort, andere wurden verschenkt. Der immer noch beträchtliche Hauptbestand gelangte kaum einen Monat nach der Entdeckung zunächst in den Besitz des habsburgischen *Erzherzogs Leopold Wilhelm*, zu dessen Amtsbereich als Statthalter der spanischen Niederlande Tournai gehörte. Auf mancherlei Umwegen kam das Grabinventar schließlich in die *Königliche Bibliothek* zu Paris. Dort wurde der allergrößte Teil in der Nacht vom 5. auf den 6. November 1831 gestohlen und von den Dieben eingeschmolzen.

Sogleich nach der Entdeckung des Grabs bestand an der Identität des so prunkvoll Bestatteten kein Zweifel: Der goldene Siegelring wies ihn als *Childerich I.* aus dem Hause der *Merowinger* aus. Der Tote war also ein germanischer ›Häuptling‹ oder – in der Terminologie der Römer, denen er als **Föderat** diente – ein *rex*, ein ›König‹. Wie die Inschrift zeigt, hatte sich Childerich diese Bezeichnung zu eigen gemacht. Das Todesjahr dieser nur beiläufig in Schriftquellen bezeugten Persönlichkeit ergibt sich aus der Tatsache, dass ihm sein Sohn *Chlodwig I.* (um 466–511) wohl im gleichen Jahr, nämlich 482, im Alter von etwa fünfzehn Jahren als König folgte. Im Gegensatz zu seinem Vater war Chlodwig gegen Ende seines Lebens – er starb im Jahre 511 – jedoch nicht einer von mehreren heidnischen fränkischen Königen, sondern christlicher *rex Francorum*, ›König der Franken‹: Er hatte das **Frankenreich** begründet und war dessen erster Herrscher. Diese Reichsgründung erwies sich als Vorgang von weltgeschichtlicher Auswirkung, da darauf später das Karolingerreich und damit das gesamte Abendland fußte.

Es ist für ein so früh entdecktes Grab wie das des Childerich sehr ungewöhnlich, dass es sogleich eine eingehende wissenschaftliche Bearbeitung erfuhr. Erzherzog Leopold Wilhelm hatte seinen gelehrten Leibarzt *Jean-Jacques Chiflet* (1588–1673) – zugleich ein streitbarer, sehr produktiver politischer Schriftsteller – damit beauftragt. Chiflet legte bereits zwei Jahre nach der Entdeckung des Grabs eine aufwendig gedruckte, in barockem Latein abge-

Das Grab eines Königs

> **Chlodwig I. und das Frankenreich**
>
> Das *Frankenreich* wurde von *Merowech*, dem Ahnherrn der merowingischen Herrscherdynastie und Vater von Childerich I., begründet. Merowech, der im Wesentlichen in der ersten Hälfte des 5. Jahrhundert gelebt hat, stammte von den in Nordgallien westlich der Maas siedelnden salischen Franken ab. Childerichs Sohn, Chlodwig I., beseitigte die römische Herrschaft in Gallien und vereinigte am Ende des 5. Jahrhunderts die fränkischen Kleinkönigtümer unter seiner Herrschaft zum Frankenreich. Chlodwig bekannte sich – anders als sein Vater – zum Christentum, doch im Gegensatz zu vielen anderen Germanen seiner Zeit nicht zur arianischen, sondern zur katholischen Form. Er wurde, wohl an Weihnachten 498, von Bischof *Remigius von Reims* (um 436–um 533) angeblich gemeinsam mit 3000 seiner Landsleute getauft. Die bedeutendste Schriftquelle über das Merowingerreich hat uns *Gregor von Tours* (538/539–594) überliefert, der uns auch über die Taufe Chlodwigs unterrichtet. Gregor stammte aus gallorömischem Adel, war seit 573 Bischof von Tours und verfasste eine oft anekdotenhafte, wohl zwischen 573 und 594 entstandene zehnbändige Geschichte der Franken (*Decem Libri Historiarum*). Das merowingische Geschlecht wurde um die Mitte des 8. Jahrhunderts besonders aufgrund innerer Fehden und mehrerer Reichsteilungen von den Karolingern abgelöst.
>
> Arianismus. Lehre des *Arius von Alexandria* (4. Jahrhundert), wonach Christus und Gott nicht wesensgleich, sondern wesensähnlich seien; diese Lehre hat zur Kirchenspaltung (Schisma) geführt.

fasste und mit zahlreichen Tafeln versehene Veröffentlichung vor. Es handelt sich dabei um die erste publizierte Bearbeitung eines herausragenden Fundkomplexes. Die Bedeutung dieses Werks als primäre Quelle ist kaum hoch genug anzusetzen, da das Grabinventar nur noch in geringen Resten erhalten ist. Folgt man Chiflet, wurden bei der Ausschachtung der einst hölzernen Grabkammer außer dem Skelett des Childerich ein zweiter, kleinerer menschlicher Schädel sowie ein Pferdeschädel geborgen. Während das einstige Vorhandensein eines Pferdes oder jedenfalls eines Pferdeschädels bereits 1859 in Abrede gestellt wurde und auch in der jüngeren Literatur nur selten akzeptiert wird, bleibt der zweite Schädel in aller Regel unerwähnt.

Von den mehr als 100 Goldmünzen des Grabs hat Chiflet 91, von den über 200 Silbermünzen hingegen nur 42 bearbeiten können. Während die frühestmögliche Prägung der ältesten Goldmünze in das Jahr 425 (Valentinian II.) und die der jüngsten in das Jahr 477 (Basiliscus und Marcus) fällt, verteilen sich die von Chiflet bestimmten Silbermünzen auf einen relativ großen Zeitraum, nämlich zwischen der Römischen Republik (ein Denar) und dem Jahre 337 (Constantius II.). Der ›Münzspiegel‹ verkörpert also eine Zeitspanne von rund 500 Jahren. So aufschlussreich diese höchst ungewöhnliche Tatsache für kultur- und insbesondere für wirtschaftsgeschichtliche Fragen ist, für die Grablegung

| Abb. 7.15.3
Childerichgrab (Tournai, Belgien). Spathagriff mit Goldblech und Almandineinlage.

Münzspiegel. Begriff für das gesamte Spektrum der Münzen eines Fundkomplexes. Die nach ihrem frühestmöglichen Prägejahr jüngste Münze bezeichnet man als ›Schlussmünze‹.

Terminus ante, ad oder post quem (lat.). Eine Zeitbestimmung, die sich auf die Zeit vor einem, auf einen oder nach einem Fixpunkt bezieht.

Solidus, Pl. *Solidi*, von spätlat. *solidus (aureus)*, ›gediegene Goldmünze‹.

Emission, von lat. *emissio*, ›Wurf‹, ›Herausschicken‹. Ausgabe einer bestimmten Münzgruppe.

selbst spielt lediglich das Jahr 477 eine Rolle: Es stellt einen **terminus ad quem** bzw. **post quem** dar; die Bestattung kann frühestens in diesem Jahr stattgefunden haben. Das trifft allerdings nur dann zu, wenn sich unter den verlorengegangenen **Solidi** kein später als 477 geschlagenes Exemplar befand. Die frühestmöglichen **Emissionen** von 77 der insgesamt 91 bearbeiteten Goldmünzen umfassen im Übrigen eine Spanne von nur 20 Jahren: 58 Münzen des Leo (457–474), eine des Zeno und Leo (474), eine des Iulius Nepos (474–476), zwei des Basiliscus (476–477), 14 des Zeno (476–491) und die bereits erwähnte Prägung des Basiliscus und Marcus (477). Nach dem Prinzip der Großen Zahl spricht also alles dafür, dass die Grablegung zu einem Zeitpunkt stattgefunden hat, der von der Emission der Schlussmünze nicht allzu weit entfernt gewesen ist. Relativ-chronologisch repräsentiert das Grabensemble nach heutiger Auffassung die Frühphase der Älteren Merowingerzeit (→ Kap. 5.2.9).

Die wissenschaftliche Bedeutung des Childerichgrabs liegt keineswegs allein in der Erlesenheit und Zusammensetzung seiner Beigaben, sondern ergibt sich auch aus der Verknüpfung dieser Ausstattung mit einer frühmittelalterlichen, historisch fassbaren Persönlichkeit. Ihr aus den Schriftquellen abgeleitetes Todesjahr wird durch die Schlussmünze zwar nicht abgesichert, aber der Münzspiegel spricht doch nachdrücklich für eine Bestattung während des letzten Viertels des 5. Jahrhunderts. In der Archäologie des Frühmittelalters wird seit den dreißiger Jahren des 20. Jahrhunderts intensiv über eine immer feinere relative und absolute Chronologie der merowingerzeitlichen Sachkultur diskutiert. Darin spielt dieses Grab bis heute eine wichtige Rolle. Aber auch andere, eher auf den kulturgeschichtlichen Zusammenhang zielende Fragen treten hinzu. Was genau hat man sich zum Beispiel unter einem einheimischen Bündnispartner der Römer in der zweiten Häfte des 5. Jahrhunderts vorzustellen? Worauf beruhte seine Herrschaft als ›Kleinkönig‹ über ein bestimmtes Gebiet innerhalb des von Franken besiedelten Territoriums? Wie war die Organisation und wirtschaftliche Grundlage seiner Haushaltung beschaffen? Müssen wir von einem festen Herrschaftssitz ausgehen und falls ja, welche baulichen Strukturen dürfen wir dort erwarten? Zu solchen Fragen schweigen die Schriftquellen, und leider vermag auch die Archäologie bisher nichts Eindeutiges dazu beizutragen. Es bietet sich zwar an, die Lage des Grabs nahe einer römischen Fernstraße in *Tornacum* (Tournai), dem Hauptort der *Civitas Turna-*

censium, als Hinweis auf die territoriale Konzentration der Macht des Bestatteten zu deuten, aber letztlich muss dies offenbleiben.

Aus archäologischem Blickwinkel bietet das aufwendige Grabinventar bis heute ausgiebigen Stoff für eine Erörterung der kulturellen und politischen Einflüsse und Beziehungen des zu dieser Zeit im Bereich seiner nördlichen Grenzen bereits höchst instabilen Römischen Reichs. Hierbei geht es zum einen um Einzelheiten der Ausrüstung und des Kunsthandwerks, zum Beispiel um den aus dem Donauraum bekannten, von Reitervölkern (→ Kap. 7.11) vermittelten schmalen Langsax und das ebenfalls nach Südosten oder in das Mittelmeergebiet weisende Almandinzellenwerk des Zierstils. Zum anderen gibt es auch eindeutig römisch inspirierte Trachtbestandteile wie die Zwiebelknopffibel (Abb. 7.15.4) und das wohl einst vorhandene *paludamentum*, den kurzen, reichbestickten Mantel. Chiflet hat in seinem Werk jedenfalls ausdrücklich zahlreiche Goldfäden erwähnt, die er einem vergangenen Gewand zuordnete. Überdies bildet der Siegelring über dem Brustpanzer einen solchen Mantel ab. Die Meinung, dass der römische Kaiser oder seine Reichsfeldherren goldene Fibeln und kostbare Kurzmäntel als Würdezeichen nicht nur an hohe Beamte, sondern auch an wichtige germanische Föderaten verliehen haben könnten, erscheint nicht abwegig.

Sucht man sich ein Bild von Childerich I. im Widerschein schriftlicher Zeugnisse zu machen, bleiben die Hinweise auf ein Minimum beschränkt. Wir erfahren, dass er ein Sohn *Merowechs* gewesen ist sowie 24 Jahre regiert haben soll. Es heißt ferner, er habe in den Jahren zwischen 463 und 470 an der Seite der Römer bei Orléans gegen die Westgoten, bei Angers gegen die Sachsen und – das Zeugnis ist umstritten – unmittelbar darauf ebenfalls im nordgallischen Raum gegen Alanen oder Alamannen (→ Kap. 7.16) gekämpft. Er ist, anders als sein Sohn Chlodwig I. (→ Infobox, S. 253), nie vom überkommenen heidnischen Glauben abgewichen.

Mit der Auffindung seines Grabs ist dieser historisch kaum wahrnehmbare Föderat anhand mannigfacher Einzelheiten der Grabausstattung konkret fassbar geworden. Wir können die Beigaben mit Funden aus ähnlich reich ausgestatteten Gräbern vergleichen und Übereinstimmungen und Unterschiede herausarbeiten. So ergibt sich ein anschauliches Bild solcher mehr oder minder mächtigen Persönlichkeiten, die den Römern als Partner verbunden waren oder als Widersacher entgegentraten. Gerade durch das Grab von Tournai wird uns zudem vor Augen geführt, dass die Föderaten gewissermaßen in zwei Welten lebten: Sie

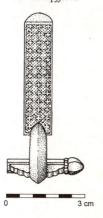

| Abb. 7.15.4
Childerichgrab (Tournai, Belgien). Goldene Zwiebelknopffibel.

waren einheimische Herrscher und zugleich römische Offiziere. Müssen der goldene Siegelring sowie die goldene Zwiebelknopffibel und der bei der Bestattung wohl auch vorhandene Kurzmantel mit typisch römischer Macht- und Herrschaftsrepräsentation verbunden werden, so schlägt sich etwa im goldenen Armring und im Münzschatz die entsprechende germanische, aus römischer Sicht ›barbarische‹ Komponente nieder. Auch die Fülle und Erlesenheit der anderen Beigaben demonstriert bei allen erkennbaren Fernbezügen das einheimische, nichtrömische Element. Überhaupt verkörpert die gesamte Grablegung eine, wie schon Chiflet treffend bemerkte, heidnische Sitte: *Childericus Rex sepultus est [...] ritu Barbarico.*

Alles in allem ist Childerich erst mit dem Auffinden seines Grabs aus dem Halbdunkel der wenig aussagefähigen Schriftzeugnisse herausgetreten. Dabei wird in den materiellen Zeugnissen in erster Linie seine kulturelle und soziale Umwelt greifbar. Mit anderen Worten: Wir würden diesen Toten auch dann, wenn er nirgendwo erwähnt wäre, in den Zusammenhang einordnen, in den er nach diesen Quellen gehört.

Man hat das Childerichgrab immer als Einzelgrab angesprochen. Wie wir seit rund 25 Jahren wissen, lässt sich diese Auffassung heute nicht mehr aufrechterhalten. Mehrere Besonderheiten des Grabs spiegeln eindeutig germanisches Brauchtum wider: 1983 bis 1986 konnten bei neuen Grabungen im Bereich der Kirche St. Brice gut 90 weitere fränkische Gräber des 5. bis 7. Jahrhunderts sowie drei sorgfältig in das anstehende Kalkgestein eingetiefte Gruben mit kollektiven Pferdedeponierungen freigelegt werden (Abb. 7.15.5). Die Gruben enthielten insgesamt 21 Pferde, vor allem Wallache und Hengste. Aufgrund von ^{14}C-Datierungen von fünf Pferden aus den drei Gruben sowie der Überschneidung von zwei Gruben durch je ein Grab des 6. Jahrhunderts ist ihre Datierung in die zweite Hälfte des 5. Jahrhunderts recht naheliegend. Allerdings ist die Radiokohlenstoffmethode gewissen Aussagegrenzen unterworfen (→ Kap. 3.5.4.3). Daher spricht zwar nichts dagegen, dass die drei Deponierungen gleichzeitig vorgenommen worden sein könnten, aber das Gegenteil lässt sich nicht ausschließen. Auch weitere Datierungen könnten keine darüber hinausgehende Antwort liefern. Insgesamt deutet jedoch alles darauf hin, dass die Pferde im Zuge der Bestattungsfeierlichkeiten für Childerich getötet und deponiert wurden.

Der räumliche Abstand zwischen dem Grab des Childerich und den Gruben betrug maximal etwa 20 m. Soweit es sich

Barbar, von griech. *bárbaros*, ›Ausländer‹, ›Fremder‹.

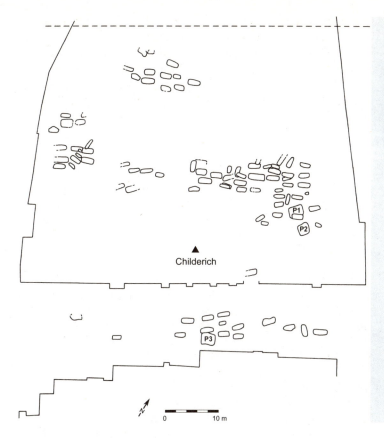

Abb. 7.15.5
Umgebung der Kirche St. Brice (Tournai, Belgien) mit mutmaßlicher Lage des Childerichgrabs sowie 1983–1986 ausgegrabene fränkische Gräber und Pferdedeponierungen (P1–3).

heute noch beurteilen lässt, lag das Grab offenbar recht zentral innerhalb der Nekropole. Dem Leiter der neuen Ausgrabungen, *Raymond Brulet*, erscheint es naheliegend, dass es einst von einem Erdhügel überwölbt war.

Grundsätzlich bleibt zu fragen, warum dem Herrscher über einen der vielen fränkischen Stämme so viele Pferde mitgegeben worden sind. War es eine Demonstration seiner Macht und seines Reichtums? Oder bedurfte er all dieser Tiere auf dem Weg ins Jenseits, auf dem Weg nach **Walhall**? Schließlich drängt sich die Frage nach dem in der Forschung bisher kaum beachteten zweiten menschlichen Schädel auf, von dem Chiflet berichtete. Darf man ihn, wie *Kurt Böhner* (1914–2007) vermutete, der Bestattung einer Frau zurechnen, die mit der Bergkristallkugel und der ebenfalls im Grabe gefundenen Goldnadel ausgestattet war? Falls ja, in welcher Beziehung stand diese Bestattung dann zu der

Walhall, von altnord. *Valhöll*, ›Halle der Gefallenen‹, ›Totenhalle‹. In der altnordischen Mythologie ein Ort, an den der Mensch durch göttlichen Beschluss gelangt.

des fränkischen Kleinkönigs? Brulet hält es allerdings für wenig wahrscheinlich, dass der zweite Schädel tatsächlich eine Bestattung repräsentiert, die mit der Childerichs in Zusammenhang steht. Eine Antwort auf all diese Fragen vermag die Archäologie nicht bzw. nicht mehr zu liefern – und auch die Geschichtswissenschaft muss hier schweigen.

Testfragen

1. Schildern Sie knapp die Auffindung des Childerichgrabs, seinen Inhalt und die Ergebnisse der Ausgrabungen in den 1980er Jahren.
2. Worin liegt die archäologische Bedeutung dieses Grabs?

Literatur

K. Böhner, Stichwort ›Childerich von Tournai: III. Archäologisches (Childerichgrab)‹. In: RGA² 4, 1981, 441–460.
R. Brulet, Stichwort ›Tournai‹. In: RGA² 31, 2006, 99–106.
Reiss-Museum Mannheim (Hrsg.), Die Franken: Wegbereiter Europas. Vor 1500 Jahren: König Chlodwig und seine Erben (Mainz 1996).

7.16 | Ein neuer Glaube

Die Ausbreitung des Christentums seit der Spätantike, besonders aber im Frühmittelalter (ca. 500–750), gehört gewiss zu den folgenreichsten Entwicklungen nicht nur der europäischen, sondern der Weltgeschichte. Der Prozess der Christianisierung verlief in den verschiedenen Regionen Europas indes keineswegs einheitlich. Ein überaus interessantes Gebiet im Hinblick auf diese Frage ist das heutige Süd- bzw. Südwestdeutschland zur Zeit der Merowinger (→ Kap. 7.15). Dort siedelten etwa seit dem 3. Jahrhundert die von dem Frankenkönig *Chlodwig I.* (um 466–511) besiegten *Alamannen*.

Über den mehr als zwei Jahrhunderte dauernden Christianisierungsprozess berichten uns die Schriftquellen so gut wie nichts; lediglich sein Ende können wir anhand der schriftlichen Überlieferung eingrenzen: Wie wir aus der **Lex Alamannorum** erfahren, die im ersten Drittel des 8. Jahrhunderts niedergeschrieben wurde, betrachteten sich die Alamannen zu jener Zeit selbst als Christen; zudem ist darin erstmals ein Kirchenrecht belegt.

Lex Alamannorum, von lat. *lex,* ›Gesetz‹. Volks-/Stammesrecht der Alamannen, das der Alamannenherzog *Lantfried* (gest. 730) etwa in der Zeit von 724 bis 730 erlassen hat.

Alamannen

Die Herkunft der *Alamannen* (auch Alemannen) und die Anfänge ihrer Geschichte liegen weitgehend im Dunkeln. Erstmals erwähnt werden sie in römischen Quellen des 3. Jahrhunderts. In der Zeit zwischen dem 3. und 5. Jahrhundert hören wir immer wieder von Übergriffen der rechtsrheinisch siedelnden Alamannen auf das Römische Imperium, aber auch davon, dass sie sich in den Dienst des Römischen Heers stellten. Archäologisch können wir die Alamannen in dieser Zeit über Höhensiedlungen und im flachen Land anhand befestigter und unbefestigter Einzelhöfe und Gehöftgruppen fassen; ab der Mitte des 5. Jahrhunderts traten auch immer mehr Gräberfelder hinzu. Am Ende des 5. und zu Beginn des 6. Jahrhunderts kam es zur Unterwerfung der Alamannen durch die Franken. Dabei wird es wohl nicht nur eine Entscheidungsschlacht, sondern mehrere Schlachten gegeben haben. Überliefert ist uns die Schlacht von 496/97, bei der der Merowingerkönig *Chlodwig I.* (um 466–511) gelobte, er werde bei einem Sieg zum Christentum übertreten (→ Kap. 7.15). Spätestens seit 537 war die *Alamannia* Herzogtum des fränkischen Reichs. Dies hatte nicht nur Auswirkungen auf die Verwaltung, sondern auch auf soziale Verhältnisse, die Besiedlung und das Bestattungswesen. Die seit der Mitte des 5. Jahrhunderts üblichen Reihengräberfelder zählen bis etwa 700 zur wichtigsten Quellengruppe. Aus dieser Zeit sind uns weit über 10 000 Gräber überliefert. Zur Siedlungsweise der Alamannen können wir dagegen nur sehr wenig sagen, da bisher kaum Siedlungen bekannt sind. Mit dem Ende der Reihengräberfelder zu Beginn des 8. Jahrhunderts werden die materiellen Hinterlassenschaften immer seltener, archäologisch ist die Kultur der Alamannen dann nicht mehr fassbar.

Das etwa um das Jahr 600 gegründete Bistum Konstanz und die iro-fränkische **Mission** unter dem irischen Missionar *Columban* (gest. 615) sowie seinem Schüler *Gallus* (ca. 560–650) dürften, wie wir heute wissen, kaum Einfluss auf die Verbreitung des Christentums im alamannischen Gebiet gehabt haben. Wir sind also bei der Frage nach dem Ablauf der Christianisierung – einem Vorgang, der sich vor allem in der geistigen Welt abspielte – weitgehend auf archäologische Quellen angewiesen, deren Aussagekraft hinsichtlich der immateriellen Welt recht eingeschränkt ist (→ Kap. 3.4.6). Es ist aber festzuhalten, dass wir über die zahlreichen materiellen Hinterlassenschaften einen reichhaltigen, wenn auch nicht immer eindeutigen Einblick in den Christianisierungsprozess des 6. und 7. Jahrhunderts im südwestdeutschen Raum bekommen.

Das Christentum konnte im rechtsrheinischen – also alamannischen – Gebiet, anders als bei den linksrheinisch siedelnden Merowingern, an keine Tradition anknüpfen und auf keine vorhandenen kirchlichen Strukturen zurückgreifen. Christliche Glaubensvorstellungen waren hier gänzlich unbekannt, wäh-

Mission/Missionierung, von lat. *missio*, ›Sendung‹. Sendung; Botschaft. Im religiösen Kontext ist damit die Verbreitung einer religiösen Lehre unter Anders- bzw. Nichtgläubigen gemeint.

rend links des Rheins eine spätantike christliche Tradition vorhanden war. Wir können die einsetzende Christianisierung der Alamannen vor allem an zwei Quellengruppen festmachen: zum einen an Gräbern und Grabbeigaben, zum anderen an christlichen Kultbauten, also Kirchen. Letztere sind eindeutige Zeugen des sich ausbreitenden Christentums sowie ein Hinweis auf die **Expansion** der Kirche als Institution.

Seit dem späten 6. Jahrhundert finden wir im Grabbrauch erste Anzeichen für das Eindringen christlicher Vorstellungen in die Glaubenswelt der Alamannen. Dabei handelt es sich vor allem um frühchristliche Bildsymbole wie z. B. das Kreuz, den Fisch oder die Weintraube, mit denen etwa Schwertknäufe, Fibeln, Gürtelschnallen und sonstige Trachtbestandteile verziert sind. Eine weitere Besonderheit unter den Grabbeigaben stellen die sogenannten *Goldblattkreuze* dar. Auch wenn diese Symbole klar als christlich zu identifizieren sind, weisen sie den Bestatteten nicht eindeutig als Christen aus. Häufig finden wir nämlich in den Gräbern neben solchen ›christlichen‹ auch weiterhin zahlreiche ›heidnische‹ Beigaben wie Schmuck, Waffen und andere Gegenstände, die die für den ›germanischen Tierstil‹ typischen Tierfiguren zeigen – ganz zu schweigen von der nichtchristlichen Sitte, den Verstorbenen überhaupt Beigaben ins Grab zu geben. Die alten heidnischen Bräuche und Heilszeichen bestanden also lange Zeit neben den neuen christlichen Symbolen. Man spricht in diesem Zusammenhang daher auch von **Synkretismus**.

Einen weiteren Hinweis auf die Durchsetzung des Christentums liefert die Auflösung der bis dahin typischen Bestattungssitte. Die seit der Mitte des 5. Jahrhunderts gebräuchliche Sitte, die Verstorbenen in Reihen auf Ortsfriedhöfen am Rande der Siedlungen, auf sogenannten *Reihengräberfeldern* (→ Kap. 5.2.9), beizusetzen, lief zu Beginn des 8. Jahrhunderts allmählich aus. Die Toten wurden jetzt zumeist ohne Beigaben auf Kirchhöfen bestattet.

Wenn uns also die Aufnahme der christlichen Ikonographie in die materielle Kultur der Alamannen Hinweise auf das Vordringen des Christentums zu geben scheint, handelt es sich dabei bestenfalls um Indizien. Schließlich ist es für uns anhand der Grabausstattung unmöglich, zu entscheiden, ob es sich bei dem mit christlichen Symbolen ausgestatteten Toten tatsächlich um einen Christen gehandelt hat. In Gräbern muss sich nicht zwangsläufig der soziale oder religiöse Status, den eine Person

---

Expansion, von lat. *expandere*, ›ausbreiten‹. Ausdehnung, Ausbreitung.

Synkretismus, von spätgriech. *sygkrētismós*, ›Vereinigung‹. Vermischung verschiedener Religionen, Konfessionen oder sonstiger religiöser bzw. philosophischer Kulte oder Lehren.

Goldblattkreuze

Goldblattkreuze (Abb. 7.16.1) stellen eine wichtige Fundgattung dar, wenn es um Fragen der Christianisierung geht. Mittlerweile sind weit über 350 solcher Kreuze bekannt. Etwa 90 wurden nördlich der Alpen entdeckt, aus dem Gebiet südlich der Alpen, vor allem Oberitalien, kennen wir ca. 280 Exemplare. Während die im Süden gefundenen Kreuze zu einem großen Teil aus Gräbern der ab 568 nach Oberitalien eingewanderten **Langobarden** stammen, finden sich die nördlich der Alpen entdeckten Exemplare im süddeutschen Raum, im Gebiet der Alamannen und Bajuwaren. Bei diesen handelt es sich keineswegs um Importe aus dem italischen Raum, sondern eindeutig um einheimische Produkte. Das Material der Kreuze ist recht unterschiedlich, so dass die Bezeichnung als ›Goldblattkreuz‹ irreführend ist. Zum einen bestehen sie aus Goldlegierungen, zumeist mit Silber; zum anderen gibt es gerade aus Italien auch Exemplare aus anderen Metallen wie Silber, Eisen und Kupfer. Da die Kreuze aus getriebenen Blechen hergestellt wurden, sind sie sehr dünn und mit einem Gewicht von etwa 1–4 g regelrechte ›Leichtgewichte‹. Die Form der Kreuze ist recht einheitlich. Es handelt sich größtenteils um griechische Kreuze mit gleichlangen Armen, die zwischen 2 und 8 cm lang sind. Selbstverständlich gibt es auch Ausnahmen, so ist uns auch ein ca. 17 cm großes Goldblattkreuz aus Bayern überliefert. Die Kreuze waren sowohl unverziert als auch z.B. mit Punzen, Tierornamenten und Münzabdrücken verziert. Auffällig ist darüber hinaus, dass sie an den Armenden, teilweise auch in der Kreuzmitte, durchlocht sind. Goldblattkreuze sind uns bisher nur aus Grabzusammenhängen bekannt; die frühesten Funde datieren ins letzte Drittel des 6. Jahrhunderts. Vieles deutet darauf hin, dass es sich bei den Kreuzen um eigens für die Bestattung hergestellte Beigaben handelt. Hierfür spricht erstens der Produktionsprozess: Das Ausschneiden der Kreuze aus dem dünnen Blech erfolgte sehr grob und häufig fehlerhaft (z.B. fehlende Symmetrie), auf künstlerische Qualität wurde offenbar nur wenig Wert gelegt. Aufgrund der geringen Materialstärke der Kreuze ist es zudem ausgeschlossen, dass sie zu Lebzeiten getragen wurden; im Übrigen sind keine Abnutzungsspuren nachweisbar. Die Fundlage der Goldblattkreuze in den Gräbern ist gut überliefert; zumeist findet man sie im Schädelbereich des Toten. Dazu wurden sie – worauf die Durchlochungen an den Armenden hindeuten – auf ein Tuch aufgenäht, das dem Verstorbenen über den Kopf gelegt wurde. Goldblattkreuze treten überwiegend in Gräbern mit ›reicher‹ Ausstattung auf. Außerdem ist diese Beigabensitte bisher hauptsächlich auf Bestattungen in Reihengräberfeldern beschränkt; in Gräbern bei und in Kirchen fehlt sie dagegen weitgehend. Einige Forscher gehen daher davon aus, dass wir im 6./7. Jahrhundert zwei konkurrierende Christianisierungsbewegungen im alamannischen Gebiet fassen könnten: eine mehr nach Süden orientierte Gruppe, die über die Goldblattkreuze zu erkennen sei, und eine fränkisch, also westlich geprägte Gruppierung, die sich in und bei Kirchen bestatten ließ. Die Goldblattkreuze sind zwar gewiss als christliche Symbole aufzufassen, sie geben uns jedoch keine Auskunft darüber, ob der Bestattete tatsächlich Christ war. Wir können sie lediglich als Hinweis betrachten, dass man das Christentum kannte. Unklar bleibt auch, welche Bedeutung die Kreuze im Vergleich zu anderen Beigaben besaßen. Die Beigabe von Goldblattkreuzen in Gräbern endet um die Mitte des 8. Jahrhunderts.

Langobarden. Elbgermanischer Stamm, der nach zahlreichen Wanderungen im 5./6. Jahrhundert an der mittleren Donau siedelte, bevor er ab 568 Oberitalien eroberte; dort kam es zur Gründung des Langobardenreichs.

Abb. 7.16.1
Goldblattkreuz.

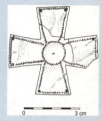

zu Lebzeiten innehatte, niederschlagen. Auch vermag das Grabinventar keine Auskunft darüber zu erteilen, ob der Verstorbene getaufter Christ im heutigen Sinne oder lediglich Anhänger – in welcher Form auch immer – des christlichen Glaubens war oder ob etwa nur die Bestattungsgemeinde entschied, ihn christlich zu bestatten.

Eindeutigere Hinweise auf das Christentum bei den Alamannen geben uns die frühen christlichen Kultbauten. Wir finden sie bereits ab der zweiten Hälfte des 6. Jahrhunderts, also noch vor der Gründung des Bistums Konstanz und der Missionstätigkeit der irischen Mönche. Diese ersten Kirchen, die zeitlich mit den ersten Gräbern mit ›christlichen‹ Beigaben einhergehen, wurden im inneralamannischen Gebiet meist noch aus Holz in Pfostenbauweise errichtet; die Steinbauweise verbreitete sich dort erst im 7. Jahrhundert. Das gesamte 7. und 8. Jahrhundert über bestanden dann beide Bauweisen nebeneinander. Zur Ausstattung der Kirchen lässt sich aufgrund mangelnden archäologischen Niederschlags nur sehr wenig sagen. Überliefert sind beispielsweise Estrichfußböden, gemauerte Blockaltäre im **Chor** und bemalter Wandverputz. Die Bauherren der Kirchen waren meist Angehörige der Oberschicht, weshalb die Kirchen als ›Eigenkirchen‹ bezeichnet werden. Auch wenn im südwestdeutschen Raum bisher kein archäologischer Nachweis erbracht werden konnte, wird angenommen, dass die Kirchen nahe bei den Höfen der Oberschicht errichtet wurden. Sie dienten nicht nur als Gotteshäuser, sondern zugleich als bevorrechtigter Bestattungsplatz der adeligen Familie, die die Kirche erbaut hatte, und somit als Ort des Totengedenken. Die Gräber der Oberschicht befanden sich zumeist *ad sanctos* – bei den Heiligen –, d. h. in der Nähe des Altars. Diese Nähe zum Altar und damit zum Heiligen bzw. zu dessen **Reliquien** verhieß den dort Bestatteten und deren Nachkommen das ewige Seelenheil sowie ewiges Gedenken. Die Sitte, die Toten in Kirchen beizusetzen, war zur damaligen Zeit jedoch verboten; die alamannischen Kirchenbestattungen innerhalb von Sakralbauten belegen somit eine Abweichung von der Norm. Erst im Verlauf des 9. Jahrhunderts, offenbar im Zuge der karolingischen Kirchenreform, verlor sich die Sitte fast vollständig. Mit dem Kirchenbau ab der Mitte des 6. Jahrhunderts bis zum Ende des 8. Jahrhunderts können wir die Hinwendung der Alamannen zum Christentum gut fassen.

Das Beispiel der Christianisierung der Alamannen veranschaulicht gut einige zentrale Probleme, die sich im Zusammen-

---

Chor, von griech. *chorós*, ›Tanzplatz‹. Erhöhter Kirchenraum mit Hauptaltar; zumeist im Osten der Kirche und häufig mit halbrundem Raumabschluss (Apsis).

Reliquie, von lat. *reliquiae* (Pl.), ›Überbleibsel‹, ›Überrest‹. Körper, Kleidung, Asche oder Gebrauchsgegenstand eines Heiligen; Reliquien waren vor allem im Mittelalter Gegenstand christlicher Verehrung.

hang mit der Christianisierung stellen. Dazu zählt zum einen die grundsätzliche Frage, wie wir Glaubensvorstellungen und religiöse Praktiken im archäologischen Befund fassen können. Dürfen wir einen Fund mit christlicher Symbolik aus einem Grab als eindeutiges Zeichen der christlichen Religionszugehörigkeit des Verstorbenen deuten? Was verstehen wir unter ›Christianisierung‹ in alamannischer Zeit, was unter einem ›Christen‹, und können wir Heiden und Christen im archäologischen Befund überhaupt unterscheiden? Welche Funktion nahmen die Eigenkirchen innerhalb des Christianisierungsprozesses ein? Fand die Christianisierung, worauf die adeligen Eigenkirchen hindeuten, tatsächlich von ›oben nach unten‹ statt?

Diese und ähnliche Fragen verdeutlichen die Probleme, die sich ergeben, wenn wir einen neuen Glauben über materielle Zeugnisse fassen wollen. Anfang und Ende des Christianisierungsprozesses lassen sich dabei, wie unser Beispiel zeigt, recht einfach nachweisen. Aber über den konkreten Ablauf und die damit einhergehenden Schwierigkeiten schweigen sich die Quellen aus. Hier sind der Archäologie deutliche Grenzen gesetzt.

Testfragen

1. Wann begann die Christianisierung im alamannischen Gebiet, und wann endete sie?
2. Welche Quellengruppen geben uns Hinweise auf die Christianisierung?

Literatur

Archäologisches Landesmuseum Baden-Württemberg (Hrsg.), Die Alamannen (Stuttgart 1997).
W. Berschin/D. Geuenich/H. Steuer (Hrsg.), Mission und Christianisierung am Hoch- und Oberrhein (6.–8. Jahrhundert). Archäologie und Geschichte 10 (Stuttgart 2000).
D. Geuenich, Geschichte der Alamannen (Stuttgart – Berlin – Köln 1997).
S. Lorenz/B. Scholkmann (Hrsg.), Die Alamannen und das Christentum: Zeugnisse eines kulturellen Umbruchs. Schriften zur südwestdeutschen Landeskunde 48 Quart 2 (= Veröffentlichungen des Alemannischen Instituts 71) (Leinfelden-Echterdingen 2003).
A. Schülke, Die ›Christianisierung‹ als Forschungsproblem der südwestdeutschen Gräberarchäologie. Zeitschrift für Archäologie des Mittelalters 27/28, 1999/2000, 85–117.

7.17 | Plünderer und Händler

»Aber während Diözese und Mission sich lobenswert und gottgefällig entwickelten, tauchten ganz unerwartet wikingische Seeräuber mit ihren Schiffen vor Hamburg auf und schlossen es ein. […] Nach der Einnahme plünderten die Feinde die Burg und den benachbarten Wik gründlich aus; am Abend waren sie erschienen; die Nacht, den folgenden Tag und noch eine Nacht blieben sie da. Nach gründlicher Plünderung und Brandschatzung verschwanden sie wieder«. Dieses Ereignis, das der Missionar und spätere Erzbischof von Hamburg-Bremen *Rimbert* (um 830–888) hier beschreibt, datiert in das Jahr 845. Seine Darstellung der Zerstörung und Plünderung Hamburgs können wir in der *Vita Anskarii*, der Lebensbeschreibung seines Vorgängers – des Erzbischofs *Ansgar* – nachlesen. Ansgar (um 801–865) stand von 847/48 bis zu seinem Tod dem Erzbistum Hamburg-Bremen vor und begann von dort aus die Missionierung Nordeuropas; er wird daher auch als ›Apostel des Nordens‹ bezeichnet. Hier und in zahlreichen anderen zeitgenössischen Schriftquellen des 9. bis 11. Jahrhunderts werden die Wikinger immer wieder als Seeräuber und Plünderer beschrieben. Der Begriff bezeichnet ursprünglich keine Volkszugehörigkeit, sondern vielmehr einen Zustand: Ein Wikinger war ein zur See fahrender Krieger bzw. ein sich auf Beutefahrt befindlicher Skandinavier. Die Bezeichnung leitet sich von ›Wik‹ ab, was so viel wie ›Bucht‹, ›Handelsort‹ bedeutet. Daran wird ersichtlich, dass die Seefahrt bei den Wikingern eine große Rolle spielte: Ohne

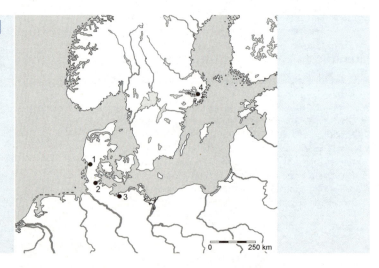

Abb. 7.17.1 | *Wikingerzeitliche Handelsplätze an der Ostsee. 1 Ribe; 2 Haithabu; 3 Reric; 4 Birka.*

Schiffe wäre die wikingische Expansion, die sich in alle Himmelsrichtungen erstreckte, nicht denkbar gewesen. Diese Expansion ist durch Kriegszüge, Handelsaktivitäten und Entdeckungsfahrten bis an die nordamerikanische Küste gekennzeichnet.

Das auch heute noch weit verbreitete Bild des raubenden und feuerlegenden Wikingers wurzelt in Zeugnissen wie dem eingangs zitierten. Zahlreiche Erkenntnisse besonders der letzten dreißig Jahre zeigen die Wikinger allerdings in einem anderen, friedlicheren Licht: Sie waren eben nicht nur Piraten und exzellente Seefahrer, sondern auch tüchtige Kaufleute. Dies lässt sich eindrucksvoll anhand des auf der jütischen Halbinsel gelegenen Handelsplatzes *Haithabu* veranschaulichen (Abb. 7.17.1).

Haithabu – in fränkischen und sächsischen Schriftquellen wird auch von *Sliesthorp* bzw. *Sliaswich* gesprochen – liegt am Ende

Wikinger und Wikingerzeit

Der Begriff ›Wikinger‹ (altnord. *víkingr*) wird verallgemeinernd auf die Gesamtbevölkerung Skandinaviens des 8. bis 11. Jahrhunderts angewendet. Beginn und Ende der auf den Norden Europas beschränkten *Wikingerzeit* werden gewöhnlich mit zwei geschichtlichen Ereignissen gleichgesetzt: der Plünderung des an der englischen Nordostküste gelegenen Klosters *Lindisfarne* (793) und der Eroberung Englands durch *Wilhelm den Eroberer* (um 1027–1087) in der *Schlacht von Hastings* (1066). Neuere Forschungen haben aber gezeigt, dass diese Daten nicht allzu eng gesehen werden sollten. An einigen Plätzen zeichnet sich ein deutlich früherer Beginn ab, gleiches gilt für das Ende der Wikingerzeit, das sich bis über das Jahr 1100 hinaus erstrecken dürfte; sie läuft damit parallel zur karolingischen und ottonischen Zeit Mitteleuropas. Als ›Mittelalter‹ wird in Skandinavien erst die Zeit nach den Wikingern bezeichnet. In zeitgenössischen schriftlichen Quellen begegnen uns die Wikinger noch unter anderen Namen, wie etwa *Nordmannen/Normannen* und *Waräger* bzw. *Rus*; die beiden letztgenannten Bezeichnungen werden jedoch ausschließlich für die auf dem Gebiet des heutigen Russland siedelnden Wikinger benutzt. Die Wikinger haben uns kaum eigene Schriftzeugnisse hinterlassen, so dass wir bei ihrer Erforschung auf Fremdbeschreibungen von Zeitgenossen sowie auf archäologische Funde und Befunde angewiesen sind. Bei den Schriftquellen handelt es sich um Reichsquellen wie z. B. die *Fränkischen Reichsannalen* und kirchliche Quellen, die vor allem die Missionsgeschichte in den Vordergrund rücken; vereinzelt finden sich auch Zeugnisse arabischer Händler, die mit den Wikingern in Kontakt standen. Zumeist sind die Schriftquellen jedoch stark tendenziös und liefern uns ein recht einseitiges Bild von den Wikingern. Als wichtige archäologische Quellen der Wikinger sind die stadtartigen Handelsplätze – besonders Haithabu, Ribe und Birka – anzuführen, da sie uns beispielsweise Auskunft über das alltägliche Leben, Wirtschaft, religiöse Vorstellungen sowie technische und handwerkliche Fertigkeiten der Nordmänner geben.

Der Begriff ›Seehandelsplatz‹ wird für Siedlungen speziell des Nord- und Ostseeküstenraums gebraucht. Sie werden als Vor- bzw. Frühform der Stadt betrachtet und entstanden im frühen 8. Jahrhundert. Gekennzeichnet sind sie durch ihre küstennahe geschützte Lage sowie eine ethnisch gemischte Bevölkerung.

eines Ostsee-Fjords, der von der ca. 40 km ins Landesinnere reichenden Schlei gebildet wird. Hier, an der sogenannten ›Schleswiger Landenge‹, besitzt die jütische Halbinsel ihre schmalste Stelle zwischen Nord- und Ostsee. Aufgrund der besonders verkehrsgünstigen Lage – die Nordsee war über eine nur etwa 15 Kilometer breite Landbrücke zu erreichen, und auf dem Landweg verband der sogenannte ›Heerweg‹ die Halbinsel in Nord-Süd-Richtung – entwickelte sich Haithabu im 9. Jahrhundert zum wichtigsten **Seehandelsplatz** der Wikinger.

Die in den Schriftquellen vorkommende Doppelbenennung des Ortes als Haithabu/Schleswig erschwerte lange Zeit die Lokalisierung des Platzes. 1897 vermutete der dänische Archäologe *Sophus Müller* (1846–1934) *Haithabu* im sogenannten ›Halbkreiswall‹, einer ca. 24 ha großen umwallten Fläche am Südufer der Schlei (Abb. 7.17.2). Doch erst die 1900 von *Johanna Mestorf* (1829–1909), der Direktorin des Kieler *Museums für Vaterländische Altertümer*, begonnenen Grabungen bestätigten diese Vermutung. In den letzten einhundert Jahren wurden zahlreiche Grabungen in Haithabu durchgeführt. Hervorzuheben sind dabei insbesondere die von *Herbert Jankuhn* (1905–1990) von 1930 bis 1939 sowie die von *Kurt Schietzel* zwischen 1964 und 1969 sowohl innerhalb als auch außerhalb des Halbkreiswalls vorgenommenen Untersuchungen. Hingewiesen sei auch auf die Hafenuntersuchung und die Schiffsbergung in den Jahren 1979/80. Die letzten Grabungen

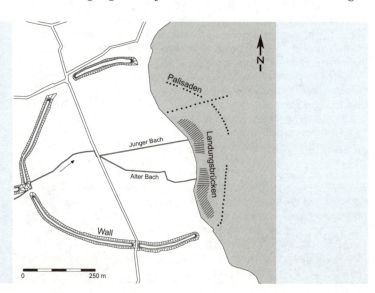

Abb. 7.17.2 | *Gesamtplan von Haithabu.*

Haithabu und die ›Bachbettstratigraphie‹

Für die Zeit um 800 lassen sich in Haithabu drei ufernahe Siedlungskerne nachweisen. Es handelt sich dabei um die südlich des Halbkreiswalls befindliche ›Südsiedlung‹, einen nördlich des Bachs im Halbkreiswall gelegenen Siedlungskern sowie einen kleineren Siedlungskomplex nördlich des Halbkreiswalls. Wichtig für die räumliche Entwicklung Haithabus ist vor allem der zentral gelegene Siedlungskomplex. Herbert Jankuhn grub dort in den dreißiger Jahren einen im Verlaufe des 9. und 10. Jahrhunderts versandeten Bach aus, der einst durch die Siedlung floss. Während der Sedimentation geriet zahlreiches Fundgut – einheimische und importierte Tonware sowie Münzen – in die eingeschwemmten Sedimentlagen. Aufgrund der Schichtenabfolge der sogenannten ›Bachbettstratigraphie‹ war zum einen eine relativ-chronologische Gliederung der dort gefundenen Keramik möglich. Zum anderen ermöglichten einige Objekte – z. B. Münzen – eine absolute Datierung einzelner Schichten. *Wolfgang Hübener* wertete diesen stratigraphisch-topographischen Befund in den fünfziger Jahren systematisch aus und gewann dadurch wichtige Einsichten zur räumlichen Entwicklung Haithabus. Durch die auf der Basis ihrer Kartierung ermittelte horizontale Verteilung der Tonware kam er zu dem Schluss, dass der Kernbereich der Siedlung nach und nach ausgedehnt wurde, da die älteren keramischen Gruppen auf ein kleineres Areal als die jüngere Tonware beschränkt waren. *Hans Jürgen Eggers* (1906–1975) behandelte in seiner *Einführung in die Vorgeschichte* (1959) die ›Bachbettstratigraphie‹ noch als Paradebeispiel der sogenannten ›Horizontalstratigraphischen Methode‹ (→ Kap. 3.5.3.1). Dabei ließ er außer Acht, dass die topographisch-chronologische Interpretation Haithabus auch ohne die ›Bachbettstratigraphie‹ möglich gewesen wäre, da bereits eine relative Chronologie sowohl der einheimischen als auch der importieren Keramik erarbeitet worden war. Zudem kann die Horizontalstratigraphie allenfalls eine Fundverteilung liefern, eine Relativchronologie kann mit ihr aber nicht erstellt werden, da sie ja einer bereits bekannten Chronologie folgt (Zirkelschluss).

erfolgten im Jahr 2005. Sie basierten auf Ergebnissen einer 2002 im Inneren des Halbkreiswalls vorgenommenen geomagnetischen Prospektion (→ Kap. 3.4.4).

Haithabu wird in den Schriftquellen erstmals im Jahr 804 erwähnt. 808 wird die Siedlung an der Schlei in den *Fränkischen Reichsannalen* bereits als *portus*, Hafen, bezeichnet. Dieselbe Quelle gibt uns auch Auskunft über die Zerstörung des Handelsplatzes Reric an der Wismarer Bucht durch König *Göttrik von Dänemark* (gest. um 810) und die Umsiedlung der dort ansässigen Kaufleute nach Haithabu: Der Aufstieg Haithabus als wichtigster Handelsplatz Nordeuropas begann. Das belegen auch archäologische Quellen. Baubefunde zeugen von einer systematischen Aufsiedlung des Ortes um 810, die von der Uferzone ausging. Erst jetzt

Annalen (nur im Pl.), von lat. *annus*, ›Jahr‹. Historische Jahrbücher, in denen Ereignisse auf der Grundlage des Kalenderjahres chronologisch geordnet sind.

entstanden ein regelmäßiges Wegesystem und eine einheitliche Anlage von zumeist umzäunten Grundstücken (Parzellierung). War Haithabu im 8. Jahrhundert noch ein agrarisch geprägtes Dorf, so entwickelte es sich im Verlauf des 9. Jahrhunderts zu einem unbefestigten Fernhandelszentrum und im 10. Jahrhundert zu einem durch einen Wall befestigten Bischofssitz (seit 948) mit städtischem Charakter und mehr als 1000 Einwohnern. In Haithabu, aber auch in anderen wichtigen Seehandelsplätzen der Wikingerzeit – etwa Ribe (Dänemark) und Birka (Schweden) – finden sich die für Urbanisierungsprozesse kennzeichnenden Elemente: eine gewisse Größe, dichte Bebauung, bauliche Organisation und Differenzierung sowie ein hoher Grad an handwerklicher/beruflicher Spezialisierung und eine damit einhergehende Herauslösung der Händler und Handwerker aus der bäuerlichen Gemeinschaft. Mitte des 11. Jahrhunderts begann der Niedergang der Siedlung. Die Ursachen dafür sind nicht völlig geklärt, möglicherweise fiel sie mehreren Plünderungen zum Opfer. 1071 setzten jedenfalls erste nachweisbare Bautätigkeiten am Nordufer der Schlei ein, und die neue Stadt – Schleswig – übernahm die Funktion von Haithabu.

> Urbanisierung, von lat. *urbs*, ›Stadt‹. Verstädterung, Stadtwerdung.

Im 10. Jahrhundert, in der Blütephase des Ortes, gehörte Haithabu zu den wichtigsten Zentren des wikingischen Handels. Seine verkehrsgünstige Lage zahlte sich dabei aus, schließlich war es für Kaufleute zu Schiff oder zu Land bestens erreichbar. Bei der Untersuchung des Handels in Haithabu sind drei Aspekte wichtig: Der Platz ist zum einen als *Konsumentenzentrum* zu betrachten, seine Bewohner waren also Abnehmer bzw. Endkunden importierter Waren. Zum anderen gilt Haithabu als *Produktionszentrum*, das Waren eigens für den Export herstellte. Und drittens übte der Ort die Funktion als *Umschlagplatz* für den Durchgangshandel aus. Das in Haithabu ausgegrabene Fundgut gibt Hinweise auf alle drei Funktionen. So wurden etwa bestimmte Rohstoffe zur Weiterverarbeitung importiert: dazu zählen beispielsweise Eisenerz aus Schweden, Speckstein aus Norwegen, Quecksilber aus Spanien, Karneol und Bergkristall aus dem Kaukasus und Hirschgeweihe aus der Region. Aber auch Halbfabrikate wie Mühlsteine, die aus der Eifel kamen, oder Endprodukte wie Keramikgeschirr aus dem Rheinland wurden eingeführt. Exportiert wurden wiederum die z. T. aus den importierten Rohstoffen hergestellten Waren wie z. B. Bernsteinschmuck. Archäologisch nicht fassbar ist dagegen der Sklavenhandel. Er dürfte in Haithabu eine ebenso große Rolle gespielt haben: Der Ort fungierte – wie uns Schriftquellen berichten – als Umschlagplatz für die Ware ›Mensch‹.

Wichtigstes Transportmittel, das die Waren nach Haithabu beförderte, war das Schiff. Durch archäologische Tauchuntersuchungen (→ Kap. 7.9) im Hafenbereich wurde deutlich, dass der Hafen bereits seit dem 8./9. Jahrhundert eine Vielzahl an Stegen besaß, die weit ins Wasser hineinreichten. Sie dürfen zweifellos als Landungsbrücken gedeutet werden, auf denen vermutlich auch Speicher- und Stapelhäuser standen, die das Laden und Löschen der Schiffe wesentlich erleichterten. Bei der Untersuchung der Hafenanlage wurden darüber hinaus eine aus Pfählen bestehende Hafenbefestigung sowie drei wikingerzeitliche Schiffe und ein mittelalterlicher **Prahm** entdeckt. Bei einem der wikingerzeitlichen Wracks handelt es sich um ein etwa 26 m langes skandinavisches Lastschiff, das eine Ladekapazität von mindestens 40 t besaß. Die Landungsstege, die Hafenpalisade sowie das nachgewiesene Handelsschiff, das übrigens auch hochseetauglich war, führen einmal mehr die besondere Stellung Haithabus im wikingerzeitlichen Fernhandelssystem vor Augen.

Prahm, von tschech. *prám*. Flachbodiges Wasserfahrzeug, das hauptsächlich für Arbeitszwecke eingesetzt wird.

Die internationale Bedeutung Haithabus bezeugen auch die in den verschiedenen Gräberfeldern beobachteten Funde und Befunde. Aufgrund abweichender Bestattungssitten lässt sich auf mehrere in Haithabu ansässige ethnische Gruppen schließen: Dänen, Schweden, Sachsen, Friesen und Slawen. Gegen Mitte des 10. Jahrhunderts fanden die unterschiedlichen Bestattungsformen ihr Ende. Es überwiegen jetzt beigabenlose Gräber: Die christliche Mission war offenbar von Erfolg gekrönt.

Haithabu und andere wikingerzeitliche Seehandelsplätze zeigen, dass die Wikinger keineswegs nur als die insbesondere in Mitteleuropa gefürchteten Seefahrer gesehen werden dürfen. Sie waren wohl in aller Regel zuerst einmal Kaufleute, die vor allem mit dem südlichen und östlichen Europa regen Handel trieben. Da uns die Wikinger bis auf wenige und zum Teil nur schwer deutbare *Runeninschriften* keine aussagefähigen Schriftzeugnisse über ihr Leben und ihren Alltag hinterlassen haben, sind wir bei ihrer Erforschung – neben zahlreichen Fremdzeugnissen – auf archäologische Quellen angewiesen. Gerade letztere werden unser Bild der Wikinger auch in Zukunft noch beeinflussen und möglicherweise dazu führen, überkommene Ansichten neu zu überdenken.

Runen und Runeninschriften

Die *Runenschrift* kann als epigraphische Schrift bezeichnet werden. Sie wurde in Skandinavien bis ins späte Mittelalter, vereinzelt bis in die Neuzeit, verwendet. Die Inschriften finden sich ausnahmslos auf den Materialien Holz, Knochen, Geweih/Horn, Stein, Ton und Metall, weshalb die Runen – je nach Träger – eingemeißelt, eingraviert, eingeschnitten oder eingeritzt werden mussten. Der Begriff ›Rune‹ kommt in allen germanischen Dialekten mit der Bedeutung ›Geheimnis‹ vor (althochdt. *runa*; got. *runa*; altengl. *run*; altisländ. *run*). Heute werden mit den Runen gemeinhin die germanischen Schriftzeichen assoziiert. Dass die Runen vor allem im Bereich von Magie und Kult eine besondere Rolle spielten, ist zwar nicht bewiesen, aber auch nicht auszuschließen. Bis heute ist es nicht gelungen, die Herkunft der Runenschrift zu ergründen. Noch immer werden drei Möglichkeiten diskutiert: ein griechischer, lateinischer oder norditalischer/etruskischer Ursprung. Wie die Herkunft ist auch die Entstehungszeit der Runenschrift, die vom ersten Auftreten der Runenzeichen zu unterscheiden ist, unklar. Es ist von einer mindestens einhundert Jahre währenden Entwicklungszeit auszugehen; die frühesten Funde, die zweifelsfrei Runenzeichen tragen, datieren in die Mitte des 2. Jahrhunderts n. Chr., die Schrift dürfte somit wohl im ersten nachchristlichen Jahrhundert entstanden sein. Die Runenschrift besitzt zwei sogenannte ›Runenreihen‹: 1. Das *Ältere Futhark* mit 24 Buchstaben (ca. 200–700 n. Chr.); 2. das *Jüngere Futhark* mit 16 Buchstaben (ca. 700–1050 n. Chr.). Die Bezeichnung als Futhark für das Runenalphabet ist auf die ersten sechs Zeichen *f u th a r k* zurückzuführen. Jede einzelne Rune besitzt neben ihrem Lautwert (z. B. ›f‹) auch einen Begriffswert (für ›f‹ = *fehu*, ›Vieh‹ = ›Besitz‹, ›Vermögen‹). Dies erschwert die Entschlüsselung von Runeninschriften erheblich; dementsprechend gibt es häufig verschiedene Lesungen ein und derselben Inschrift. Die Schreibrichtung der Runen ist ebenfalls nicht vorgegeben. Es kommen links- wie rechtsläufige Runentexte, aber auch abwechselnd links- und rechtsläufige Inschriften, sogenannte ›**Bustrophedoi**‹ vor. Daneben gibt es von oben nach unten und umgekehrt geschriebene Texte. Zu welchem konkreten Zweck die Runenschrift benutzt wurde, lässt sich nur annähernd klären. Die sogenannten *Runensteine*, von denen es auch vier in der Umgebung von Haithabu gibt, deuten auf einen Gebrauch im Totengedenken hin; sogenannte *Runenstäbchen* und andere Kleinfunde verweisen auf eine Verwendung im Alltag. Drei solcher Stäbchen fand man in Haithabu. Gerade die *runakefli*, wie die Runenstäbchen ebenfalls bezeichnet werden, und die Ritzungen auf Alltagsgegenständen belegen eine Benutzung der Runenschrift durch die gesamte damalige Bevölkerung.

Bustrophedon, von griech. *boús*, ›Ochse‹, ›Rind‹, und *stréphein*, ›wenden‹. Wörtlich: ›sich wendend wie der Ochse beim Pflügen‹. Bezeichnung für einen Text, der zeilenweise abwechselnd nach rechts und nach links verläuft.

Testfragen

1. Auf welche historischen Ereignisse bezieht sich die Definition der Wikingerzeit? Für welchen Raum gilt sie?
2. Wann beginnt der Ausbau Haithabus, und mit welcher historischen Quelle wird dies in Verbindung gebracht?

3. Was sind Runen, seit wann gibt es sie, welche Runenfolge benutzten die Wikinger, und welche Nachweise von Runeninschriften gibt es in und um Haithabu?

Literatur

Archäologie in Deutschland 2007/5 (Themenheft: Handelszentren an der Ostsee vor 1000 Jahren).

K. Brandt/M. Müller-Wille/C. Radtke (Hrsg.), Haithabu und die frühe Stadtentwicklung im nördlichen Europa. Schriften des Archäologischen Landesmuseums 8 (Neumünster 2002).

S. Brather, Lindisfarne 793 als Beginn der Wikingerzeit? Kulturentwicklung und Ereignisgeschichte im Vergleich. Zeitschrift für Archäologie des Mittelalters 31, 2003, 39–60.

Diverse Autoren, Stichwort ›Haidaby‹. RGA² 13, 1999, 361–387.

Diverse Autoren, Stichworte ›Wikinger‹ und ›Wikingerzeit‹. RGA² 34, 2007, 55–81.

K. Düwel, Runenkunde (Stuttgart – Weimar 2008⁴).

W. Hübener, Die Keramik von Haithabu. Ausgrabungen in Haithabu 2 (Neumünster 1959).

H. Jankuhn, Haithabu: Ein Handelsplatz der Wikingerzeit (Neumünster 1986⁸).

Kulturwissenschaftliche Leitkonzepte | 8

Inhalt	
8.1 Mensch und Umwelt	267
8.2 Kultur und Erinnerung	270
8.3 Die Welt der Dinge	278
8.4 Die Welt der Bilder	282

Mensch und Umwelt | 8.1

Die Frage nach der Wechselbeziehung von Mensch und Natur spielt seit jeher eine Rolle in den historischen Wissenschaften, doch erst in den siebziger Jahren des 20. Jahrhunderts nahm die Beschäftigung mit diesem Thema unter dem Schlagwort *Environmental History* bzw. *Umweltgeschichte* merklich zu. Damals fanden erste umwelthistorische Ansätze Eingang in die Geschichtswissenschaft. Als in den achtziger Jahren mit dem sogenannten ›Waldsterben‹ die Umweltproblematik generell in das öffentliche Interesse rückte, gewannen ökologische Fragen und Probleme die ihnen gebührende Aufmerksamkeit in den historischen Wissenschaften, und zwar sowohl in **synchroner** wie **diachroner** Perspektive. Schließlich ist der Mensch einerseits von der Natur abhängig, andererseits aber beherrscht er sie auch bzw. passt sie seinen Bedürfnissen an. Er greift in das natürliche Ökosystem ein, gestaltet es um und schafft damit einen neuen, in immer stärkerem Maße anthropogen beeinflussten Lebensraum.

Als interdisziplinäres Themenfeld wirft die Erforschung des Verhältnisses des Menschen zu seiner natürlichen Umwelt zahlreiche Fragen auf, die nur über eine Zusammenarbeit verschiedener Fächer angegangen werden können. Zu den beteiligten Wissenschaften zählen neben den Geschichtswissenschaften und Archäologien vor allem die Ökologie, Historische Geographie, Kli-

Synchron, von griech. *syn-*, ›zusammen‹, und *chrónos* ›Zeit‹. Gleichzeitig. – Diachron, von griech. *diá*, ›durch‹. Durch die Zeit hindurch, im historischen Verlauf betrachtet.

maforschung, Ethnologie, Volkskunde/Empirische Kulturwissenschaft und Politikwissenschaft. Das Forschungsfeld ›Umweltgeschichte‹ ist daher von einem Methodenpluralismus geprägt. Für archäologische Fragestellungen sind zweifellos alle naturwissenschaftlichen Nachbarwissenschaften (→ Kap. 6.3) von großer Wichtigkeit, da sie zahlreiche Hinweise zum Umgang des Menschen mit der Natur liefern können. Dazu gehören etwa die Ressourcennutzung, das nachhaltige oder zerstörerische Wirtschaften sowie sonstige Eingriffe in den Naturraum aufgrund bestimmter wirtschaftlicher Aktivitäten, also z. B. der Bergbau und die damit zusammenhängende Erzverhüttung mit ihrem hohen Holzbedarf. In der Ur- und Frühgeschichtlichen Archäologie verbinden sich somit auch hier die kultur- und die naturwissenschaftliche Arbeitsweise. Aber auch die Ethnologie vermag der Archäologie zu Einsichten hinsichtlich der Thematik ›Mensch–Umwelt‹ zu verhelfen, etwa wenn kulturell, sozial oder politisch bestimmte Normen konkrete Handlungen im Umgang mit der naturräumlichen Umwelt erfordern. Exemplarisch sei die lebenswichtige Ressource ›Wasser‹ angeführt. Hierbei ist beispielsweise der Zugang zu und die Kontrolle von Wasservorkommen – Stichwort ›Herrschaft‹/›Macht‹ – oder die Nutzung von Wasser im religiösen Kontext von Bedeutung.

Ziel umwelthistorischer Forschung ist es, die Umweltbedingungen in der Vergangenheit zu rekonstruieren – dazu gehören Klima, Landschaft, Tier- und Pflanzenwelt – sowie deren Wahrnehmung und Umgestaltung durch den Menschen. Um in dieser Hinsicht Aussagen treffen zu können, sind einerseits naturwissenschaftliche Untersuchungen zu Boden, Wald, Wasser und Luft notwendig. Andererseits liefern uns aber auch Schriftquellen und materielle Hinterlassenschaften Erkenntnisse über Umweltbedingungen und Umweltverhalten in der Vergangenheit. Mit der umwelthistorischen Forschung sind besonders solche Fragen verknüpft, die sich mit der Erschließung, Ausbeutung und Nutzung fossiler Rohstoffe, mit den Folgen der Subsistenzwirtschaft (→ Kap. 7.4.2) und anderem mehr befassen. Zugleich müssen in diesem Zusammenhang immer auch soziokulturelle Aspekte beachtet werden – sie spielen eine wichtige Rolle, wenn es um das Verhältnis von Mensch und Umwelt geht.

Anders als in den Geschichtswissenschaften im engeren Sinne ist die Erforschung der Beziehung zwischen Mensch und natürlicher Umwelt schon länger ein Thema der Ur- und Frühgeschichtlichen Archäologie. Hervorzuheben ist vor allem das von der *Deutschen Forschungsgemeinschaft* (DFG) (→ Kap. 7.4.2) in den sechziger und siebziger Jahren geförderte Schwerpunktprogramm *Vor- und frühgeschichtliche Besiedlung des Nordseeraumes*. Die übliche und zumeist isolierte Einzelforschung von Siedlungen wurde innerhalb des Projekts zugunsten eines gemeinsamen Themas, einer gemeinsam zu erschließenden siedlungsarchäologischen Großregion sowie eines Forschungsverbundes aus verschiedenen Fächern aufgegeben. Grundthema des interdisziplinären ›Nordseeküsten-Projekts‹ war die Erforschung des Wechselverhältnisses von Mensch und Umwelt mit dem Ziel, die Wirtschaftsweise und das soziale System der Küstensiedlungen sowie die Lebensumstände ihrer Bewohner während des 1. Jahrtausends v. Chr. und des 1. Jahrtausends n. Chr. zu rekonstruieren.

Darüber hinaus war die Umweltthematik in den letzten Jahren immer wieder Gegenstand archäologischer Forschung. Wir möchten hier lediglich an das interdisziplinäre DFG-Graduiertenkolleg *Paläoökosystemforschung und Geschichte* (1998–2005) an der Universität Regensburg erinnern, an dem archäologische, historische und geowissenschaftliche Fächer sowie die Botanik beteiligt waren, und das die Mensch-Umwelt-Wechselwirkungen vom späten 2. Jahrtausend v. Chr. bis ins Hochmittelalter (Mitte des 13. Jahrhunderts) untersuchte. Hervorzuheben ist auch die seit 2007 laufende Graduiertenschule *Human Development in Landscapes* an der Universität Kiel, deren Schwerpunkt die Interaktion zwischen Mensch und Umwelt ist. Ähnlich wie das Regensburger Kolleg vereint die Kieler Graduiertenschule naturwissenschaftliche Fächer (z. B. Mineralogie, Molekularbiologie, Archäobotanik) mit sozialwissenschaftlichen (z. B. Pädagogik, Psychologie) und kulturwissenschaftlichen Fächern (z. B. Wirtschafts- und Sozialgeschichte, Kunstgeschichte, Klassische Philologie). Nicht vergessen seien zwei weitere – mittlerweile abgeschlossene – fachübergreifende archäologische Forschungsprojekte, die von der *Volkswagenstiftung* im Rahmen des Programms *Nachwuchsförderung in der fachübergreifenden Umweltforschung* finanziert wurden. Das Projekt von *Thomas Knopf* beschäftigte sich mit dem menschlichen Umweltverhalten ur- und frühgeschichtlicher Bauern, und *Thomas Meier* setzte sich mit *Ökosystem, Sozialstruktur und Wirtschaftsweise im mittelalterlichen Altbaiern* auseinander.

In letzter Zeit wird im Zusammenhang mit der Mensch-Umwelt-Beziehung in der Ur- und Frühgeschichte häufiger von einer *Umweltarchäologie* gesprochen, wenn es um Erkenntnisse über weit zurückliegende Umweltbedingungen geht. Dazu gehören etwa Landschaftsveränderungen (z. B. Rodung von Wäldern), Nahrungsmittelkrisen, umsichtige oder verschwenderische Ressourcennutzung (z. B. Holzmangel durch Raubbau) oder Umweltzerstörung (z. B. **Desertifikation** als Folge der Übernutzung von Böden). Eine solche Umweltarchäologie als Spezialgebiet innerhalb der Archäologie dürfte im Rahmen einer derzeit stark auf die Neuzeit ausgerichteten Umweltgeschichte wichtige Erkenntnisse zum Verhältnis von Mensch und Umwelt in einer mehr oder minder weit entfernten Vergangenheit liefern; sie könnte auch die ›moderne‹ Umweltgeschichte in methodischer und sachlicher Hinsicht bereichern.

Desertifikation, von lat. *deserta*, ›Wüste‹, ›Einöde‹, und *facere*, ›machen‹. Austrocknung von Böden; Wüstenbildung.

Testfragen

1. Was sind die Ziele umwelthistorischer Forschung?
2. Welchen Beitrag leistet die Archäologie zur Umweltgeschichte?

Literatur

T. Knopf, Mensch und Umwelt in der Archäologie – Alte Ansätze und neue Perspektiven. Archäologisches Nachrichtenblatt 10, 2005, 211–219.
T. Knopf (Hrsg.), Umweltverhalten in Geschichte und Gegenwart: Vergleichende Ansätze (Tübingen 2008).
G. Kossack/K.-E. Behre/P. Schmid (Hrsg.), Archäologische und naturwissenschaftliche Untersuchungen an ländlichen und frühstädtischen Siedlungen im deutschen Küstengebiet vom 5. Jahrhundert v. Chr. bis zum 11. Jahrhundert n. Chr., 1: Ländliche Siedlungen; 2: Handelsplätze des frühen und hohen Mittelalters (Weinheim 1984).
W. Siemann (Hrsg.), Umweltgeschichte: Themen und Perspektiven (München 2003).
V. Winiwarter/M. Knoll, Umweltgeschichte (Köln – Weimar – Wien 2007).

8.2 | Kultur und Erinnerung

Seit einigen Jahren befasst sich die historische Kulturforschung intensiv mit der Frage der Weitergabe *kulturellen Wissens* in sogenannten ›vormodernen‹ oder ›traditionalen‹ Gesellschaften (→ Kap. 6.2.3). Mit dem Begriff ›kulturelles Wissen‹ meinen wir nicht nur die gruppenspezifischen Auffassungen über die Entstehung der belebten und unbelebten Welt, über Leben und Tod, über Diesseits und Jenseits und über die Herkunft und Geschichte der eigenen Gruppe. Kulturelles Wissen in unserem Verständnis umfasst auch die Frage nach den gesellschaftlichen Institutionen, etwa warum eine soziale und politische Verfassung so und nicht anders ist. Dazu zählen auch Mythen, die davon handeln, auf welche Weise die Vorfahren in den Besitz überlebenswichtiger Kulturtechniken – z. B. die Erzeugung und Nutzung von Feuer, die Verhüttung von Eisenerz, die Herstellung von Einbäumen und Netzen, das Bauen von Fallen – gelangten. Kultisch-religiöse Praktiken, die der Erhaltung der Fruchtbarkeit der Frauen, der Felder und des Viehs sowie der Gesundheit und des Wohlstands dienen, gehören ebenso dazu wie jene zur Sicherung des inneren und äußeren Friedens einer Gemeinschaft. Ein so verstandenes kulturelles Wissen betrifft also einerseits sehr komplexe Fragen nach dem Wesen der Welt und der Gemeinschaft sowie andererseits Bereiche, die zumindest vordergründig eher lebenspraktisch sind. In unserem Zusammenhang ist zu beachten, dass sich die Thematik der Weitergabe dieses kulturellen Wissens keineswegs allein auf die Weitergabe der kultisch-religiösen Praktiken und der Kulturtechniken an sich bezieht. Vielmehr geht es im Wesentlichen um die Vorstellungen von ihrer ›Geschichte‹ und ihrer Bedeutung.

In der Ethnologie (→ Kap. 6.2.3) wird die Problematik der mündlichen Überlieferung oder ›oralen Tradition‹ schon seit vielen Jahrzehnten erörtert. Es ist längst bekannt, wie wandelbar das gesprochene Wort ist. Bekannt ist auch, wie sehr die scheinbar ehrwürdige Tradition den Interessen der jeweiligen Gegenwart zu dienen hat, indem sie daran mehr oder weniger geschickt angepasst wird. Die historische Tiefe der oft in eine mythische ›Urzeit‹ zurückverweisenden Überlieferung wird unterschiedlich beurteilt. Dabei spielen die Thematik des Überlieferten und die Art seiner Weitergabe eine Rolle. Für die Einschätzung des historischen Kerns der Überlieferung ist es durchaus nicht gleichgültig, ob etwa von Staatengründungen oder von **Herrschergenealogien**, von Wanderungen und oder von Siedlungsgründungen die Rede ist. Ähnlich steht es mit der Frage, ob die Weitergabe eher informell oder aber gezielt im Rahmen von *Initiationsriten*, ja vielleicht sogar in stark gebundener Form durch Spezialisten im Sinne von ›professionellen‹ Erzählern bzw. ›Hütern der Tradition‹ stattfindet. Alles in allem gilt die historische Tiefe im Allgemeinen als gering – man billigt der mündlichen Überlieferung nur in Ausnahmefällen mehr als die Zeitspanne von höchstens vier bis fünf Generationen, d. h. kaum mehr als 150 Jahre zu. Aber selbst innerhalb einer solchen Spanne ist es schwer, fiktives Beiwerk vom historischen Kern zu trennen.

Genealogie, von griech. *geneá*, ›Geburt‹, ›Abstammung‹, und *lógos*, ›Wissen‹, ›Lehre‹. Wissenschaft von Ursprung, Abfolge und Verwandtschaft von Personen und Gruppen; wichtiges Forschungsgebiet der Völkerkunde.

> **Initiationsritus**
>
> Initiationsritus, von lat. *initium*, ›Anfang‹, Beginn‹, ›Eintritt‹. Ethnologischer Begriff für einen von bestimmten Zeremonien begleiteten Statuswandel (im Franz. als *rite de passage*, ›Übergangsritus‹ bezeichnet – z. B. Übergang vom Kind zum Erwachsenen); dabei werden die Einzuweihenden (Initianden) von noch nicht eingeweihten Gruppenmitgliedern abgesondert, in allen zukünftig für sie wichtigen Belangen des Stamms unterrichtet sowie in ihren neuen Status eingewiesen. Im Zuge dieses Ritus ›stirbt‹ der Initiand symbolisch und kehrt dann als ›Neugeborener‹ in seine Gemeinschaft zurück.

Ähnlich wie die Ethnologie, wenngleich noch nicht so lange, beschäftigen sich auch die Geschichtswissenschaften mit der nur mündlich überlieferten Vergangenheit. In Deutschland wird diese Forschungsrichtung erst seit Mitte der achtziger Jahre des 20. Jahrhunderts gebührend berücksichtigt. Den dafür im englischsprachigen Raum üblichen Begriff *Oral History* verwendet man auch hierzulande als *terminus technicus*.

Die historischen Kulturwissenschaften befassen sich heute vor allem mit einem Phänomen, das der deutsche Kunsthistoriker und Kulturwissenschaftler *Aby Moritz Warburg* (1866–1929) unter der Bezeichnung »soziales Gedächtnis« in die Forschung eingeführt hat. Eine verwandte Gedächtnistheorie stammt von dem französischen Soziologen *Maurice Halbwachs* (1877–1945); sein Schlüsselbegriff lautete *mémoire collective*, also *kollektives Gedächtnis*. In den Worten des Ägyptologen *Jan Assmann* hat Warburg »die Kultur als Gedächtnisphänomen« und Halbwachs »das Gedächtnis als Kulturphänomen« untersucht. Auf dieser Grundlage hat Assmann zusammen mit seiner Frau, der Anglistin *Aleida Assmann*, eine Theorie entwickelt, die zumindest in den deutschsprachigen Kulturwissenschaften eine erhebliche Resonanz gefunden hat. Sie unterscheiden zunächst einmal zwei Typen des kollektiven Gedächtnisses: das *kommunikative* oder *Alltagsgedächtnis* und das *Kulturelle Gedächtnis*. Halbwachs hatte die **Objektivationen** und Symbolisierungen – also den Bereich der Texte, Monumente, Artefakte – als »Tradition« (*tradition*) aus dem »gelebten Gedächtnis« (*mémoire vécu*) ausgegrenzt; die Assmanns hingegen betrachten sie als Kern ihrer Theorie: Das, was Halbwachs als »Tradition« bezeichnete, verstehen sie als Kulturelles Gedächtnis.

Ihr ›kommunikatives‹ oder ›Alltagsgedächtnis‹ entspricht der *mémoire collective* von Halbwachs. Es handelt sich dabei nach Form und Inhalt um alltägliche und informelle Kommunikation, de-

Objektivation. Vergegenständlichung; das Zu-einem-Objekt-Werden.

ren Überlieferung kaum mehr als 80 bis 100 Jahre in die Tiefe der Zeit zurückreicht. Sie kennt keine festen Bezugspunkte in der Vergangenheit, vielmehr ist die erinnerte Zeitspanne an die fortschreitende ›Gegenwart‹ gekoppelt. Ganz anders das Kulturelle Gedächtnis. Für die Assmanns steht diese **Metapher** für jenes Wissen, das sich auf das Selbstbild, auf die Identität einer Gruppe bezieht, z. B. auf ihre Herkunft und ihre Geschichte, ihre Stellung in der Welt, ihre Normen und Werte; zur Stabilisierung und Erhaltung der Gruppe muss dieses Wissen von Generation zu Generation weitergegeben werden. Das geschieht durch zeremonielle Praktiken, die dem Alltag weitgehend entrückt sind, sowie unter Einsatz der oben angesprochenen Symbolisierungen und Objektivationen. Bezugspunkte in der Vergangenheit sind für das Selbstverständnis der Gruppe wesentlich und daher – so die Assmanns – im Kulturellen Gedächtnis präsent. Im Unterschied zum Alltagsgedächtnis ist die Position dieser Bezugspunkte im Hinblick auf die voranschreitende Zeit vergleichsweise konstant.

Am Beispiel Ägyptens entwickeln die Assmanns ihr Konzept eines *multimedialen monumentalen Diskurses*. Er besteht zum einen aus der für Inschriften verwendeten Bildschrift – den Hieroglyphen (→ Kap. 2.3) – und zum anderen aus den monumentalen Formen altägyptischer Architektur, wie sie z. B. in Pyramiden, Tempeln, **Obelisken**, Säulenhallen, **Mastabas** und **Sphinxalleen** verwirklicht worden ist. Dieser Monumentalismus drücke sowohl den Identitätsanspruch einer soziokulturellen und politischen Gemeinschaft – folgt man den Assmanns, so ›beschwört‹ er ihn geradezu – als auch ihren Willen nach ›Verewigung‹ aus.

Das Konzept des Kulturellen Gedächtnisses ist, wie gesagt, in den Kulturwissenschaften nachhaltig rezipiert worden. Allerdings hat es dabei einen gewissen formelhaften Charakter angenommen – oft ist damit kaum mehr gemeint als ein Bezug auf kollektiv aufgefasste Erinnerung an bestimmte historische Phänomene. In der Ur- und Frühgeschichtlichen Archäologie hat dieses Konzept bisher kaum Widerhall gefunden. Das liegt nicht an einem Mangel an Erscheinungen, die für eine solche Betrachtung in Frage kommen könnten. Wir denken beispielsweise an die jungsteinzeitlichen *Megalith- oder Großsteingräber* in West-, Mittel- und Nordeuropa und darüber hinaus; auch die ebenfalls recht monumentalen Grabhügel und Grabkammern der sogenannten ›Fürsten-‹ oder ›Prunkgräber‹ der Frühen Eisenzeit des südwestdeutsch-ostfranzösisch-schweizerischen Raums (→ Kap. 7.10)

Metapher, von griech. *metaphérein*, ›anderswohin tragen‹, ›übertragen‹. Bildhafter Ausdruck, der durch Übertragung eines Wortes aus seinem eigentlichen Zusammenhang in einen anderen entsteht, z. B. ›Morgenröte der Menschheit‹.

Obelisk, von griech. *obelískos*, Verkleinerungsform von *obelós*, ›(Brat-) Spieß‹, ›Spitzsäule‹. Freistehende, rechteckige, spitz zulaufende Säule.

Mastaba, von arab. *maṣṭaba*, ›Bank‹. Altägyptisches Schachtkammergrab mit flachem Lehm- oder Steinhügel.

Sphinx, Pl. Sphingen, von griech. *Sphígx* (weitere Herkunft unsicher). 1. Altägyptisches Steinbild in Löwengestalt meist mit Männerkopf; Sinnbild der übermenschlichen Kraft des Sonnengotts oder des Königs. 2. In griechischer Mythologie Ungeheuer in Gestalt eines geflügelten Löwen mit Frauenkopf, das jeden Vorbeikommenden tötet, der ein ihm aufgegebenes Rätsel nicht zu lösen vermag.

Megalithgräber und ›Megalithkultur‹

Megalithgräber (von grch. *mégas*, ›groß‹, und *líthos*, ›Stein‹) sind aus großen Steinen (z. B. Findlingen) errichtete Grabanlagen sehr unterschiedlicher Form, die beinah weltweit verbreitet und damit an keinen bestimmten Zeithorizont gebunden sind. Die ins Neolithikum (→ Kap. 5.2.3) datierenden west-, mittel- und nordeuropäischen Großsteingräber weisen eine Tendenz zu küstennaher Verbreitung auf, finden sich aber durchaus auch im Binnenland. Bei den meisten Megalithgräbern konnte nachgewiesen werden, dass sie zumindest ursprünglich überhügelt waren. Die Grabanlagen dienten in der Regel als *Kollektivgräber* (→ Kap. 3.4.3); oft fanden sich in ihnen zudem Bestattungen nachfolgender Epochen oder Perioden. Die frühere Vorstellung, dass die Megalithgräber auf Anregungen aus dem Mittelmeerraum (Altägypten, megalithische Tempelbauten auf Malta) zurückgehen, lässt sich aufgrund neuerer chronologischer Ergebnisse nicht mehr aufrechterhalten. Inzwischen hat sich nämlich anhand von ^{14}C-Daten (→ Kap. 3.5.4.3) herausgestellt, dass ein Teil der Gräber der sogenannten ›atlantischen Fassade‹ – also der Bretagne, des westlichen Zentralfrankreichs und der iberischen Atlantikküste – ab 5000 v. Chr. einsetzt und die Grabanlagen daher in die Zeit des Übergangs vom Mesolithikum (→ Kap. 5.2.2) zum Neolithikum datieren. Sie weisen also ein höheres Alter als jene Phänomene auf, von denen sie angeblich inspiriert worden sein sollen. Auch die einstige Auffassung, die europäischen Großsteingräber gehörten zu einer einzigen *Megalithkultur*, gilt heute als widerlegt – dagegen spricht bereits das Fehlen eines einheitlichen Sachguts. Dennoch wird auch heute noch für bestimmte Großregionen – etwa für Europa – immer wieder von einem ›Megalithgedanken‹, einer ›Megalithidee‹ oder gar einer ›Megalithreligion‹ gesprochen; solche Begriffe suggerieren einen einheitlichen Ursprung dieser besonderen Grabanlagen. Zu ihnen pflegt man dann auch noch die säulenartigen, senkrecht aufgestellten sogenannten *Menhire* (von breton. *maen*, ›Stein‹, und *hir* ›lang‹) – d. h. einzeln stehende Megalithen – sowie ferner die langen, aus vielen solchen Megalithen bestehenden Steinalleen der Bretagne (franz. *alignements*) zu rechnen. Bei der weiteren, d. h. über den offenkundigen Bestattungszusammenhang hinausgehenden Deutung hat man auch erwogen, ob die Megalithgräber Kultstätten für die Ahnen oder Markierungen soziopolitisch definierter Territorien darstellen könnten. Die zuletzt genannte Möglichkeit misst diesen Gräbern also eine kommunikative Rolle im Rahmen von Gruppenidentität und Herrschaft zu.

sowie ihre – sofern ungestört überliefert – überaus reiche Ausstattung kommen einem in den Sinn. Beispielhaft genannt seien der Magdalenenberg bei Villingen, das Grab von Hochdorf, die Bestattungen vom Glauberg und das Grab von Vix bei Châtillon-sur-Seine. Nimmt man z. B. die sogenannte ›Prozessionsstraße‹ und die Sandsteinfiguren vom Glauberg oder die über einhundert ringförmig in den gewaltigen Grabhügel des Magdalenenberges eingebrachten Nachbestattungen hinzu, dann entsteht ein starker Eindruck von Monumentalität. Das gilt auch für das

> **Hunsrück-Eifel-Kultur**
>
> Mit *Hunsrück-Eifel-Kultur* (HEK) bezeichnet man eine Kultur der Älteren und der beiden ersten Stufen der Jüngeren Eisenzeit des Hunsrück-Eifel-Raums. Sie wird in eine westliche und eine östliche Gruppe untergliedert. Die älteste Stufe der HEK ist unter dem namengebenden Fundort Laufeld als ›Laufelder Gruppe‹ (entspricht ungefähr der Stufe Ha C) bekannt; es folgt die Ältere HEK (Stufe Ha D) und die Jüngere HEK (Stufe Lt A und Lt B) (→ Kap. 5.2.6). Diese Unterteilung erfolgte anhand der Keramik, die die wichtigste Fundgattung darstellt. Kennzeichnend für die HEK sind Grabhügelfelder, zunächst mit Brandbestattungen, dann – im Verlauf der Älteren HEK – mit Körperbestattungen. Gegen Ende der Jüngeren HEK wurden schließlich Scheiterhaufengräber angelegt und mit nur gering ausgeprägten Hügeln überwölbt. In der Jüngeren HEK finden sich vor allem im Saar-Mosel-Nahe-Raum der Westlichen HEK zahlreiche ›Fürstengräber‹. Es sind sowohl befestigte als auch unbefestigte Siedlungen bekannt, wobei sich die Grabungen in den befestigten Siedlungen bisher weitgehend auf die Befestigungsanlagen als solche beschränkten. Die Erforschung der offenen, also unbefestigten Siedlungen ist im Neuwieder Becken (Östliche HEK) vergleichsweise gut, in der Westlichen HEK hingegen außerordentlich schlecht.

in den letzten Jahren im Bereich der sogenannten ›Vorburg‹ der Heuneburg bei Hundersingen ausgegrabene Steintor.

Natürlich ist zu fragen, ob bzw. inwieweit das Konzept des Kulturellen Gedächtnisses bei diesen urgeschichtlichen Erscheinungen weiterhilft. *Ulrich Veit* hat es auf die gerade erwähnten ›Prunkgräber‹ der sogenannten *Hunsrück-Eifel-Kultur* angewendet und aus diesem Fallbeispiel bestimmte Folgerungen abgeleitet. Er ist sicherlich zu Recht der Meinung, dass bei solchen Begräbnissen unterschiedliche Rituale und Zeremonien stattgefunden hätten. Diese »rituellen Inszenierungen« deutet er als Ausdruck des Kulturellen Gedächtnisses der Bestattungsgemeinschaft. Mit ihrer bei allen ähnlichen Anlässen immer wieder aufs Neue praktizierten öffentlichen Aufführung hätten sie entscheidend zur Stabilisierung und Sicherung der Gruppenidentität beigetragen – eine Interpretation, die recht überzeugend ist.

Im Zusammenhang mit der Monumentalarchitektur des Göbekli Tepe (→ Kap. 7.3) hat der Ausgräber *Klaus Schmidt* ebenfalls Anleihen bei den Assmanns gemacht. Vor 10 000–12 000 Jahren, so meint er, habe es im Zweistromland ein weithin bekanntes Symbolsystem gegeben. Es **manifestiere** sich vor allem in den Darstellungen auf den T-Pfeilern des Göbekli Tepe und habe vielleicht als Speichermedium für das Kulturelle Gedächtnis jener Zeit fungiert. Wenn das Bildrepertoire erst einmal vollständiger bekannt sei – so Schmidt –, könnte die Theorie der Assmanns

Manifestieren, von lat. *manifestus*, ›offenbar‹, ›augenscheinlich‹. Sichtbar, erkennbar werden.

eine wichtige Orientierungshilfe bei der Deutung der Darstellungen des Göbekli Tepe bieten. Welch geringes Gewicht das von ihm postulierte Symbolsystem und damit das Konzept des Kulturellen Gedächtnisses bei der Interpretation des Göbekli Tepe jedoch tatsächlich einnimmt, zeigt sich daran, dass er im gleichen Atemzug von den ›Traumpfaden‹ (den sogenannten *songlines*) der australischen *Aborigines* spricht. Möglicherweise, so heißt es, habe man auch im Frühen Neolithikum Obermesopotamiens solche »in Lieder geronnene Landkarten« zur mythengeleiteten Orientierung im Raum und zur Kommunikation genutzt. Wie vieles andere ist also auch das Kulturelle Gedächtnis in diesem Falle nur ein beiläufig erwähnte Leitvorstellung der gegenwärtigen kulturwissenschaftlichen Debatte; sein interpretativer Wert für die zugrunde liegende Fragestellung bleibt jedoch unausgelotet.

Nimmt man, wie es häufig geschieht, das Konzept des Kulturellen Gedächtnisses im weitesten Sinne als formelhaften Verweis auf kollektive Vorstellungen über die Vergangenheit, dann lässt sich darunter auch die Frage fassen, wie wohl der ur- und frühgeschichtliche Mensch selbst zu seiner Vergangenheit gestanden haben mag. Diese Frage ist als solche keineswegs neu – das Verhältnis des schriftlosen Menschen zu seiner Geschichte hat schon vor vielen Jahrzehnten zum Nachdenken angeregt. Wenn man sich vergegenwärtigt, in welchem Maße besonders die monumentalen Großsteingräber des Neolithikums ebenso wie die großen Grabhügel der Älteren Bronzezeit (→ Kap. 5.2.5) als auffällige Landmarken die Phantasie der Nachgeborenen beflügelt haben mögen, dann ist der Gedanke an ein mythisch geprägtes Bewusstsein von vorausgegangenen Generationen nicht allzu weit hergeholt. Die Tatsache, dass solche Gräber, wie vor allem *Cornelius Holtorf* zeigen konnte, in späterer Zeit für Nachbestattungen genutzt worden sind, lässt einen erwägen, ob es sich dabei vielleicht um eine bewusste Wiedernutzung, um eine Anknüpfung an Vergangenes handelt. Auch ist zu fragen, inwieweit sogenannte **Archaika** als Artefakte einer wie auch immer vorgestellten Vergangenheit erkannt und aus diesem Grunde deponiert worden sind. Dies alles sind, wohlgemerkt, Möglichkeiten – manches erscheint sogar in hohem Maße plausibel, aber wir müssen uns darüber im Klaren sein, dass wir auf diesem Felde über Hypothesen nicht hinauskommen werden.

Auch die Rezeption von in die Gegenwart ›hineinragenden‹ Monumenten der Vergangenheit wird bisweilen unter der Theo-

---

Traumpfade (*Songlines*). Der Begriff bezieht sich auf Lieder der australischen Ureinwohner (*Aborigines*), in denen Heroen der mythischen Schöpfungsepoche (›Traumzeit‹) über das Land wandern. Im Zuge dieser Wanderungen haben sie alles Bestehende einschließlich der Landschaft und der Kultur geschaffen.

Archaikum, Pl. Archaika, von griech. *archaikós*, ›altertümlich‹. Archäologischer Fachbegriff für Objekte, die zeitlich nicht in den Fundkontext gehören, in dem sie zutage gekommen sind.

rie des Kulturellen Gedächtnisses betrachtet. Dabei scheint es tatsächlich eine vage Ähnlichkeit mit dem zu geben, was wir oben über das Bewusstsein des ur- und frühgeschichtlichen Menschen zu seiner Vergangenheit ausgeführt haben: Die Bedeutung des akkumulierten kulturellen Wissens und seine Weitergabe sind für die Gegenwart der jeweiligen Gruppen wichtig. Zwar wird man heute kaum davon reden wollen, dass ur- und frühgeschichtliche Zeugnisse für die heutige Bevölkerung von Bedeutung seien, aber sie stoßen doch immerhin auf ein großes Interesse. Die damalige Rezeption erfolgte auf dem Wege einer durch Mythen angereicherten mündlichen Überlieferung, die neuzeitliche Rezeptionsgeschichte hingegen ist insgesamt recht detailliert dokumentiert und damit meist unmittelbar fass- und auswertbar. Das bedeutet jedoch nicht, dass sich die heutzutage in der Bevölkerung verbreiteten Vorstellungen von ur- und frühgeschichtlichen Monumenten mit den Einsichten der Archäologie deckten – zumeist ist das Gegenteil richtig. Insofern wäre also kritisch nachzufragen, wenn von den Kulturwissenschaften das Konzept des Kulturellen Gedächtnisses in Bezug auf die Gegenwart bemüht wird. Bei nüchterner Betrachtung besteht zwischen den frühen Monumenten und der neuzeitlichen Wiederanknüpfung nicht nur ein zeitlicher, sondern auch ein ausgeprägter kultureller Bruch, der sich von dem Verhältnis von mythischer Vergangenheit und Gegenwart in ur- und frühgeschichtlicher Zeit vermutlich fundamental unterscheidet.

Zusammenfassend halten wir fest, dass sich die kulturwissenschaftliche Leitidee des Kulturellen Gedächtnisses im Bereich der Ur- und Frühgeschichtlichen Archäologie noch als insgesamt unzureichend untersuchte Größe darstellt. Gewiss ist die Beschäftigung mit theoretischen Fragen dieser und ähnlicher Art grundsätzlich weiterführend und erhellend; sie sollte ein wesentlicher Teil auch der archäologischen Einzelfächer sein. Alles in allem haben wir beim jetzigen Stand der Diskussion für die Prähistorische Archäologie den Eindruck, dass eine systematische Beschäftigung mit der Ethnologie zu einer breiteren Deutungsgrundlage führt als die für ›Frühe Hochkulturen‹ (→ Kap. 4.2) entwickelte Theorie des Kulturellen Gedächtnisses. Anders verhält es sich jedoch mit der durch schriftliche Zeugnisse erschließbaren Rezeption archäologisch präsenter Vergangenheit. Allerdings mag man sich dabei letzten Endes fragen, ob der Rückgriff auf das Kulturelle Gedächtnis wirklich mehr als ein Appell an ein scheinbar bewährtes Konzept ist.

Testfragen

1. Was ist mit dem Konzept des Kulturellen Gedächtnisses gemeint?
2. Was besagt der Begriff ›orale Tradition‹?

Literatur

J. Assmann, Das kulturelle Gedächtnis: Schrift, Erinnerung und politische Identität in frühen Hochkulturen (München 2007⁶) [Erstausgabe 1992].
A. Erll, Kollektives Gedächtnis und Erinnerungskultur: Eine Einführung (Stuttgart – Weimar 2005).
C. Holtorf, Geschichtskultur in ur- und frühgeschichtlichen Kulturen Europas. In: J. Assmann/K. E. Müller (Hrsg.), Der Ursprung der Geschichte: Archaische Kulturen, das Alte Ägypten und das Frühe Griechenland (Stuttgart 2005) 87–111.
R. Schott, Die Macht des Überlieferungswissens in schriftlosen Gesellschaften. Saeculum 41, 1990 [Urgeschichte als Kulturanthropologie: Beiträge zum 70. Geburtstag von Karl J. Narr] 273–316.
J. Vansina, Oral Tradition as History (London 1985).
U. Veit, Kulturelles Gedächtnis und materielle Kultur in schriftlosen Gesellschaften: Anthropologische Grundlagen und Perspektiven für die Urgeschichtsforschung. In: T. L. Kienlin (Hrsg.), Die Dinge als Zeichen: Kulturelles Wissen und materielle Kultur. Internationale Fachtagung an der Johann Wolfgang Goethe-Universität Frankfurt am Main, 3.–5. April 2003. Universitätsforschungen zur Prähistorischen Archäologie 127 (Bonn 2005) 23–40.

8.3 | Die Welt der Dinge

In den empirischen Kulturwissenschaften, insbesondere in der Ethnologie und der Volkskunde/Europäischen Ethnologie (→ Kap. 6.2.3), wurde die sogenannte ›materielle Kultur‹ (→ Kap. 4.1) viele Jahrzehnte lang als Stiefkind behandelt. Gegenstände, gar solche des Alltags, galten als Sammlungsobjekte, die ins Museum gehören. Ihren einstigen durchaus prominenten Platz innerhalb der Forschung in den Universitätsinstituten hatten sie jedenfalls verloren. Nach 1945 herrschten sozialwissenschaftliche Fragestellungen vor – und das Sachgut der untersuchten Gemeinschaften spielte dabei bestenfalls eine sehr untergeordnete Rolle. Seit einigen Jahren ist das kulturwissenschaftliche Interesse an den ›Dingen‹ zurückgekehrt. Inzwischen gibt es nicht nur ungezählte Aufsätze zu dieser Thematik, sondern auch zahlreiche Monographien und Sammelbände mit Titeln, die ähnlich wie unsere Überschrift lauten. Seit 1996 erscheint sogar eine auf die Dingwelt spezialisierte Zeitschrift, das *Journal of Material Culture*.

Was hat es mit dieser Rückbesinnung auf sich? Ist es überhaupt eine Rückbesinnung? Nein, eine wirkliche Rückbesinnung ist es nicht. Das neue Interesse an den Dingen stellt vielmehr das Gegenteil dessen dar, was man lange Zeit unter ›Erforschung materieller Kultur‹ oder ›Sachgutforschung‹ verstand. War dieses Interesse früher weitgehend theoriearm, verhält es sich heute umgekehrt. Die Dinge werden jetzt in einen **semiotisch**-kommunikationstheoretischen Zusammenhang gestellt. Nicht das rein pragmatisch-funktionale ›Sachwesen‹ der Gegenstände ist von primärem Interesse, sondern ihr soziales ›Bedeutungswesen‹ und dabei nicht zuletzt ihr oft ebenfalls vorhandenes oder zu vermutendes ›kommunikatives Wesen‹. Tatsächlich wird jeder Mensch in eine Dingwelt hineingeboren, die ihn im Zuge seines Aufwachsens meist unbewusst mit jenen Normen und Werten vertraut macht, die für die materiellen Formen seiner sozialen Umwelt als kulturell verbindlich angesehen werden. Das, was er vorfindet, prägt seine Vorstellung von der ›richtigen‹ Welt der Dinge, und indem er sich diese Welt aneignet, erlernt er auch ihren Zeichencharakter. So wird ihm als Mitglied unserer mitteleuropäischen Kultur irgendwann klar, dass zum Beispiel die teure, schwere Limousine seines Vaters und der möglicherweise ebenso teure Sportwagen seiner Mutter nicht nur komplexe Objekte der Fortbewegung, sondern unter anderem auch Indikatoren der sozialen Position seiner Eltern sind. Verfügen seine Eltern nicht über derlei Luxusgüter, so wirkt das nicht minder prägend auf ihn ein. Denn er lernt früher oder später den gesellschaftlich vermittelten ›Wert‹ solcher und anderer Dinge kennen. Nehmen wir an, er habe auf diese oder ähnliche Weise erst einmal die soziokulturelle Bedeutung der Dinge erkannt, dann wird er sehr schnell feststellen, in welch hohem Maße auch unzählige andere Objekte seiner vertrauten Umgebung – etwa die Wohnung oder das Haus, das Mobiliar, die Bilder usw. – kulturell aufgeladen sind. So haben unendlich viele Dinge nicht nur einen praktisch-funktionalen *Sach*- oder *Nutzwert*, sondern gleichzeitig einen abstrakten, zeichenhaften Wert. Diesen Wert kann man als *Symbolwert* bezeichnen; er lässt sich vor allem mit den Mitteln der Semiotik erforschen.

Im Gegensatz zu den anderen empirischen Kulturwissenschaften hatte die Archäologie niemals grundsätzliche Zweifel an der Aussagekraft des Sachguts. Da die materielle Kultur und

> Semiotik bzw. Semiologie, aus griech. *sēmeíon*, ›Zeichen‹, und *lógos*, ›Wissen‹, ›Lehre‹. Lehre von den Zeichen, Zeichentheorie.

ihr Kontext nun einmal das Fundament aller Einzelarchäologien bilden, wäre das auch abwegig. Leider hat diese besondere archäologische ›Selbstverständlichkeit‹ des Materiellen aber zu einer mangelnden Auseinandersetzung mit dem Wesen und dem Erkenntnispotential materieller Kultur geführt; sie setzt in den Archäologien erst in den siebziger Jahren des 20. Jahrhunderts ein.

Heutzutage gehen Archäologen angesichts der Vielfalt der Kultur (→ Kap. 4.1) davon aus, dass zwar die konkrete Ausformung der zugrunde liegenden, kulturell prägenden gesellschaftlichen Wirkkräfte variabel ist, diese Wirkkräfte als solche aber über die Zeit hinweg relativ unverändert bleiben. Die Variabilität der Kultur ist durch ethnologische, historische und archäologische Forschung empirisch nachgewiesen. Das gilt auch für die relative Konstanz der sozialen Wirkkräfte. Unter diesen Voraussetzungen muss die Archäologie unterstellen, dass in der einstigen Lebenswirklichkeit, der ihre Forschungen gelten, viele Dinge in einem mehr oder minder hohen Maße kulturell aufgeladen waren – sie waren Bedeutungsträger oder *Semiophoren*, um es mit einem Begriff des polnisch-französischen Kulturwissenschaftlers *Krzysztof Pomian* zu sagen. Die Bedeutungen, soviel ist sicher, liegen jedoch nicht in den Dingen selbst; sie liegen vielmehr im symbolischen System der betreffenden Kultur. Bedeutung wird den Dingen von den Menschen, die sie herstellen, gebrauchen und mit ihnen leben, gemäß den Regeln dieses Systems zugeschrieben.

In den nicht-archäologischen empirischen Kulturwissenschaften liegt der Beschäftigung mit den Dingen heute eine Handlungsperspektive zugrunde: Man fragt, wie sie in die Lebenswelt eingebettet sind, wie sie gebraucht werden, welche Bedeutung man ihnen in welchem Kontext beimisst. Dieser allgemeine kulturelle Kontext der Dinge wird ebenso wie ihr semiotisches Feld im engeren Sinne durch ethnographische Feldforschung, d. h. durch teilnehmende Beobachtung (→ Kap. 6.2.3), Befragung etc., erfasst. In weiteren Schritten lässt sich dann die Kodierung des semiotischen Felds herausarbeiten bzw. entschlüsseln. All das fällt der Archäologie weit weniger leicht, ist ihr bisweilen nur unter Schwierigkeiten und allzu oft auch gar nicht möglich. Letzteres betrifft vor allem die Dechiffrierung des Kodes, durch den die Dinge in ihrem urgeschichtlichen Zeichenwert mehr oder minder festgelegt waren. Eine kritische Betrachtung der betreffenden Literatur zeigt, wie selten es gelingt, sich der semiotischen Ebene

Semiophor, von griech. *sēmeíon*, ›Zeichen‹, und *phóros*, ›Träger‹. Bedeutungsträger.

auch nur annäherungsweise zu nähern. Zwar behaupten manche Archäologen das Gegenteil, bleiben aber eine überzeugende Beweisführung schuldig. Darauf können wir hier nicht näher eingehen; es sei stattdessen auf einen unten angeführten Aufsatz verwiesen (Eggert im Druck). Der semiotische Kontext ist mit den Menschen untergegangen, mit denen und mit deren Lebenswelt wir uns beschäftigen. Dinge sind polysem, also mehrdeutig, und daher ist ihre ›Lesung‹ nur dann möglich, wenn wir ihren Kode kennen. Eine solche Kenntnis setzt aber eine klar deutbare Überlieferung voraus.

Somit werden sich Archäologen unabhängig von ihrer fachlichen Ausrichtung zwar weiterhin der Bedeutung der Dinge widmen. Dass darin jedoch nicht ihre besondere Stärke liegt, sollte offenkundig sein. Ihre Stärke wird vielmehr in solchen Bereichen deutlich, in denen es um technisch-zivilisatorische Belange geht. Wir denken dabei etwa an den konkreten Kontext von Leben und Tod, an Siedeln und Wirtschaften und an Handel und Handwerk.

Testfragen

1. Was ist die ›Welt der Dinge‹?
2. Was bedeutet es, wenn man vom ›Zeichencharakter‹ der Dinge spricht?
3. Welche Schwierigkeiten sind mit der Deutung des Zeichencharakters urgeschichtlicher Dinge verbunden?

Literatur

M. K. H. Eggert, Hermeneutik, Semiotik und Kommunikationstheorie in der Prähistorischen Archäologie: Quellenkritische Erwägungen. In: C. Kost/C. Juwig (Hrsg.), Bilder in der Archäologie – Archäologie der Bilder? Tübinger Archäologische Taschenbücher (Münster – New York – München u. a. im Druck).

H. P. Hahn, Materielle Kultur: Eine Einführung (Berlin 2005).

H. Heidrich, Dinge verstehen: Materielle Kultur aus Sicht der Europäischen Ethnologie. Zeitschrift für Volkskunde 103, 2007, 223–236.

T. L. Kienlin (Hrsg.), Die Dinge als Zeichen: Kulturelles Wissen und materielle Kultur. Internationale Fachtagung an der Johann Wolfgang Goethe-Universität Frankfurt am Main, 3.–5. April 2003. Universitätsforschungen zur Prähistorischen Archäologie 127 (Bonn 2005) [Darin besonders die Beiträge von H. P. Hahn, T. L. Kienlin und U. Veit].

K. Pomian, Der Ursprung des Museums: Vom Sammeln (Berlin 2001) [Dt. Erstausgabe 1998].

U. Veit/T. L. Kienlin/C. Kümmel/S. Schmidt (Hrsg.), Spuren und Botschaften: Interpretationen materieller Kultur. Tübinger Archäologische Taschenbücher 4 (Münster – New York – München u. a. 2003) [Darin besonders die Beiträge von S. Burmeister, M. K. H. Eggert, H. P. Hahn und U. Veit].

8.4 | Die Welt der Bilder

Pictorial turn bzw. iconic turn. Englische Begriffe, die eine ›bildwissenschaftliche Wende‹ in den Wissenschaften beschreiben (von engl. pictorial ›bildlich‹, ›bildhaft‹; icon ›Bild‹, und turn ›Wendung‹, ›Wende‹).

Zu Beginn der neunziger Jahre des 20. Jahrhunderts riefen der amerikanische Literatur- und Kunstwissenschaftler *William J. T. Mitchell* (1992) und der deutsche Kunsthistoriker *Gottfried Boehm* (1994) nahezu zeitgleich den **pictorial** bzw. **iconic turn** – also eine Wende zur Erforschung visueller Phänomene aller Art – aus. Damit steckten sie für zahlreiche wissenschaftliche Fächer ein neues bzw. ein wiederzuentdeckendes Forschungsfeld ab. War die Auseinandersetzung mit der Thematik ›Bild‹ in den kulturwissenschaftlichen Fächern bis dahin nahezu ausschließlich Aufgabe der Kunstgeschichte gewesen, beschäftigten sich als Folge dieser ›bildwissenschaftlichen Wende‹ auch andere Wissenschaften mit Bildern. Dies betrifft nicht nur kulturwissenschaftliche, sondern auch verschiedene naturwissenschaftliche Fächer. Nicht mehr allein Texten, sondern nunmehr auch Bildern wurde eine wichtige Funktion bei der Erkenntnisgewinnung zugesprochen.

In der Archäologie wurde diese Entwicklung allerdings nur wenig oder gar nicht zur Kenntnis genommen. Während in anderen Wissenschaften eine rege fachliche und bisweilen fachübergreifende Diskussion um ›Bilder‹ einsetzte und immer noch andauert, sucht man danach in der Archäologie vergeblich. Eine Ausnahme sind die Beiträge in Band 28/1 der *Zeitschrift für Semiotik* (2006) mit dem Titel *Zeichen in der Archäologie* oder der im Druck befindliche Tagungsband von *Catrin Kost* und *Carsten Juwig* zum Thema *Bilder in der Archäologe – Archäologie der Bilder?*.

Dass sich die archäologischen Fächer bisher nicht an der bildwissenschaftlichen Diskussion beteiligt haben, erstaunt – schließlich können sie in einem weiteren Verständnis durchaus als ›Bildwissenschaften‹ begriffen werden. Denn die Archäologien sind auf zweierlei Art mit Bildern oder Bildwerken verbunden: Sie verfügen einerseits über Bildquellen und produzieren andererseits im wissenschaftlichen Prozess selbst Bilder – sie könnten sich somit durchaus gewinnbringend in die Diskussion um den *pictorial turn* einbringen.

Zu den ur- und frühgeschichtlichen Bildquellen gehören z. B. Felsbilder und Felsritzungen, Wandmalereien, aber auch plastische Werke wie figürliche Groß- und Kleinplastik unterschiedlichen Materials. Genauso wie nicht-bildliche Zeugnisse dienen sie dem Archäologen als Quellenmaterial bei seiner Interpretation der Vergangenheit. Allerdings wird man schnell feststellen, dass die verschiedenen archäologischen Einzelfächer in ihrem Quellenkanon eine mehr oder weniger reiche bildliche Überlieferung aufweisen; zudem ist ihr jeweiliger erkenntnistheoretischer Status recht unterschiedlich. Für die Interpretation ihrer Bildquellen können die meisten Einzelarchäologien auf eine zusätzliche schriftliche Überlieferung zurückgreifen; lediglich die Ur- und Frühgeschichtliche Archäologie verfügt für die Urgeschichte – im Gegensatz zur Frühgeschichte – ausschließlich über materielle Hinterlassenschaften. Das methodische Rüstzeug zur Deutung beispielsweise paläolithischer Höhlenmalereien ist daher deutlich begrenzter als etwa das der Klassischen Archäologie zur Vasenmalerei – hier liegt eben in der Regel eine reiche parallele Schriftüberlieferung zu materiellen Zeugnissen und Bildquellen vor. Wie kaum ein anderes archäologisches Fach nimmt die Klassische Archäologie eine Vorrangstellung ein, wenn es um die Analyse und Deutung von Bildwerken geht. Seit ihren Anfängen im 18. Jahrhundert spielt die kunstarchäologische Forschung – und damit das antike Bild- und Kunstwerk – eine wichtige Rolle (→ Kap. 6.2.1). Von allen Einzelarchäologien kann sie daher in methodisch-theoretischer Hinsicht auf die längste Tradition und Erfahrung der Bildinterpretation zurückblicken und ist gewiss am besten für den Umgang mit Bildern gerüstet. Es scheint daher sinnvoll, die Erkenntnisse der Klassischen Archäologie hinsichtlich der Bilddeutung auch im Rahmen von Arbeiten zu ur- und frühgeschichtlichen Bildwerken aufzugreifen und damit zugleich eine interdisziplinäre Zusammenarbeit auf diesem Gebiet voranzutreiben.

Die zweite Kategorie von Bildern in der Archäologie lässt sich wohl am besten als ›Bildproduktion‹ beschreiben. Darunter verstehen wir die in der Archäologie übliche Technik, Funde und Befunde zu dokumentieren, also in eine teils textliche, teils bildliche Darstellung zu überführen. Da jede Ausgrabung unweigerlich die Zerstörung des archäologischen Kontextes nach sich zieht, ist – wie wir gesehen haben – eine angemessene bildliche Erfassung der untersuchten Befunde unerlässlich (→ Kap. 2.4; 3.4.4). Zur zeichnerischen und fotografischen Dokumentation der Befunde tritt die Vorlage des Fundmaterials. Sie erfolgt in der Regel ebenfalls über zumeist technische Zeichnungen, neuerdings auch zusätzlich über digitale Fotografien. Darüber hinaus gibt es noch einen weiteren Bereich der Herstellung von Bildern in der Archäologie. Dabei handelt es sich um Rekonstruktionen vergangener Lebenswelten (z. B. Gebäuderekonstruktionen und Lebensbilder).

Vor dem Hintergrund des *pictorial turn* und der doppelten Bedeutung von Bildern in der Archäologie – Bilddeutung und Bildproduktion – sehen wir nicht nur die Ur- und Frühgeschichtliche Archäologie, sondern alle Archäologien in der Pflicht, sich mit der Bildthematik intensiver als bisher auseinanderzusetzen. Aus unserer Sicht bedarf die Beschäftigung mit Bildern solcher Forschungsansätze, wie sie in anderen Fächern – etwa der Kunstgeschichte, Geschichtswissenschaft, Philosophie sowie der Technik- und Wissenschaftsgeschichte – schon seit einigen Jahren diskutiert werden. Dazu ist es notwendig, nicht nur die uns überlieferten Bildquellen einzubeziehen, sondern auch die von der Archäologie produzierten Bilder. Will man nicht länger der derzeitigen Entwicklung anderer sogenannter ›Bildwissenschaften‹ hinterherhinken, muss man sich einerseits mit neuen methodisch-theoretischen Ansätzen der Bildinterpretation und andererseits mit Fragen von Bildformen, Bildtypen, Bildproduktion, Bildverwendung und Bildrezeption auseinandersetzen. Es ist also unumgänglich, Theoriedebatten anderer bildwissenschaftlicher Fächer zu rezipieren und kritisch zu reflektieren, bevor sie in die Archäologie integriert werden.

Ob die in den letzten Jahren in der Ur- und Frühgeschichtlichen Archäologie immer häufiger zur Anwendung kommenden semiotischen und kommunikationstheoretischen Interpretationsansätze urgeschichtliche Bildwerke zu entschlüsseln vermögen, ist mit Skepsis zu betrachten. Hier gilt das Gleiche wie für die Interpretation von ›Dingen‹: Bilder waren in ihrem einstigen kulturellen Zusammenhang zwar Bedeutungsträger, aber wir werden ihre Bedeutung nur in Ausnahmefällen entziffern können.

Testfragen

1. Wann und von wem wurde die ›bildwissenschaftliche Wende‹ ausgerufen? Wie heißen die englischen Bezeichnungen?
2. Inwiefern haben die archäologischen Fächer mit Bildern bzw. Bildwerken zu tun?

Literatur

D. Bachmann-Medick, Cultural Turns: Neuorientierungen in den Kulturwissenschaften (Reinbek bei Hamburg 2006).
C. Cost/C. Juwig (Hrsg.), Bilder in der Archäologie – Archäologie der Bilder? Tübinger Archäologische Taschenbücher (Münster – New York – München u. a. im Druck).
T. Hölscher, Bildwerke: Darstellungen, Funktionen, Botschaften. In: A. H. Borbein/T. Hölscher/P. Zanker (Hrsg.), Klassische Archäologie: Eine Einführung (Berlin 2000) 147–165.
K. Sachs-Hombach (Hrsg.), Bildwissenschaft: Disziplinen, Themen und Methoden (Frankfurt am Main 2005).
S. Samida, Zwischen Scylla und Charybdis: Digitale Visualisierungsformen in der Archäologie. In: M. Heßler/D. Mersch (Hrsg.), Logik des Bildlichen: Zur Kritik der ikonischen Vernunft (Bielefeld 2009) 258–274.
M. Schulz, Ordnungen der Bilder: Eine Einführung in die Bildwissenschaft (München 2005).
Zeitschrift für Semiotik 28/1, 2006 (Themenheft: Zeichen in der Archäologie).

Studium der Ur- und Frühgeschichtlichen Archäologie | 9

Inhalt	
9.1	Universitäten und ihre Forschungs- und Lehrschwerpunkte 287
9.2	Tendenzen der Universitätsentwicklung 290
9.3	Studiengang und Studienabschlüsse 291
9.4	Berufsfelder und Berufsaussichten 295

Universitäten und ihre Forschungs- und Lehrschwerpunkte | 9.1

Die Ur- und Frühgeschichtliche Archäologie sowie die Archäologie des Mittelalters und der Neuzeit werden gegenwärtig an 26 Universitätsstandorten in Deutschland gelehrt (→ Liste der Universitätsinstitute im Anhang). Das Fach kann damit an jeder fünften deutschen Universität studiert werden, und man darf daher von einer recht soliden universitären Präsenz sprechen. Mit etwa 4000 Haupt- und Nebenfachstudierenden gehören die Ur- und Frühgeschichtliche Archäologie sowie die Archäologie des Mittelalters und der Neuzeit darüber hinaus schon lange nicht mehr zu den sogenannten ›Kleinen Fächern‹. Das zeigen auch die darin zwischen 1988 und 2008 in Deutschland erfolgten Examen mit gut 2000 Magister- bzw. Diplomabschlüssen, über 900 Promotionen und knapp 90 Habilitationen.

Die Etablierung der Ur- und Frühgeschichtswissenschaft als selbständiges Fach gelang erst 1927 in Marburg, als das *Vorgeschichtliche Seminar* gegründet und die erste Ordentliche Fachprofessur im Stellenplan einer deutschen Universität mit *Gero von Merhart* besetzt wurde (→ Kap. 3.3.5). Während der Zeit des Nationalsozialismus kam es dann zu einem massiven Ausbau des Fachs. 1942 gab es bereits 23 selbständige Institute. Nach dem Zusammenbruch des Nationalsozialismus und dem darauf folgenden langsamen Wiedererstehen der deutschen Universitäten wurden – jedenfalls in der Bundesrepublik – die Fachinstitute für Ur- und Frühgeschichte weitergeführt und in den fünfziger und sechziger Jahren ausgebaut. In einigen wenigen Fällen kam es sogar zu Neugründungen, wie z. B. an den Universitäten Bochum und Gießen.

Die Ur- und Frühgeschichtliche Archäologie ist also – trotz zahlreicher Einsparungsmaßnahmen der Universitäten in den letzten Jahren und einer insgesamt angespannten finanziellen Situation der für die Hochschulpolitik zuständigen Bundesländer – personell immer noch verhältnismäßig gut vertreten. Darüber hinaus ist das Fach auch inhaltlich recht differenziert. Heute haben sich an einigen Universitäten – entstanden aus der örtlichen Fachtradition – unterschiedliche Forschungs- und Lehrschwerpunkte herausgebildet.

Das *Institut für Ur- und Frühgeschichte* an der Universität zu Köln etwa gehört zu den Instituten, die sich seit langem intensiv mit der Erforschung der Steinzeiten beschäftigen. Das hängt ausschließlich mit der Besetzung der vorhandenen Professuren zusammen. Zudem gibt es mit der ›Forschungsstelle Afrika‹ einen räumlichen Schwerpunkt auf dem afrikanischen Kontinent. Diese Forschungsstelle in Köln sowie die einzige Professur für die Archäologie Afrikas mitsamt der *Abteilung Archäologie und Archäobotanik Afrikas* der Universität Frankfurt sind einmalig in Deutschland. Wer also beabsichtigt, sich während des Studiums mit der Archäologie Afrikas zu befassen, sollte daher in Frankfurt und Köln studieren.

Wer sich dagegen für die Archäologie des Mittelalters interessiert, muss sich in den Süden, und zwar nach Bamberg oder Tübingen aufmachen. Nur dort ist es möglich, einen fachspezifischen Abschluss in Mittelalterarchäologie bzw. in Archäologie des Mittelalters und der Neuzeit zu erlangen. Während in Bamberg sozusagen zwei ›unabhängige‹ Institute existieren, der *Lehrstuhl für Archäologie des Mittelalters und der Neuzeit* (seit 1981) sowie die *Professur für Ur- und frühgeschichtliche Archäologie*, ist die Archäologie des Mittelalters an der Universität Tübingen als eigene Abteilung (seit 2000; als Arbeitsbereich schon seit 1994) in das *Institut für Ur- und Frühgeschichte und Archäologie des Mittelalters* integriert.

Die Geschichte des Tübinger Instituts ist recht verwickelt. 1921 wurde an der Universität das *Urgeschichtliche Forschungsinstitut* (UFI) von dem Urgeschichtler *Robert Rudolf Schmidt* (1882–1950) gegründet. Nach dem Zweiten Weltkrieg spielte dann zunächst die Erforschung der Eisenzeit mit den Grabungen auf der Heuneburg (→ Kap. 7.10) im neu geschaffenen *Institut für Vor- und Frühgeschichte* eine herausragende Rolle. In den sechziger Jahren wurde eine weitere Ordentliche Professur für Urgeschichte geschaffen, und 1970 kam es zur Teilung in zwei unabhängige und verschiedenen Fakultäten zugeordnete Institute: das *Institut für Urgeschichte und Jägerische Archäologie* an der Geowissenschaftlichen Fakultät mit einem Schwerpunkt in der Älteren Urgeschichte sowie das *Institut für Vor- und Frühgeschichte* in der Philosophischen Fakultät (später: Fakultät für Kulturwissenschaften) mit dem Fokus auf der Jüngeren Urgeschichte und Frühgeschichte, vor allem den Metallzeiten. Seit beide Institute 1992 zusammengelegt wurden und wenig später die Archäologie des Mittelalters hinzukam, gehört das Tübinger Institut zu den größten Instituten in Deutschland; das betrifft nicht nur die Zahl der Studierenden, sondern auch die am Institut angesiedelten Professuren. Derzeit erfolgt die Lehre durch fünf hauptamtliche Professoren in drei Abteilungen: 1) *Abteilung für Ältere Urgeschichte und Quartärökologie*; 2) *Abteilung für Jüngere Urgeschichte und Frühgeschichte* sowie 3) *Abteilung für Archäologie des Mittelalters*. Im Jahr 2004 kam mit der Einrichtung einer *Professur für Archäometrie und Archäometallurgie* zudem ein weiterer, in Deutschland einmaliger Lehr- und Forschungsschwerpunkt hinzu.

Ein ähnlich großes Institut wie in Tübingen befindet sich an der Universität Kiel. Die vier Professuren decken weitgehend das gesamte Gebiet der Ur- und Frühgeschichtlichen Archäologie von der Jüngeren Urgeschichte bis zum Mittelalter ab. Als nördlichster Universitätsstandort in Deutschland ist mit dem Kieler Institut traditionell auch ein Forschungs- und Lehrschwerpunkt im Nord- und Ostseeküstenraum verbunden. Studierende mit Interesse z. B. an Seehandelsplätzen der Wikingerzeit sollten daher in Kiel studieren.

Die einzelnen Universitätsinstitute besitzen also recht unterschiedliche Forschungs- und damit auch Lehrschwerpunkte. Vor der Aufnahme des Studiums bzw. vor einem Studienortwechsel ist es daher ratsam, sich darüber eingehend zu informieren. Es muss nicht betont werden, dass sich die Forschungs- und Lehrschwerpunkte durch Pensionierungen und Neuberufungen von Professoren ändern und eine Kontinuität nicht die Regel ist.

9.2 Tendenzen der Universitätsentwicklung

Bei ›Bachelor‹ und ›Master‹ handelt es sich um aus dem Englischen übernommene akademische Grade. ›Bakkalaureus‹ ist ein bereits an mittelalterlichen Universitäten gebräuchlicher Grad, der heute gelegentlich für ›Bachelor‹ verwendet wird. Man spricht häufig nur von ›B.A.‹, wenn ›Bachelor‹ und von ›M.A.‹, wenn ›Master‹ gemeint ist.

Seit sich die europäischen Bildungsminister im Juni 1999 in Bologna darüber verständigten, europaweit vergleichbare Studienabschlüsse – **Bachelor** bzw. **Bakkalaureus** und **Master** – einzuführen, hat sich die universitäre Ausbildung in Deutschland grundlegend verändert. An den meisten Universitäten werden die grundständigen Diplom-, Staatsexamens- und Magisterstudiengänge inzwischen nicht mehr angeboten bzw. laufen nach und nach aus. Der sogenannte *Bologna-Prozess* hat die deutschen Universitäten vor eine enorme Aufgabe gestellt und einen fundamentalen Reformprozess erzwungen. Bis zum Jahr 2010, so das Ziel der Politik, sollen allerorts die konsekutiven (gestuften) Studiengänge eingeführt sein.

Die in Bologna formulierten Ziele (Abb. 9.2.1) dienen der Errichtung eines einheitlichen europäischen Hochschulraums auf der Grundlage eines Studiensystems, das aus zwei Zyklen besteht. Es entspricht weitgehend dem gestuften britischen und amerikanischen System, in dem auf den ersten Zyklus (*undergraduate*) ein zweiter (*graduate*) folgt. An das berufsqualifizierende sechssemestrige B.A.-Studium schließt sich gegebenenfalls ein – je nach Studiengang – zwei- bis vier Semester dauerndes Masterstudium an. Vereinbart wurde außerdem, die Inhalte des Studiums und die persönlichen Schwerpunkte in einer Art Anhang zum Zeugnis in sogenannten *Diploma-Supplements* zu beschreiben, um anderen Hochschulen und potentiellen Arbeitgebern eine Einordnung der erbrachten Leistungen zu erleichtern; sie werden in der Regel in englischer Sprache ausgestellt. Mit dem gestuften System eng verbunden ist die Etablierung eines **Kreditpunkte**- bzw. **Leistungspunkte-Systems**. Die Leistungspunkte – auch als ›Credit Points‹ bezeichnet – sollen den tatsächlichen Arbeitsaufwand, den die Studierenden für eine Lehrveranstaltung

In diesem Zusammenhang wird häufig auch die Abkürzung ›ECTS‹ (*European Credit Transfer System*) verwendet.

Abb. 9.2.1
Die Bologna-Erklärung und ihre Ziele im Überblick.

Die sechs Ziele von ›Bologna‹
1) Vergleichbarkeit des Studiums
2) Konsekutive Studiengänge
3) Kreditpunkte- bzw. Leistungspunkte-System
4) Förderung der Mobilität
5) Förderung der europäischen Zusammenarbeit bei der Qualitätssicherung
6) Förderung der europäischen Dimension im Hochschulbereich

aufbringen, widerspiegeln. Leistungspunkte sind somit keine qualitativen, sondern quantitative Indikatoren für erbrachte Leistungen.

Die mit der Bologna-Deklaration bezweckte Vergleichbarkeit und ›Internationalisierung‹ des Studiums hat darüber hinaus zu einem **modularen** und damit deutlich verschulten bzw. standardisierten Aufbau des Studiums geführt. Mit der *Modularisierung* ist das Ziel verknüpft, Lehrveranstaltungen inhaltlich bzw. thematisch aufeinander abzustimmen und somit zu Lerneinheiten zusammenzufassen. Dabei können sich Module aus unterschiedlichen Arten von Lehrveranstaltungen zusammensetzen, beispielsweise aus einer Vorlesung und einer Übung.

Mit der gestuften Studienstruktur sollen vor allem kürzere Studienzeiten, geringere Abbrecherquoten sowie eine Verbesserung der Berufsqualifizierung und Arbeitsmarktfähigkeit der Absolventen erreicht werden. Aus diesem Grund wurden schon früh sogenannte *Akkreditierungsagenturen* eingerichtet, die insbesondere das Studiengangkonzept, die Qualität der Lehre sowie die Berufsrelevanz der neuen Studiengängen prüfen und diese mit einer Art ›Gütesiegel‹ auszeichnen. Derzeit sind etwa ein Drittel aller neuen Studiengänge **akkreditiert**.

Mit der Bologna-Deklaration aus dem Jahr 1999 wurde eine Entwicklung in Gang gesetzt, die das deutsche Hochschulsystem in den letzten Jahren entscheidend geprägt hat. Das verdeutlichen einige Zahlen: So führten etwa im Sommersemester 2009 bereits rund 72 % aller angebotenen Studiengänge an deutschen Universitäten zu Bachelor- und Masterabschlüssen. Von diesen mittlerweile fast 6000 neuen Studiengängen entfallen 51,9 % auf den B.A.-Abschluss und 48,1 % auf das Masterexamen (Stand: April 2009). Damit können heute nahezu zwei Drittel aller möglichen Examen an unseren Universitäten mit dem Bachelor oder Master abgeschlossen werden.

> Modularisierung. Im Zusammenhang mit der Studienreform wird darunter die Gliederung des Studiums in Teile, sogenannte ›Module‹ oder ›Einzelelemente‹ verstanden.

> Akkreditieren, von lat. *accredere*, ›glauben‹, ›beistimmen‹. Hier so viel wie ›beglaubigen‹.

Studiengang und Studienabschlüsse | 9.3

Durch die Bologna-Reform entsteht bei uns ein Studiensystem, das nicht nur eine andere Art des Studierens, sondern auch völlig neue Studiengänge hervorbringt. Diese Umstellung führt notwendigerweise zur Aufgabe der früheren grundständigen Magister- und Diplomstudiengänge zugunsten solcher konsekutiver Art. Davon sind auch Institute und Professuren für Ur- und Frühgeschichtliche Archäologie in Deutschland betroffen.

Abb. 9.3.1
Bestehende Bachelor-/Masterstudiengänge im Fach Ur- und Frühgeschichtliche Archäologie sowie Archäologie des Mittelalters und der Neuzeit (Stand: Juni 2009).

Universität	Titel bzw. geplanter Titel des Bachelorstudiengangs	Titel bzw. geplanter Titel des Masterstudiengangs
Bamberg (MA/NZ)	Interdisziplinäre Mittelalterstudien[a] Archäologie/Archaeology	1. Archäologie des Mittelalters und der Neuzeit 2. Interdisziplinäre Mittelalterstudien[a] 3. Denkmalpflege – Heritage Conservation[a]
Bamberg (UFG)	Archäologie/Archaeology	Noch offen
Berlin (FU)	Altertumswissenschaften	Prähistorische Archäologie
Berlin (HU)	Ur- und Frühgeschichtliche Archäologie[1]	–
Bochum	Archäologische Wissenschaften[a]	1. Ur- und Frühgeschichte[a] 2. Rohstoff- und Wirtschaftsarchäologie (M.Sc.)
Bonn	Archäologien	Frühgeschichtliche Archäologie Europas
Erlangen-Nürnberg	Archäologische Wissenschaften	Archäologische Wissenschaften (geplant)
Frankfurt	Vor- und Frühgeschichte[3]	–
Freiburg	Archäologische Wissenschaften	Archäologische Wissenschaften, Fachrichtung Ur- und Frühgeschichtliche Archäologie
Göttingen	Ur- und Frühgeschichte[a]	Ur- und Frühgeschichte (geplant)
Greifswald	Prähistorische und Historische Archäologie (geplant)	–
Halle	Archäologien Europas	1. Prähistorische Archäologie 2. Archäologie des Mittelalters und der Neuzeit 3. Denkmalpflege (M.Sc.)[2]
Hamburg	Vor- und Frühgeschichtliche Archäologie	Vor- und Frühgeschichtliche Archäologie (geplant)
Heidelberg	Ur- und Frühgeschichte	Ur- und Frühgeschichte
Jena	Ur- und Frühgeschichte[a]	Ur- und Frühgeschichte mit Schwerpunkt Urgeschichte oder Vor- und Frühgeschichte[a]
Kiel	Prähistorische und Historische Archäologie[a]	Prähistorische und Historische Archäologie[a]

Köln	1. Europäische Archäologie[a] 2. Ur- und Frühgeschichte[a]	1. Ur- und Frühgeschichte[a] 2. Culture and Environment in Africa[a] 3. Geoarchäologie (geplant)
Leipzig	Archäologie der Alten Welt	Archäologie der Alten Welt
Mainz	Archäologie	Archäologie
Marburg	Archäologische Wissenschaften[a]	1. Prähistorische Archäologie[a] 2. Geoarchäologie (M.Sc.)[a]
München	Archäologie (geplant)	Noch offen
Münster	Archäologie – Geschichte – Landschaft	Ur- und Frühgeschichte (geplant)
Regensburg	Vor- und Frühgeschichte[4]	Noch offen
Saarbrücken	Altertumswissenschaften	Noch offen
Tübingen	Ur- und Frühgeschichtliche Archäologie und Archäologie des Mittelalters	1. Ur- und Frühgeschichtliche Archäologie 2. Archäologie des Mittelalters
Würzburg	Vor- und Frühgeschichtliche Archäologie	Vor- und Frühgeschichtliche Archäologie (geplant ab WS 2011/12)

Legende: [1] keine Zulassung mehr, Studiengang läuft aus; [2] Studiengang wird zusammen mit der FH Dessau durchgeführt; [3] modularisierter Magisterstudiengang; [4] nur als 2. Hauptfach oder Nebenfach; [a] akkreditierter Studiengang.

Die Ur- und Frühgeschichtliche Archäologie sowie die Archäologie des Mittelalters und der Neuzeit sind – wie gesagt – augenblicklich an 26 Standorten der 123 deutschen Universitäten vertreten. Die Umstellung auf die neuen Studiengänge ist weitgehend erfolgt. Mittlerweile kann an fast allen Fachinstituten in Deutschland ein B.A.-Studiengang belegt werden. Seit dem Wintersemester 2008/09 bietet ein Großteil der Institute auch einen viersemestrigen Masterstudiengang an (Abb. 9.3.1).

Eine Folge der neuen Studienstruktur ist unter anderem, dass sich die Bachelorstudiengänge zu einem überwiegenden Teil aus verschiedenen Fächern zusammensetzen, beispielsweise der Klassischen Archäologie, Vorderasiatischen Archäologie und Geschichtswissenschaft. Die Mehrheit der Institute hat sich also für eine Fusion mit mindestens einem oder gar mehreren Fächern auf B.A.-Ebene entschlossen und damit einen völlig neuen Studiengang geschaffen. Die Studiengänge firmieren nun unter

Namen wie ›Archäologische Wissenschaften‹ oder einfach nur ›Archäologie‹ oder ›Altertumswissenschaften‹. Eine weitere Folge der Reform zeigt sich in der Anzahl der Studiengänge. Das Kölner Institut hat beispielsweise zwei unterschiedliche B.A.-Studiengänge eingerichtet. Gleiches gilt z. B. für Masterstudiengänge in Marburg, Köln, Halle, Bochum und Bamberg (Archäologie des Mittelalters und der Neuzeit); dort kann ebenfalls unter inhaltlich verschiedenen Angeboten gewählt werden. Die Einrichtung mehrerer unterschiedlicher fachspezifischer Studiengänge an einem Institut wäre ohne die Bologna-Reform sicher nicht vorgenommen worden.

Die Möglichkeit zunehmender Spezialisierung, insbesondere im Hinblick auf den Masterabschluss, ist jedoch zwiespältig. Sie ist einerseits durchaus positiv zu bewerten. Schließlich dürften gerade innovative und vor allem interdisziplinäre Studiengänge zum Erhalt des Fachs, wenn auch in veränderter Form, an den Universitäten beitragen. Andererseits ist zu befürchten, dass die möglicherweise allzu enge Spezialisierung erstens zu einem Qualitätsverlust bei der wissenschaftlichen Fachausbildung führt. Zweitens ist nicht auszuschließen, dass durch die Spezialisierung während des Studiums die Berufsaussichten der Absolventen eingeschränkt werden, nämlich dann, wenn der Arbeitsmarkt gar keine Absolventen beispielsweise der »Geoarchäologie« (Marburg und Köln) oder »Rohstoff- und Wirtschaftsarchäologie« (Bochum) benötigt.

Die Vorgaben der Bologna-Reform wurden, so viel bleibt festzuhalten, von den hier interessierenden archäologischen Fächern besonders im Hinblick auf den B.A. weitgehend umgesetzt. Mit den berufsqualifizierenden B.A.-Abschlüssen werden demnächst also deutlich mehr, deutlich jüngere und deutlich anders ausgebildete Absolventen von den Universitäten abgehen. Sicherlich legen die neuen Studiengänge ausdrücklich Wert auf den Erwerb berufsqualifizierender Fertigkeiten – dies wird ja auch von der Politik und den begutachtenden Akkreditierungsagenturen gefordert (→ Kap. 9.2). Ob allerdings der Erwerb von sogenannten *Schlüsselqualifikationen* – wie z. B. Fremdsprachenkompetenz, EDV und Präsentationsformen – für den B.A.-Archäologen ausreicht, um in seinem Fach tätig zu werden, ist momentan mit einiger Skepsis zu betrachten; im deutschsprachigen Raum sind derzeit kaum Stellen vorhanden (→ Kap. 9.4). Gewiss ist die Entwicklung in diesem Bereich zur Zeit noch schwer einzuschätzen, aber es scheint kaum vorstellbar, dass der archäologische Arbeitsmarkt

B.A.-Absolventen aufnehmen wird – zumal die Abgänger aufgrund der kaum vergleichbaren Studiengänge künftig nicht nur untereinander, sondern zugleich gegen die von ihrer Ausbildung her qualifizierteren Masterabsolventen und allemal gegen Promovierte konkurrieren werden. Die Chancen für Bachelorabsolventen dürften daher, so unsere Prognose, mit hoher Wahrscheinlichkeit eher im nicht-archäologischen Bereich liegen.

Berufsfelder und Berufsaussichten | 9.4

Als Ausbildungsstätten vermitteln Universitäten ganz generell Fachwissen sowie die Fähigkeit zum wissenschaftlichen Arbeiten. Sie bilden damit – unabhängig vom späteren Beruf – wissenschaftlichen Nachwuchs aus. Sie unterrichten zwar beispielsweise angehende Staatsanwälte, Lateinlehrer, Manager oder Denkmalpfleger, schulen sie aber nicht für solche Tätigkeiten. Zur Verdeutlichung und um bei diesen Beispielen zu bleiben: Man kann an Universitäten Fächer wie Jura, Lateinische Philologie, Betriebswirtschaftslehre und Ur- und Frühgeschichtliche Archäologie studieren, die verschiedenen universitären Fächer bereiten jedoch – anders als die berufliche Ausbildung – auf kein konkretes Berufsbild vor. Deshalb werden nach bestandenem Universitätsabschluss auch keine Staatsanwälte, Lateinlehrer, Manager oder Denkmalpfleger aus der Universität entlassen, sondern Juristen, Altphilologen, Wirtschaftswissenschaftler und Ur- und Frühgeschichtliche Archäologen.

Selbstverständlich werden während des Studiums Praktika absolviert, die für den späteren Beruf nützliche Fertigkeiten vermitteln. Sie stehen jedoch keineswegs im Vordergrund des Studiums. Dieser Umstand führte Ende der neunziger Jahre innerhalb der Ur- und Frühgeschichtlichen Archäologie zu einer ausführlichen Debatte, ob das Studium nicht in höherem Maße späteren beruflichen Anforderungen, etwa im Bereich der Denkmalpflege oder im Museumswesen, nachzukommen hätte. Müsse, so wurde vor allem seitens der Studierenden und einiger Denkmalpfleger gefragt, die universitäre Ausbildung nicht deutlich praxisorientierter sein? Die Antwort der Hochschullehrer dazu fiel damals eindeutig und einstimmig aus: Das Studium der Ur- und Frühgeschichtlichen Archäologie dürfe sich nicht zu einer berufsbezogenen Fachhochschulausbildung entwickeln; vielmehr sei an der bisherigen fachwissenschaftlichen Ausrichtung festzuhalten, da nur sie und nicht der Umgang mit dem Fotoapparat, dem

Theodolit. Wohl aus dem Arabischen stammend. Winkelmessgerät, das auch auf archäologischen Ausgrabungen eingesetzt wird.

Theodoliten und dem Zeichenstift oder Kenntnisse im Denkmalrecht zu einem Arbeitsplatz verhülfen. Dieser Einstellung schließen wir uns voll und ganz an – sie muss unseres Erachtens auch für die neuen konsekutiven Studiengänge gelten.

Wir werden im Folgenden einen kurzen Überblick über die wichtigsten Arbeitsfelder von Ur- und Frühgeschichtlichen Archäologen geben. Dabei wird deutlich werden, dass die Berufsaussichten für eine Anstellung im Fach – gerade für Bachelorabsolventen – nicht gerade rosig sind. Damit wollen wir jedoch keineswegs potentielle Studienanfänger abschrecken, denn wir sind davon überzeugt, dass jeder, der mit der notwendigen Grundmotivation und einer hohen Einsatz- und Arbeitsbereitschaft das Fach studiert, auch eine Chance auf einen Arbeitsplatz haben wird.

9.4.1 Hochschule

Neben Museen sowie den staatlichen und kommunalen Einrichtungen der Bodendenkmalpflege (Archäologische Denkmalpflege) und privaten Grabungsfirmen bieten Universitäten – in sehr seltenen Fällen auch einmal Fachhochschulen – den Absolventen des Ur- und Frühgeschichtsstudiums die Möglichkeit einer beruflichen Karriere. Entscheidet man sich für die Universität, dann muss man nicht unbedingt die Position eines hauptamtlichen Professors anstreben – wenngleich das die Regel ist. Es gibt daneben auch den sogenannten ›Akademischen Mittelbau‹, ›Akademische Räte‹ (›Oberräte‹, ›Direktoren‹), die in Instituten mit vielen Studenten neben bestimmten wissenschaftlichen Tätigkeiten vor allem Lehraufgaben wahrnehmen. Verfügen Institute über eine eigene archäologische Sammlung, wird sie zumeist von einem Akademischen Rat oder ›Kustos‹ betreut. An der Universität bieten nur die Hochschullehrerlaufbahn und der Akademische Mittelbau unbefristete Anstellungen. Da unser Fach gegenwärtig an 26 deutschen Universitäten vertreten ist, folgt daraus, dass diese Institution gegenüber anderen staatlichen und kommunalen Facheinrichtungen sowie privaten Grabungsfirmen die geringste Zahl an Stellen für Absolventen des Fachstudiums bereithält.

Kustos (Kustode), von lat. custos, ›Wächer‹, ›Behüter‹. Hier: Wissenschaftlicher Betreuer einer archäologischen Sammlung.

Die Laufbahn des Hochschullehrers stellt sehr hohe Ansprüche an die Qualifikation des Interessenten. Dabei ist die Aussicht, eines Tages tatsächlich eine Professur zu erhalten, alles andere als gut. Im Folgenden wollen wir kurz auf die Laufbahnvoraussetzungen für hauptamtliche Professoren eingehen.

Zunächst einmal setzt die Hochschullehrerkarriere die *Promotion* voraus. Bis vor kurzem war es die Regel, dass der Promovierte seine Laufbahn mit einer auf insgesamt sechs Jahre befristeten Assistenz begann. In dieser Zeit wurde von ihm eine **Habilitation** erwartet. Sie setzt die Anfertigung einer umfangreichen wissenschaftlichen Schrift oder eine Zusammenstellung bereits veröffentlichter größerer Abhandlungen voraus, die der Fakultät bzw. dem Fachbereich zur schriftlichen Begutachtung vorgelegt wird. Diese Begutachtung nimmt eine dafür ernannte Kommission aus mehreren in- und auswärtigen Professoren vor. Fällt sie positiv aus, wird der Kandidat zu einem Probevortrag mit anschließender Diskussion eingeladen. Wird auch dieser Teil des Habilitationsverfahrens zustimmend bewertet, verleiht man dem Kandidaten die **Venia legendi**. Er darf nunmehr den Titel ›Privatdozent‹ führen, und nach einigen Jahren leitet die Fakultät (bzw. der Fachbereich) seine Ernennung zum ›außerplanmäßigen Professor‹ in die Wege. Der Titel ›apl. Professor‹ besagt, dass die betreffende Person zwar zur Gruppe der Professoren gehört, aber nicht planmäßig – d.h. hauptamtlich – tätig ist und somit für seine Tätigkeit auch kein Gehalt bezieht. Mit erfolgreich absolviertem Habilitationsverfahren ist die Voraussetzung geschaffen, bei einer Bewerbung um eine hauptamtliche Professur in die engere Wahl der Berufungskommission zu kommen und vielleicht berufen zu werden.

Das hier geschilderte Verfahren wird aufgrund einer Veränderung des Hochschulrahmengesetzes zunehmend durch einen anderen Modus ersetzt. Mit der Einrichtung von *Juniorprofessuren* ist nämlich die früher für die Hochschullehrerlaufbahn übliche Voraussetzung der Habilitation entfallen. Die Voraussetzung für eine Juniorprofessur ist eine erstklassige Promotion, die möglichst erst vor kurzer Zeit erfolgt sein sollte. Der wesentliche Unterschied zwischen einem Assistenten und einem Juniorprofessor liegt in der Tatsache, dass letzterer nicht weisungsgebunden, sondern einem hauptamtlichen Professor gleichgestellt ist.

Vom Juniorprofessor wird normalerweise erwartet, dass er während der Wahrnehmung seiner Professur ein auf seine Doktorarbeit folgendes ›zweites Buch‹ verfasst. Obwohl die Habilitation überflüssig geworden ist, kommt es durchaus vor, dass sich auch Juniorprofessoren, um ihre späteren Berufschancen zu erhöhen, noch habilitieren. Da ein ›zweites Buch‹ ohnehin erwartet wird, bietet es sich in solchen Fällen als Habilitationsschrift

---

Promotion, von lat. *promotio*, ›Beförderung zu einer Ehrenstelle‹. Erlangung der Doktorwürde.

Habilitation, von lat. *habilis*, ›geschickt‹, ›fähig‹. Erwerb der Lehrberechtigung an Hochschulen und Universitäten.

Venia legendi, von lat. *venia*, ›Erlaubnis‹, und *legere*, ›lesen‹. An deutschen Hochschulen und Universitäten Bezeichnung für die Lehrbefugnis; sie schließt die Prüfungsbefugnis ein.

Privatdozent, von lat. *privatus*, ›gesondert‹, ›für sich stehend‹, ›nicht öffentlich‹, und *docere*, ›lehren‹. Im deutschen Hochschul- und Universitätswesen Bezeichnung für eine Person, die Lehrbefugnis erworben und gleichsam ›privat‹, d.h. zwei Stunden unbezahlt lehren muss, damit sie den Anspruch auf den Titel ›Privatdozent‹ nicht verliert.

Honorarprofessur

In diesem Zusammenhang möchten wir auch den Titel ›Honorarprofessor‹ erläutern. Dahinter verbirgt sich allerdings weder ein Berufsfeld noch ist er mit Berufsaussichten verbunden. Er ist abgeleitet von lat. *honorarium*, ›Ehrensold‹, und *professor*, ›öffentlicher Lehrer‹, und bezeichnet im deutschen Hochschul- und Universitätswesen eine Person, die ehrenamtlich an einer Hochschule oder Universität lehrt. Dabei handelt es sich um angesehene Wissenschaftler, deren berufliche Tätigkeit außerhalb der Universität – etwa in leitender Stellung in der Archäologischen Denkmalpflege – liegt. Zeigen sie an der Lehre eines Instituts Interesse, fordert man sie gern auf, sich als – selbstverständlich nebenamtliche – Lehrbeauftragte zu beteiligen. Wenn sie sich auf diese Weise eine gewisse Zeit lang verdient gemacht haben, pflegt der Institutsdirektor sie der Fakultät bzw. dem Fachbereich für eine Honorarprofessur vorzuschlagen. Daraufhin wird ein formales Verfahren zur wissenschaftlichen Prüfung ihrer Eignung eingeleitet, in dessen Verlauf auswärtige Gutachten eingeholt werden. Fallen sie positiv aus, erfolgt die Ernennung zum Honorarprofessor; sie ist mit einer Lehrverpflichtung verbunden, sieht aber keinerlei Entgelt vor. Honorarprofessoren sind also, von sehr wenigen Ausnahmen abgesehen, nicht habilitiert.

an. Die meisten Juniorprofessuren sind auf sechs Jahre begrenzt und nach Ablauf dieser Zeit stellt sich dann auch hier das Problem, wie es beruflich weitergeht.

In Anbetracht der geringen Zahl der für die Universitätslaufbahn zur Verfügung stehenden hauptamtlichen Professorenstellen bedarf es keiner besonderen Betonung, dass dieser Weg ein sehr hohes Risiko birgt. Berufungen hängen nicht nur von der wissenschaftlichen und **didaktischen** Qualifikation des Bewerbers, sondern auch von anderen, im strengen Sinne ›wissenschaftsfremden‹ Gegebenheiten sowie nicht zuletzt auch vom ›Glück‹ ab. Ob die angestrebte Karriere zum Erfolg führt, ist daher für viele Jahre unsicher. Diejenigen, die am Ende einer langen Zeit an der Universität nicht berufen wurden, sind dann in aller Regel so alt, dass sie nur eine geringe Chance haben, in einem anderen archäologischen Berufsfeld unterzukommen.

Didaktik, von griech. didáskein, ›lehren‹, ›unterrichten‹. Wissenschaft vom Lehren und Lernen; Methode des Unterrichtens.

9.4.2 Museum, Denkmalpflege und Grabungsfirmen

Neben der Universität gehören *Museen* und *Denkmalpflegebehörden* zu den Institutionen, an denen Absolventen der Ur- und Frühgeschichtlichen Archäologie üblicherweise tätig sind bzw. werden wollen. Aber nur etwa ein Drittel erhält tatsächlich eine Anstellung in einer der beiden Einrichtungen; dabei wird in den meisten Fällen die Promotion vorausgesetzt. Daneben gibt es seit rund 20 Jahren zunehmend *private archäologische Firmen*, die Absolventen – zumeist auch ohne Promotion – einstellen.

Archäologische Hinterlassenschaften sind Teil des kulturellen Erbes. Durch die föderale Struktur Deutschlands fällt dieses Erbe in die Zuständigkeit der einzelnen Bundesländer. In aller Regel sind dafür die jeweiligen Landesämter für Denkmalpflege verantwortlich. Ihre Aufgabe besteht nicht nur im Schutz, sondern auch in der Pflege, Erforschung und Erhaltung des Denkmalbestands, und zwar sowohl der oberirdischen und damit sichtbaren als auch der unterirdischen bzw. unter Wasser befindlichen Bodendenkmale. Zu den klassischen Tätigkeiten des Denkmalpflegers gehört deshalb neben dem Ausgraben auch das Dokumentieren und Inventarisieren der Bodendenkmale. Die dabei gewonnenen Erkenntnisse sind der Öffentlichkeit zugänglich zu machen.

Daneben übernehmen immer mehr private bzw. kommerzielle Firmen Aufgaben, die früher von der Denkmalpflege durchgeführt wurden. Hier sind besonders Rettungs- bzw. Präventivgrabungen anzuführen. Das Entstehen der ›Grabungsfirmen‹, wie man sie häufig nennt, hängt zu einem großen Teil mit gesetzlichen Regelungen zusammen. So hat mittlerweile eine Reihe der deutschen Bundesländer das sogenannte *Verursacher-* bzw. *Veranlasserprinzip* in die einzelnen Denkmalschutzgesetze eingebracht; danach hat der Verursacher bzw. Träger von Bauvorhaben, Erschließungsarbeiten oder ähnlichem die Kosten für anstehende archäologische Ausgrabungen zu übernehmen. Infolgedessen müssen Grabungen nicht mehr nur durch die ›öffentliche Hand‹ ausgeführt werden. Aufträge – von der Prospektion über die Grabung bis zur Auswertung und Restaurierung – können jetzt auch an kommerziell tätige Unternehmen vergeben werden. Solche Firmen bestehen manchmal nur aus einer Person, besitzen aber auch – je nach Bedarf – bis zu 30 Mitarbeiter. Hier bietet sich also für den wissenschaftlichen Nachwuchs die Chance – vor allem auf feldarchäologischem Gebiet –, ein Auskommen zu finden bzw. Berufserfahrung zu sammeln. Anders als staatlichen Behörden genügt vielen Grabungsfirmen bisher ein Magister- oder Diplomabschluss für die Anstellung. Zu den weiteren Anforderungen gehören in der Regel mehrjährige Grabungserfahrung sowie Erfahrungen in der Projektleitung und Mitarbeiterführung. Ob in Zukunft der Bachelor-Abschluss als Qualifikation für eine qualifizierte Stelle bei einer Grabungsfirma ausreicht, bleibt abzuwarten.

Die Bewahrung des kulturellen Erbes kommt neben den Denkmalpflegebehörden auch den Museen zu. Ihre Aufgabe ist es, vor allem die beweglichen historischen Hinterlassenschaften zu sammeln, bewahren, erforschen und der Öffentlichkeit zu präsentieren. Die Tätigkeit im Museum ist damit ähnlich vielseitig wie in der Denkmalpflege. Die Entwicklung und Konzipierung von Ausstellungen ist dabei nur eine von vielen Aufgaben, die im Museum zu leisten sind. Inventarisierung, Katalogisierung und sachgerechte Archivierung gehören ebenso dazu wie die Presse- und Öffentlichkeitsarbeit und redaktionelle Arbeiten (z. B. Begleitpublikationen zu Ausstellungen, Museumsführer).

Zwar gibt es keinen geregelten Weg in die Denkmalpflege oder Museumstätigkeit, förderlich ist aber sicherlich, schon während des Studiums Einblicke in diese Bereiche zu gewinnen. Dazu dienen Praktika, die in vielen Studiengängen sogar verpflichtend sind. Auch in den neuen archäologischen B.A.-/M.A.-Studiengängen sind solche Praktika zum Teil vorgeschrieben; sie sollen vornehmlich in der Denkmalpflege und im Museum absolviert werden. Generell werden Praktika zwar häufig schlecht oder gar nicht bezahlt, ermöglichen aber erste Berufserfahrungen und tragen somit in der Regel zur Klärung der Frage bei, ob man tatsächlich einmal diesen Beruf ergreifen möchte. Häufig verhelfen sie auch zu Kontakten, die für einen späteren Berufseinstieg nützlich sein können.

Die Absolvierung eines **Volontariats** ist in beiden Arbeitsfeldern die Voraussetzung für eine spätere Anstellung – sei sie befristet oder unbefristet. Allerdings ist die Stellensituation sowohl in der Denkmalpflege als auch im Museum aufgrund der gegebenen Stellenstruktur und der allgemein angespannten Lage im Kulturbereich derzeit alles andere als gut. Zwar gibt es in allen Bundesländern eine Denkmalbehörde und darüber hinaus etliche Kreisarchäologien sowie eine große Zahl an reinen Archäologiemuseen und kulturhistorisch ausgerichteten Lokal-, Stadt- und Landesmuseen, aber in beiden Bereichen finden sich deutlich mehr Bewerber als Stellen. Die Situation im Museumswesen wird überdies durch Absolventen aus anderen Fächern wie etwa der Geschichtswissenschaft, Volkskunde und Ethnologie verschärft, die ebenfalls eine Museumstätigkeit anstreben. Erschwerend kommt hinzu, dass für die wenigen vorhandenen Volontariatsstellen oft die Promotion verlangt wird, so dass schon früher Diplom- und Magisterabsolventen häufig das Nachsehen hatten. Vor dem Hintergrund der neuen Studiengänge ist dieser Um-

---

Volontariat, von franz. *volontaire*, ›freiwillig‹. Darunter versteht man eine Ausbildung ähnlich einer Lehre, jedoch meist nach absolviertem Studium. Volontariate sind besonders im Journalismus, in der Werbebranche sowie in der Denkmalpflege und im Museumswesen verbreitet; sie dauern in der Regel zwischen 12 und 24 Monaten.

stand mehr als unbefriedigend. B.A.-Absolventen werden hier wohl kaum eine Anstellung finden, da sie nicht mit den deutlich besser qualifizierten Absolventen mit Promotion oder auch Master konkurrieren können. Vereinzelt wird deshalb gefordert, in der Denkmalpflege und im Museumswesen neue Stellen für die Bachelorabsolventen zu schaffen, etwa im Archiv- und Magazinbereich. Die potentiellen Arbeitgeber müssten auf die neuen Studienabschlüsse reagieren und nicht nur ihr Stellenprofil, sondern zugleich ihr Besoldungssystem ändern. Da es sich in der Regel jedoch um staatliche bzw. kommunale Arbeitgeber handelt, werden solche Umstellungen aller Voraussicht nach eher an der schlechten wirtschaftlichen Gesamtsituation scheitern oder bestenfalls nach und nach stattfinden. Sollte sich hier also zukünftig nichts Grundlegendes ändern, wird wohl weiterhin nur der Doktortitel die Tür zu einem der beiden Arbeitsfelder öffnen.

Medien und andere Bereiche | 9.4.3

Gerade in Anbetracht der neuen und stärker berufsbezogenen Bachelor- und Masterstudiengänge (→ Kap. 9.2; 9.3) dürften Arbeitsfelder außerhalb der eigentlichen archäologischen Tätigkeit immer mehr an Bedeutung gewinnen. Neben den bereits genannten ›klassischen‹ archäologischen Berufsfeldern möchten wir einen weiteren und in Zukunft wohl zunehmend wichtiger werdenden Bereich anführen, in dem Archäologen tätig werden können: den Mediensektor. Darunter verstehen wir Verlags- und Pressewesen, Rundfunk (Radio, Fernsehen) und Film. Der Medienbereich gehörte von jeher zu den potentiellen Arbeitsmöglichkeiten für Geistes- und Kulturwissenschaftler. Als Arbeitsfelder kommen Redaktions- und Lektoratstätigkeiten, Presse- und Öffentlichkeitsarbeit sowie typisch journalistische Tätigkeiten in Betracht. Aufbauend auf den im Studium erworbenen Qualifikationen übernehmen auch hier vor allem Volontariate eine maßgebliche Rolle für die spezifische Ausbildung, da sie auf die notwendigen Fähigkeiten und Fertigkeiten des Berufs vorbereiten. Erste etwa über Praktika, **Hospitanzen** oder Tätigkeiten in freier Mitarbeit (z. B. für die Lokalzeitung) erworbene Erfahrungen erleichtern den Einstieg in den Medienbereich sehr.

Für Berufsfelder außerhalb der Archäologie sind nicht in erster Linie detaillierte Fachkenntnisse gefragt; die Voraussetzungen für einen Berufseinstieg liegen vielmehr im Erwerb von

Hospitanz, von lat. *hospes*, ›Gastfreund‹, ›Gast‹. Zeitlich begrenzte Teilnahme zum Zweck der Ausbildung beispielsweise an Schulen oder Universitäten, aber auch bei Rundfunkanstalten.

Schlüsselqualifikationen und sogenannten *Soft Skills*. Zu ersteren zählen grundlegende Kompetenzen jenseits des entsprechenden Fachwissens wie z. B. Recherchieren, Strukturieren und Präsentieren eines Themenbereichs, das schnelle Erfassen und Formulieren eines Problems und die daraus folgende Erarbeitung von Lösungen und deren Darstellung; Medien- und Fremdsprachenkompetenz gehören ebenfalls dazu. Mit ›Soft Skills‹ sind ›weiche‹, im sozialen Bereich liegende Fähigkeiten gemeint, z. B. Selbständigkeit, Teamfähigkeit, Kommunikationsvermögen und Lernbereitschaft, aber auch Führungskompetenz. Schlüsselqualifikationen und ›Soft Skills‹ – beides überfachliche Qualifikationen – werden im Studium eher indirekt in Seminaren vermittelt, etwa bei der Anleitung und Erstellung von Hausarbeiten und bei der Vorbereitung und Präsentation von Referaten. Gerade das Bachelorstudium mit einem ersten berufsqualifizierenden oder besser berufsbefähigenden Abschluss soll neben fachlichen Inhalten auch diese in allen Berufen geforderten Kernkompetenzen vermitteln. Es ist deshalb von besonderer Bedeutung, den Absolventen auf der B.A.-Ebene einen guten Einstieg in einen Beruf zu ermöglichen.

Neben den aufgeführten Berufsfeldern gibt es weitere Arbeitsbereiche für B.A.-Archäologen, etwa im öffentlichen und kommerziellen Kulturbereich. Gerade hier geht es weniger um umfassende fachliche Kompetenz als vielmehr um die nötigen Schlüsselqualifikationen im oben genannten Sinn. Zu diesen Berufsfeldern zählen unter anderem Erwachsenenbildung (z. B. Volkshochschulen), Kulturtourismus, Kulturmanagement, Kunsthandel (z. B. Auktionshäuser), Vereine/Verbände und die Werbebranche. Alle diese Berufszweige haben zwar nur einen eher geringen inhaltlichen Bezug zum studierten Fach, gehören aber dennoch seit Jahren zu den potentiellen Arbeitsfeldern. Allerdings kann sich der Einstieg in einen dieser Berufe als schwierig erweisen, da die Bachelors archäologischer Studiengänge in Konkurrenz zu Absolventen anderer kultur- bzw. geschichtswissenschaftlicher Fächer stehen, die ebenfalls in diese Berufsfelder drängen.

Für einen zukünftigen Arbeitsplatz – in welchem Bereich auch immer – ist es daher wichtig, zügig zu studieren und möglichst einen sehr guten Abschluss zu machen. Auslandserfahrung spielt ebenfalls eine zunehmende Rolle. Mit einem Studienaufenthalt im Ausland werden nicht nur Fremdsprachenkenntnisse erweitert und verbessert, sondern es zeigt sich darin auch Offenheit für andere Kulturen, Mobilität und Flexibilität – Fähigkeiten, die bei der Bewerberauswahl für Personalchefs häufig ausschlaggebend sind.

Wir möchten weder die Arbeitsmöglichkeiten im Fach noch außerhalb des Fachs schlechtreden. Es erscheint uns aber wichtig und zugleich als unsere Pflicht, in dieser Einführung auf die desolate Arbeitsmarktsituation für Archäologen aufmerksam zu machen. Jeder Studienanfänger sollte sich dieser Situation bewusst sein. Gleichwohl möchten wir diejenigen, die fest entschlossen sind, das Fach zu studieren, ermuntern, es zu tun. Für eine berufliche Tätigkeit im Fach ist immer noch eine herausragende Promotion zu einem möglichst frühen Zeitpunkt die beste Voraussetzung. Eine Garantie allerdings bietet auch sie – wie wohl klargeworden sein dürfte – nicht.

Literatur zu Studiengängen und zur Universitätsreform

J. Belz u. a., Der Bologna-Prozess in den archäologischen Wissenschaften – Ein Blick auf die Entwicklungen aus studentischer Perspektive. Archäologische Informationen 28/1&2, 2005, 105–110.

W. Pape, Zur Entwicklung des Faches Ur- und Frühgeschichte in Deutschland bis 1945. In: A. Leube (Hrsg.), Prähistorie und Nationalsozialismus: Die mittel- und osteuropäische Ur- und Frühgeschichtsforschung in den Jahren 1933–1945. Studien zur Wissenschafts- und Universitätsgeschichte 2 (Heidelberg 2002) 163–226.

S. Samida, Die neuen B.A.-/M.A.-Studiengänge. In: M.K.H. Eggert, Prähistorische Archäologie: Konzepte und Methoden (Tübingen – Basel 2008³) 390–405.

S. Samida/M.K.H. Eggert, Vom Magister zum Master: Eine Umfrage zu den neuen Studiengängen. Archäologisches Nachrichtenblatt 13, 2008, 241–260.

T. Weski, Der BA-Abschluß in Fach A: Sackgasse oder Chance? Archäologisches Nachrichtenblatt 11, 2006, 221–225.

Literatur zu Berufsfeldern und Berufsaussichten

Archäologische Informationen 21/2, 1998 (Themenheft: Kommerzielle Archäologie).

Diverse Autoren, Forum I: Kommentare zur DGUF-Umfrage zum Ausbildungsprofil für Prähistoriker und Prähistorikerinnen. Archäologische Informationen 20/1&2, 1997.

Diverse Autoren, Jahrestagung des Verbandes der Landesarchäologen »Bodendenkmalpflege als Beruf – Ein Ausbildungsziel für die Universitäten?«. Archäologisches Nachrichtenblatt 4, 1999.

C. Dobiat/T. Mattern (Hrsg.), Wunsch und Wirklichkeit: Alternative Chancen für Archäologen. Beiträge zum Kolloquium in Marburg/Lahn 11.–12. November 2000 (Münster 2001).

H. Härke, ›The Good, the Bad and the Ugly‹? Ein Vergleich von drei europäischen Berufungssystemen im archäologischen Fachkontext. Archäologische Informationen 29/1&2, 2006, 117–126.

S. Samida, Zur Frage von Stellenbesetzungen an deutschen Universitäten: Einschätzungen und Ergänzungen zu Heinrich Härkes »›The Good, the Bad and the Ugly‹«. Archäologische Informationen 30/1, 2007, 105–110.

S. Samida/M.K.H. Eggert, Archäologie als Beruf: Eine Befragung unter Mitgliedern der Deutschen Gesellschaft für Ur- und Frühgeschichte. Archäologische Informationen 30/2, 2007, 39–52.

Verband der Landesarchäologen in der Bundesrepublik Deutschland, Discovering the Archaeologists of Europe: Deutschland (o.O. 2008). Auch unter: <www.discovering-archaeologists.eu>.

Epilog | 10

Inhalt

10.1 Archäologie als Metapher 305
10.2 Archäologie als Aufgabe 307
10.3 Über Vergangenheit, Gegenwart und Zukunft 309

Archäologie als Metapher | 10.1

Seit einigen Jahren ist allenthalben eine ›Aktualität des Archäologischen‹ – so übrigens der Titel eines 2004 erschienenen Buchs – auszumachen. Dies gilt nicht nur für die Wissenschaften, vor allem die Kulturwissenschaften, sondern auch für die Kunst und – wie Ausstellungen und sonstige mediale Umsetzungen belegen – für die Öffentlichkeit. Die Aktualität des Archäologischen in der Bildenden Kunst der Gegenwart zeigt sich u. a. in einer Hinwendung zur Antike und der Aufnahme und Transformation antiker Vorbilder.

In den Kulturwissenschaften, besonders innerhalb der technik- und medienhistorischen Forschung, erlebt das Archäologische derzeit eine regelrechte Konjunktur. Die Archäologie, so heißt es bisweilen gar, sei zur ›Leitwissenschaft‹ aufgerückt. Der Grund für die ›Aktualität des Archäologischen‹ ist auf eine Vorstellung von Archäologie als einer Wissenschaft zurückzuführen, die zum ›Wesen der Dinge‹ vorzustoßen vermag. Der Versuch, z. B. eine »Archäologie des Kinos: Gedächtnis des Jahrhunderts« (2008) oder – allgemeiner – eine »Archäologie der Medien« (2002) zu schreiben, liegt also nahe. In solchen modernen medienwissenschaftlichen Untersuchungen steht die technische bzw. mediale Bedingtheit des Wissens im Vordergrund der Analyse. Medien und Techniken, Apparate und Instrumente seien, so liest man, nicht länger nur als externe Träger kulturellen Wissens über die Vergangenheit zu begreifen; ihnen komme vielmehr eine eigene

Rolle bei der Schaffung von Wissen zu, die bislang vernachlässigt worden sei. Archäologie erfährt durch solche Arbeiten – positiv betrachtet – zwar eine inhaltliche Erweiterung; man kann aber, da diese Erweiterung nur noch wenig mit dem ursprünglichen Begriff gemein hat, im negativen Sinne auch von ›Verwässerung‹ sprechen. Diese ›**Para-Archäologie**‹ stellt daher eher eine Gefahr als eine Bereicherung für die ›echten‹ Archäologien dar.

Der Rückgriff verschiedener Wissenschaften auf die ›Archäologie‹-Metapher ist nicht neu. Schon der Österreicher *Sigmund Freud* (1856–1939), Begründer der Psychoanalyse und an der damals noch jungen Archäologie interessiert, sah Übereinstimmungen der Arbeit des Psychoanalytikers mit der des Archäologen. 1937 schrieb er dazu: »Aber wie der Archäologe aus stehen gebliebenen Mauerresten die Wandlungen des Gebäudes aufbaut, aus Vertiefungen im Boden die Anzahl und Stellung von Säulen bestimmt, aus den im Schutt gefundenen Resten die einstigen Wandverzierungen und Wandgemälde wiederherstellt, genau so geht der Analytiker vor, wenn er seine Schlüsse aus Erinnerungsbrocken, Assoziationen und aktiven Äußerungen des Analysierten zieht. Beiden bleibt das Recht zur Rekonstruktion durch Ergänzung und Zusammenfügung der erhaltenen Reste unbestritten«. Ähnlichkeiten mit der Archäologie sah Freud aber auch auf einer anderen Ebene, etwa wenn es um die Behandlungsweise der Patienten ging: Um zum ›Urtrauma‹ des Behandelten zu gelangen, sei es wichtig, von der Gegenwart (Oberfläche) in die Vergangenheit (Tiefe) vorzustoßen, also nacheinander Schicht für Schicht vorsichtig abzutragen. Auf diese Weise ließen sich unvollständig erhaltene und verschwommene Erinnerungen aus der Kindheit wieder ans Licht bringen.

Diese beiden Beispiele mögen genügen. Halten wir fest, dass die ›Archäologie‹-Metapher seit langem beliebt ist. Wenn heute von ›Archäologie‹ die Rede ist – das zeigt besonders die kulturwissenschaftliche Ausweitung und Verfremdung des Begriffs – meint man damit durchaus nicht immer das Fach bzw. die Einzelfächer als solche. Der immer wieder von kulturwissenschaftlichen Autoren, die sich selbst als ›**Avantgarde**‹ verstehen, benutzte ›Archäologie‹-Begriff hat nichts mit dem Selbstverständnis der Archäologie zu tun.

Para-Archäologie, von griech. *para*, ›bei‹, ›neben‹. Damit ist eine neben den archäologischen Fächern stehende ›Archäologie‹ gemeint, die mit der ursprünglichen Bedeutung von Archäologie nichts gemein hat.

Avantgarde, von franz. *avant-garde*. Vorkämpfer einer Idee oder Richtung (besonders in Wissenschaft und Kunst).

Literatur

K. Ebeling, Die Mumie kehrt zurück: Zur Aktualität des Archäologischen zwischen Philosophie, Kunst und Technik. Weimarer Beiträge 48, 2002, 273–289.
K. Ebeling/S. Altekamp (Hrsg.), Die Aktualität des Archäologischen in Wissenschaft, Kunst und Medien (Frankfurt am Main 2004).
J.-L. Godard/Y. Ishaghpour, Archäologie des Kinos: Gedächtnis des Jahrhunderts (Zürich – Berlin 2008) [Franz. Original: »Archéologie du cinéma et mémoire du siècle« (Tours 2000)].
S. Zielinski, Archäologie der Medien: Zur Tiefenzeit des technischen Hörens und Sehens (Reinbek bei Hamburg 2002).

Archäologie als Aufgabe | 10.2

Die Ur- und Frühgeschichtliche Archäologie betreibt historische ›Grundlagenforschung‹ und leistet somit einen bedeutenden Beitrag zur Kulturgeschichte des Menschen. Daraus erwachsen jedoch weitere Aufgaben, die auf den ersten Blick nicht ganz so klar sind. Einige von ihnen werden, so unsere Prognose, zunehmend wichtiger werden. Sie lassen sich in gesellschaftliche und wissenschaftliche Aufgaben zusammenfassen.

Die archäologischen Fächer werden – auch wegen des großen öffentlichen Interesses – in Zukunft nicht umhin können, sich vermehrt mit Fragen der gesellschaftlichen Wahrnehmung ihrer Wissenschaft zu beschäftigen. Dazu wird es nötig sein, vom ›Elfenbeinturm‹ herabzusteigen, sich um eine adäquate Vermittlung archäologischer Erkenntnisse zu bemühen und sich an der öffentlichen Diskussion zu beteiligen. Bislang wurde dieses Feld weitgehend den Medien und damit archäologischen Laien überlassen. Die Darstellung der archäologischen Fächer und das ihr zugrunde liegende Bild ist allerdings alles andere als angemessen. Wenn sich daran etwas ändern soll – und es muss sich etwas ändern, denn das weit verbreitete Zerrbild vom Archäologen als ›Entdecker‹, ›Abenteurer‹ und ›Schatzsucher‹ ist völlig falsch –, müssen die Archäologien selbst das Wort ergreifen und ihre Scheu vor allem ›Nichtwissenschaftlichen‹ ablegen. Von Relevanz für die Archäologie ist auch die schon seit mehreren Jahren zu beobachtende Kürzung staatlicher Finanzmittel. Davon sind nicht nur die archäologischen Fächer an den Universitäten betroffen, sondern auch die Einrichtungen der Denkmalpflege und Bildungsinstitutionen wie Museen. Prekär wird die Situation vor allem dann, wenn staatliche Instanzen sich – wie in unserem Falle – beim Denkmalschutz und beim Erhalt des kulturellen Er-

---

Elfenbeinturm. Metapher für eine häufig in der Wissenschaft zu beobachtende weitgehende Konzentration auf die Forschung. Bei der meist schmähenden Verwendung dieses Begriffs wird gewöhnlich übersehen, dass die damit bezeichnete ›Weltabgeschiedenheit‹ letztlich eine wesentliche Voraussetzung für erfolgreiche Forschung ist.

bes immer mehr ihrer Verantwortung entziehen. Damit wird die Vernachlässigung, wenn nicht gar Zerstörung, eines beträchtlichen Teils der ur- und frühgeschichtlichen Hinterlassenschaften in Kauf genommen. Dies ist einer Nation unwürdig, die sich bei jeder Gelegenheit zur ›Kultur‹ bekennt. Die archäologischen Fächer sind daher gefordert, dieser Entwicklung entgegenzutreten und den besonderen Wert ihrer Arbeit öffentlich darzulegen.

Die Aufgaben im wissenschaftlichen Bereich sind nicht minder groß. Die Hochschulreform *à la* ›Bolognaise‹ hat wie kaum eine andere Hochschulreform zuvor das deutsche Studiensystem verändert – hiervon sind auch die archäologischen Fächer nicht ausgenommen. Es gibt zwei Möglichkeiten, damit umzugehen: Eine ist die ›Vogel-Strauß-Methode‹ – doch den Kopf in den Sand zu stecken, wird den Archäologien mehr schaden als nutzen. Die andere, vielversprechendere Möglichkeit besteht darin, sich mit dem von der Politik eingeleiteten Prozess konstruktiv auseinanderzusetzen, so dass die universitäre Archäologie gestärkt daraus hervorgeht. Es wird also unsere Aufgabe sein – auch wenn die Umsetzung der neuen Studiengänge bereits weitgehend erfolgt ist –, sich nicht auf dem bisher Vollbrachten auszuruhen, sondern den durch die Bologna-Reform entstehenden Spielraum auszuschöpfen. Dazu gehört es gewiss, ›alte Zöpfe‹ abzuschneiden und die neuen Möglichkeiten als Bereicherung zu sehen. Wir denken hier beispielsweise an die Schaffung neuer Studiengänge, die das Gemeinsame der archäologischen Fächer betonen, aber auch an die damit einhergehende Chance, Interdisziplinarität bereits von Studienbeginn an zu praktizieren und den Studierenden somit eine breite archäologische Grundausbildung zu ermöglichen.

Darüber hinaus dürfte es deutlich geworden sein, dass Archäologie nicht nur mit ›Ausgraben‹ und damit mit Feldarchäologie gleichzusetzen ist. Es wird in Zukunft darum gehen müssen, zum einen mehr konzeptuell zu arbeiten und sich zum anderen verstärkt kulturgeschichtlichen Fragen zu widmen. Unter dem ersten Punkt fassen wir eine Forschung, die sich etwa mit dem interpretatorischen Potential materieller Hinterlassenschaften auseinandersetzt und die in anderen kulturwissenschaftlichen Fächern geführten Diskussionen für die Archäologie fruchtbar macht. Der zweite Aspekt besteht darin, sich nicht länger mit solchen Materialanalysen zufrieden zu geben, deren inhaltlicher Beitrag sich z. B. nur noch auf feinchronologische Überlegungen beschränkt. Es wird, auf lange Sicht, für die Archäologie wenig gewinnbringend sein, wenn sie sich in das **Prokrustesbett** des Mate-

---

Prokrustesbett. Metapher, die auf eine altgriechische Sage zurückgeht. Gewaltsames Hineinzwängen in eine bestimmte Situation oder in ein bestimmtes Schema.

riellen zwängen lässt und darüber ihren historisch-kulturwissenschaftlichen Auftrag vergisst. Sinnvoller dürfte es sein, das Potential der Ur- und Frühgeschichtlichen Archäologie auf diesem Felde auszuloten. Um hier zu Antworten zu kommen, ist mehr denn je eine interdisziplinäre Arbeitsweise erforderlich.

Über Vergangenheit, Gegenwart und Zukunft | 10.3

Wir haben uns im Rahmen des Überblicks über das Studium der Ur- und Frühgeschichtlichen Archäologie (→ Kap. 9) auch mit der derzeitigen Situation des Fachs auseinandergesetzt. Dabei ist deutlich geworden, dass sich die bisherige Studienstruktur durch die Einführung der neuen Studiengänge grundlegend geändert hat. Für die Studierenden birgt diese Entwicklung neben offenkundigen Vorteilen auch Gefahren. Die Vorteile sehen wir vor allem in der stärkeren Strukturierung des Studiums, die – wenngleich von vielen als ›Verschulung‹ verschrien – den Studierenden erstmals eine klare Gesamtperspektive auf ihr Studium ermöglicht. Auch der traditionellen Beliebigkeit des Lehrangebots sind damit klare Grenzen gesetzt. Nachteilig erscheint uns hingegen, dass sich die Studierenden fortan möglicherweise allzu eng an die vorgegebenen Studienpläne klammern werden und ein darüber hinausgehendes Selbststudium nur noch in einem sehr eingeschränkten Maße betrieben wird. Wir möchten auch nicht verschweigen, dass die neue Studienstruktur die traditionelle Beweglichkeit der Studierenden aufgrund des lokalen Zuschnitts der Studiengänge erheblich einengt. Dass diese Tatsache nicht nur aus fachlicher Sicht negativ ist, liegt auf der Hand.

Darüber hinaus stellt sich derzeit die Frage, wieviel Prozent der Fachstudenten nach dem B.A.-Abschluss die Universität verlassen werden. Niemand vermag darauf eine Antwort zu geben. Wichtiger noch ist die Frage, wo diese B.A.-Absolventen ein berufliches Auskommen finden werden. Das mit einem Bachelorabschluss endende Collegestudium der anglophonen Länder kennt diese Schwierigkeiten nicht – dort ist der B.A. (*Bachelor of Arts*) oder B.S. bzw. B.Sc. (*Bachelor of Science*) die übliche Ausgangsbasis für eine gehobene Berufslaufbahn. Unser Ausbildungssystem ist hingegen völlig anders. Wir sind daher, wie gesagt, skeptisch, dass der B.A.-Abschluss in Archäologie – wie immer der Studiengang genau heißen mag und welche archäologischen Fächer außer der Ur- und Frühgeschichtswissenschaft daran beteiligt sein mögen – einen Einstieg in die oben erörterten fachspezifischen

Berufsfelder eröffnen wird. Derzeit ist es aber kaum möglich, die Folgen der neuen Studienstruktur für unser Fach einigermaßen präzise einzuschätzen.

Wir möchten unsere Ausführungen jedoch nicht beschließen, ohne noch einige wenige grundsätzliche Bemerkungen zu unserer Auffassung von Archäologie zu äußern. Wir meinen, dass die Archäologie weder zur Gegenwarts- noch zur Zukunftsbewältigung beizutragen vermag – sie ist keine ›Lehrmeisterin für das Leben‹. Ebenso wenig ist sie im derzeit immer wieder betonten wirtschaftlichen Sinne ›nützlich‹. Die Archäologien und andere sogenannte *Kleine Fächer* stehen unter dem allgegenwärtigen Druck, die Berechtigung ihrer Existenz zu begründen. Dem sollten wir uns durch Aufklärung widersetzen: Wir müssen nicht ›nützlich‹ sein, um unseren Fortbestand als Historische Kulturwissenschaft einzufordern.

Naturgemäß trägt der Archäologe nicht anders als der Historiker in einem mehr oder minder starken Maße die Fragestellungen der Gegenwart an seine Quellen heran – die Geschichte der Ur- und Frühgeschichtlichen Archäologie zeigt das in großer Deutlichkeit. Wie sehr auch immer unsere Fragestellungen und unser Forschungsansatz von der Gegenwart geprägt sein mögen, sicher ist, dass beide – angesetzt auf die ur- und frühgeschichtlichen Quellen – zur Erkenntnis des Einst beitragen. Es versteht sich, dass es der Kritikfähigkeit des Archäologen bedarf, um der Gefahr zu entgehen, dieses Einst nach dem Bilde des Jetzt zu formen.

Wir beenden dieses Buch in der Hoffnung, dass die Ur- und Frühgeschichtliche Archäologie nicht nur an einer wissenschaftlich vertretbaren und inhaltlich angemessenen Vermittlung ihrer Erkenntnisse an die fachferne Öffentlichkeit festhält, sondern sie noch zu verbessern sucht. Im Übrigen liegt die Zukunft unseres Fachs – dessen sind wir gewiss – in der Vergangenheit. Es ist unser Ziel, diese Vergangenheit soweit wie irgend möglich auf der Grundlage ihrer Hinterlassenschaften zu erfassen. Um dabei erfolgreich zu sein, bedarf es jedoch – wie wir in diesem Buch allenthalben gesehen haben – mehr als der ur- und frühgeschichtlichen Zeugnisse. Archäologisch-historische Erkenntnis entsteht nur auf der Basis einer von der Gegenwart ausgehenden, theoriegeleiteten Annäherung an die genuinen Überreste einer längst vergangenen Wirklichkeit.

Literaturhinweise | 11

Einführungen

M. K. H. Eggert, Prähistorische Archäologie: Konzepte und Methoden (Tübingen – Basel 2008³).
H. Jankuhn, Einführung in die Siedlungsarchäologie (Berlin – New York 1977).
C. Renfrew/P. Bahn, Archaeology: Theories, Methods and Practice (London 2008⁵).
C. Renfrew/P. Bahn, Basiswissen Archäologie: Theorien, Methoden, Praxis (Mainz 2009).
M. Trachsel, Ur- und Frühgeschichte: Quellen, Methoden, Ziele (Zürich 2008).

Handbücher und Lexika

B. Cunliffe/C. Gosden/R. A. Joyce (Hrsg.), Oxford Handbook of Archaeology (Oxford 2009).
H. Müller-Karpe, Handbuch der Vorgeschichte, 1: Altsteinzeit (1966); 2: Jungsteinzeit (1968); 3: Kupferzeit (1974); 4: Bronzezeit (1980) (München 1966–1980).
Reallexikon der Germanischen Altertumskunde (RGA), 2. Auflage.
C. Renfrew/P. Bahn, Archaeology: The Key Concepts (London – New York 2005).

Überblickswerke

T. Champion/C. Gamble/S. Shennan/A. Whittle, Prehistoric Europe (London 1991⁵).
U. von Freeden/S. von Schnurbein (Hrsg.), Spuren der Jahrtausende: Archäologie und Geschichte in Deutschland (Stuttgart 2002).
W. Menghin/D. Planck (Hrsg.), Menschen – Zeiten – Räume: Archäologie in Deutschland (Stuttgart 2002).

Forschungsgeschichte allgemein

J. Callmer/M. Meyer/R. Struwe/C. Theune (Hrsg.), Die Anfänge der ur- und frühgeschichtlichen Archäologie als akademisches Fach im europäischen Vergleich – The Beginnings of Academic Pre- and Protohistoric Archaeology in a European Perspective. Berliner Archäologische Forschungen 2 (Rahden/Westf. 2006).
M. Díaz-Andreu, A World History of Nineteenth-Century Archaeology: Nationalism, Colonialism and the Past (Oxford 2007).
A. Gramsch, Ein Abriss der Geschichte der Prähistorischen Archäologie in Deutschland: Genese, Entwicklung und Institutionalisierung. Das Altertum 52, 2007, 275–304.
H. Gummel, Forschungsgeschichte in Deutschland. Die Urgeschichtsforschung und ihre historische Entwicklung in den Kulturstaaten der Erde 1 (Berlin 1938).

G. Kossack, Prähistorische Archäologie in Deutschland im Wandel der geistigen und politischen Situation. Bayerische Akademie der Wissenschaften, Philosophisch-Historische Klasse, Sitzungsberichte, 1999, H. 4 (München 1999).
B.G. Trigger, A History of Archaeological Thought (Cambridge 2006²).

Ur- und Frühgeschichtliche Archäologie und Nationalsozialismus

U. Halle, »Die Externsteine sind bis auf weiteres germanisch!«. Prähistorische Archäologie im Dritten Reich. Sonderveröffentlichungen des Naturwissenschaftlichen und Historischen Vereins für das Land Lippe e.V. 68 (Detmold 2002).
A. Leube (Hrsg.), Prähistorie und Nationalsozialismus: Die mittel- und osteuropäische Ur- und Frühgeschichtsforschung in den Jahren 1933–1945. Studien zur Wissenschafts- und Universitätsgeschichte 2 (Heidelberg 2002).
H. Steuer (Hrsg.), Eine hervorragend nationale Wissenschaft: Deutsche Prähistoriker zwischen 1900 und 1995. Ergänzungsbände RGA 29 (Berlin – New York 2001).

Theorien und Methoden allgemein

R. A. Bentley/H. G. D. Maschner/C. Chippendale (Hrsg.), Handbook of Archaeological Theories (Lanham, MD 2008).
R. Bernbeck, Theorien in der Archäologie (Tübingen – Basel 1997).
M. K. H. Eggert, Prähistorische Archäologie: Konzepte und Methoden (Tübingen – Basel 2008³).
I. Hodder (Hrsg.), Archaeological Theory Today (Cambridge 2001).
Tübinger Archäologische Taschenbücher, Bd. 1 ff.

Prozessuale und Post-Prozessuale Archäologie

L. R. Binford, An Archaeological Perspective. Studies in Archaeology (New York – London 1972)
S. R. Binford/L. R. Binford (Hrsg.), New Perspectives in Archeology (Chicago/New York 1968).
M. K. H. Eggert, Prähistorische Archäologie und Ethnologie. Studien zur amerikanischen New Archaeology. Prähistorische Zeitschrift 53, 1978, 6–164.
M. K. H. Eggert/U. Veit (Hrsg.), Theorie in der Archäologie: Zur englischsprachigen Diskussion. Tübinger Archäologische Taschenbücher 1 (Münster – New York – München u. a. 1998).
I. Hodder, Reading the Past (Cambridge 1986).
S. Wolfram, Zur Theoriediskussion in der Prähistorischen Archäologie Großbritanniens. Ein forschungsgeschichtlicher Überblick über die Jahre 1968–1982. British Archaeological Reports, International Series 306 (Oxford 1986).

Gender-Archäologie

B. Auffermann/G.-C. Weniger (Hrsg.), Frauen – Zeiten – Spuren (Mettmann 1998).
Frauen – Forschung – Archäologie, Bd. 1 ff.
R. Hof, Kulturwissenschaften und Geschlechterforschung. In: A. Nünning/V. Nünning (Hrsg.), Einführung in die Kulturwissenschaften: Theoretische Grundlagen – Ansätze – Perspektiven (Stuttgart – Weimar 2008) 329–350.
S. M. Nelson, Gender in Archaeology: Analyzing Power and Prestige (Lanham/MD 2004²).
S. M. Nelson (Hrsg.), Reader in Gender Archaeology (Walnut Creek 2006).
M. L. Stig Sørensen, Gender Archaeology (Cambridge 2000).

Archäologische Nachbarfächer

T. **Bechert**, Römische Archäologie in Deutschland: Geschichte. Denkmäler. Museen (Stuttgart 2003).
A. H. **Borbein**/T. **Hölscher**/P. **Zanker (Hrsg.)**, Klassische Archäologie: Eine Einführung (Berlin 2000).
F. W. **Deichmann**, Einführung in die Christliche Archäologie (Darmstadt 1983).
M. K. H. **Eggert**, Archäologie: Grundzüge einer Historischen Kulturwissenschaft (Tübingen – Basel 2006).
G. P. **Fehring**, Die Archäologie des Mittelalters: Eine Einführung (Darmstadt 2000³).
T. **Fischer (Hrsg.)**, Die römischen Provinzen: Eine Einführung in ihre Archäologie (Stuttgart 2001).
V. **Fritz**, Einführung in die Biblische Archäologie (Darmstadt 1993²).
M. **Heinz**, Vorderasiatische Altertumskunde: Eine Einführung (Tübingen – Basel 2009).
T. **Hölscher**, Klassische Archäologie – Grundwissen (Darmstadt 2002).
F. **Lang**, Klassische Archäologie (Tübingen – Basel 2002).
H. J. **Nissen**, Geschichte Altvorderasiens. Oldenbourg Grundriss der Geschichte 25 (München 1999).
B. **Scholkmann**, Das Mittelalter im Fokus der Archäologie. Archäologie in Deutschland, Sonderheft Plus (Stuttgart 2009).
U. **Sinn**, Einführung in die Klassische Archäologie (München 2000).
D. **Vieweger**, Archäologie der biblischen Welt (Göttingen 2006²).

Naturwissenschaftliche und Quantitative Archäologie

M. J. **Greenacre**, Correspondence Analysis in Practice (London – San Diego – New York u. a. 1993).
A. **Hauptmann**/V. **Pingel (Hrsg.)**, Archäometrie: Methoden und Anwendungsbeispiele naturwissenschaftlicher Verfahren in der Archäologie (Stuttgart 2008).
S. **Jacomet**/A. **Kreuz**, Archäobotanik: Aufgaben, Methoden und Ergebnisse vegetations- und agrargeschichtlicher Forschung (Stuttgart 1999).
J. **Müller**/A. **Zimmermann (Hrsg.)**, Archäologie und Korrespondenzanalyse: Beispiele, Fragen, Perspektiven. Internationale Archäologie 23 (Espelkamp 1997).
N. **Müller-Scheeßel**, Korrespondenzanalyse und verwandte Verfahren. In: M. K. H. Eggert, Prähistorische Archäologie: Konzepte und Methoden (Tübingen – Basel 2008³) 219–239.
H. **Reichstein**, Stichwort ›Naturwissenschaftliche Methoden in der Archäologie, § 7: Archäozoologie‹. RGA² 20, 2002, 592–597.
S. **Shennan**, Quantifiying Archaeology (Edinburgh 1997²).
G. A. **Wagner (Hrsg.)**, Einführung in die Archäometrie (Berlin – Heidelberg 2007).

Prospektionsmethoden und Ausgrabung

P. **Barker**, Techniques of Archaeological Excavation (London 1993³).
H. **Becker (Zusammenstellung)**, Archäologische Prospektion: Luftbildarchäologie und Geophysik. Arbeitshefte des Bayerischen Landesamtes für Denkmalpflege 59 (München 1996).
E. **Gersbach**, Ausgrabung heute: Methoden und Techniken der Feldgrabung (Stuttgart 1998³).
W. **Neubauer**, Magnetische Prospektion in der Archäologie. Mitteilungen der Prähistorischen Kommission 44 (Wien 2001).

M. Posselt/B. Zickgraf/C. Dobiat (Hrsg.), Geophysik und Ausgrabung: Einsatz und Auswertung zerstörungsfreier Prospektion in der Archäologie. Internationale Archäologie: Naturwissenschaft und Technologie 6 (Rhaden/Westf. 2007).

B. Zickgraf, Geomagnetische und geoelektrische Prospektion in der Archäologie: Systematik – Geschichte – Anwendung. Internationale Archäologie: Naturwissenschaft und Technologie 2 (Rhaden/Westf. 1999).

Wichtige Fachzeitschriften in Auswahl

a) Deutsche

Acta Archaeologica et Praehistorica
Archäologie in Deutschland
Archäologische Informationen
Archäologisches Korrespondenzblatt
Archäologisches Nachrichtenblatt
Berichte der Römisch-Germanischen Kommission
Bonner Jahrbücher
Ethnographisch-Archäologische Zeitschrift
Germania
Jahrbuch des Römisch-Germanischen Zentralmuseums in Mainz
Prähistorische Zeitschrift
Offa: Berichte und Mitteilungen zur Urgeschichte, Frühgeschichte und Mittelalterarchäologie
Zeitschrift für Archäologie des Mittelalters

b) Ausländische

Acta Archaeologica (København)
American Antiquity
American Journal of Archaeology
Antiquity
Archaeologia Austriaca
Archaeometry
Bulletin de la Société Préhistorique Française
Current Anthropology
Danish Journal of Archaeology
European Journal of Archaeology
Gallia: Fouilles et Monuments Archéologiques en France Métropolitaine
Jahrbuch der Schweizerischen Gesellschaft für Ur- und Frühgeschichte
Journal of African Archaeology
Journal of Anthropological Archaeology
Journal of Field Archaeology
Journal of Human Evolution
Journal of Mediterranean Archaeology
Mitteilungen der Anthropologischen Gesellschaft in Wien
Proceedings of the Prehistoric Society
Quartär
Quaternary Research
World Archaeology

Anhang | 12

Wichtige archäologische Forschungsinstitutionen und Forschungsverbände in Auswahl | 12.1

Deutsches Archäologisches Institut (DAI) – ‹www.dainst.org›
Römisch-Germanisches Zentralmuseum (RGZM) – ‹www.rgzm.de›
Verband der Landesarchäologen in der Bundesrepublik Deutschland – ‹www.landesarchaeologen.de›
West- und Süddeutscher Verband für Altertumsforschung e.V. (WSVA) – ‹www.wsva.de›
Nordwestdeutscher Verband für Altertumsforschung e.V. (NWVA)
Mittel- und Ostdeutscher Verband für Altertumsforschung e.V. (MOVA) – ‹www.mova.de›
Deutsche Gesellschaft für Ur- und Frühgeschichte e.V. (DGUF) – ‹www.dguf.de›
Deutscher Archäologen-Verband e.V. (DArV) – ‹www.darv.de›
European Association of Archaeologists (EAA) – ‹www.e-a-a.org›
World Archaeological Congress – ‹www.worldarchaeologicalcongress.org›
Dachverband Archäologischer Studierendenvertretungen e.V. (DASV) – ‹www.dasv-ev.org›

Zusammenstellung der Fachinstitute für Ur- und Frühgeschichtliche Archäologie und Archäologie des Mittelalters in Deutschland, Österreich und der Schweiz | 12.2

Deutschland

1) Otto-Friedrich-Universität Bamberg
   Lehrstuhl für Archäologie des Mittelalters und der Neuzeit
   Institut für Archäologie, Bauforschung und Denkmalpflege (Abteilung II: Archäologie)

2) Otto-Friedrich-Universität Bamberg
   Professur für Ur- und frühgeschichtliche Archäologie

3) Freie Universität Berlin
   Institut für Prähistorische Archäologie

4) Humboldt-Universität zu Berlin
   Institut für Geschichtswissenschaften
   Lehrstuhl für Ur- und Frühgeschichte

5) Ruhr-Universität Bochum
   Institut für Archäologische Wissenschaften
   Lehrstuhl für Ur- und Frühgeschichte

6) Rheinische Friedrich-Wilhelms-Universität Bonn
   Institut für Vor- und Frühgeschichtliche Archäologie

7) Friedrich-Alexander-Universität Erlangen-Nürnberg
   Institut für Ur- und Frühgeschichte

8) Johann Wolfgang Goethe-Universität Frankfurt
   Institut für Archäologische Wissenschaften
   Abteilung III, Vor- und Frühgeschichte

9) Albert-Ludwigs-Universität Freiburg
   Institut für Ur- und Frühgeschichte und Archäologie des Mittelalters
10) Georg-August-Universität Göttingen
    Seminar für Ur- und Frühgeschichte
11) Ernst-Moritz-Arndt-Universität Greifswald
    Historisches Institut
    Lehrstuhl für Ur- und Frühgeschichte
12) Martin-Luther-Universität Halle-Wittenberg
    Institut für Kunstgeschichte und Archäologien Europas
    Prähistorische Archäologie und Archäologie des Mittelalters und der Neuzeit
13) Universität Hamburg
    Archäologisches Institut
    Vor- und Frühgeschichtliche Archäologie
14) Ruprecht-Karls-Universität Heidelberg
    Institut für Ur- und Frühgeschichte und Vorderasiatische Archäologie
15) Friedrich-Schiller-Universität Jena
    Lehrstuhl für Ur- und Frühgeschichte
16) Christian-Albrechts-Universität Kiel
    Institut für Ur- und Frühgeschichte
17) Universität zu Köln
    Institut für Ur- und Frühgeschichte
18) Universität Leipzig
    Historisches Seminar
    Professur für Ur- und Frühgeschichte
19) Johannes Gutenberg-Universität Mainz
    Institut für Vor- und Frühgeschichte
20) Philipps-Universität Marburg
    Seminar für Vor- und Frühgeschichte
21) Ludwig-Maximilians-Universität München
    Institut für Vor- und Frühgeschichtliche Archäologie und Provinzialrömische Archäologie
22) Westfälische Wilhelms-Universität Münster
    Seminar für Ur- und Frühgeschichte
23) Universität Regensburg
    Lehrstuhl für Vor- und Frühgeschichte
24) Universität des Saarlandes
    Institut für Vor- und Frühgeschichte und Vorderasiatische Archäologie
25) Julius-Maximilians-Universität Würzburg
    Institut für Altertumswissenschaften
    Lehrstuhl für Vor- und Frühgeschichtliche Archäologie
26) Eberhard-Karls-Universität Tübingen
    Institut für Ur- und Frühgeschichte und Archäologie des Mittelalters

Österreich

27) Universität Wien
    Institut für Ur- und Frühgeschichte
28) Universität Innsbruck
    Institut für Archäologien
    Fachbereich für Ur- und Frühgeschichte sowie Mittelalter- und Neuzeitarchäologie

Schweiz

29) Universität Basel
    Seminar für Ur- und Frühgeschichte
30) Universität Basel
    Institut für Prähistorische und Naturwissenschaftliche Archäologie
31) Universität Bern
    Institut für Ur- und Frühgeschichte und Archäologie der Römischen Provinzen
32) Université de Neuchâtel
    Institut de Préhistoire et des Sciences de l'Antiquité
33) Universität Zürich
    Historisches Seminar
    Abteilung Ur- und Frühgeschichte
34) Universität Zürich
    Kunsthistorisches Institut
    Archäologie und mittelalterliche Kunstgeschichte
35) Université de Genève
    Département d'Anthropologie et d'Écologie

Register

Sach- und Ortsregister

Dieses Register basiert nicht auf Begriffsidentität, sondern auf inhaltlicher Entsprechung. Abbildungslegenden und Testfragen wurden bei der Auswahl der hier erfassten Begriffe nicht berücksichtigt. Auf eine Differenzierung der Seitenverweise nach Haupttext, Infoboxen und Marginalien wurde verzichtet.

Aborigines 276
Abschlagindustrie 152
Absolute Chronologie/Datierung 62 ff., 75 ff.
Abuja 226
Ackerbau 42, 49, 110, 180, 215, 232
aDNA 144
Ägyptologie 9, 121
Äneolithikum 111
Alanen 249
Ancient DNA *siehe aDNA*
Akademischer Mittelbau 296
Akademischer Rat 296
Akeramisches Neolithikum 103, 125, 169
Akkreditierung 291, 294
Akkulturation 103, 174, 182, 210
Akropolis 210
Alamannen/Alemannen 249, 252 ff.
Alignements 274
Alltagsgeschichte 134, 191, 259, 264, 278
Almandin 245
Altai-Gebirge 219
Altamira 162
Altarfigur 227
Alte Geschichte 115, 120, 128, 133, 167, 211
Alter Orient 124 ff., 167, 170
Altertumskunde, vaterländische 15, 27
Altorientalische Philologie 125
Altsteinzeit 108 ff.
Amphore 174
Analog/Homolog 51
Analogie 54, 164
Analogieschluss 51, 54
Analogisches Deuten 51 f., 54, 55 f.
Analytische Klassifikation 57 ff.
Annalen 240, 259, 261
Anpassungsmodell 182
Anthropogen 44, 45, 66, 83, 171, 267
Anthropologie
   Paläo- 143 f.
   Physische 143 ff., 149
   Prähistorische 143 f.
Anthropology
   Cultural 99, 135
   Urban 138
Anthropomorph 168
Applikation 199
Aqualithikum 179

Aquatische Ressourcen 179
Archäobotanik 147 f.
Archäologie
   als Aufgabe 307 f.
   als Metapher 305 f.
   Afrikas 53, 102, 164, 165, 167, 176 ff., 223 ff., 288
   des Mittelalters 8, 131, 288
   der Römischen Provinzen 8, 128
   Biblische 8, 125 f.
   Christliche 8, 126
   Einzel- 7, 8 f., 280, 283
   Ethno- 52 ff.
   Experimentelle 54 ff.
   Feld 9 ff., 308
   Klassische 8, 126 ff., 283
   Kommerzielle 299
   Kunst- 22, 124 f., 127, 283
   Luftbild- 42 ff.
   Para- 306
   Post-Prozessuale 94 f.
   Provinzialrömische 8, 128 f.
   Prozessuale 94 f.
   Siedlungs- 37 ff.
   Umwelt- 269 f.
   und Gesellschaft/Öffentlichkeit 6, 205, 307 f.
   und Naturwissenschaften 82 ff., 86 ff., 119 f. 141 ff.
   und Studium 287 ff., 290 f.
   Ur- und Frühgeschichtliche *siehe* Ur- und frühgeschichtliche Archäologie
   Vorderasiatische 8, 124 f.
Archäologien/archäologische Fächer 8 f., 124 ff., 307, 308, 310
Archäologisch-Historische Methode 75 f.
Archäologische Denkmalpflege 298 ff., 307
Archaeology
   Field 9
   New 94 f.
   Processual 94 f.
   Post-Processual 94 f.
Archäometallurgie 149 f.
Archäometrie 148 ff.
Archäozoologie 145 f.
Archaika 276
Ard 180
Arianismus 247

Aridisierung 178
Artefakt 30
Aržan 214, 216 ff.
Asparn a. d. Zaya 188
Assyrer 220
Astronomie 75, 199
Atatürk-Stausee 169
Auffindungsverhältnis 39
Aurignac 158
Aurignacien 158 ff.
Ausgrabung 9 f., 45 ff.
Australopithecus 13
Autark 215
Autodidakt 21, 23, 25
Avaricum 234

B.A. 290 f., 291 ff., 309
Babylonien 76, 125
Bachbettstratigraphie (Haithabu) 69, 261
Bachelor/Bakkalaureus (Studienabschluss) 290 f., 291 ff., 309
Bajuwaren 255
Bandkeramik *siehe* Linien-/Linearbandkeramik
Barbar 250
Basileus 214
Bauforschung 124, 130
Before Present 109
Befund 30 f.
Begehung 41 f.
Berliner Gesellschaft für Anthropologie, Ethnologie und Urgeschichte (BAG) 19, 20, 143
Berufsfelder
   Bodendenkmalpflege 299, 300
   Grabungsfirmen 299
   Hochschule 295 ff.
   Medien 301 ff.
   Museum 300 f.
Bestattung
   Brand- 34
   Doppel- 35
   Einzel- 35
   Hocker- 63, 176, 177, 181
   Kollektiv- 35
   Körper- 30, 34
   Mehrpersonen- 35
   Mehrstufige 35
   Sekundärbestattung 35

Register

Bestattungsform 34, 35
Bestattungsritus 34
Biblische Altertumskunde 125
Biblische Archäologie 8, 125 f.
Bibracte 233, 234
Big Man 212
Bild/Bildquelle 127 f., 170, 282 ff.
Birka 259, 262
Bodenkunde 142 f.
Bodenradar 44
Bologna-Prozess 290 f.
   Berufsaussichten 295 ff.
   Bologna-Erklärung 290 f., 294
   Diploma-Supplement 290
   Kreditpunktesystem 290
   Mobilität 290, 303
   Modularisierung 291
BP 109
Brandfeldverfahren/-wirtschaft 228
Brandgrubengrab 34
Brandrodungsfeldbau 228
Brandschüttungsgrab 34
Bronzezeit 111 f.
Buschmannkunst 165
Bustrophedon 264
Bustumgrab 34, 35

Caisson 208
^{14}C-Datierung 82 ff.
Chalkolithikum 111
Chor 256
Chorologie 27, 68
Christianisierung 131, 252 ff., 258
Christliche Archäologie 8, 126
Chronographie 75
Chronologie
   absolute 62 ff., 75 ff.
   relative 62 ff., 65 ff., 71 ff.
Cloisonné-Technik 245
Commentarii de bello Gallico 50, 134, 139, 231, 233, 234
Corvey 240
Credit Points *siehe Kreditpunktesystem*
Cultural Anthropology 99, 135
Cultural Ecology 99
Cultural Studies 97

Datierung
   absolute 62 f., 75 ff.
   relative 62 ff., 65 ff.
Dechsel 54, 183
Dendrochronologie 79 ff.
Deponierungsverhältnisse 39, 40
Depot *siehe Horte*
Desertifikation 270

Deuten, analogisches *siehe Analogisches Deuten*
Deutsche Forschungsgemeinschaft (DFG) 179
Deutsche Gesellschaft für Anthropologie, Ethnologie und Urgeschichte (DAG) 19
Deutscher Idealismus 121
Deutsches Archäologisches Institut (DAI) 167
Diachron/synchron 267
Diagnostisches Merkmal 60
Diffusionismus 104
Dilettant 23
Diluvium 17
Ding/Dinge 278 ff.
Diploma-Supplement 290
Dissertation 23
Distribution 235
DNA/DNS 145
Dolabra 242
Doliengrab 34
Dolium 34
Domestikat 103, 148, 181
Domestikation 103, 147, 180, 181, 215
Doppelbestattung 35
Dreiperiodensystem 15 ff., 107
Dynast 210
Dynastie 76, 211, 247

Eberdingen-Hochdorf 210, 274
Ebro-Grenze 155
ECTS *siehe Kreditpunktesystem*
Eigenkirche 256, 257
Einbalsamierung 191, 214, 219
Einbaum 54
Einstückhort 33, 39
Einwanderungsmodell 182
Einzelarchäologie 7, 8 f., 280, 283
Einzelbestattung 35
Einzelfund 33
   mit Hortcharakter 39
Eisenerzverhüttung 102, 224, 227, 228, 233, 268, 271
Eisenzeit, Vorrömische 112 f.
Eiszeit/-alter 17, 67, 153, 158 ff.
Eiszeitkunst 158 ff.
Elfenbeinturm 307
Emission 248
Empirische Kulturwissenschaft 137 f.
Endmesolithikum 172
Endogene/exogene Dynamik 142
Entomologie 147
Environmental History 267
Epigraphik/Inschriftenkunde 126
Epoche 64, 108
Epochengliederung
   Äneolithikum 111
   Altsteinzeit 108 ff.

Bronzezeit 111 f.
Chalkolithikum 111
Jungsteinzeit 78, 85, 107, 110 f., 180 ff., 274
Mittelsteinzeit 110, 117
Merowingerzeit 117
Mesolithikum 110, 177
Neolithikum 78, 85, 107, 110 f., 180 ff., 274
Paläolithikum 108 ff.
Römische Kaiserzeit 113 ff.
Völkerwanderungszeit 116
Vorrömische Eisenzeit 112 f.
Wikingerzeit 259
Epos 21
Erdwerk 185 ff.
Erosion 41, 54, 66, 142
Ertebølle 171
Ertebølle-Kultur 171 ff.
Ethnische Deutung 25
Ethnizität 27, 92
Ethnoarchäologie 52 ff.
Ethnographie 135
Ethnographische Analogie 164
Ethnologie 135
Ethnologischer Blick 136
Ethnozentrismus 136
Etschtal 193
Eurasien-Abteilung des DAI 167, 217
Europäische Ethnologie 137 f.
Europäische Vereinigung zur Förderung der Experimentellen Archäologie (EXAR) 55
Evolution/Evolutionstheorie 18, 98 f., 104
Expansion 254
Experimentelle Archäologie 54 ff.
Externsteine 239
Extraordinariat 25

Fakultät 133
Federsee/Federseemoor 205, 206, 208
Feldarchäologie 9 ff., 308
Feldbau 180
Felide 159
Felsbild 282
Felsgrab 36
Felskammergrab 37
Felsmalerei 34, 165
Felsnischengrab 37
Feuchtbodenarchäologie 209
Feuchtbodensiedlung 53 f., 204 ff.
Field Archaeology 9
Fischer/Jäger und Sammler 103, 110, 153, 171 ff., 175 ff.
Flachgrab 36
Föderat 246
Fortifikation 235
Fossil 17, 18, 67

Sach- und Ortsregister

Francisca 246
Franko-kantabrischer Kunstkreis 162
Frauen- und Geschlechterforschung 3
Freies Germanien/*Germania libera* 129
Fremdheit 135, 136
Fruchtbarer Halbmond 103, 166, 181
Frühgeschichte 13 ff.
Frühlatèneforschung 209
Fürstengrab 209 ff., 221, 273, 275
Fürstenphänomen 210, 212
Fürstensitz 209 ff.
Fund, Geschlossener 31 f.
Fundtopographie 68
Futhark 264

Gallia Narbonensis 129
Garaje Kagoro 227
Gedächtnis
    Kollektives 272
    Kommunikatives 272 f.
    Kulturelles 272, 273, 275 ff.
    Soziales 272
Gegenstempel 242, 243
Geißenklösterle 159, 160, 163, 165
Geisteswissenschaft/en 121 ff.
Genealogie 271
Gender Studies 3
Genfer See 206
Genpool 154
Geoelektrik 44, 149
Geographie 26
Geologie 26, 141 f.
Geometrischer Stil 127
Geomorphologie 142
Geophysikalische Prospektion 44 f., 149, 150
Georadar 44 f., 149
Germanen 18, 24 f., 116, 237 ff.
Germania inferior 129
Germania libera 129
Germania superior 129
Germanien 114, 115, 129, 237 ff.
Gesamtverein der deutschen Geschichts- und Alterthumsvereine 20
Geschichtswissenschaft(en) 48 f., 122, 123, 267, 272
    Alltagsgeschichte 134
    Alte Geschichte 115, 120, 128, 133, 167, 211
    Mittelalterliche/Mittlere Geschichte 120, 131, 133
    Neuere Geschichte/Geschichte der Neuzeit 133
    Umweltgeschichte 147, 267 ff.
Geschlechterforschung 3
Geschlossener Fund 31 f.
Glauberg 211, 274

Glazial 109, 153
Gletschermumie 190 ff.
Glockengrab 34
Gobero 175 ff.
Göbekli Tepe 166 ff., 275, 276
Goldblattkreuz 254, 255
Goryt 218
Goseck 202
GPS (Global Positioning System) 198
Grab
    Brandgruben- 34
    Brandschüttungs- 34
    Bustum- 34, 35
    Dolien- 34
    Fels- 36
    Felskammer- 37, 57
    Felsnischen- 37
    Flach- 36
    Glocken- 34
    Hügel- 36
    Megalith- 36, 274
    Kenotaph 35
    Knochenlager 34
    Körper- 30, 34
    Kollektiv- 35, 274
    Leer- 35
    Massen- 189
    Ossuarium 35
    Reihengräberfeld 117, 253, 254
    Schachthöhlen- 37
    Schein- 35
    Urnen- 34, 112
Grabform 34, 36
Grabinventar 31
Grabraub 198
Grabungsfirma 298 f.
Gräberfeldchorologie 68
Gravettien 158, 161, 162, 163
Grenzebene/Interface 65
Großrest 148
Grotte Chauvet 162
Grotte Cosquer 162

Habitation 26, 297
Häuptling 212, 246
Haithabu 69, 259, 260 ff.
Hallstattzeit 102, 107, 112
Harpune 110, 158, 173, 176, 177, 208
Harris-Matrix 69 f.
Hastings 259
Hauslabjoch 190, 192, 196
Hermannsdenkmal 239
Hermeneutik 122
Herxheim 185 ff.
Heuneburg 210, 211, 275, 289

Heuristik 57
Hiatus 156, 176
Hieroglyphen 9, 170, 273
Hilfswissenschaft 119 f., 134
Himmelsscheibe von Nebra 197 ff.
Hirschstein 219
Hisarlık 21, 66
Historiographie 24
Historizität 21, 126
Hochdorf 210, 274
Hochkultur 97 ff.
Hochschulreform 290 ff.
Hockerbestattung 63, 176, 177, 181
Höhlenkunst 162
Höhlenmalerei 164
Hohle Fels 160, 161, 162, 164, 165
Hohlestein-Stadel 159, 160, 161, 163, 164
Holozän 108, 110, 172
Hominisation/Hominide 13, 144
Homo 19
Homo erectus 108, 109, 155
Homo heidelbergensis 108, 152
Homolog/Analog 51
Homo neanderthalensis 19, 154, 165
Homo sapiens 154 ff., 165
Honorarprofessor 298
Horizontalstratigraphische Methode 68 f., 261
    Gräberfeldchorologie 68
    Siedlungschorologie 68
Hort 33, 38 ff.
    Auffindungsverhältnis 39 f.
    Einstückhort 33, 39
    Einzelfund mit Hortcharakter 39
    funktionale Deutung 39 f.
    Geschlossener Hort 39
    Nichtgeschlossener Hort 39
    Niederlegungsabsicht (profan/sakral) 39 f.
    Niederlegungsart (reversibel/irreversibel) 39 f.
    Niederlegungsverhältnis 39
Hospitanz 301
Hügelgrab 36
Humanismus 128
Hunsrück-Eifel-Kultur 275
Hypothese 11

Iconic turn 282
Idealtyp/Idealtypus 235
Ikonographie 128
Ikonologie 128
Initiationsritus 272
Inschriftenkunde/Epigraphik 126
Interdisziplinarität 120, 134, 308
Interface/Grenzebene 65

Inventar 31
Isotopenanalyse 193
Iterationsprinzip 73

Jäger/Fischer und Sammler 103, 110, 153, 171 ff., 175 ff.
Jagdzauber/-magie 163
Jemaa 223
Jericho 169
Jos 223, 226
Jungpaläolithikum 109, 156, 158, 162
Jungsteinzeit siehe Neolithikum
Juniorprofessor/Juniorprofessur 297 f.
Jurte 215

Kaiserzeit, Römische 113 ff.
Kalebasse 52
Kalender
  ägyptischer 75 f., 77
  assyrischer 76, 77
  griechischer 76 f.
  römischer 76 f.
Kalibration/Kalibrierung 83
Kalkriese 129, 140, 240, 241 ff.
Karolinger 117, 131, 246, 247
Kastell 115, 129
Kataklysmentheorie 67
Katakombe 130
Katastrophentheorie 67
Keilschrift 125
Kenotaph 35
Kernbeil/Scheiben- 172
Kettendatierung 77
Kirche 130, 131, 250, 254, 255, 256
Klasse 58, 60
Klassifikation/Klassifizierung 57 ff.
  analytische (absteigend) 57 ff.
  Merkmal 59
  monothetische 61
  polythetische 61
  synthetische (aufsteigend) 57 ff.
  Typ 60
Klassische Archäologie 8, 126 ff., 283
Klassische Philologie 128
Klingenkulturen 109, 158
Knochenlager 34 f.
Køkkenmødding/Kjökkenmödding 171 ff.
Körperbestattung 30, 34
Körpergrab 30, 34
Kollektivbestattung 35
Kollektives Gedächtnis 272
Kollektivgrab 35, 274
Kombinationsstatistik 71 ff.
Kommission für Alte Geschichte und Epigraphik 167

Kommission für Archäologie außereuropäischer Kulturen (KAAK) 167
Kommunikationstheorie 279, 284
Kommunikatives Gedächtnis 272 f.
Kompositbogen 215
Konsekutive Studiengänge 290, 291, 296
Kontermarke 242
Korrespondenzanalyse 73 f.
Kraal/Kral 186
Kreditpunktesystem 290
Kreisgrabenanlage 202
Kriterium der großen Zahl/Quantitätskriterium 32
Kultur
  Begriff 93 ff.
  Hoch- 97 ff.
  Materielle 91 ff.
Kulturanthropologie 99, 135
Kulturbegriff/Kulturkonzept
  holistischer 93, 96, 99
  partitiver 93, 96, 99, 100
  semiotischer 123
Kulturelles Gedächtnis 272, 273, 275 f.
Kulturelle Wende 122, 123
Kulturevolutionismus 97, 98
Kulturgeschichtsschreibung 122
Kulturkonzept 91 ff.
Kulturökologie 99
Kulturpflanze 101, 103, 148, 169, 180, 181, 208, 227
Kulturwissenschaft/en 121 ff.
  Begriff 121 f.
  Empirische 137 f.
  Historische 7, 14, 134
Kumiss/Kumys 216
Kunstarchäologie 22, 124 f., 127, 283
Kupfersteinzeit siehe Steinkupferzeit
Kurgan 216
Kustos 296

Lac de Chalain 53
Lac de Clairvaux 53
Lac Nokoué 53
Lagar Velho 154
Lagerungsgesetz 67
La Gravette 158
La Hoguette-Keramik 182
La Hoguette-Kultur 104, 184
La Madeleine 158
Langobarden 255
Latènezeit 113
Later Stone Age 177
Lausitzer Kultur 220, 221
Leergrab 35
Legat 243

Legion 237, 238
Legionär 238
Leistungspunktesystem siehe Kreditpunktesystem
Le Moustier 152
Levallois-Perret 152
Levalloistechnik 152
Lex Alamannorum 252
Limes 46, 128
Lindisfarne 259
Linienband-/Linearbandkeramik 102, 103 f., 110, 180 ff., 185, 186, 189 f.
Ludwigshafen am Bodensee 207
Luftbildarchäologie 42 ff.
Lumineszenzmethoden 86 ff.
  Optisch Stimulierte Lumineszenz 87
  Thermolumineszenz 86 f.

M.A. siehe Master
Magdalenenberg 274
Magdalénien 158, 162
Magnetogramm 44
Magnetometer/Magnetometerprospektion 44
Makrorest 148
Manching 229 ff.
Marburger Schule 27
Marine/limnische Ressourcen 173
Markomannen 237
Massengrab 189
Mastaba 273
Materielle Kultur 91 ff.
Master (Studienabschluss) 290 f., 294
M.A.-Studiengang 291 ff.
Matrilinear/patrilinear 215
Mauer bei Heidelberg 108, 152
Mecklenburger Bucht 172, 173
Mediterranisierung 210
Megalithgräber 36, 274
Megalithkultur 274
Mehrpersonenbestattung 35
Mehrstufige Bestattung 35
Menhir 274
Merkmal 59
  Diagnostisches 60
Merkmalsanalyse 59
Merowinger 246, 247
Merowingerzeit 117, 248
Mesolithikum 110, 171 ff.
Mesopotamien 97
Metallurgie 99, 150
Metapher 273
Methode 7
Methodik 7
Methodologie 7
Mikrolith 110, 177
Mikrorest 148

Sach- und Ortsregister

Militärdiplom 129
Minoische Kultur 127
Missionierung 183, 184, 253, 258
Mitochondriale DNA *siehe mtDNA*
Mittelalterarchäologie 8, 131, 288
Mittelberg bei Nebra 198
Mittelpaläolithikum 109, 152
Mittelsteinzeit *siehe Mesolithikum*
Mittlere/Mittelalterliche Geschichte 120, 131, 133
Modul/Modularisierung 291
Monothetische Klassifikation 61
Mont Beuvray 233
Monumentalarchitektur 169, 275
Monumentalismus 273
Morphologie 144
Motte 131
Moustérien 152
mtDNA 145
Münzherstellung 232
Münzkunde/Numismatik 128
Münzrohling 232
Münzschlagen 232
Münzspiegel 247
Multiregionales Evolutionsmodell 155
Mumie 191
Murus Gallicus 229, 231
Muschelhaufen 171 ff.
Mykenische Kultur 127

Nachbarwissenschaft 119 f.
Nationalismus 25, 136, 238 f.
Naturvolk 136
Neandertal/-er 17 ff., 145, 151 ff.
Nebra 198
Nekropole 69
Neoevolutionismus 98, 99
Neolithikum 78, 85, 107, 110 f., 180 ff., 274
Neolithische Revolution 181
Neolithisierung 102 ff., 110, 174, 181 f., 182 ff.
Neuguinea 204
Nevalı Çori 169
New Archaeology 94 f.
Nichtgeschlossener Hort 39
Niederlegungsabsicht 39 f.
Niederlegungsart 39 f.
Nok-Kultur 223 ff.
Nok-Tal 223
Nomadismus 215
Nordseeküsten-Projekt 269
Normannen/Nordmannen *siehe Wikinger*
Northeim 129
Numismatik/Münzkunde 128

Obelisk 273

Obere Klause 160
Obermeilen 204
Objektivation 272
Observatorium 202
Ökologie 215, 267
Ötztaler Alpen 190
Onomastik 139
On-site-/Off-site-Daten 147 f.
Ontogenese/Phylogenese 143
Oppidum/Oppida 233 ff.
Optisch Stimulierte Lumineszenz 86 ff.
Oral History 272
Orléans 249
Osning 240
Ossuarium 35
Osteologie 144
Out-of-Africa-Modell 155

Paläoanthropologie 143 f.
Paläoethnobotanik 147
Paläogenetik 144 f.
Paläolithikum 108 ff.
Paläontologie 175
Paläosee 175
Palisade 186
Paludamentum 249
Palynologie 148
Paradigma 19
Parallelüberlieferung 128, 133
Pars pro toto 188
Pathologie 19
Patrilinear/matrilinear 215
Pedologie 142
Pektorale 218
Perimortal 187
Periode 64
Permafrostboden 219
Persönliches Ordinariat 26
Petroglyphe 219
Pfahlbauforschung 204 ff.
Pfahlbauromantik 205
Pfahlbauten 204 ff.
Pfalz 131
Pflug/-bau 180
Pfostenschlitzmauer 229, 231
Phase 64
Philologie 9, 138 ff.
  Klassische 128
Phosphatanalyse 45
Phylogenese/Ontogenese 143
Physische Anthropologie 143 ff., 149
Pictorial turn 282
Piktogramm 170
Pilum 242
Plagge 241

Planum 46
Pleistozän 17, 109, 142
Pollenanalyse 148
Polythethische Klassifikation 61
Positivismus 19
Postmortal 146
Post-Processual Archaeology/Post-Prozessuale Archäologie 94 f.
Pragmatik 15
Prähistorische Anthropologie 143 f.
Prähistorische Archäologie 8, 14
Prahm 263
Praktikum 295, 300, 301
Pre-Pottery Neolithic 169
Prinzip der Großen Zahl 32
Privatdozent 297
Processual Archaeology 94 f.
Profan/Sakral 40
Promotion 297
Prospektion 41
Prospektionsmethoden 41 ff.
Prospektor 196
Provinzialrömische Archäologie 8, 128 f.
Prozessuale Archäologie 94 f.
Prunkgrab 273, 275

Quantitätskriterium/Kriterium der großen Zahl 32
Quantitative/qualitative Methoden 138
Quartär/Quartärgeologie 149
Quellen
  nicht-schriftliche 8, 29 ff., 33 ff.
  schriftliche 13, 132, 264
  urgeschichtliche 8, 29 ff., 33 ff.
Quellenerschließung 41 ff.
Quellengruppen 33 ff.
Quelleninterpretation 50 ff.
Quellenkritik
  Äußere 48 ff., 203
  Innere 48 ff.
Quellenüberlieferung 48

Radiocarbon revolution 85
Radiokarbondatierung 82 ff.
Radiokarbonmethode 82 ff.
Radiokohlenstoffmethode 82 ff.
Radiolarit 183
Raubgräberei 198
Reflexbogen 215
Reichs-Limeskommission 46, 128
Reihengräberfeld 117, 253, 254
Reihengräberzivilisation 117
Reiternomaden 213, 215
Relative Chronologie/Datierung 62 ff., 65 ff.
Reliquie 256

Rennofenverfahren 101
Reric 261
Ressourcen
　aquatische 179
　limnische 173
　marine 173
Ressourcennutzung 268, 270
Retusche 172
Ribe 259, 262
Rite de passage 272
Römische Kaiserzeit 113 ff.
Römisch-Germanische Kommission des DAI 167, 229
Römisch-Germanisches Zentralmuseum (RGZM) 16
Rosenhof (Ostholstein) 173
Rosheim (Elsass) 186
Rudiment 98
Runen/Runeninschriften 263, 264
Rus siehe Wikinger

Sachgut 30
Sakral/Profan 40
Saltus Teutoburgiensis 240
Sangerhausen 198
Sapropelit 232
Sax 245 f.
Schachthöhlengrab 37
Schamanismus 164
Scheibenbeil/Kern- 172
Scheingrab 35
Schicht/Stratum 65
Schlachtfeld 129, 240, 244
Schlämmen 160
Schleswig 260, 262
Schlüsselqualifikation 294, 302
Schlussmünze 247, 248
Schnalstal 193
Schrein 22
Schriftquellen siehe Quellen, schriftliche
Schrötling 232
Schrötlingsform 232
Schwendbau/Schwenden 228
Sediment 160
Sedimentation 54
Seehandelsplatz 260
Seeufersiedlung 204 ff.
Sekundärbestattung 35
Semiophor 280
Semiotik/Semiologie 279
Semiotischer Kulturbegriff 123
Seriation 71
Seriationsverfahren 71 ff.
Siedlung 37 ff.
　Äußere Struktur von 38

　Innere Struktur von 38
Siedlungsanalyse 37 ff.
Siedlungsarchäologie 37 ff.
Siedlungschorologie 68
Silex 103
Similaun 190
Sippe 196
Sippenoberhaupt 212
Sipplingen 208
Skythen 147, 213 ff.
Skytheneinfälle 221
Sliesthorp/Sliaswich 259
Soden/Grassoden 216, 241
Soft Skills 302
Solidus/Solidi 248
Solutré 162
Solutréen 162
Sonnenobservatorium 202
Soziales Gedächtnis 272
Sozialwissenschaften 121, 124
Soziologie 137 f.
Spätglazial 158
Späthallstattforschung 209 ff.
Spatha 245
Sphinx 273
Sprachwissenschaften 138 ff.
Stadt 229 ff.
Stadtbegriff 229 ff.
Stadtentwicklung 131, 229 ff., 261 f.
Starčevo-Körös-Criş-Kreis 103, 181
Steinkupferzeit 111
Stele 26
Stempelmatrize 232
Stempelpatrize 232
Stilanalyse 128
Stonehenge 202
Stratifizierung 65
Stratigraphie 66
　Bachbett- (Haithabu) 261
Stratigraphische Methode 65 ff.
　stratigraphische Einheiten 65
　stratigraphische Gesetze 67 f.
　stratigraphische Sequenz 65
Stratigraphisches Grundgesetz/Lagerungsgesetz 67
Stratum/Schicht 65
Strontiumisotopenanalyse 193
Studienreform 290 f.
Studium 291 ff.
Stufe 64
Subphase 64
Subsistenz/Subsistenzwirtschaft 179
Suburbium 210
Survey 41
Symbol 53, 170, 275 f., 279, 280

Symbolisierung 272, 273
Synchron/diachron 267
Synkretismus 254
Synthetische Klassifikation 57 ff.

Tachymeter 47
Talheim 188, 189
Taruga 224
Taucharchäologie 208
Taxonomie 146
Teilnehmende Beobachtung 138
Tepe 166
Terminus ante/ad/post quem 248
Terminus technicus 96
Terrakotta/Terrakottafigurinen 223, 224, 227, 228
Terra Sigillata 129
Teutoburger Wald 237 ff.
Theodolit 296
Thermolumineszenz 86 ff.
Tierstil 217 f., 221, 254
Tisenjoch 190
Topographie 38
Tornacum 248
Totempfahl 169
Totemtier 170
Totenfolge 219
Tournai 245 ff.
Traditionale/traditionelle Gesellschaften 135, 212
Transhumanz 215
Traumpfade 276
Trichterbecherkultur 172, 174
Troia 21, 22
Tübinger Schule 137
Tüpfelplatte 232
Tumulus 217
Tuva 214
Typ 60
Typographie 61
Typologische Methode 61
Typvertreter 60

Übergangsriten 272
Umgangstempel 233
Umweltgeschichte 147, 267 ff.
Universitätsreform 290 ff.
Unterwasserarchäologie 208
Urban Anthropology 138
Urbanisierung 229 ff., 261 f.
Urgeschichte 13 f., 50
Ur- und Frühgeschichte
　Begriff 13 f.
Ur- und Frühgeschichtliche Archäologie
　Studium 291 ff.

Berufsaussichten 295 ff.
Berufsfeld ›Bodendenkmalpflege‹ 299, 300
Berufsfeld ›Grabungsfirmen‹ 299
Berufsfeld ›Hochschule‹ 295 ff.
Berufsfeld ›Medien‹ 301 ff.
Berufsfeld ›Museum‹ 300 f.
und Gesellschaft/Öffentlichkeit 6, 205, 307 f.
und Universität 287 ff., 290 f.
Urgeschichtliches Forschungsinstitut in Tübingen (UFI) 205, 288 f.
Urne 34
Urnenfelderzeit 112
Urnengrab 34, 112

Vallon-Pont-d'Arc 162
Varusschlacht 140, 237 ff.
Venia legendi 297
Verdrängungstheorie 154
Verhüttung/-sofen/-stechnik 101, 102, 224, 227

Verkehrseinrichtungen 34
Verkehrsmittel 34
Vermessung 46
Verursacher-/Veranlasserprinzip 299
Vesontio 234
Vettersfelde 221
Vicus 129
Viehhaltung/-zucht 103, 180
Villa Rustica 129
Vinschgau 193
Vix 274
Vogelherd 158, 159, 161, 163, 165
Völkerkunde 135 ff.
Völkerwanderungszeit 116
Volkskultur 97
Volkskunde 137 f., 278
Volontariat 300
Vorderasiatische Archäologie 8, 124 f.
Vorgeschichte 14
vor Heute 109
Vormoderne Gesellschaften 135
Vorrömische Eisenzeit 112 f.

Walhall 251
Wangels 174
Wangels-Phase 174
Waräger *siehe* Wikinger
Weltausstellung 205
Werkplatz 33
Wikinger 258 f., 259
Wikingerzeit 259
Wissenschaft des Spatens 21
Witaszkowo 221
Würm-/Weichselglazial 153

Zangentor 230, 231
Zeichen 279, 280
Zeitkonzept
 archäologisches 62, 114
 kulturspezifisches 62
Zentralgrab 216
Zentralort 38, 235, 236
Zirkelschluss 120, 261
Zürichsee 204
Zwiebelknopffibel 245, 249, 250

Personenregister

Bei nicht mehr lebenden Personen sind die Lebensdaten angeführt. Die Namen antiker oder mittelalterlicher Personen bzw. Autoren erscheinen kursiv. In einigen Fällen sind Personen nur in den Marginalien bzw. Infoboxen erwähnt; sie werden auf der entsprechenden Seite nach einem Schrägstrich durch ein kursiv gesetztes *M* bzw. *IB* gekennzeichnet.

Alexander der Große 76, 125
Ameje, James 226
Ansgar 258
Arminius 140, 237, 238 f.
Assmann, Aleida 272 f., 275 f.
Assmann, Jan 272 f., 275 f.
Augustus (Gaius Iulius Caesar Octavianus) 114
Aulus Caecina 243

von Bandel, Ernst (1800–1876) 239/*IB*
Bausinger, Hermann 137
Benz, Marion 4
Bertemes, François 202/*IB*
Binford, Lewis R. 94/*IB*
Boehm, Gottfried 282
Böhner, Kurt 251
Boos, Andreas 234, 235
Boucher de Perthes, Jacques (1788–1868) 67/*IB*
Boyle, Robert (1627–1691) 86
Breasted, James Henry (1865–1935) 166/*M*
Breunig, Peter 223, 226
Brulet, Raymond 251, 252

Caesar (Gaius Iulius Caesar) 24, 50, 113 f., 114, 134, 139, 231, 233 f., 234 f., 235, 237

Calvert, Frank (1828–1908) 21/*IB*
Carter, Howard (1874–1929) 196
Cassius Dio 140, 238, 239 f., 243
Champollion, Jean François (1790–1832) 9
Chauvet, Jean-Marie 162/*IB*
Chiflet, Jean-Jacques (1588–1673) 246 f., 249, 250, 251
Childe, Vere Gordon (1892–1957) 104, 181
Childerich I. 246, 247, 249, 252
Chlodwig I. 116, 117, 246, 247, 249, 252, 253
Clarke, David L. (1937–1976) 94 f./*IB*
Clunn, J. A. S. (»Tony«) 241
Collis, John 233 f.
Columban 253
Conard, Nicholas J. 155, 160, 161 f., 164
Cosquer, Henri 162/*IB*
Crawford, O. G. S. (1886–1957) 42
de Cuvier, Georges (1769–1832) 67/*IB*

Darwin, Charles (1809–1882) 18, 98
Déchelette, Joseph (1862–1914) 234
Dehn, Wolfgang (1909–2001) 234
Dörpfeld, Wilhelm (1853–1940) 22
Douglass, Andrew W. (1867–1962) 79
Drusus (Nero Claudius Drusus) 114, 237

Ebert, Max (1879–1929) 26
Eggers, Hans Jürgen (1906–1975) 1, 49, 115, 261

Fagg, Bernard (1915–1987) 223 f., 227
Felgenhauer, Fritz 1
Fichte, Johann Gottlieb (1762–1814) 121/*M*
Freud, Siegmund (1856–1939) 306
Fuhlrott, Johann Carl (1803–1877) 17 f.
Furtwängler, Adolf (1853–1907) 221/*IB*

Gallus 253
Germanicus (Gaius Iulius Caesar Germanicus) 237, 240, 243, 244
Gleirscher, Paul 200 f.
Göttrik von Dänemark 261
Gregor von Tours 247/*IB*
Grünert, Heinz 24
Gummel, Hans (1891–1962) 22 f.

Haeckel, Ernst (1834–1919) 18/*IB*
Hahn, Hans Peter 52 f./*IB*
Hahn, Joachim (1942–1997) 159, 160, 163 f.
Halbwachs, Maurice (1877–1945) 272

Harris, Edward C. 66 f., 69 f.
Harris, Marvin (1927–2001) 99/IB
Hauptmann, Harald 169
Heer, Oswald (1809–1883) 147
Hegel, Georg Wilhelm Friedrich (1770–1831) 121/M
Helbaek, Hans 147
Hermann der Cherusker siehe Arminius
Herodot 213, 214, 216, 219
Hodder, Ian 95/IB
Holtorf, Cornelius 276
Homer 21/IB
Huber, Bruno (1899–1969) 79
Hübener, Wolfgang 261/IB
Huxley, Thomas Henry (1825–1895) 18

Jaeger, Thomas 1
Jankuhn, Herbert (1905–1990) 260, 261
Johansen, Ulla 93 f.
Juwig, Carsten 282

Kant, Immanuel (1724–1804) 121/M
Karl der Große 130, 131
Kaschuba, Wolfgang 137
Keller, Ferdinand (1800–1881) 204, 206
Kenyon, Kathleen M. (1906–1978) 169/M
Kimmig, Wolfgang (1910–2001) 209 f., 210 f., 212
King, William (1809–1866) 19
von Kleist, Heinrich (1777–1811) 239/IB
Kluckhohn, Clyde (1905–1960) 91
Knopf, Thomas 269
Kohl, Karl-Heinz 93, 135
Kolb, Frank 235
Konstantin der Große 126
Kossack, Georg (1923–2004) 1, 20
Kossinna, Gustaf (1858–1931) 23 ff., 26
Kost, Catrin 282
Krämer, Werner (1917–2007) 229
Krauskopf, Christof 1
Kroeber, Alfred L. (1876–1960) 91
Kuhn, Thomas S. (1922–1996) 19/M
Kuper, Rudolph 178

Lantfried 252/M
Leopold Wilhelm, Erzherzog 246
Lewis-Williams, David 164 f.
Libby, Willard F. (1908–1980) 83
Lindenschmit d. Ä., Ludwig (1809–1893) 16
Lüning, Jens 55 f., 183, 184
Lyell, Charles (1797–1875) 18 f., 67

Maise, Christian 4
Marbod 237/IB
Meier, Thomas 269
Melanchthon, Philipp (1497–1560) 240
Meller, Harald 199, 200, 201
Menghin, Wilfried 198
von Merhart, Gero (1886–1959) 26 ff., 287
Merowech 247, 249
Mestorf, Johanna (1829–1909) 260
Milojčić, Vladimir (1918–1978) 85
Mitchell, William J.T. 282
Mommsen, Theodor (1817–1903) 46, 240
Montelius, Oscar (1843–1921) 32, 61
de Mortillet, Gabriel (1821–1898) 205/IB
Müllenhoff, Karl (1818–1884) 25
Müller, Ernst Wilhelm 135, 136, 137
Müller, Sophus (1846–1934) 51, 260
Müller-Beck, Hansjürgen 163
Müller-Karpe, Hermann 1
Müller-Scheeßel, Nils 74

Neumann, Joachim (1650–1680) 17/IB
Neumann, Katharina 223
Nyerup, Rasmus (1759–1829) 16

Octavianus (Gaius Iulius Caesar Octavianus) siehe Augustus
›Ötzi‹ 190 ff.

Paret, Oskar (1889–1972) 205
Pétrequin, Anne-Marie und Pierre 53 f./IB
Plinius d. Ä. (Gaius Plinius Secundus) 238
Pomian, Krzysztof 280

Quinquin, Adrien 245

Ranke, Johannes (1836–1916) 26
Reinecke, Paul (1872–1958) 64, 221
Reinerth, Hans (1900–1990) 205, 208
Remigius von Reims 247/IB
Renfrew, Colin 85, 94/IB
Richter, Jürgen 157
Rickert, Heinrich (1863–1936) 121, 122
Riek, Gustav (1900–1976) 158, 161, 163
Rimbert 258

Sahlins, Marshall D. 99/IB
Salač, Vladimir 235
Schaaffhausen, Hermann (1816–1893) 18
Schelling, Friedrich Wilhelm Joseph (1775–1854) 121/M

Schietzel, Kurt 260
Schliemann, Heinrich (1822–1890) 10, 20 ff., 23, 25, 66
Schmidt, Klaus 166, 170, 275 f.
Schmidt, Robert Rudolf (1882–1950) 205, 288 f.
Schreiber, Stefan 235
Schuchhardt, Carl (1859–1943) 23
Sereno, Paul C. 175
Service, Elman R. (1915–1996) 99/IB
Shaw, Thurstan 227 f.
Sievers, Susanne 229, 236
Simon, Erika und Helmut 190, 196
Smith, William »Strata« (1769–1839) 67/IB
Spindler, Konrad (1939–2005) 191, 196
Stensen/Stenonis, Niels/Nicolaus (1638–1686) 67/IB
Steward, James H. (1902–1972) 99/IB
Sutton, John E.G. 178 f.

Tacitus (Publius Cornelius Tacitus) 238, 240, 242, 243
Theune, Claudia 1
Thomsen, Christian Jürgensen (1788–1865) 15 ff.
Thukydides 132
Thurnwald, Richard (1869–1954) 103/M
Tiberius (Claudius Nero Tiberius) 114, 237
Torbrügge, Walter (1923–1994) 49 f.
Trachsel, Martin 3, 4
Trajan (Marcus Ulpius Traianus) 128
Tutanchamun 196
Tylor, Edward B. (1832–1917) 93, 98

Varus (Publius Quinctilius Varus) 140, 237, 238, 240, 242, 243
Veit, Ulrich 275
Virchow, Rudolf (1821–1902) 17 ff., 20, 22, 23, 25, 143, 220/M
Vischer, Friedrich T. (1807–1887) 205
Vogt, Emil (1906–1974) 205

Warburg, Aby Moritz (1866–1929) 272
Weber, Max (1864–1920) 235
Werner, Joachim (1909–1994) 233 f.
White, Leslie A. (1910–1975) 99/IB
Wilhelm der Eroberer 259
Winckelmann, Johann Joachim (1717–1768) 127
Wolters, Reinhard 243 f.
Worsaae, Jens Jacob Asmussen (1821–1885) 171

Abbildungsnachweise

Umschlagbild: Atelier Reichert, Stuttgart unter Verwendung von Zeichnungen eines keramischen Gefäßes und einer eisernen Hacke aus Akonétye (Südkamerun).

Abb. 3.4.4.1: Verändert nach Hessisches Ministerium für Wissenschaft und Kunst und Landesamt für Denkmalpflege Hessen (Hrsg.), Zeitspuren (o.O. 1997²), 23 ff. Abb. 13a.b; 14; 15.
Abb. 3.5.1.3: Nach B.-U. Abels, Die Randleistenbeile in Baden-Württemberg, dem Elsaß, der Franche Comté und der Schweiz. PBF Abt. IX, 4 (München 1972) Taf. 17, 250.
Abb. 3.5.4.2.1: Verändert nach D. Planck u.a. (Red.), Der Keltenfürst von Hochdorf: Methoden und Ergebnisse der Landesarchäologie [1985] 261 Abb. 388.
Abb. 3.5.4.2.2: Verändert nach Baillie 1995, 17 Abb. 1.2.
Abb. 7.1.2: Verändert nach C. Stringer/C. Gamble, In Search of the Neanderthals (New York 1993) 72.
Abb. 7.2.1: 1 Nach Hahn 1986, 235 Taf. 5, 1; 2 Nach Arch. Ausgr. Baden-Württemberg 2002, 26 Abb. 8; 3 (Foto): Nach ebd. 2006, 23 Abb. 6, 1 (Foto).
Abb. 7.2.2: Nach Hahn 1986, 247 Taf. 17.
Abb. 7.2.3: Nach H. Jensen, Universität Tübingen (Foto).
Abb. 7.3.1: Verändert nach Bad. Landesmuseum 2007, 27.
Abb. 7.3.2: Verändert nach Schmidt 2006, 168 Abb. 76.
Abb. 7.3.3: 1 Nach Bad. Landesmuseum 2007, 92 (Foto); 2 Nach Schmidt 2006, 150 Abb. 59 (Foto).
Abb. 7.4.1.1: Nach Archäologie in Deutschland 2006/3, 36.
Abb. 7.4.1.2: Nach Jahrb. Bodendenkmalpflege Mecklenburg-Vorpommern 52, 2004, 104 Abb. 13, 1.3.4.6.7.9.
Abb. 7.4.1.3: Nach Jahrb. Bodendenkmalpflege Mecklenburg-Vorpommern 52, 2004, 105 Abb. 14, 7; 171 Abb. 9, 2.
Abb. 7.4.1.4: Nach K. Langenheim, Die Tonware der Riesensteingräber in Schleswig-Holstein (Neumünster 1935) Taf. 15a.
Abb. 7.4.2.2: Nach Sereno u.a. 2008, 14 Abb. 7 (Foto).
Abb. 7.4.2.3: Nach H. Riemer in: O. Bubenzer/A. Bolten/F. Darius (Hrsg.), Atlas of Cultural and Environmental Change in Arid Africa. Africa Praehistorica 21 (Köln 2007) 31 Abb. 4.
Abb. 7.4.2.4: Nach Sereno u.a. 2008, 14 Abb. 7 (Foto).
Abb. 7.5.1: Verändert nach E. Keefer, Steinzeit. Sammlungen des Württembergischen Landesmuseums Stuttgart 1 (Stuttgart 1993) 81.
Abb. 7.5.2: Nach N. Nieszery, Linienbandkeramische Gräberfelder in Bayern. Internationale Archäologie 16 (Espelkamp 1995) Taf. 57, 5.
Abb. 7.5.3: Nach Gronenborn 2003, 37 Abb. 2.
Abb. 7.6.1: Verändert nach A. Zeeb-Lanz u.a. 2007, 205 Abb. 1.
Abb. 7.7.1: Verändert nach C. Knipper 2004, 630 Abb. 18.
Abb. 7.8.1: Illustration Klaus Pockrandt, © Landesamt für Denkmalpflege und Archäologie Sachsen-Anhalt (LDA Sachsen-Anhalt).

Abb. 7.9.1: Nach F. Keller, Die keltischen Pfahlbauten in den Schweizerseen. Mitteilungen der Antiquarischen Gesellschaft in Zürich 9, II. Abteilung, H. 3 (Zürich 1854) Taf. I, 4.
Abb. 7.11.1: Verändert nach H. Parzinger 2004, Innendeckel hinten.
Abb. 7.11.2: Verändert nach K. V. Čugunov/H. Parzinger/A. Nagler, Der skythische Fürstengrabhügel von Aržan 2 in Tuva: Vorbericht der russisch-deutschen Ausgrabungen 2000–2002. Eurasia Antiqua 9, 2003, 115 Abb. 1.1.
Abb. 7.11.3: Nach K. V. Čugunov/H. Parzinger/A. Nagler, Der skythische Fürstengrabhügel von Aržan 2 in Tuva: Vorbericht der russisch-deutschen Ausgrabungen 2000–2002. Eurasia Antiqua 9, 2003, 119 Abb. 3.
Abb. 7.11.4: Verändert nach K. V. Čugunov/H. Parzinger/A. Nagler, Der skythische Fürstengrabhügel von Aržan 2 in Tuva: Vorbericht der russisch-deutschen Ausgrabungen 2000–2002. Eurasia Antiqua 9, 2003, 145 Abb. 31.
Abb. 7.12.1: 1 Nach Shaw 1978, 71 Abb. 34 links (Foto); 2 Nach B. Voss, Universität Frankfurt am Main (Foto).
Abb. 7.12.2: Verändert nach Breunig/Rupp 2008, 67.
Abb. 7.13.1: Nach Sievers 2003, 18 Abb. 14.
Abb. 7.13.2: Nach Sievers 2003, 108 Abb. 112.
Abb. 7.14.1: Verändert nach W. Schlüter (Hrsg.), Kalkriese – Römer im Osnabrücker Land: Archäologische Forschungen zur Varusschlacht (Bramsche 1993) 19 Abb. 3.
Abb. 7.15.1: Nach Böhner 1981, Taf. 31, 5a (Foto); 456 Abb. 137, 29.34.
Abb. 7.15.2: Nach Gallien in der Spätantike: Von Kaiser Constantin zu Frankenkönig Childerich (Mainz 1980) 244 Abb. 387k (Foto).
Abb. 7.15.3: Nach Böhner 1981, Taf. 30, 1 (Foto).
Abb. 7.15.4: Nach Böhner 1981, Taf. 31, 3 (Foto).
Abb. 7.15.5: Verändert nach R. Brulet, Les fouilles du quartier Saint-Brice à Tournai: L'environnement funéraire de la sépulture de Childéric 2. Coll. d'Arch. Joseph Mertens 7 (Louvain-la-Neuve 1991) 8 Abb. 1.
Abb. 7.16.1: Nach W. Müller/M. Knaut, Heiden und Christen: Archäologische Funde zum frühen Christentum in Südwestdeutschland. Kleine Schriften zur Vor- und Frühgeschichte Südwestdeutschlands 2 (Stuttgart 1987) 45 Nr. 35 (Foto).
Abb. 7.17.2: Verändert nach RGA^2 13, 1999, 364 Abb. 43.